「神이 줍는 노래」를 지향한 조남익 시인, 서지적 연구자료

조남익 시 연구

사단법인 문학사랑협의회
리 헌 석 편저

오늘의
문학사

목차

제1편 조남익 시집의 평설

제2편 조남익 시집 외 평설

제3편 조남익 시 자작 해설

제4편 백강 조남익 시인 문학 연보

1997년 公山敎育賞 수상 답사

제3회 정훈문학상 수상기념 가족사진(2004. 12. 4)

申石艸詩碑 제막식(2000.5.5) 홍희표, 한영옥, 이성교, 허영자, 나태주 시인들의 모습

申石艸詩碑 제막식(2000.5.5) 좌로부터 임성숙, 김후란, 성춘복, 김여정, 조남익 제씨

한국시협 세미나가 유성 경하호텔에서 있었다(1996. 11. 10) 우로부터
김대현, 최원규, 성찬경, 심대평 충남지사, 오세영, 조남익, 신협, 박재서 씨 등이 모였다.

한국시협 세미나가 부여에서 있었다(1999. 11. 21) 신동엽 시비 앞에 김춘수 선생을 모시고.

민족의 영지인 백두산 天池에서(1992. 8. 13)

금강산 관광(1999. 8. 25)

큰딸 淑衍이의 충남대 국문과 졸업식에 아내와 함께 갔다가 딸의 학사모를 써봤다.

鄭漢模 詩碑 제막식(1997. 4. 19) 좌로부터 具常, 성찬경, 조남익, 임강빈 씨 등, 문인들과 함께

우리집 깜찍한 4남매, 좌로부터
숙연, 자연, 치연, 화연(1983)

같은 과 대학 동문들. 뒷줄 우로부터 정덕용, 이종율, 박충식, 이석상, 김홍근, 당병익,
앞줄 김동헌, 조남익, 윤공보

2년 선배인 李姓教 시인은 평생의 문학 반려자였다. (1971. 대전 동학사)

첫시집 『山바람소리』 출판기념회(1969. 11. 22)

조남익 시인(대전문협 1대 회장) 빈소 사진(『문학사랑』인용)

고) 조남익 시인. 추모사를 하는 리헌석 대전문협 7~9대 회장

조남익 시인 소천 1주기 추모(2025.3.11)

김영수 대전문예대학 학장의 헌주(『문학사랑』인용)

2024 대전문학관 작고문인 회고전(행사 리플렛 인용)

백강의 작품세계

《현대문학》 1966. 2월호 표지

등단 추천작 「산바람소리」가 실린
《현대문학》 1966. 2월호 -

《山바람소리》 표지

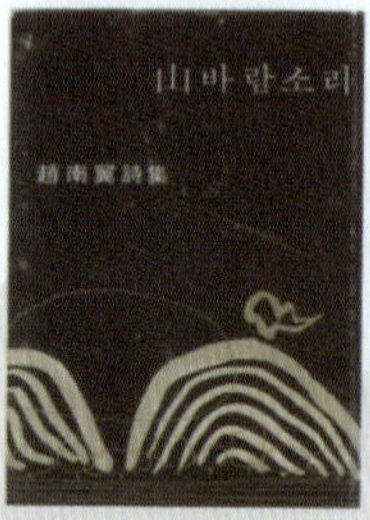

제1시집 『산바람소리』 (현대문학사, 1969)

《시의 오솔길》 표지

에세이집 『시의오솔길』 (세운문화사, 1973)

백강 조남익 시인은 1966년 등단 후
50여 년의 활동 기간에 비해 10권의 시집을 포함해
매우 적은 작품을 발표한 '과작의 시인'이다.

《현대문학》에 신석초 선생 추천으로 실린
시인의 데뷔작 세 편은「水古里」,「北村里打令」, 「山바람소리」로
전통적 서정과 향토성을 농밀하게 깔고 발아된 시다.
1965년 《한국 주간》에서 선정한 <이 달의 시> 10편 중에
하나로 뽑힐 정도로 문학계에서 인정받은 수작이다.

이후 발표한 「校外吟(교외음)」과 「忠清道(충청도)」
연작 시들에서 그 향토성과 자연 정감의 세계는 절정을 이루고,
후반기 작품에서는 소재가 하늘, 땅 등 더 큰 자연으로 바뀌어
역사와 현실을 표현했다.

> 그의 작품은 '소박한 민들레꽃 향기나,
> 조금은 야성적인 풍토 속에 돋아난
> 무명초의 환상을 풍겨 주는 작품'이다.

-신석초 《현대문학》129호 <추천기> 中에서-

> "나에게는 향토의 영생주의와 혼이 있었고,
> 그것은 이 땅의 역사와 현실로 부딪쳤다.
> 나는 이 땅의 아들이요 넋이었고, 조촐한 바람이요 풀이었다."

-조남익 「향토의 영생주의와 혼」 中에서-

백강의 기억

문단활동

임강빈, 김영덕, 박용래, 송백헌, 홍희표, 최원규, 이재복, (백강 조남익), 권선근, 김대현과 함께한 『山 바람소리』 출판기념회(1969.11.22.)

충남문학 6집(1970)

대전문학 창간호(1989)

사색의연가

청와집

“ 백강 조남익은 충남문인협회 / 대전문인협회를 이끌며
많은 지역 대표 문인들의 시비를 건립하고,
충남문한과 대전문학 창간호, 사색의연가, 청와집 등을 남겼다. ”

문인 시비 건립

신동엽시비(1970)
박용래시비(1984)
김관식시비(1992)
정한모시비(1997)
신석초시비(2000)

수상기록

충청남도문화상(문학부문) 1970년
국민훈장 석류상 1999
정훈문학상(대상) 2004
윤동주문학상 2010
금강일보문학상 2017
한국문학상 2019

대전문학관

주소 대전광역시 동구 송촌남로 11번길 116
전화 042. 626. 5021
홈페이지 www.dcaf.or.kr
페이스북 www.facebook.com/DaejeonLC
인스타그램 @daejeonlc

2024 대전문학관 기획전시

작고문인회고전

백강 조남익

2024.09.06 Fri ~ 11. 24 Sun

주최 대전광역시
주관 대전문화재단
관장 조성남
자문 나태주, 육상구, 리헌석, 정진석
총괄 최창희
기획 임필찬
협조 김태은, 한송이
디자인 투모로우 H
영상 모티비전

대전광역시 대전문화재단 대전문학관

「神이 줍는 노래」를 지향한 조남익 시인, 서지적 연구자료

조남익 시 연구

사단법인 문학사랑협의회
리 헌 석 편저

오늘의
문학사

※ 집필·편집·교정 위원회(대표 편저자·리헌석)

- 시 인 : 엄기창 박종국 김선자 최자영
- 시 조 시 인 : 김영수 김성숙 박봉주 강임구
- 문학평론가 : 리헌석 정진석 김숙자
- 디 자 인 : 이현경
- 편 집 : 류미혜 신선숙

- 원본에 충실하게 옮겼습니다.
- 한글(한자) 양식으로 표기한 부분도 있습니다.
- 원문을 필자가 수정한 부분은 그에 따랐습니다.
- 미비한 부분은 발간 후에도 수정하겠습니다.

일러두기

본문에 사용한 '〉'표시는 연과 연 사이의 '빈 줄'을 나타냅니다.

백강(白崗) 조남익(趙南翼) 시인(1935~2024)은 훌륭한 교육자로, 확고한 역사의식을 노래한 시인으로, 그리고 많은 시인의 작품을 평설한 연구자로 존경받는 어르신이셨습니다.

국토의 중심인 대전(大田)에서 선생님을 모시고 문학 창작과 함께 지역 문단을 위해 활동한 것은 참으로 귀한 인연이었습니다. 1989년에 충남문인협회에서 대전문인협회가 분리 창립할 때, 온갖 어려움을 무릅쓰고 이루어내신 선생님, 그리고 1대 회장에 당선하신 선생님을 평론분과 이사로서 모신 일이 인연의 첫걸음이었습니다.

선생님의 문학적 지향을 거울삼아 배우고 익힌 제가 대전문인협회 7~9대 회장으로서 여러 일을 추진한 것 또한 선생님의 격려 덕분이었습니다. 제가 가꾸어 온 사단법인 문학사랑협의회 내에 설립한 '대전문예대학'의 학장님으로 선생님을 10여 년이 넘게 모신 것도, 또한 기꺼이 응낙하시고 큰 가르침을 주신 것도, 참으로 은혜로운 보살핌이었습니다.

선생님께서는 사모님의 간병을 위해 여러 해 동안 바깥일을 접으셨는데, 그 일이 고되셨는지 사모님보다 더 서둘러 2024년 3월 11일 정오에 소천하셨습니다. 미리 소천을 예감하신 것처럼, 책장 서너 개 분량만 남기고 평생 모았던 도서들을 정리하셨습니다. 거의 다 버리시고 남은 일부 자료를 '대전문학관'과 '문학사랑'에 증여하셨습니다.

자녀들마저도 선생님의 저서를 온전히 보관하지 못한 것을 염려한 저희 문학사랑협의회에서는 '작고 문인에 대한 서지적 연구서'로 『조남익 시 연구』를 발간하기로 하였습니다. 모든 자료를 완벽하게 찾아내지는 못하였을 터, 이미 드러난 서지적 자료들을 집성(集成)하는데 진력하였음을 밝힙니다. 혹여 찾지 못한 자료들이 드러나면, 그 자료들을 합하여, 인터넷 도서 합본으로 발간하겠습니다.

대전문화재단의 도움을 받았습니다. 고마운 마음을 전합니다. 시작부터 수고하신 집필진, 편집위원, 교정위원 등이 일심여일(一心如一) 하셨음에 진심으로 감사드립니다. 우리의 작은 정성과 노력이 선생님을 기리는 일에 중요한 자료로 기능하기를 소망하며, 선생님의 명복을 빕니다.

2025년 12월 10일

사단법인 문학사랑협의회 편저자 대표

리헌석 손모음

'하늘에 그리는 상형문자'를 보이소서

시방 남녘에서는 노란 산수유꽃이 세상을 밝히며 올라오고 있는데, 우리에게 먹먹한 가슴을 남기고 '하늘에 그리는 상형문자'를 찾아 멀리 가신 백강(白崗) 조남익(趙南翼) 선생님, 〈가냘픈 시에/ 말의 날개를 타고 오는/ 생명〉을 찾기 위해 시를 탐구한 선생님, 〈시에 나를 넣어/ 불사르고 오르는 연기 가닥으로/ 하늘에 그리는 상형문자(象形文字)/ 그 몸부림치는 혼(魂)〉이고자 치열한 창작 정신을 보이신 선생님께서 갑자기 먼 길을 떠나셨습니다.

존경하는 백강 조남익 선생님!

선생님께서는 우리 후진들에게 새롭고 크신 발자국을 남기신 분이셨습니다. 〈강물에 풀어 헹군 이 서언한 소리들을 귀뿌리에 온 누리 차도록 물레〉로 감아올리는 시골살이를 노래하시면서 우리 고유의 정서를 보여주셨습니다. 그와 함께, '무릇 시에는 알맹이가 있어야 한다.'며 역사의식을 강조하셨습니다. 세상을 살아가는 모습은 우리와 같은 분이셨지만, 우리들 가슴에는 선생님 스스로 시(詩)와 맹약(盟約)하고 평생 변함이 없는 '시 창작의 수도자' 상(像)으로 남아 있습니다.

문학의 밭을 새로이 일구신 선생님!

선생님께서는 1965년과 66년에 '현대문학'에서 3회 추천을 받아 시인으로 등단한 분입니다. 1969년에 첫 시집 『산바람 소리』를 발간하여 시 창작의 바람을 불러일으킨 분입니다. 또한 1977년에는 『현대시 해설』을 발간하여 시 창작 이론을 정립하신 분입니다. 고 임강빈 시인과 함께 사무국장으로서 '박용래 시비'를 보문산에 건립한 분입니다. 1989년에는 대전문인협회를 창립하면서 1대 회장으로 선출되어 훌륭한 업적을 남기신 분입니다. 곁에서 보고 배우며, 가끔 심부름을 하며, 모시는 기쁨이 컸습니다. 백강 선생님을 생각할 때마다 탁월한 업적이 떠오릅니다.

첫째, '제1회 대전문학상'을 제정하여 상패와 순금 10돈 메달을 수여한 일입니다. 창립 당시 저는 평론분과 이사, 사무국장을 역임하였습니다. 갓 창립한 협회에는 상금을 수여할 여력이 없었습니다. 회장님께서는 대훈문고 김주팔 사장님을 만나 금메달을 협찬받았습니다. 당시 순금 1돈이 5~7만 원이니 상금으로 환산하면 50~70만 원이었을 것이지만, 최근에 순금 1돈이 39만 원이니, 상금으로 환산하면 390만 원 정도의 가치였을 겁니다. 그 후 금 시세가 오르면서 후배 회장들은 대전문학상 시상품을 현금으로 대체해 왔습니다. 창립한 지 몇 개월도 되지 않은 상황에서, 대전문학상에서 금메달을 시상한 것은 힘들고 귀한 첫걸음이었습니다.

둘째, '대전 시문화상' 제정 시 문학 분야를 독립시킨 일입니다. 대전문협을 창립한 1989년은 대전시도 대전직할시로 승격된 해입니다. 직할시에서 대전문화상을 제정하면서, 문학 분야를 '예술' 분야에 포함시켰습니다. 이를 확인한 백강 회장님께서는 전국의 지방자치단체 문화상 시상 사례를 수합하여, 시장실을 여러 차례 방문하여 기어이 문학 분야를 예술 분야에서 독립시키셨고, 오늘날에도 문학 분야의 독립 시상이 유지되고 있습니다. 몇몇 예술 분야 대표들이 문학 별도 시상을 시기·질투하여 문학의 별도 시상을 반대하였습니다. 그리하여 우리 문학 분야가 독립되어 있어야, 무대 예술과 전시 예술 등으로 나중에 분리될 수 있다는 논리로 설득하였고, 현재 세 분야의 수상자를 시상하고 있으니, 회장님의 탁견과 열정은 30년을 내다본 혜안(慧眼)이어서 더욱 놀랄 수밖에 없습니다.

셋째, 1989년에 신생 단체로 출발하여 모든 것을 새로 추진해야 했습니다. 『대전문학』 창간호를 발간해야 하는데, 회비마저 준비되지 않아, '대전문학 후원회'를 조직하여 어렵게 창간호를 발간한 것도 귀한 첫걸음입니다. 백강 조남익 회장님께서 기틀을 다지신 덕으로, 그 후 1년에 두 권씩 발간하였고, 다시 네 권씩 발간하였으며, 현재는 6권씩 발간하며, 후진들이 열심히 이어받아 발전시키고 있습니다. 조남익 회장님께서는 취임 다음 해에 '여름 해변 문학축제'를 충남 서천군 춘장대 해변에서 개최하여 대전문협 회원들의 창작 의욕과 친목을 도모하였습니다. 그날 행사를 끝으로 개최하지 않았으므로, 그 추억만 어제런 듯 생생합니다.

벌써 그리운 백강 조남익 선생님!

하늘나라로 떠나신 지 이틀이건만, 선생님의 모습과 말씀, 그리고 이루신 업적이 파노라마처럼 눈앞에 펼쳐집니다. 대전문예대학에서 열정적으로 후진을 양성하시던 모습이 보이고, 한밭도서관에서 문학 창작을 강의하시던 목소리가 들리는 것 같습니다. 보문산 공원의 박용래 시비 곁에 김관식 시비를 세우시면서 고심하시던 때도 그립습니다. 대전의 문인들이 한마음으로 뜻을 모아 선배를 존경하고, 후배를 사랑하는 기풍을 세워 달라던 말씀도 가슴에 남아 있습니다.

선생님, 저희에게 문학 창작을 통한 교훈과 정서적 오롯함을 몸소 실천하시고 떠나신 백강 선생님, 선생님께서는 저희 곁을 떠나셨지만, 정작 저희 마음으로는 보내드리지 않았습니다. 선생님이 그리울 때마다 선생님이 거닐던 보문산 자락을 찾아 그리움을 달래겠습니다. 그때마다 '하늘에 그리는 상형문자'를 보여주시기 바랍니다.

언젠가 저희가 선생님의 뒤를 따라가거든 선생님께서 두 손을 잡고 반겨주십시오. 얼마 전에 아파트 곁의 보문산마저 걷기 힘들어 집에서 쉬고 계시다는 전화를 주셨는데, 비옵나니 이제 평안한 곳에서 부디 강건하소서. 이곳에서 이끌어주시던 것처럼 목소리 카랑카랑하게 여일(如一)하소서. 고개 숙여 비옵나니, 이곳에 남으신 사모님의 강녕하심과 자손들의 행복을 지켜주소서.

2024년 3월 12일 16:00 리헌석 삼가 올림

* 이 추모사는 故 백강 조남익 시인께서 2024년 3월 11일 소천, 2024년 3월 12일 오후에 진행된 '대전문인협회장' 영결식에서 리헌석 문학평론가가 낭독한 조사(弔詞) 전문입니다.

* 이 추모사는 예술 전문 인터넷신문《한국예술뉴스》에 2025년 3월 13일자 기사로 발표되었습니다.

* 추모사를 낭독한 리헌석 문학평론가는 대전문인협회 7~9대 회장을 역임한 시인이며, 조남익 회장 재임 시에 평론분과 이사와 사무국장으로 보필한 바 있습니다.

조남익 시 연구

(사) 문학사랑협의회 리헌석 편저

제 1 편

조남익 시집의 평설

신석초(申石艸) / 1시집 『山바람 소리』(1969) 序文
이성교(李姓敎) / 1시집 『山바람 소리』(1969) 跋文
성춘복(成春福) / 1시집 『山바람 소리』(1969) 跋文
서정주(徐廷柱) / 2시집 『풀피리』(1976) 서문
송재영(宋在英) / 2시집 『풀피리』(1976) 跋文
임강빈(任剛彬) / 3시집 『나들이의 땅』(1983) 跋文
최원규(崔元圭) / 3시집 『나들이의 땅』(1983) 跋文
성찬경 / 5시집 『하늘에 그리는 상형문자』(1998) 해설
임승빈 / 6시집 『푸른 하늘』(2003) 해설
김백겸 / 7시집 『기다린 사람들이 온다』(2010) 평설
이성교 / 7시집 『기다린 사람들이 온다』(2010) 해설
이은봉 / 8시집 『광야의 씨앗』(2012) 해설
임승빈 / 9시집 『걸어다니는 백두대간』(2016) 해설
김석환 / 9시집 『걸어다니는 백두대간』(2016) 해설
조신권 / 10시집 『한강의 새벽』(2019) 한국형이상시 평설

❐ 신석초(申石艸)_1시집 『山바람 소리』(1969) 序文

〈詩는 思想을 장미의 향기처럼 직접 느끼게 하는 것〉이라고 T.S. 엘리엇은 말하였다.

「山바람 소리」나 「北村里 打令」이나 「水古里」 등에서 趙南翼이 試圖한 것은, 이 같은 〈장미의 향기〉의 개발이었다.

그는 즐겨 韓國의 土着的인 자연과 생활을 素材로 사용하고 있는데 단순하고도 일상적인 인습에 절어 있는 그 對象을 매우 새로운 知的인 現代 意識에 의하여 처리한다. 그리고 섬세하게 그의 認識을 〈感覺化〉하는 데에 성공하였다.

우리나라의 固有 情緖를 소박하고 아름답게 읊은 詩人은 몇 사람인가 있었다. 하지만 복잡화한 時代 意識을 통한 觀照는 아주 새로운 일이다.

다만 趙南翼의 뮤즈가 매양 폐쇄적 土俗 社會에 눈길을 돌리기 때문에 作品의 스케일이 작고 너무 섬세하기 때문에 도리어 가냘픈 느낌이 없지 않다.

하지만 그는 뮤즈를 驅使할 수 있는 한 사람이다.

갓싸기로 갈까나
깃 달린 풀씨로 날아서 갈까나

〉

잠은 자다가 꿈이나 꾸지
나무며 풀이며 저 山바람조차도
내 肉身은 비어서 살아온 痕跡이 없다

이러한 詩句를 우리는 과연 무어라 말해야 할 것인가.

一九六九年 仲秋節 華溪畔 荷葉硯齋 申 石 艸

❐ 이성교(李姓敎)_1시집 『山바람 소리』(1969) 跋文

鄕土色이 짙은 그의 詩 世界

趙南翼 兄은 그 누구보다도 意慾에 찬 詩人이다.

그가 一九六五年 現代文學誌에 「水古里」, 「北村里 打令」, 「山바람 소리」로 추천되어 文壇에 데뷔한 이래 줄곧 問題詩만 發表해 왔다. 대개 新人들의 경우는 열 오른 文學 時節 아직 설익은 作品을 가지고, 서로 먼저 나오려고 눈을 번득이는 데 대하여 우리 趙兄은 조금도 그런 것에 눈 팔지 않고 〈大器晩成〉의 哲學을 갖고 늦게 文壇에 나왔던 것이다.

그렇기 때문에 나에겐 솔직한 얘기로 두려운 存在였음을 告白하고 싶다. 나는 누구보다도 趙兄의 오랜 習作期를 잘 알고 있다. 그는 大學 時節을 오직 詩를 위하여 보냈다 해도 과언이 아니다.

시내 각 大學의 優秀한 詩 志望生들과 다투어 同人誌를 꾸며, 널리 그 이름을 알리는가 하면 불붙는 情熱로 自作詩 發表會를 가지기도 했다. 나는 그럴 때마다 만약 趙兄에겐 詩가 없었더라면 무슨 맛으로 人生을 살아갈까? 하는 杞憂마저 들 때가 있었다. 적어도 趙兄은 한 목표를 향해, 줄기차게 걸어가는 姿勢를 잃지 않았다. 그것이 그의 데뷔작「北村里 打令」첫 聯에 잘 나타나 있다.

흙이었다가 손탐 없이 그대로 바위였다가
저 山 안에 호젓이 한 나무일 뿐이다.

아마 趙兄에겐 〈詩〉는 하나의 信仰이었으리라.

趙兄은 확실히 人生派 詩人이었다.

내가 알고 있기로는 그는 文壇에 데뷔하기 몇 해 전 그야말로 심한 絶望에 빠진 일이 있었다. 어쩔 수 없는 큰 絶壁 앞에 그의 復活이 아쉬웠다. 그는 용케도 굳은 意志로 그것을 克服하고 말았다. 그것은 오직 詩의 위대한 힘이었던 것이다. 그의 詩가 근자에 와서 상당히 밝은 데로 향하는 것은 이 때문이었다.

그의 詩엔 生活의 향긋한 내음이 기분 좋게 풍긴다.

잠은 자다가 꿈이나 꾸지
나무며 풀이며 저 山바람조차도
내 肉身은 비어서 살아온 흔적이 없다

落落長松
一千年 처마 밑에
晦冥을 뚜드리는 소나기 비켜서서
五尺 短身이 坪 남짓 그루를 내렸다

—「山바람 소리」의 一節

山바람처럼 밝은 情緖가 햇살처럼 잘 어려져 있다.

그는 누구보다도 먼저 〈韓國의 詩〉를 쓰려고 했다. 그렇다고 해서 케케묵은 옛것에 바탕을 두지 않고 生活 가운데 빛을 찾으려고 했다. 소위 요사이 詩랍시고 터무니없이 말을 비비 트는 〈트위스트派〉와는 그 質을 달리한다. 들릴 듯 안 들릴 듯 그의 잔잔한 목소리를 들어보라. 어디 꾸미려고 하는 데가 있으며 어디 능청스러운 데가 있는가?

趙兄의 詩를 읽으면 뭔지 모르게 어떤 喜悅을 느낀다. 무엇 때문일까?

그것은 하나하나의 言語가 제자리에 놓여 불빛처럼 반짝거리고, 그것이 또 안팎으로 잘 調和되어 하나의 世界를 보여주기 때문이다.

趙兄의 詩 世界엔 鄕土色이 짙다. 대체적으로 아무도 돌보지 않는 僻鄕의 어두운 것을 擴大鏡으로 잘 비춰주었다. 그의 작품 「水古里」, 「北村里 打令」, 「山골의 밤」, 「山에서」, 「흙 속에」 같은 作品들이 그것을 잘 말해주고 있지 않은가?

비록 趙兄이 文壇 生活 經歷은 얼마 안 되지만 그는 몇십 년 活動한 사람 이상으로 좋은 收穫을 거두고 있다.

이번 詩集『山바람 소리』는 그것의 좋은 본보기이리라. 정말로 이번 詩集은 趙南翼 兄 자신의 기쁨뿐 아니라 메마른 우리 詩壇의 한 慶事가 아닐 수 없다. 진심으로 趙南翼 兄의 詩集 出版을 축하한다.

❐ 성춘복(成春福)_1시집『山바람 소리』(1969) 跋文

慧眼의 詩人 趙南翼 兄

趙南翼 兄은, 한마디로 말하여 都市의 그 번들거리고 따가운 아스팔트의 詩人이라기보다는 오히려 風光 좋고 시원스러운 산들바람의 自然의 詩人이라고 할 수 있다.

그는 항상 自然 속에 沒入하여 자연과 더불어 一體가 되고 그런 魂으로 사랑과 生命의 鼓動을 보여주는 詩人이다.

그것은 이미 우리 現代人들이 오래전에 상실했던 마음의 故鄕, 엷은 빛깔의 鄕愁와도 같은 것을 自然의 秘密한 것으로 그는 받아들이고 있기 때문이다.

그렇다고 하여 그가 여느 詩人들처럼 그저 단순히 自己 心情的인 抒情을 吐露하고 있거나 激烈한 感情 속의 陶醉感 같은 것으로 노래하고 있는 것은 결코 아니다.

趙南翼 兄은 보다 차분하게 自然의 理性을 하나의 精神 活動과 다름없는 태도로 들려주고 있다.

초가삼간

그 좁은 通俗 속에서
아침마다 떠나는 우리들의 出漁
憂愁까지 갔다가 되돌아오고 ——

그는 오늘날의 物質文明 속에서 보다 精神的인 危機를 느끼기 때문에 더욱 自然과 밀접한 관계에 놓이려고 애쓴다. 그래서 발레리가 〈知性의 관계로서 世界의 事物에 홍미를 느낀다〉고 하면, 趙南翼 兄은 心性의 發露로서 보다 많은 自然의 魂과 攝理를 터득하려고 노력하는 詩人이라고 할 수 있겠다.

素朴하고 平凡한 하나의 風景 속에서도 그는 겸허한 눈을 가지고, 未知의 世界를 더듬는 心眼으로 宇宙의 原理를, 多樣하고 無限하게 넓혀가고 있다.

오히려 靜寂感마저 도는 이러한 品格 있는 詩는 내일의 韓國詩壇에 飛躍의 터를 마련해 줄 것은 누구나 믿어 의심치 않는 것이다.

❐ 서정주(徐廷柱)_2시집 『풀피리』(1976) 서문

序

趙南翼의 詩들을 읽고 있으면 나는 어느 사인지 그의 마음의 나이가 아주 썩 많은 것을 느끼게 된다. 어른스러운 아이 더러는 "영감이 한 百 名 들어 있구나" 하는 말이 우리에게 있지만, 百名이 아니라, 萬 名쯤이 趙南翼의 속에는 들어 있는 것 아닌가 싶기도 하다. 莊子의 글에 보이는 大椿이란 나무는 一萬八千歲를 봄으로 하고 또 一萬八千歲를 가을로 해 산다지만 아마 그 大椿보다도 趙南翼의 精神延齡이 힐끗 한결 더 우위인 것만 같다.

그러자니 그 마음의 나이테에는 數百 數千 代의 三災八難을 두루 겪어 견디어 낸 諦念과 達觀의 오랜 무늬들이 자욱이 波紋을 긋고 있어서, 이게 단순히 趙南翼 一代만의 것이라고는 도무지 생각되지 않는 것이다. 그렇게 南翼은 傳統의 詩人이고, 또 말하자면 道人이고, 永生 人인 것이다.

그러고 또 한마디 더 말하고 싶은 건, 이쯤 마음 나이를 자신 여느 道人들 같으면 흔히는 그 푼수로나 해서 꽤나 점잖게만 굴기가 예사인 건데, 南翼에게서는 그런 티가 영 안 보여서 보기에 매우 즐겁다. 古木에 돋아나는 애띤 봄 새싹 같은 애띤 눈웃음까지가 兼備해 있어서 新鮮해 좋다.

> 아침마다 떠나는 우리들의 出漁
> 憂愁까지 갔다가 되돌아오고 ——

이건 그의 詩「돌로나 잠을 깰까나」의 한 句節이지만. 그렇지, 그는 어느 憂愁에서도 잘 되돌아올 줄 아는 永生의 힘과 슬기와 늘 갓 젊은 눈웃음을 가지고 있는 것이다.

오래오래 사귀어 보고서야 겨우 짐작이 되는 친구, 趙南翼 같은 이는 短時間의 尺度로서만 生을 재고 살려는 現代의 숨결 짧은 生活者들에게는 쉽게 잘 理解가 안 될는지 모르지만, 숨결이 긴 大人들은 늘 이어서 그를 알고 그의 벗이 될 것이다. 내가 선 大學 講壇에서 한때 그를 弟子로 가졌던 것을 나는 지금 큰 자랑으로 여기고 있다.

一九七六年 五月
冠岳山 蓬蒜山房에서
未堂 서정주 識

❐ 송재영(宋在英)_2시집『풀피리』(1976) 跋文

탈기교脫技巧의 방법方法

안경을 벗었을 때의 詩人 趙南翼씨의 얼굴은 어떠할까? 어느 찻집에서 그와 初 對面의 인사를 나누고 그를 물끄러미 쳐다보다가 문득 떠올린 이런 생각은 그 후 계속해서 그에 대한 관심의 일단으로 변모되어 내 머릿속에 남아 있었던 것 같다. 趙南翼씨의 안경! 나는 그것의 투명한 反射를 하나의 수수께끼처럼 받아들이고 있었다. 그러나 머지않아 이 수수께끼의 正體는 참 신기하게도 서서히 풀리기 시작했는데, 그것은 그의 詩를 한자리에 모아놓고 체계적으로 읽기 시작하면서부터였다. 더 자세히 말하자면 언젠가 그가 내게 보여준 그의 處女 詩集『山바람 소리』를 읽으며, 〈아, 바로 이것이로구나!〉 하며 나는 손바닥으로 무릎을 탁 쳤던 것이다. 바로 그 순간 그의 안경의 意味가 얼마쯤 풀리기 시작한 것은 물론이다.

이런 식의 書頭가 그에게 대한 失禮가 되리라고 나는 믿지 않는다. 〈안경의 意味〉가 아직 충분히 해명되지 않았으므로 해야 할 言說은 이제부터가 아니겠는가. 趙南翼씨는 시골 사람이다. 그리고 그럴듯한 冠形詞를 붙이자면 忠淸道 詩人이다. 너무나 정직하게만 보이는 그의 얼굴 윤곽과 나이에 비하여 어이없게도 순박하게만 느껴지는 그의 표정, 그리고 티 없는 웃음소리가 나에게 그것을 確認시켜 준다. 그것은 그의 氣質의 문제다. 그리고 그것은 그의 人格은 말할 것도 없고 그의 詩를 지배하는 中樞力으로서 자리하고 있는 것이다. 이것을 다시 散文的으로 옮기면 이러하다. 扶餘 산골(그의 故鄕은 扶餘이다) 사람이 都市生活에 적응돼 가는 과정에 있어서 체험하는 갈등과 페이소스, 그리고 한편으로는 버리고 온 고향에 대한 애틋한 노스탤지어가 反覆 · 交替되며 言語化 되는 게 바로 그의 詩이다. 이러한 면은 특히 그의 處女 詩集의 主調를 이루고 있으며 그것은 또 詩人 자신의 생생한 체취같이 느껴지기도 한다. 여기서 우리는 그의 안경에 대하여 定義를 내려야 할 차례가 되었다. 그의 안경은 그의 詩다. 그는 그의 눈동자같이, 얼굴 표정같이 순수한 정감을 두 개의 유리알을 통하여 濾過해 내고 있는 것이다.

《現代文學》 추천 시(「水古里」, 「北村里 打令」, 「山바람 소리」)에서 이미 볼 수 있었듯이 趙南翼씨의 初期 詩는 그가 자란 고향의 情景을 서정적으로 表出하고 있다. 이러한 경향은 그에게 십 년 동안이나 끈질기게 詩的 發想의 모티베이션으로 작용했으며, 그것은 최근 連作詩 「忠淸道」를 통하여 더욱 두드러지게 形象化됨으로써 그의 〈鄕愁의 美學〉을 좀 더 분명하게 照明해 주고 있다.

대체로 그의 詩에 나타나는 忠淸道의 地方色은 옛 선비의 古典的 姿勢를 聯想시키며, 따라서 그것은 매우 孤高한 운치를 풍기는 게 사실이다. 산바람 소리, 여울 소리, 그리고 철 따라 변하는

自然 色의 온갖 調和를 觀照함으로써 비롯하는 이 東洋的 思惟는 그러므로 어떤 점에서는 漢詩風의 構造的 發想을 방불케 하는 수도 있다.

흙이었다가, 손탐 없이 그대로 바위였다가,
저 山 안에 호젓이 한 나무일 뿐이다.

아침에 珠簾을 걸어
애기 손바닥만 한 날을 받아놓고
고지식, 다시 헹구는 茂盛한 微動을 보라.

—「北村里 打令」에서

옛 書院 마루에 丁坐한 선비의 읊조림과 같지 않은가? 脫俗의 경지를 느끼게 하는 이러한 詩句는 그의 나이에 비하여 너무나 老熟하리만큼 효과를 얻고 있는데, 그것은 그의 觀照的 世界가 단순한 觀念의 表白을 거부하고 섬세하면서도 重厚한 安定感을 주기 때문이다. 이와 同系에 속하는 작품으로는 ①「山바람 소리」, ②「打令調」, ③「산에서」 등을 들 수 있겠는데, 그중 ①, ②에서 몇 行을 例示하기로 한다.

① 落落長松
一千年 처마 밑에
晦冥을 뚜드리는 소나기 비켜서서
五尺短身이 坪 남짓 그루를 내렸다.

② 세 끼 菜食에

몸이야 가지를 늘이워서

蒼生의 四苦를 앓을지라도

내 은혜는 이 萋萋로운 공간…

여기 인용한 구절은 앞에서 살펴본 「北村里 打令」에 비하여 훨씬 떨어지는 것 같다. 나는 방금 그의 觀照的 詩가 觀念을 거부한다고 말했지만, 그가 자신도 모르게 차츰 觀念 속으로 즐겨 빠져 들어 가고 있음을 이제 보게 된다. 이러한 점은 특히 그가 漢字成語를 즐겨 사용함으로써 더욱 두드러지게 나타난다. 가령 〈北方二萬里〉, 〈一萬肝腸〉, 〈無明一千里〉, 〈無主空間〉, 〈海中浮月〉, 〈憂愁落葉〉, 〈層層累計〉 등과 같은 詩語가 아주 드문 경우를 제외하고서는 現代詩에서 감각적으로 전달되기란 매우 어렵지 않은가? 아마도 이 점이 趙南翼씨가 부딪친 최초의 課題였을 것이다. 물론 우리는 이 과제를 그가 어떻게 克服했는지 그의 後期(近作) 作을 통해서 알게 되지만….

論旨를 되돌려야겠다. 東洋的 觀照를 源泉으로 한 대개의 詩가 그렇듯이 趙南翼씨의 詩도 自然 親近的인 角度에서 빗나가지 않는다. 그에게 있어 自然이란 향수의 대상이며, 또한 隱遁의 장소이기도 하다. 그러나 그것은 사람이 마지막으로 돌아가야 하는 안식처이기도 하며, 그런 의미에서 인간은 본질적으로 自然 歸依的이다. 「풀밭에서」, 「사는 동안은」, 「흙 속에」 등 일련의 작품에서 볼 수 있는 니힐한 감각은 반드시 佛教的 色調가 아니라 하더라도 東洋人의 生來的인 想像 體系를 암시하고 있는 것이다. 특히, 「빈손으로 와서는/ 빈손으로 가서는/ 하늘나라 無邊의 처마 끝에/ 깜빡 한번 반짝이고는/ 돌아오라, 다시 풀밭에」(풀밭에서)라는 聯에서 볼 수 있는 刹那的인 삶의 把握은 自然의 永遠性과 대비되어 충격적인 悲壯感을 자아내기도 한다. 그의 詩에서 回歸的 이미지가 자주 띠는 것은 그의 詩的 母胎가 自然에서 비롯된 만큼 당연한 귀결이라고도 보여진다. 그러나 趙南翼씨는 自然 속에 沈沒되어 있지만 않는다. 그는 自然系의 事物을 관찰하고 그리다가 거기서 슬금슬금 빠져나오려 한다.

능금일 거냐
익기나 잘 익어 볼 능금일 거냐
위태한 나뭇가지 끝
存在조차 늘 뒤웅거리며
사는 일을
차라리 超然에 뒤웅거리며,

── 世襲의 땅을 지나는
不絶한 바람 소리여

山빛을 먹고 구름을 먹고
살이 오르는 果肉의 조그만 무게,
머언 千里 길이, 가까스로 한 점 視野에 머물렀다

능금일 거냐
익기나 잘 익어 볼 능금일 거냐.

—「果園의 詩」全文

이 아름다운 詩를 읽는 동안 우리의 머릿속엔 하나의 鮮明한 構圖가 형성된다. 그 構圖의 核을 이루는 한 알의 능금! 앙상하고 가느다란 가지 끝에 자칫 떨어질 듯 조심스레 매달려 있는 한 개 과일의 存在를 自然의 攝理와 삶의 意志로 解釋하는 것—— 그것이 곧 詩人의 지혜가 아니겠는가. 두터운 地殼을 굳건히 딛고 선 青馬流의 超越的 意志가 아닌 神秘的인 意志로 類推할 때 「果園의 詩」가 갖는 의미는 趙南翼씨가 事物 認識에 있어서 誇張보다는 謙虛를 택했다는 사실을 암시해 주는 데 있다. 〈머언 千里 길이, 가까스로 한 점 視野에 머물렀다〉라는 이 한 구절을 쓰기 위하여 詩人이 얼마나 고심했을까 나는 상상해 본다. 바람 소리 들으며, 山빛을 머금으며, 구름 그늘 드리운 채 한 알의 과일이 성장해 간다. 그러나 그 과일이 完熟되기 위해서는 이 모든 것이 천 리 길로 치달아 하나의 중심을 향해 凝集되어야만 한다. 그러므로 〈한 점 視野〉는 단지 한 알 능금의 이미지가 아닌 한 목숨의 生成을 위해 필요한 신비적인 에너지의 集中 現象을 나타낸다. 趙南翼 詩에 있어 回歸的 이미지가 集中的 이미지와 相互依存的 構造를 이루고 있는 것은 이 점에 이르러 쉽게 납득할 수 있다. 물론 우리는 여기서 未堂의 유명한 「菊花 옆에서」를 상기할 수도 있고, 「果園의 詩」와 그것과의 系譜 關係도 흥미 있게 이야기할 수 있을 것이다. 그러나 이러한 문제는 별도로 논의됨이 바람직하리라 본다.

하지만 趙南翼씨는 吟風誦月하는 古典的 東洋 詩만은 아니다. 그의 선비적인 隱遁 趣味는 그가 현실적으로 都市 生活人이라는 自覺 앞에서 차츰 무너지기 시작한다. 그의 內面 空間에서만 은밀히 자리하고 있었던 自然에 대한 그윽한 향수를 그는 떨쳐내기 시작한다. 原形的 自然의 폐쇄성으로부터 그는 잠을 깨기 시작한다. 그리하여 이 詩人에게서 최초로 自然과 現實의 對應關係가 주요한 詩的 테마로 導入되는 것이다. 〈돌로나, 쬐그만 돌로나 잠을 깰까나〉(돌로나 잠을 깰까나)에서 看取할 수 있듯이 그의 시선은 우리의 生活 周邊에 관심을 두기 시작하고, 비록 〈초가삼간 그 좁은 通俗〉(上同)이긴 하지만 우리의 직접적인 삶을 외면하지 않으려 한다. 그는 〈日常〉이니 〈통속〉이니 하는 語彙를 자주 쓴다. 〈日常의 옷을 두텁게 입고〉(「虛無戀歌」에서)라든지, 〈물굽이 따라온 가난한 通俗인데〉(「情」에서)라는 구절이 연상시키는 삶에 대한 시인의 태도는 지극히 회의적이다. 회의적인 인텔리는 통속적인 일상생활에서 실패할 수밖에 없다. 「나는 이 일상에 진저리를 내고/ 머언 들녘으로 신음 소리를 내면서/ 뜻밖에도 매일 앓고 있었다」(「나는 누워서 보았다」에서) 이렇듯 시인은 생활 한 복판으로 직접 뛰어들지 못하고 단지 〈머언 들녘〉만을 향해서 속앓이를 앓고 있는 것이다.

그럼 趙南翼씨에게 있어 살아간다는 것은 무엇인가? 그것은 自己 確認의 방법이다. 그 確認은 家長으로서, 平凡한 시민으로서의 存在 樣式보다도 그의 出生과 成長, 더욱 넓게 말해서 그의 精神을 형성케 한 그 자신의 독자적인 宇宙를 갖는 점이다. 얼핏 보아 그것은 그의 現實生活과 相克的인 위치에 있는 것 같지만 사실은 그러한 〈小宇宙〉가 있음으로 해서 그의 現實生活과 詩가 가능하고, 또한 그것의 조화로운 結合도 가능한 것이라고 인정된다. 이 점을 직접적으로 알아보기 위해서는 다음에 인용하는 「어느 날」의 한 부분을 읽어보아도 충분하리라.

내 마음의 小宇宙에도

나의 국적은 한국이라는 것, 달 뜨는 밤이면 부엉이 울음을 듣는다는 것, 아버님은 늘 엄격하셨다는 것, 나는 어딘가 쭈그러졌다는 것….

나는 이 진리를 옷 해 입고
좁은 길목이며, 산등성이며
다리가 짧은
가무잡잡한 女人들의 곁 ——

아주 당연하게 살아갈 수가 있었던 것이다.

이제 우리는 趙南翼씨가 一九六九年 그의 처녀 시집『山바람소리』를 내놓은 다음, 그러니까 一九七○年代로 접어들면서 그의 詩作 態度에 있어서 중요한 변화를 일으키고 있음을 지적해야 할 단계에 온 것 같다. 어떠한 詩人에게 있어서나 詩的 變貌란 그것이 內面的 必然性에 기인하든 혹은 단순한 實驗的인 次元에서 연유하든 때때로 나타나는 법이다. 그것은 대개 조심스럽고 점진적인 양상으로 나타나는 수가 많다. 그런데 趙南翼씨의 경우에 있어서는 그것이 그의 종래의 詩에 친숙했던 독자들에게 상당히 놀라울 정도의 변화로 느껴질 것이다. 그만큼 그의 詩는 변해가고 있다.

대체 한 詩人이 그의 詩作 過程에서 간간 드러내 보이는 變貌의 樣相은 어떠한 意味를 포함하는 것인가? 이러한 물음은 매우 흥미 있게 캐볼 문제이다. 그것은 첫째 그의 詩的 變貌가 그의 詩的 원숙성과 어떠한 관계에 있는지, 그리고 둘째 그것은 과연 詩的

價値를 획득하고 있는지 하는 두 가지 前提를 의당 검토해야 할 문제이기 때문이다. 우리는 실제 全 生涯에 걸쳐 집요하리만큼 같은 主題에 같은 技法으로 일관하는 시인은 더러 알고 있지만, 한편으로는 많은 시인이 다양한 변모의 포즈를 열심히 보여주고 있음을 또한 알고 있는 터이다. 그리고 이러한 변모의 과정을 세심히 살피는 것이 作品의 비밀스러운 通路를 알아내는 작업으로써 매우 중요하다는 것은 두말할 나위 없으리라.

趙南翼씨의 경우에 있어 시적 변모는 제일 먼저 脫技巧의 美學으로 드러난다. 사실 그는 初期에 있어 다분히 言語 感覺에 치우친 詩人이었다고 할 수 있다. 그의 처녀 시집에 수록된 전 작품은 言語 造形의 藝術品이라 해도 과언이 아닐 정도이다. 그는 단 하나의 詩語도 허술하게 다루지 않는다.

그가 얼마나 詩語를 가다듬는가 하는 것은 寡作의 詩人이란 것과 관계가 있다. 아무튼 그는 치밀한 言語 組織, 美感의 言語 構成, 그리고 그것이 거두는 부드러운 音聲律과 정돈된 이미지의 世界가 바로 詩的 效果라고 믿고 있었던 것 같다. 이런 점에서 보아 그는 詩作은 곧 言語의 正體를 드러내는 作業이라고 생각하고 있었는지도 모른다. 「水古里」 같은 작품만 보더라도 그가 散文詩에 있어서조차 아름다운 언어와 流麗한 리듬에 얼마나 신경을 썼는지 알 수 있다. 그리고 이와 같은 偏言語技巧的 性向은 그가 즐겨 忠淸道의 田園的 風物과 抒情을 다룸에도 불구하고 그로 하여금 地方語의 驅使를 거의 허용치 않게 한 원인이 되었으리라 믿어진다.

그러나 趙南翼씨가 言語的 技巧에서 탈피했다는 것은 그가 여태껏 다루어 온 詩 世界를 전면 포기했다는 것과 같은 의미일 수는 없다. 그는 좀 더 직접적이고 구체적인 言語로 농촌의 情景과 그것에의 향수, 그리고 고향을 그리는 回歸的 感情을 솔직하게 표현하고 있을 뿐이다.

> 여름을 나는 사람들이
> 아직 千年 前의 여름을 살아도
> 사는 이의 푸른 골짜기에 내리는 물은
> 누구나 鳳鳴里 와서 물으면 안다.
>
> ―「鳳鳴里」에서

이것은 言語의 技巧를 피하면서도 作詩 上으로 성공한 例의 하나이다. 鳳鳴里란 말을 듣지도 보지도 못한 사람들이라도 이 구절을 읽으면 鳳鳴里의 太古적 신비스러운 푸른 골짜기를 충분히 상상할 수 있지 않은가? 그가 이렇듯 평범한 日常 言語에서 詩的 效果를 찾아내는 才能은 그 자신의 年輪的인 成熟과도 관계되지만, 그의 스승 未堂의 영향 또한 적지 않았던 걸로 느껴진다. 어쨌든 上記한「鳳鳴里」이외에「아내의 空日」,「老農」,「母國」등과 같은 작품들은 傾向 上으로 初期의 作品과 그 軌를 같이 하고 있지만 詩的 表現에 있어서는 전에 비하여 破壞的이라 할 정도이다. 그것은 詩人 趙南翼씨의 정신이 言語的 拘束을 거부하고 自由스러운 自己 解放, 또는 正直한 對自然 · 對社會 認識에 대하여 과감히 눈을 뜨기 시작했기 때문일 것이다.

여기에 이르러 우리는 趙南翼 詩의 한 轉換點을 이루는「풀피리」를 주목해야 될 것 같다.

우리 동네
열두 방네
아이들은

피리
풀피리
풀피리 하나로도

보이지 않는
어둠의 땅
누우런 絶望의
끄트머리에서

다시는
다시는
내려오지 않을 것처럼

하늘에다
아시아의 魂을
신나게 불곤 하였다.

—「풀피리」全文

이 작품은 四四調 혹은 三四調의 混形으로서 詩人이 音數律에는 처음부터 신경을 쓴 듯하지만 다른 특별한 詩的 技巧는 전혀 볼 수 없다. 그리고 音數律에 신경을 쓴 것은 그 主題가 民謠的 內

容과 부합되기 때문일 것이다. 아니, 거꾸로 말해서 主題를 고려해서 民謠 形式을 택했을지도 모른다. 어쨌든 작품에서 드러나는 閉鎖的 · 絶望的 雰圍氣와 여기에 대응하는 意志로서 「아시아의 魂을/ 신나게 불곤 하였다」는 希望的 展望은 단순한 公式性을 초월하여 알맞게 調和를 이루고 있다. 흔히 이런 式의 發想이 자칫 通俗的 公式에 떨어지는 경우를 많이 보는데, 「풀피리」가 그 함정을 벗어날 수 있었다는 것은 그것이 詩人의 순수한 心情과 思惟에서 얻어진 것이기 때문이라 믿어진다.

自然에의 心醉와 日常에의 順應이라는 初期 詩의 패턴에서 趙南翼씨가 서서히 現實과 狀況에 대하여 關心하기 시작했다는 것은 그에게 있어 중대한 변모임에는 틀림없지만 그것의 成果에 대해서는 아직도 조심스럽게 지켜볼 수밖에 없다. 특히 그는 최근에 와서 「名劍」, 「郊外吟」, 「階伯의 아내」 등과 같은 작품을 통하여 오늘의 狀況을 歷史的 現實로 해석고자 하는 진지한 詩 意識을 견지하고 있는데, 나로서 분명히 말할 수 있는 것은 그런 작업이 文壇 時流에 편승한 것이 아닌 趙南翼流대로의 순수한 그 무엇이란 점이다.

趙南翼씨는 拒否보다는 順應을 택한다. 거의 절망적인 분위기에서 그는 自虐的인 제스처를 부리면서 자기 자신이 현실적으로 無力한 詩人임을 告白하고 있을 뿐이다. 또 어떤 면에 있어서는 주어진 狀況의 條件을 차라리 운명이라 체념하고 그것의 윤곽이 더 확연히 드러나 시인 자신을 파멸시키기를 염원하고 있는지도 모른다. 念願, 이것은 최근 그의 시에서 아주 특징적인 主調를 이루고 있으니까.

① 우리들, 무명한 해골이 떨어지는
奈落

—「亡滅」에서

② 울음은 땅에 떨어지고
씨앗처럼 땅에 떨어지고

—「소나기」에서

③ 허기는 씨앗으로 떨어졌거니

—「푸른 눈」에서

④ 사람이 내려오던가
…
白頭山 天池에는 눈이 내리던가
…

休戰線을 건너서 내려오던가
아이들이 줄지어 내려오던가

—「下降」에서

⑤ 땅에는 떨어지는 빛이 있다
땅에는 떨어지는 씨앗이 있다

—「郊外吟」에서

– 以上 傍點 筆者

이상에서 볼 수 있는 〈내려온다〉 혹은 〈떨어진다〉라는 動詞는 분명 下降 이미지를 나타내고 있다. 물론 〈뜨랴 뜨랴, 소리개야 뜨랴〉 (飛翔)와 같은 上昇 이미지를 나타내는 작품도 없지 않으나 앞서와 같은 下降 이미지가 단연코 압도적이다. 그리고 대개 이와 같은 下降 이미지가 우리에게 聯想시키는 內延的인 意味는 절망적인 분위기, 自虐的 諦念, 또 破滅에의 順從이다. 그러나 중요한 것은 거기엔 또 逆說的인 念願이 無意識 속에 潛在해 있다는 事實이다. 이러한 면을 고려해 넣고서야 趙南翼 詩에서 특징적으로 드러나는 下降 이미지의 세계가 명료히 밝혀지리라 생각된다. 下降 이미지를 놓고 이와 같은 對照的인 解釋이 가능한 것은 例文 ①, ②, ③이 어둡고 절망적인 상황을 상징하는 데 반하여 ④, ⑤는 삶을 전면적으로 거부하는 대신 염원적인 자세를 보여주기 때문이다. 다시 말하자면 여기서 보이는 下降 이미지가 明暗의 兩面을 交替的으로 反芻함으로써 一元的인 詩 意識을 집착하지 않고 있는 것이다. 결국 葛藤이란 주제는 詩의 영원한 美學인 모양이다.

이제 나는 趙南翼씨가 상당한 애정을 쏟으며 썼으리라 짐작되는 聯作詩 「忠淸道」에 대하여 이야기함으로써 여기서 그와 헤어지는 악수를 나눌까 한다. 아마도 「忠淸道」는 그가 初期 詩에서 즐겨 다루었던 故鄕의 敍景과 人情을 그러나 오늘의 現實과 조준하여 形象化하려는 의도에서 쓰인 듯하다. 따라서 작품 전체를 관류하는 준열한 歷史意識은 그가 처음 나타내고 있었던 옛 선비의 隱遁的 姿勢와는 相反된 世界를 제시하고 있는 것이다. 물론 「忠淸道」 전편을 통해 볼 때 고향에 관한 幼年的인 추억과 애상적인 노스탤지어가 완전히 가셔진 것은 아니다. 그가 유달리 집요하게 추구하는 〈바람 소리〉의 象徵으로써 우리는 아직도 그의 작품에 짙은 自然 色을 간과할 수는 없다. 그것은 특히 그가 작품에 직접적으로 사용하고 있는 周邊 地名, 예컨대 〈南村里〉, 〈鷄龍山〉, 〈儒城〉, 〈扶餘〉, 〈黃山벌〉, 〈落花巖〉, 〈扶蘇山〉, 또 〈申東曄詩碑〉라는 語彙를 통하여 생생하게, 그러면서도 回顧的 趣向을 가미한 채 그의 詩的 空間을 부각하고 있는 것이다.

> 차라리 玉碎로 남겨 논
> 가도 가도 허허로운
> 黃山벌…
> …
> 우리 시골집
> 오줌통에 빠진
> 초생달이 떴다.
>
> ―「忠淸道 · 6」에서

어느 날 밤 詩人이 黃山벌을 지나가고 있었으리라. 그때 허허로운 황산벌에서 문득 고개 들어 마주친 초생달… 그러나 그 초생달을 어릴 적 시인이 살던 시골집의 〈오줌통에 빠진〉 바로 그 초생달과 同格시함으로써 詩人은 수십 년이라는 時間的 間隔을 초월하는 것이다. 말하자면 그때 초생달은 한 개 遊星으로서가 아니라 詩人의 意識을 反映하는 한 主體로서의 存在로 바뀌고 만다.

이상에서 본 「忠淸道」 7과 10등은 비교적 회고적 감정에 치우친 것이지만 기타의 것들은 대개 社會的 現實의 한 斷面을 표현하고 있다.

뿌리조차 땅에 내린
하이얀 근심들을 먹고
南村里의 서른여섯 지붕에
지금도 하늘로 뿜는
가느다란 연기

—「忠淸道 · 1」에서

한국 농민의 유전적인 가난과 또 그 생태가 繪畵的으로 얼마나 잘 나타나 있는가. 〈근심들을 먹고/ … 가느다란 연기〉를 뿜어내야 되는 농촌 현실의 구도가 선명하다.

이빨 빠진
百濟 遺民을
魚肉처럼 베고 또 베어도
여전히 무성한
百濟의 들아

—「忠淸道 · 8」에서

亡國의 百濟 遺民들은 결코 쓰러지지 않았다. 들판의 풀을 베고 또 베어도 무성히 자라나듯 그들은 굳건하게 살아간다. 아마도 이 詩의 底流에는 일반적으로 忠淸道 사람을 무기력하게 보는 부당한 偏見에 대하여 은근한 抵抗情神을 고취시킨 면이 있는 것으로 여겨진다. 그러나 물론 충청도의 농민들은, 아니 한국의 농민들은 그들이 大地에 두 다리를 붙이고 있는 이상 끄떡없이 살아갈 것이다.

이제 더 이상 무엇을 쓰랴. 趙南翼씨는 아직도 젊고 따라서 그는 過去의 詩人이 아니라 未來의 詩人이다. 詩作 生活 십 년 동안의 決算보다는 앞으로 남은 未知數에 관심을 두는 것이 더 바람직하다. 다만 마지막으로 나로서 하나의 아쉬움을 적어둔다면 그가 言語의 구속에서 해방됨으로써 詩를 敍述的으로 유혹하고 있다는 점이다. 이제 그는 技巧보다는 〈해야 할 목소리〉를 선택한 詩人이다. 그에게는 많은 이야기가 있으리라. 脫技巧의 具體的인 世界가 앞으로 어떻게 展開될지, 그것을 계속 지켜보기를 약속할 따름이다.

一九七六年 六月
宋 在 英

❐ 임강빈(任剛彬)_3시집 『나들이의 땅』(1983) 跋文

(임강빈 詩人 · 大田市敎育廳 奬學士)

조용한 野望

- 그의 人間을 中心으로

趙南翼兄이 〈現代文學〉 誌의 추천을 마칠 무렵, 나는 고향인 公州에 있었다. 바로 이웃인 扶餘에서 한 詩人이 탄생했다는 데서, 그것도 같은 文學誌를 통해 나왔다는 사실은 적이 나를 흥분시켰고, 만나보고 싶은 衝動을 받았다. 요즘처럼 詩人의 이름이 그리 흔하지 않았던 때라 한 시인이 등장하면, 대개 그 作品을 보고서도 얼마큼 그 詩人의 모습이나 성격 같은 것까지 짐작이 갔었다. 그의 추천 작품을 통해 鄕土色 짙은 抒情이 밴 순박한 忠淸道의 한 얼굴을 쉬 떠올릴 수 있었다.

그 후 趙兄을 처음 만난 것은 우리가 지금 같이 살고 있는 大田인 것으로 기억하고 있다. 흐트러지지 않는 몸가짐에서, 그리고 안경 너머로 번뜩이는 눈빛, 빈틈을 보이지 않는 그에게서 내가 머릿속에 그려본 趙兄하고는 좀 빗나간 또 다른 예리한 印象을 받았다.

趙兄은 매우 부지런한 사람이다. 우리가 갖는 어떤 文學의 모임이나 行事 같은 데서 늘 앞장을 섰고, 매사에 신중하고 치밀했다.

그런 勤勉性은 그의 文學 活動에도 잘 나타나고 있다. 이번 詩集『나들이의 땅』으로 세 권의 詩集을 갖는 셈이요, 隨筆集에『시의 오솔길』, 그밖에『現代詩 解說』같은 力著를 上梓한 바 있다. 이 모두가 바쁜 教職 生活 틈틈이 얻어진 것들이다. 사람이 부지런함도 타고나야 되는 모양이다.

趙兄은 또 剛直한 성격을 갖고 있다. 그는 타협을 잘 하려 하지 않는다. 않는다기보다 못한다는 편에 속하는지도 모른다. 趙兄과의 交遊도 이제 꽤 오랜 연륜을 쌓아가고 있다. 자주 만나다 보면 짜증이 날 때도 있고, 의견이 상충하는 일도 있을 법한데 별로 얼굴을 붉혔다거나 언성을 높여본 기억이 별반 나지 않는다. 그렇다고 속마음까지를 홀랑 뒤집어 보이는 그런 사이도 아니다. 간혹 술자리 같은 데서 어울릴 때, 趙兄은 시작할 때의 자세를 그대로 지켜나갈 뿐이다. 술에 취해 있는 얼굴을 본 일이 없을 程度이다.

趙兄은 인정이 많다. 겉으로 보아서는 무뚝뚝한 데가 있고 융통성이 없어 보이지만, 남한테 어려운 부탁을 받았을 때, 그것을 뿌리치지를 못한다. 남의 딱한 사정을 미리 읽어내어 따스한 情을 나눌 줄 안다. 이러한 多感한 人間性이 그의 詩 속에 貫流하고 있는 것이 아닐까?

詩가 많이 변하고 있다. 꼭 趙兄의 詩를 두고 하는 말만은 아니다. 農村을 버리고 都市로 몰리는 오늘의 世態처럼 詩도 故鄕을 떠나고 있다는 생각이 든다. 오늘의 詩가 각박한 都市人의 生理

를 닮아가고, 巨大한 빌딩의 숲을 보는 것 같아 情感이 없다고들 한다.

趙兄의 詩에서는 호젓한 고향길 같은 情을 준다. 애써 知的인 몸놀림이나, 社會現實에 대해서 어떤 메시지를 주려는 그런 것도 아니다. 오랜 傳統에 뿌리를 하여 抒情性과 鄕土的인 빛깔을 그의 詩에 깔고 있다.

〈傳統이라는 것은 흘러 내려오는 것을 두 손으로 움켜잡는 것이 아니라 自身의 속으로 퍼 올리는 데 있다. 참다운 傳統은 자신의 가운데 있는 것이다〉라고 한 어느 분의 말처럼, 趙兄은 傳統性을 그대로 受容하려고만은 하지 않는다.

趙兄의 詩도 조용한 變化를 보여주고 있다. 〈詩는 언제까지나 끈기 있게 기다리지 않아서는 안 된다〉라고 말테의 手記에서 말하고 있지만, 그러나 그는 기다리는 美德에만 만족하지 않으려 한다.

첫 詩集『山바람 소리』에서는 鄕土性이나 抒情性 짙은 시를, 『풀피리』에서는 抒情의 바탕에 어떤 意味를 깔려는 傾向이 보였으며, 이번 詩集에서는 始作이기는 하나『朕의 戀歌』라는 보따리 하나를 풀어놓고 있다.

野史에서 詩의 모티브를 삼은 예는 보아왔지만, 정면으로 正史쪽에서 取한 예를 보지 못한 우리의 눈에는 우선 그 大膽性에 놀라지 않을 수 없다. 앞으로 어떻게 具體的인 것으로 매듭지어질 것인가에 關心은 모아질 것이다.

이제 그는 조금씩 뜨거워지는 것인지도 모릅니다. 서늘한 詩로부터 출발했던 그로서는 거꾸로 된 과정이랄 수 있겠지요.

이렇게 自序에서 자기 시의 변모를 示唆하고 있다. 그것이 어떻게 작품(예술)으로 昇華시켜 나갈 것인지는 오로지 趙兄의 능력에 속하는 일에 해당되는 일이지만, 우선은 野心으로 받아들여도 좋을 것이다.

그는 한곳에 머물러 있으려 하지 않는다. 그만큼 事物을 보는 눈을 넓혀가고 있고, 자칫 범하기 쉬운 詩의 고정성이나 폐쇄성에서 벗어나려고 몸부림치고 있다.

땅에서 자란 내 키는
두어 자가 된다지만
아무래도 그건 雜木인 것을
까마득한 벼랑 위에서 알았다

—「날개」의 一部

趙南翼兄의 겸손과 野望이 언젠가는 長空을 훨훨 나는 날개가 되어줄 것을 확신한다.

❒ 최원규(崔元圭)_3시집 『나들이의 땅』(1983) 跋文

(최원규 詩人 · 文博 · 忠南大 文科大學長)

自我 認識과 歷史意識의 抒情化

– 그의 作品을 中心으로

1

훌륭한 詩는 '目的地' —— 主題를 가지고 있지 않다고 리챠즈는 말하고 있다. 詩는 믿는 것이 아니라, 태도를 자유롭게 발전시키는 것이기 때문에 믿음의 대상, 즉 일정한 주제를 갖지 않는다는 것이다. 이는 서정주의적 문학관으로서, 복잡한 現代文明, 社會的 狀況에서 더욱 절실한 것이다. 현대라는 소용돌이 속에서 자유로운 人間의 生活로서의 서정시가 갖는 가치는 더 소중하게 여겨지기 때문이다. 그래서 現代詩는 '무엇을 말하고 있느냐' 하는 주제나 의미를 중요시하던 詩에서 '어떻게 말하고 있느냐' 하는 方法의 문제가 더 큰 비중을 두어 발전되었다. 이것은 主題를 도외시한다는 것이 아니라, 더욱더 生命的인 것으로 자유롭게 발전하고 있다고 바꾸어 생각할 수도 있다.

趙南翼 詩人은 主題 意識을 중요시하는 詩人이다. 삶이나 歷史意識이 그의 詩 表面에 나타나고 있다. 그러나 趙 詩人은 단순히

詩의 表面에 드러내 보이고 있는 것은 아니다. 삶과 自我 認識 혹은 歷史意識을 소재로 하여 제시하면서도 趙 詩人이 취하는 耽美的 觀點은 抒情的 要素와의 結合이다. 現代詩의 抒情은 꽃, 사랑, 슬픔 등의 서정이 아니라 直觀的 知性에 의하여 統御되면서 思想이나 意識의 內面까지도 능히 詩的 의미나 美로 변형시켜 나갈 수 있는 요소까지 포함할 수 있다. 趙 詩人은 이러한 現代詩의 抒情을 인식하여 主題 意識이 표출되는 詩를 극복하고 있다.

이렇게 삶과 自我 認識 그리고 歷史意識의 抒情化에 성공을 거둔 것은 시집 『山바람 소리』, 『풀피리』에 이어 내놓은 第3 詩集 『나들이의 땅』이다.

2

시집 『나들이의 땅』은 5부 40작품으로 구성되어 있다. 제1 · 2부는 삶과 自我 認識의 世界, 제3 · 4부에서는 현실 상황과 歷史意識을 형상화시키고 있고, 제5부에서는 제1 · 2시집에서 6편을 뽑아 묶은 것이다.

제5부에서 살펴보면, 「우리 시골집/ 오줌통에 빠진/ 초생달이 떴다」(「忠清道 · 7」)와 같이 향토적 서정 세계를 모티브로 하여 詩化하고 있음을 알 수 있다. 그러나 이러한 '향토성과 土着的 世界'와는 달리 『나들이의 땅』 '序'에서 시인이 말하고 있는 바와 같이 '뜨거운 시'를 쓰고자 하였다.

우선 제1 · 2부에서 보면, 삶과 自我 認識의 世界를 형상화하고 있다. 詩人은 直觀에 의해 사물을 바라보고 있다. 곧 직관에 의해 인식의 세계에 도달하고 있는 것이다.

나는 끊어지고 있었다
어머니에게서 끊어지고
땅에서 끊어지고
우리 집 아가의
찬란한 유방에서 끊어지고
百濟에서 끊어지고
…〈중략〉…
하루에도 한 번은
흘린 피에서 끊어지고
마침내는 꿈으로부터
끊어질 검은 머리칼

한 줌의 새하얀
머리칼.

—「머리칼」에서

시인의 삶에 대한 自我 認識은 허무감, 상실, 自我의 침몰, 혹은 희생으로 받아들인다. 모든 것들로부터 '끊어지고' 있는 認識의 태도다. 시인에게 있어서 특히 주목할 필요가 있는 언어는 '피'라는 단어다. 여러 군데서 반복되고 있는데, 모두 같은 의미는 아니지만 상징의 이미지에 있어서 '피'는 희생과 격렬한 열정을 나타내기도 한다.

'흘린 피에서 끊어지고'(「머리칼」) '피에 흐르는'(「꽃뱀」) '피에 젖은 精神이'(「錦山」) '모래와 피를 섞고'(「벽돌과」) '피 흘리는 콩새는'(「뎃상」) 등에서 보는 바와 같이 희생을 의미하고 있다. 이러한 '희생'과 대비되는 단어는 '칼'이다. '칼'은 희생의 강도를 더욱 높이고 있다. '불길이 달구어내는 칼'(「雷聲」) '都市는 칼을 쓰고'(「上空」) '칼끝이 섰다'(「벽돌과」) '칼날에 와서'(「땅속에는」) 등에서 볼 수 있듯이 칼은 희생과 직접으로 연결된다.

그러면 이러한 상실과 희생의 의미는 무엇일까. 그것은 죄의식이다.

꽃뱀은 숨어
몸으로 몸으로
깃발이 되었습니다.

—「꽃뱀」에서

사람은 둘이서, 셋이서, 넷이서
말 못 하는 둘이서, 셋이서, 넷이서

열적게 남은
實存 끝에까지 가서는
더도 말고 쬐그만
귀나 될까나

—「天聲」에서

사람은 숨어서 숨어서 그의 노래와 만나더라
…〈중략〉…
죽은 이의 혼이 바람에 숨어서는
우리는 차라리 바람에서 잠깐 만나더라

귀뚜라미처럼
구원처럼….

—「귀뚜라미」에서

시인의 자아 상실감과 희생 의식은 바로 죄의식이다. '숨어' '말 못 하는' 것들은 죄의식의 소산이다. 이러한 죄의식으로 인하여 '숨어서 숨어서' '차라리 바람에서 잠깐 만나'는 것이다. 그 죄의식은 구원의 본질로서 포용되고 극복된다. 오히려 삶의 지평에 대한 간절한 기다림으로서의 구원이다. 그래서 시인은 이러한 상실감, 희생, 허무감만을 인식하지는 않는다. 自我의 침몰, 희생을 노래하면서도 밝음을 지향하는 것이다.

월급쟁이의
한평생,
용케도 지탱하여 온
아내의
서러운 두 손도

오늘은
확 트인 郊外에서
모처럼 고운 눈빛이여

自由의 넋이 불타고 있었다.

—「나들이」에서

삶의 애상, 고통, 허무에서도 밝음을 지향한다. 詩的 自我의 감정은 삶을 이해하는 데 가장 원초적인 형태다. 趙 시인은 어둠에서 밝음을 지향한다. 이러한 밝음을 지향하는 정서는 자아나 세계에 대한 인식이다. 이는 곧 현실의 상실감, 희생, 침몰의 인식을 통한 자기나 세계의 인식이며, 인식 세계에 대한 구원을 의미한다. 그래서 더욱 시인은 '뜨거운 詩'를 쓰고자 하는지도 모르겠다.

이렇게 시인은 삶과 自我 認識의 세계를 서정화하고 있다. 혹은 생활과 밀접한 관계를 가지고, 혹은 깊은 自我 認識의 대상을 서정성 위에 승화시키고 있다.

3

제3 · 4부에서는 歷史意識을 형상화시키고 있는데, 제3부에서는 현실을 바탕으로 한 歷史意識을, 제4부에서는 연작시「朕의 戀歌」로 우리나라의 古代史 특히 先史時代의 歷史를 시의 소재로 끌어들이고 있다.

제3부에,「罪」「뎃상」「눈빛의 말」등은 現實의 상황을,「七百義塚」「錦山」등은 임진왜란 때 장렬히 싸우다 장렬히 전원 숨진 七百義士 무덤을 소재로 하고 있다.

> 하필이면 길가에
> 태어난 罪
> 질경이의 하얀 뿌리가 밉다
>
> 하늘에 닿지 못하는

어여차, 미치고 싶은 사랑
코리아에 태어난
나의 罪…
…〈중략〉…
질경이야,
짓밟힌 질경이야
어여차, 미치고 싶은
밟히며 자란 사랑이야.

—「罪」에서

한반도가 강대국의 틈바구니에서 밟히면서도 질긴 생명을 유지해 온 것을 질경이의 운명과 한반도의 운명을 대비시켜 표현하고 있다. 끈질긴 生命力을 사랑의 환희로 얼싸안고 싶은 것이다. 그리고 「눈빛의 말」에서는 '黃龍'(中國), '海狗'(日本)에게 상처를 입었지만 '靑龍'(韓國)은 푸른 불꽃을 내뿜으며 꿈틀거리는 희망찬 미래를 표현하고 있고, '제7회 아시아축구선수권대회 남북한전을 보고'라는 부제가 붙어있는 「뎃상」에서는 남북한을 "시퍼런 칼날이 갈라놓은 두 쪽의 사과"로 표현하면서 분단의 현실적 상황을 "피 흘리는 콩새는 퍼덕이며 가고 있었다"라고 토로하고 있다.

3백 87년이나 지난
錦山의 비인 하늘에
七百義兵들이
그린 커다란 손이 하나
〉

지악스럽게 움켜쥔 그 손에는
如意珠 대신 한 다발의
피에 젖은 精神이 물려 있었다
… 〈중략〉 …
義兵들처럼 늘어선
코스모스 하얀 손에
그냥 놓쳐버릴 가을이 떴다.

—「錦山」에서

이 시는 歷史의 現場에서 소재를 끌어들이면서도 〈義兵들처럼 늘어선/ 코스모스 하얀 손에/ 그냥 놓쳐버릴 가을이 떴다.〉와 같이 저미어오는 七百義兵들의 恨과 아픔을 코스모스 하얀 손에 놓쳐버릴 듯한 가을의 서정성과 연결시키고 있다. 이는 보다 깊은 본질을 발견하려는 시인의 투철한 인식 능력이다.

제4부는 古代史의 正史를 소재로 한 시들로 연작시 「朕의 戀歌」로 구성되어 있다.

「原木」「先住民」「先祖들」「풀피리」「形成」「先史時代」「桓雄天皇」 등의 시에서 고구려의 웅활한 기개, 우리 民族의 시작, 先祖들의 모습, 부족의 성립, 배달민족의 형성, 민족의 신앙, 단군신화를 소재로 한 民族의 魂 등을 형상화하고 있다.

그러나 시인은 이러한 歷史를 소재로 하여 表現하는 데 그치지 않는다.

이제사 보이는
겨울 하늘

기러기 떼의 그림자.

—「先祖들 : 朕의 戀歌 · 4」에서

아가야, 그것이 모여
숲이 되고 꽃이 되어
찬란한 그대 얼굴 피어오른다.

—「形成 : 朕의 戀歌 · 6」에서

새야, 파랑새야
漢江에서 다시 듣는 울음의
달밤이 떴네.

—「桓雄 天皇 : 朕의 戀歌 · 8」에서

이와 같이 역사를 소재로 하여 시를 쓸 때, 표면에 드러나기 쉬운 주제 의식을 서정성으로 제어 작용을 하고 있다. 歷史的 사실을 서술적 수법으로 처리함에 따라 시의 균형을 잃게 되는 것을 막아주고 있다. 이는 知的인 것에 어느 정도의 서정성을 투입하여 美를 추구하고 있는 것이다.

앞으로 이 시인을 사랑을 가지고 지켜볼 일은, 시집의「序」에서 시인이 밝히고 있듯이 '이제 시작인 셈'이라는 연작시「朕의 戀歌」와 같이 國史의 正史에서 取材하고 있는 시들이 얼마큼 서정성과 밀도 있게 결합되어 형상화되고 있는가에 있다. 이 시집에서 보여준 趙 시인의 詩的 形象力과 可能性을 믿는다.

❒ 성찬경_5시집 『하늘에 그리는 상형문자』(1998) 해설

(성찬경 성균관대 명예교수 · 前 한국시인협회장)

시와 사랑의 인연 풀이

– 조남익 시인의 시 세계

[1]

〈시는 사랑이다….〉 趙南翼 시인의 새 시집 『하늘에 그리는 상형문자』의 이 시집과 밀접한 관련이 있는 역시 같은 시인에 의한 『짐(朕)의 연가(戀歌)』를 精讀 음미하면서 나도 모르게 내 입술에 오른 말이 바로 이 말이었다.

기실 〈사랑〉은 너무나 보편적이며 근원적인 원리일 수 있기 때문에 인간 만사 사랑이 적용되지 않는 경우란 없다 해도 과언이 아니다. 그만큼 사랑의 뜻과 그 작용의 폭이 넓고 깊고 크다. 때문에 경우에 따라서는 사랑 운운하는 것이 마치 우리가 숨 쉬며 살아가는 공기를 찬미하는 것처럼 무해무덕한 덕담 이상의 뜻을 갖지 않을 수도 있다. 그래서 사랑의 원리는 비켜서는 딴 관점에서 시나 사물을 살펴보려는 경향이 이미 보편화돼 있는지도 모른다.

그러나 실은 이러한 일종의 선입관 아닌 선입관이 때로는 우리 사고의 함정이요 맹점일 수가 있다. 사랑을 정면에서 거론해야 할 때는 사랑을 거론해야 한다. 생각해 보면 시만큼 사랑과 밀접한 관계에 있는 것도 없다. 그런데 아무도 이 점을 드러내서 말하려 하지 않는다. 보기에 따라서는 기이한 일이기도 하다. 원리와 사랑의 원리는 거의 서로 어긋남이 없이 포개어질지도 모르겠다. 시의 원리와 존재의 원리 역시 마찬가지다. 그러고 보니 시, 사랑, 존재, 이 셋은 서로 너무 닮은 데가 많으며, 모두가 깊은 뜻의 심연을 그 안에 품고 있다. 누구나가 다 한국 시의 전통적인 정서를 〈恨〉으로 풀려고 하고 있고, 여기에는 충분히 그럴만한 이유가 있다. 〈한〉은 어디서 나오는가? 사랑에서 오는 것 아닌가. 사랑이 없는 곳에서 한이 길이 남아 서릴 수 있는가.

조남익의 시는 우리에게 문득 이런 점을 깨우쳐 주는 것 같다. 조남익은 우리가 흔히 쓰는 개념과 그 개념이 들어맞는 범주의 설정에서 일단은 〈한〉의 시인이라 해도 될 것 같다. 그러나 〈한의 시〉란 말이 풍기는 수동적인 뜻으로 해서 조남익은 여기에 딱 맞는 것은 아니다.

조남익의 시가 풍기는, 어떻게 보면 끈질기다 할 근원에의 탐구와 그 의욕은 조남익을 한의 차원에 머물게 하지 않으며, 한의 모태가 되는, 그렇기 때문에 한을 포용할 수 있는 사랑의 차원에까지 가서 닿게 하는 것이다.

조남익을 사랑의 시인이라 할 때, 이 〈사랑〉은 주제적인 의미를 갖는다. 이미 말한 바와 같이 사랑의 개념의 범위가 너무 넓기 때문에 대개의 시인은 사랑의 한 국면을 명확한 모습으로 부각시켜 그것을 시와 관련시키지 못하는 것이다. 사랑의 시에서 제일 간명한 범주에 드는 것은 연애시일 것이다. 연애시는 또한 사랑의 시 안에서 가장 일반적인 경우이기도 하다. 하지만 사랑의 대상에는 사모하는 연인만이 해당되는 것은 아니다. 겨레, 전 인류, 자연, 우주 전체, 있는 것 모두, 더 나아가 있는 것 모두에 숨어 있는 보이지 않는 뜻과 신비까지도 모두 사랑의 대상이 될 수 있다. 이중 어느 것과의 사랑을 일관성 있게 추구하느냐 하는 일은 상당한 정도의 의지와 집중력을 필요로 한다. 근래에 와서 조남익이 펼치고 있는 시의 작업은 이러한 점을 선명하게 부각시키고 있다.

『하늘에 그리는 상형문자』보다 한발 앞서 나온 『짐(朕)의 연가(戀歌)』는 『하늘에 그리는 상형문자』와 相補的인 관련성을 가지며, 따라서 이번에 나오는 시집을 살펴보기 위해서는 앞서 나온 시집을 살펴볼 필요가 있다. 『朕의 戀歌』의 「책머리」에서 저자는 이렇게 말하고 있다.

> 나의 임은 짐(朕)입니다. 어찌 제왕만이 '짐'이라 할 수 있겠습니까. 제왕이 자신을 '짐'이라 하였다면, 우리는 절대정신으로서의 민족혼(民族魂)을 '짐'이라는 대명사로 불러도 좋을 것입니다. 그것은 바로 나의 절대아(絶對我)이기도 합니다. 나의 임은 민족의….

이와 같이 朕의 개념에 대해서 명확한 정의를 내리고 있다. '짐'은 '임'과 운(韻)이 맞는다는 점도 간과할 필요는 없겠다. 사실 여기서의 조남익의 '임'은 넓게 보아서 韓龍雲의 '님'과 혈연관계에 있다고 보아도 틀리는 생각이 아니다. 차이점이 있다면 萬海는 '님'에 대한 개념 규정을 하지를 않아서 '님'의 상징적인 의미를 무제한 개방시켜 놓은 반면에 조남익은 '짐'의 궁궐의 울타리를 선명하게 둘러놓음으로써 '짐'에 따르는 불필요한 오해와 모호성을 배제했다는 점이다. 조남익이 '짐'을 '절대아'라 한 점에도 유의해야 할 것이다. 조남익은 '자아'를 큰 존재와 일치시키기 위해서 '자아'를 확장해 나가지만, 무제한 그렇게 하는 것이 아니라 '민족혼'의 범위에서 멈추고 있다. '짐'은 우주처럼 넓고 커서 그만큼 허한 것이 아니라 크긴 크지만, 그 윤곽이 뚜렷해서 오롯하고 영롱한 존재가 된다. 또 여기서 조남익의 '짐'은 신앙인이 신앙의 대상으로서 부르는 신(神)과 정서상 맥이 통한다. ('절대'란 말을 다시 한 번 음미해 볼 필요가 있다) 그리하여 조남익은 '짐(임)'을 놓고 마치 애인이 님을 노래하듯 마음껏 시를 읊을 수가 있는 것이다.

결국『朕의 戀歌』는〈겨레 사랑〉의 시집이다. 그러나 겨레 사랑을 읊는 방법을 그리 쉽게 설정한 것은 아니며, 오히려 풀기가 쉽지 않은 모순적인 과제를 스스로 부과하고 있으니, '戀歌'의 소재는 우리나라 역사에서, 그중에서도 삼국시대까지의 古代史에서 찾고 있으나, 가능한 한 野史 쪽의 소재는 배제하고 오직 '正史'만을 화제의 줄거리로 삼으며, 거기에 또 형식은 어디까지나 산문적인 역사기술이 아니라, 정서의 等價物인 서정시를 겨냥한 것이니, 이것은 모순적인 두 요소를 조화시키려는 시도에서 큰 어려움이 따른다는 것을 알 수가 있다. 말하자면 正統的인 고대사를 소재로 해서 서정시를 쓰겠다는 것이며, 이 어려움을 조남익 자신도 '미학적 구도를 잡으려는 예술 의식과(史實的 실상이) 곳곳에서 충돌할 수밖에 없었'다고 토로하고 있다.

이러한 어려움에도 불구하고『朕의 戀歌』는 우리의 古代史의 史實을 서정시로 승화 結晶시키는 어려운 작업을 호소력 있게 잘 해결해 내고 있다. 사료의 잡박성과 서정시가 요구하는 형식의 순수성을 어떻게 조화시킬 것인가 하는 문제를 조남익이 풀어가는 과정을 우리는 상상해 볼 수 있다. 역사적 진실이 때로 돌출적이며 산만하면 그러할수록 그것을, 애정을 가지고 철저하게 연구 규명해 나가는 것이다. 그러는 중에 역사의 내용은 차츰 농란한 과즙처럼 삭고 그것이 시의 서정으로 육화하는 것이다.

나무도 쓰러지고 뿌리도 썩고
바람조차 흔들기를 멈춘
古朝鮮

그것은 언제나 숨어 우는 것인가
풀잎에
연못에
당신네 고운 아가의
울음 속에 섞여 있는
그 머언 連呼에.

—「古朝鮮」 전문

예를 하나 더 들어

역사는 하늘에도 있고
땅에도 있지만
우리들 몸과 맘, 그 깊은 데 있어라

개구리는 개구리로 뛰고

아지랑이는 아지랑이로 피어오르고
나는 나의 역사에서
가느다란 실 끝에 춤추는
연이 되어라

—「徐羅伐抄」에서

이러한 시편들이 나오기까지는 조남익이 지니는 시인적(서정적) 기질과 아울러 무엇이고 바른 것을 추구하는 진지하고도 끈기 있는 그의 학구적 양심이 크게 작용했으리라는 것을 짐작할 수가 있다. 여하튼 간에『朕의 戀歌』는 새로운 시적 장르를 연 보기로써 우리의 현대 시사에서 그만한 평가를 받아야 마땅할 것이라고 필자는 생각해 본다.

2

새 시집을 논하는 자리에서 지난번에 나온 시집에 대한 고찰을 해보는 것은 이 두 시집이 서로 相補的인 관계에 있기 때문이다. 훌륭한 시인의 경우 어떠한 작품도 그것이 독립적이며 단편적인 의미에서만 그치는 법은 없고, 부분은 전체에서의 조명에서 더욱 뜻이 선명해지며, 전체는 작품 하나하나의 構築的 반짝임으로 더욱 생명력을 얻을 수가 있다. 한 시인의 작품세계는 그것 자체가 살아 있는 유기적인 생명체이어야 하겠기에 말이다.

조남익이 역사를 주제로 하는 일종의 〈주제시〉에 착안하게 된 것은 그가 그때까지 해온 시 작업이 차츰 어떤 방향을 잡게 되고 그와 더불어 그의 시적 체질의 특색이 점차 선명한 모습으로 부각

되었기 때문일 것이다. 그러고 보면 조남익의 〈역사시〉 아닌 서정시가 그의 〈역사시〉의 모태가 되어온 것이나 다름이 없다. 조남익의 서정시 일반은 그의 〈역사시〉의 토양이며 그의 〈역사시〉는 그의 서정시 일반의 특색의 자각적 發花다. 따라서 그의 〈역사 서정시〉에서 우리는 그의 서정시 일반의 精華를 볼 수 있고, 그의 서정시 일반에서 그의 〈역사 서정시〉의 본질을 이해할 수 있는 실마리를 얻을 수가 있다. 이러한 점을 두고 그의 시의 두 갈래의 방향을 상보적이라 한 것이다.

전문적인 역사학자가 아닌, 또는 이념의 실현을 추구하는 정치적 운동권자가 아닌 보통의 서정 시인이 시의 주제를 역사, 그것도 아득히 흘러간 먼 역사에서 찾는다고 할 때에, 그 역사의 본질은 무엇일까. 흔히 역사를 찾는 것은 현실 인식의 심화라고들 말한다. 뿌리 찾기이다. 우리 겨레의 正體性은 무엇인가? 미래에 대한 관심도 역사라 할 수 있을지 모르겠으나 그것도 현실 인식의 일환이긴 하다. 그러나 관심의 방향이 과거인 경우와 그것이 미래인 경우와는 그 성격이 다를 수밖에 없다. 미래를 바라보는 경우에는 겨레에 대한 관심은 자연 推進的, 진취적인 것이 된다. 적극적 모험적이다. 이를테면 父性的이며 〈陽〉이며 하늘이다. 과거를 캐고 들어가는 것은 반성적이며 反芻的이며 일종의 침잠이다. 말하자면 모성적이며 〈陰〉이며 대지이다.

그건 그렇고 앞서의 물음으로 돌아와 서정 시인이 갖는 역사 인식 뿌리 인식이란 무엇일까? 물음을 좀 더 밀고 나가서 무엇이 시인으로 하여금 먼 과거에로 관심의 방향을 돌리게 하는가? 필자의 생각으로는 이 물음에 대한 해답은 결코 사리 분별의 차원에서 나오는 것이 아니라 오히려 감성적인 영역에 머물러 있다. 시인의, 그것도 서정성을 주로 생각하는 시인에 있어서의 역사의식이란 곧 사랑과 恨과 다름이 없다. 해답이 너무 의외라고 느끼실 분이 계실지는 모르겠으나 생각해 보면 생각할수록 달리 해답이 나오기 어렵다. 결국 사랑과 한이 시인의 역사 인식의 본질이다.

"죽은 자식 불알 만지기"란 속담이 있다. 만져봐야 소용이 없다는 것을 빤히 알면서도 만지지 않을 수가 없다. 이러한 감정이 시인의 역사 아닌가. 시인에게서 역사란 긍지요, 찬미요, 황홀이며, 통분과 절망과 체념이며, 동시에 체념을 초극하기 위한 몸부림이다. 그리하여 차츰 생기는, 영구히 변치 않는 감정의 결정체(結晶體)는 자랑스러운 조국, 불쌍한 조국에 대한 불타는 애정이다. 이것이 사랑과 한의 원리에서 나오는 것이 아니고 무엇이겠는가.

조남익은 역사 서편에서 「기자조선」, 「단군조선」, 「북부여」, 「고구려」, 「백제」, 「신라」 등 우리 고대사의 여러 고을을 두루 소요하고 있지만, 이 중에서도 제일 정한(情恨)을 품고 쓴 것이 〈백제 시편〉일 것이라고 필자는 느꼈다. 백제 시편이 역시 전 시편 중에서 중추적이다. 한동안 심혈을 기울였던 〈역사 서정시〉에서 조남익은 이번에 다시 보통의 서정시로 돌아왔다. 이번 시집에서 조남익은 그의 '짐(님)'이 처음 어떻게 자라나기 시작해서 어떠한 과정을 통해서 마침내 우리의 〈민족혼〉에까지 가서 닿았는가 하는 것을 풀 수 있는 실마리를 우리에게 준다.

이 시집의 시편들을 살펴보면 조남익의 관심은 언제나 몸으로나 마음으로나 가까운 사람들, 가족, 일가친척, 마을 사람들, 인연이 닿은 시인, 스승, 이런 사람들에게 집중돼 있다. 사물의 경우에도 고향땅이 그의 관심의 시발점이 돼 있다. 『하늘에 그리는 상형문자』에서 章의 가름 중 「소부리(所夫里) 시편(詩篇)」이 있다. '소부리'란 옛 이름을 가진 부여의 풍토를 끝없는 애정으로 바라보며 읊은 시편들이다. 이런 시편을 통해서 우리는 조남익의 〈사랑의 領域〉의 성장과 확장을 자연스럽게 추리할 수 있다. 그의 사랑의 대상은 고향마을인 부여에서 싹트기 시작하여 백제로 커지고, 백제에서 최대한의 아픔과 비애와 한으로 응어리졌다가, 그것이 다시 〈배달민족〉의 민족혼으로 승화된 것임을 선명히 헤아릴 수가 있는 것이다. 그리고 이 일은 한 시인의 관심이 매우 자연스럽고 성실하게 성장하고 넓혀졌음을 우리에게 보여준다.

조남익은 유별난 시인이 아니다. 아니, 유별나지 않은 정도가 아니다. 본인 스스로도 선언하고 있듯이 '긍정'의 시인 조남익은 전통적인 한국 서정시의 중용을 가는, 이를 데 없이 건전한 시인이다. 그의 시는 질박하고 따뜻하며, 간결하고 여운이 길며, 뜻도 밀도가 짙고 깊다.

사람이란 순리 좇아 죽순처럼 태어나서는
하늘과 땅 사이 서 있는 것을

여봐라, 해 뜨는 날 달 지는 밤에
꽃필 듯 꽃필 듯하는
한 세상의 깊은 뜻

백제 하늘 천년 바람 쐬온
소부리 사람들의 미소에 넘쳐 있네

—「백제 미소」 중에서

어느 구절 어느 심상이 무엇을 뜻하며, 어느 연이 무엇을 상징적으로 암시하는지 일일이 가려낼 수도 없을 만큼 전체가 혼연한 하나가 되어 깊은 의미의 연못으로 고여 있다. 이런 경우일수록 자유로운 연상이 해방을 맞은 듯 움직인다. 깨어 보니 지구라는 곳, 아니 지구하고도 한국, 한국하고도 백제의 유토 부여라는 곳이다. 이렇게 사람은 처음부터 숙명의 다스림을 받는다. 이렇게 처음부터 숙명에 의해서 나부끼는 것이 삶의 한 모습이다. 이 점만은 민초도 귀골도 같은 처지이다.

3연 모두가 빼어난 은유(직유도 포함해서)로써 이루어져 있다. 첫째 연은 '사람은(하늘과 땅 사이) 죽순'이며, 둘째 연은 '꽃필 듯 필 듯하는 세상의 뜻'이며, 끝 연의 은유의 구조는 복합적이지만 약간의 해석을 가미해서 그 뜻을 풀어보자면 '천년을 두고 백제 하늘의 바람을 쐬온 소부리 사람들의 미소에… 그 뜻이 넘친다.' 이렇게 말할 수 있지 않을까 싶다. 다시 말해서 백제의 恨도 천년의 세월이 흘러 이제 삭을 만큼 삭았다는 뜻이 포함돼 있는 것이다.

글의 길이를 줄이고 형식을 간결하게 하며 깊은 뜻을 함축시키기 위해서는 은유 이상의 방법은 없다. 그렇다 하더라도 조남익의 詩行의 매무새는 유난히 간결하고 깔끔하다. 산문의 경우에도 그의 문장은 길이가 대체로 짧다. 아마 그의 성격에서 오는 결백성의 나타남이 아닌가 싶다. 다음은 「고대의 시간」의 전문이다.

> 참 편리하게 사는 세상이다
> 매끈하게 야무진 조약돌들
> 저마다의 미소로

너인 것처럼 나인 것처럼
세상은 가도가도 고속도로로 뚫리는 것인가

내 콧등에서는 땀방울이 떨어진다
조금은 짭조름한 바람기 타고
엎어질 듯 넘어가는
땀방울의 영롱한 비애 속으로
등 굽은 사나이가 혼자 걸어간다

이윽고 나뭇가지에 떨어지는 물방울
그 작은 경련을 보며
고대의 시간은 언제나 나를 경악케 한다.

필자는 이러한 시에 조남익의 시의 정수가 깃들여져 있는 것이 아닐까 하고 생각한다. 역시 극도의 말의 절약 속에 많은 정감을 담은 시다. 또한 이 시 역시 풀이 쪽으로 유혹하기보다는 읽는 이에게 여운과 연상의 날개를 달아준다. 현대, 광란의 시대, 모든 개성이 〈사이버 개성〉으로 흡수되는 시대, 이런 시대에 시인은 시 쓰는 일을 '짭조름한 바람기'라 한 것인가? 삶의 터는 순간이다. 아니, 영원이다. 인생은 초로와 같다지만 '작은 경련'이기도 하다. 외경스러운 생명과 생명의 본능을 '경련'이란 말로 표현한 것으로 읽힌다. '경련'에는 언제나 고대의 시간이 깃들어져 있다.

조남익의 사랑과 한과, 압축과 인내와 자신감은 조남익의 생명력에서 나오는 것이 아닌가 한다.

…

다시 돌아가야 하는
내 꿈을 울어

나는 아직도 토종
적갈색 피부가 고운
산꿩

—「산꿩」에서

조남익은 넓은 의미에서 생명의 시인이다. 사랑과 한의 시인의 근원적인 시발점은, 그리고 필연적인 귀착감은 역시 〈생명〉일 수밖에 없다. 그의 시의 미학도 '산꿩'처럼 '적갈색'(어두운) 빛깔이면서 당찬 생명력에 차 있다.

이 시집의 첫째 장(章)의 제목은 「시를 위하여」로 돼 있으며, 여기에 들어 있는 처음 몇 편의 시엔 번호와 함께 '시로 쓰는 시론'이란 부제가 붙여져 있다. 문자 그대로 이 장(章)은 조남익의 시론 편에 해당하는데, 여기에서 우리는 시의 형태적인 특징과 내용과의 관련성에서 홍미 있는 점을 발견하게 된다.

시론이라 하면 시의 본질에 대한 원리적인 고찰이며, 그것도 일종의 이론이기 때문에 시에 대한 시인의 기본적인 관점과 사상이 그 안에 논리적으로 투영될 수밖엔 없다. 말하자면 그것은 반성적이요 지적인 작업을 겸해야 하는 것이다. 시인인 동시에 비평가이기도 한 조남익으로서 시와 시론을 하나의 형식에 결합시켰다 하여 조금도 이상할 것은 없지만, 필자의 생각으로는 여기에서도 조남익의 시적 특질의 일면을 볼 수 있는 것으로 느껴졌다. 얼핏 생각하여 시론을 담는 시는 시의 형식이나 형태에서 그렇지 않은 시와 다르게 될 수도 있지 않을까 싶은데, 조남익의 경우는 그것이 미동도 하지 않으며, 여느 시와 조금도 다를 바가 없는 것이다.

조금씩 새싹 나오듯
어쩌다 잡은
몇 개 말꼬리의 위태로움

시인은 바람이고 싶었다
바람이라도
휘파람이고 싶었다
…

가냘픈 시에
말의 날개를 타고 오는
생명의 신음과 만나고 싶었다

—「시인(詩人)」 중에서

詩行은 여전히 간결하고 짧다. 여기에서 우리는 조남익의 지성의 체질을 짐작할 수가 있다. 그의 지성은 분석적인 편이기보다는 오히려 직관 쪽에 더 가깝다. 지성이나 직관이나 다 생명 안에 생기는 작용이다. 원래는 생명과 이러한 여러 작용이 未分의 혼연한 하나였을 것이다. 그러한 생명이 그 작용에서 여러 갈래로 갈라진 것은 文明의 전개에서 결과하는 일종의 분열 현상이며,

이 분열은 생명력의 약화를 초래할 수밖엔 없다. 조남익의 지성은 오늘날의 문명사회 안에서도 생명력 본연의 모습 가까이에 머물러 있다. 사실 조남익의 경우는 감성, 지성, 직관 등 모두에 서로가 조금씩 상호 용해되어 돕고 있어, 이것이 그의 생명력이 充實하고 건강한 이유이기도 하다. 시집 어디서고 볼 수 있는, 조남익이 흠모하고 따르는 사람이나 곳에 대한 시마다에 얼마나 따뜻한 사랑이 배어 있는가 하는 점을 놓쳐서는 안 될 것이다. 역시 생명력의 궁극의 꽃은 사랑일 것이다.

3

시에 대한 조남익 자신의 말을 좀 더 들어보자.

> 나의 시는 변모의 과정을 걷고 있음이 분명하다. 그것은 시의 의미(意味) 쪽이며, 의미라 하더라도 긍정의 쪽이다. 험상궂은 부정(否定)의 미학(美學)보다는 만인 공감의 수용과 조화의 미학을 나는 택한 셈이다.

> 오히려 나는 내 핏속에 흐르는 넋의 흐느낌에 더 많이 공감하고, 감동받지 않을 수 없었습니다.

> 나는 시를 하나의 사치로 써온 것은 아니다. 오히려 그 반대였다고 감히 말하고 싶다.
>
> 좋은 시가 분만되려면 고양된 시 정신에 의한 치열한 내적 욕구의 분출이 없이는 불가능하다.

역사의식이란 또 하나 서정의 깊은 계곡임에 틀림이 없다.

너무나 간명하고 명확한 言明이기 때문에 여기에 이런저런 설명을 붙일 필요도 없겠다 싶다. 이제 그의 시를 차분히 음미하는 일만이 남았다. 조남익은 결국 사랑과 생명의 시인이다. 민족혼의 시인이다. 문명의 말기 현상을 가는 오늘날 꿋꿋하게 고독하게 고장을 지키는 시인이다. 조남익과 같은 시인이 존재하기 때문에 시적 체질이 다른 딴 시인들은 또 마음 놓고 문명의 첨단에서 실험적인 시의 모험을 할 수가 있을 것이다. 조남익의 시는 차지고 따뜻하고 깊다. 필자는 조남익의 시에서 인절미의 맛 같은 것을 느낀다. 이 땅의 시의 토양에 깊이 뿌리 내리고 건강함과 포근한 시선과 완만한 성장으로 시를 수련하는 조남익 시인이 앞으로 더욱 깊고 오롯한 주옥편을 보여주리라는 마음이 솟는다.

❐ 임승빈_6시집 『푸른 하늘』(2003) 해설

(임승빈 시인 · 청주대 교수)

자아 확대(自我擴大)를 위한 존재 인식

1

왜 시를 쓰는가.

당연한 말이지만, 그것은 이 세계와 새로운 만남을 갖기 위해서이다. 늘 대하는 세계를 새롭게 인식함으로써 체험의 양을 확대하고, 또 그를 통해 우리 삶의 양을 많게 하고 질을 높게 하는 것이다. 그리고 이러한 세계와의 새로운 만남은 높은 예각 의식(豫覺意識, sense of presence)을 전제한다. 예각 의식을 통해 이 세계를 낯설게 보는 능력이 없다면, 새로운 만남은 그 어떻게도 가능할 수 없기 때문이다.

그뿐만 아니라, 세계와의 새로운 만남은 언제나 황홀하다. 이 황홀감 때문에 시인은 그 큰 산고에도 불구하고 시 쓰기를 멈출 수 없는 것이다. 그리고 그런 세계와의 새로운 만남을 통한 황홀감 속에는 한껏 달라진 자아에의 또 다른 인식이 들어 있다.

2

조남익 시인의 초기 시에 대해 많은 평자들이 향토적이고 토착적인 정서와 동양적인 관조의 세계를 노래하고 있다고 말한다. 그러나 그것은 시적 제재에만 관심 둔 결과이다. 시집『山바람 소리』(1969년)나『풀피리』(1976년)에 수록된 시들을 보면 그런 해석의 여지가 전혀 없는 것은 아니지만, 그럼에도 불구하고 의식적이든 무의식적이든 그의 시가 갖는 근본적 의도는 다를 수 있다는 것이다.

나는 그것을 자아 확인 또는 자아 확대를 위한 것이라고 생각한다. 그리고 이러한 의도는 이번 시집에서까지 지속적으로 확인되고 있다. 자기 존재에 대한 참 인식과 확대에의 의지가 조남익 시인에게서는 시 쓰기의 본령이라는 것이다.

초기 시의 경우는 자아에 대한 확인이 주 관심사였다. 그리고 그 결과는 자기의 존재가 자연의 일부이고 동양인이며 더 구체적으로는 백제의 유민이라는 것이다.

시집『山바람 소리』의「돌로나 잠을 깰까나」,「北村里 打令」,「山바람 소리」등을 보면 특히 자기 존재의 근원이 자연이라는, 대상과의 합일에 기초한 동양의 전통적 사유를 쉽게 엿볼 수 있다. 그런가 하면 시집『풀피리』에서는 특히 충청도 연작에서 백제 의식이 두드러진다.

풀이면 뜯고
넋이면 캐라

차라리 玉碎로 남겨 논

가도가도 허허로운
黃山벌…

—「忠淸道 · 7」 부분

이빨 빠진
百濟 遺民을
魚肉처럼 베고 또 베어도
여전히 무성한
百濟의 들아
누구도 지울 수 없었던
풀밭의 힘이여

—「忠淸道 · 8」 부분

백제는 패망의 역사다. 그것도 신라와 외세인 당(唐)의 힘에 의해 패망한 역사다. 그 때문에 그 어느 역사보다도 한이 깊다. 그 한에 대한 인식, 또는 자기화가 바로 이런 류의 시로 쓰이는 것이다.

이 땅의 바람과 햇빛으로 태어난 토착인, 그리고 그중에서도 패망한 백제의 유민이라는 자의식은 아주 자연스럽게 강한 역사의식을 갖게 하고, 시인의 시선을 필연적으로 역사를 향하게 한다. 그리고 그 결과로 쓰인 대표적인 시집이 『朕의 戀歌』(1994)이다.

그러나 나는 그것들이 나의 근원으로서 내 심장 속에서 끊임없이 고동치고 있으며, 나의 본질로서 손짓하고 있음을 부인할 수 없습니다. 오히려 나는 내 핏속에 흐르는 넋의 흐느낌에 더 많이 공감하고, 감동받지 않을 수 없었습니다.

… 중략 …

나의 임은 짐(朕)입니다. 어찌 제왕만이 '짐'이라 할 수 있겠습니까. 제왕이 자신을 짐이라 하였다면, 우리는 절대정신으로서의 민족혼(民族魂)을 '짐'이라는 대명사로 불러도 좋을 것입니다. 그것은 바로 나의 절대아(絶對我)이기도 합니다.

— 시집 『朕의 戀歌』, '책머리에' 부분

이 글에서 나의 근원이고, 내 심장 속에서 끊임없이 고동치는 것은, 시인에 의하면, 역사의 숲이고 민족의 기원을 이루는 겨레의 고향이다. 다시 치환하면, 역사 속에 살아있는 민족혼이다. 이것을 시인은 또 절대아라고 말한다. 그러니까 시인이 역사에 관심 갖는 것은 민족혼을 찾는 일이면서 동시에 절대 가치를 지니는 자아의 모습을 확인하는 일인 것이다. 이것을 정진석은 시집 『눈빛의 말』 발문에서 조남익 시인의 시적 무대가 공간적으로는 백제의 고도 부여의 수고리(水古里)에서 국토의 전역으로, 역사적으로는 백제를 벗어나 고조선에서 조선 등에까지 확대되고 있다고 말한다.

정진석은 이것을 시적 무대의 확장으로 보았지만, 나는 자아의 확대로 보고 싶은 것이다. 패망의 역사를 지닌 백제의 유민이기 때문에 더 강할 수밖에 없는 생래적인 역사의식이 자신의 존재를 더 크고 넓은 시간과 공간을 통해 바라보게 했고, 그것이 결과적으로는 자아 확대의 계기로 작용하게 되었다는 것이다.

당연한 말이지만 우리의 자아는 성장하는 정신과 인격의 높이에 의해 얼마든지 확대될 수 있다. 만약 자아가 확대될 수 없다면,

인간이 언제까지고 본래적 자아에만 머물러 살아가야 한다면, 더 가치 있는 사랑도 가능할 수 없다.

모든 생명체는 자기 자신의 생명과 안일만을 위해서 행동하게끔 조건 지어져 있다. 그 때문에 내가 아닌 그 누구를 사랑한다는 것은 분명히 거짓이다. 그러나 이 본래적 자아가 더욱 성장한 정신과 인격의 높이에 의해 확대된 자아가 될 때, 처음 본래적 자아일 때는 자아의 밖에 위치하던 타자가 확대된 자아의 영역 속에 들어와 자아의 일부가 될 때 그 자아화한 타자를 자신의 일부처럼 사랑할 수 있는 것이다. 그리고 그런 사랑이야말로 정녕 진실할 수 있는 것이다. 그러니까 조남익 시인이 시를 통해 끊임없이 자아를 확대해 나가는 것은 어떤 의미에서는 더 크고 진실한 사랑의 실천을 위해서이다. 남들에게는 결코 추상일 수밖에 없는 조국이나 민족을 구체적으로 인식하기 위해서이다.

조국이나 민족, 역사라고 하는 것들은 분명 추상이다. 그 때문에 그에 대한 관심은 흔히 허황된 것일 수 있다. 아니, 실제로 우리는 현실 속에서 그런 추상에 대한 허황되고 공허한 관심을 쉽게 목도한다.

그럼에도 불구하고 조남익 시인의 민족혼에 대한 추구가 남달라 보이는 것은, 그 추구가 절실하고 진실된 것이기 위해 생래적인 역사의식을 바탕으로 끊임없이 자아 확대를 계속해 왔기 때문이다. 민족, 또는 민족혼이라는 추상을 시 쓰기를 통해 보다 분명하게 구체화하려고 노력해 왔기 때문이다.

> 인간은 유한하고 시간은 영원한 도정에서 나의 실존은 겨우 위태로운 찰나에 기대어 있을 뿐이다.

> 그러나 우리는 결국 하늘과 땅과 사람 사이에서 존재하고 거기 삶의 본질과 상락(常樂)이 숨 쉬고 있었다. 우리는 대자연의 존재요 그 아들이었던 것이다.
>
> 이 시집을 '푸른 하늘'로 잡은 것이나 제1부 천(天), 제2부 지(地), 제3부 인(人)으로 나눈 것은 모두 이와 관계가 있을 것이다.
>
> — 시집『푸른 하늘』, '머리글' 부분

자아의 실존에 대한 구체적인 언급이 나타나 있다. 대자연의 일부로서 하늘과 땅과 사람 사이에서 살아가는 찰나적 존재라는 것이다.

앞에서 나는 정진석의 논의를 빌어 조남익 시인의 시 쓰기는 자아 확인과 그 확대를 위한 것이라고 말한 바 있다. 그러면서 그 자아 확대는 공간적으로는 부여 수고리에서부터 전 국토로, 시간적으로는 고조선에서부터 전 역사의 시간으로 이루어지고 있다고 말했다. 그러나 이것은 수평적 확대뿐이었다. 공간은 물론 시간도 수평적인 성격을 지닌 것이었다.

그러나 이 시집을 통해 시인은 다시 수직적 확대를 꿈꾼다. 하늘과 땅 사이의 수직적 공간을 통해 자아를 인식할 뿐만 아니라, 구체적 사건에 바탕을 두는 역사보다는 무변적(無邊的) 성격이 강한 혼의 문제로 관심이 옮겨가고 있는 것이다. 그런데 이러한 혼은 인간과 수평적 공간에 위치하지 않는다. 혼, 또는 신은 천상의 존재이다. 그뿐만 아니라, 그 어떤 시간이나 공간에도 구애받지 않는 초월적 존재인 것이다. 이러한 혼에 대한 인식은 수평적이라기보다는 수직적이다.

일제히 어깨동무를 하고
툭 솟구쳐 날 듯한 몸짓이었다

쉴 새 없이 밀고 밀리우고
넙치들의 흰 이빨에 반짝 초승달이 박힌다
…　중략　…

날고 싶어, 근질근질 날고 싶어,
머리띠 질끈 동여매고, 폭풍우 부른다

지구 밖에서 아직 돌아오지 못하는 바다

—「파도는 날고 싶다」 부분

파도는 날고 싶다. 그러나 그것은 이미 하늘과 합일되어 있거나 하늘 속에 있다. 하늘의 초승달이 넙치의 흰 이빨에 박혀 있지 않은가. 그러면서 파도는 아직 지구 밖에서 돌아오고 있지 못하다고 말한다. 그 지구 밖은 어디인가. 바다 또는 해변에서 인식 가능한 것은 수평선이다. 그런데 그 수평선이라는 것은 하늘과 바다(지상 세계)가 맞닿아 있는 곳이 아닌가. 하나이면서 동시에 둘인 하늘과 바다, 그 영원한 생명력을 역동적인 이미지로 보여 주고 있는 것이다. 존재의 근원인 하늘을 날고 싶은 시적 자아의 욕망이 파도를 통해 드러나고 있다.

전남 강진의 다산초당(茶山草堂)
하늘 속에 세운 집

〉

땅끝 바닷가
허준의 귀양살이 집
파도 위에 떠 있는 집 한 채

—「길 없는 곳의 길」 부분

다산초당은 하늘 속에 있고, 허준의 귀양살이 집은 파도 위에 있다. 여기에서 하늘과 바다는 동일 내지는 유사 공간이다. 똑같이 푸른 근원적 이미지를 지닐 뿐만 아니라, 무변적 공간인 것이다.

다산이나 허준은 모두 남도에서 귀양살이 한 사람이다. 그러나 그들은 그 귀양살이를 통해서 무변의 하늘과 바다를 얻었다. 수많은 고뇌와 갈등의 극복을 통해 참 자아의 확대를 이룬 것이다. 그리고 그렇게 확대된 자아는 신음하는 민초들에게는 보편적 자아로, 또는 하나의 산수유꽃으로 구체적인 모습까지를 획득할 수 있었던 것이다.

시적 자아가 바라는 것이 바로 이것이다. 시적 고뇌와 갈등의 극복을 통해 다산이나 허준과 같은 보편적 자아를 획득하고자 하는 것이다.

몸은 눕고 정신은 솟은
푸른 하늘

그대 허공에
존재의 끄나풀 끝 내 풍선은 서럽다

〉

아버지의 눈에서 보았던
검고 깊은 사람의
푸른 하늘

내 손자놈도 훗날
내 눈에서
그것을 찾아낼 수 있을까

—「푸른 하늘」 부분

우리 민족은 천족(天族)이다. 그래서 국조 신화(國祖神話)라 할 수 있는 단군 신화도 그 근원을 하늘에 두고 있지 않은가. 하늘은 우리 민족의 근원이면서 동시에 가장 중요한 규범적 공간이었다. 우리는 하늘에 부끄럽지 않길 바라고, 또 자주 하늘에 맹세하지 않는가. 그 때문에 하늘은 단순한 물리적 공간이 아니라, 숫은 정신을 가진 살아있는 공간이면서 동시에 내 존재의 근원이기도 하다.

그래서 하늘에 풍선을 띄운 끈은 곧 내 존재의 끈일 수 있다. 그뿐만 아니라, 내 존재의 실제적 근원이고 규범이었던 아버지의 눈에도 하늘이 들어 있었다. 그리고 그런 하늘을 손자가 자기의 눈에서도 찾아낼 수 있기를 고대하는 것이다. 아버지처럼 내 눈에도 하늘이 들어 있기를 바라는 것은 나 자신이 하늘과 하나가 되기를 바라는 것이다. 하늘까지의 자아 확대를 소망하는 것이다.

죽죽 뻗은 잎줄기
단아한 모습 새로이
머언 태초의 허공에서 날아들었다

비우고
채우고
해와 달
합환주(合歡酒) 나눈
난(蘭)은 해말간 손이다

깊은 산 한울님의 마음을
꼬옥 품고 온
조선란(朝鮮蘭)
산에 들에 비친
신(神)의 그림자

―「난(蘭)에 관한 대화 · 1」 부분

난 한 촉을 보면서 그것을 태초의 허공에서 날아든 것으로 인식한다. 이때의 태초는 단순한 시원적(始原的) 시간이 아니다. 그것은 수직적 성격을 갖는 신화적 시간이다. 그러니까 이 난은 그렇게 신화적인 시간의 공간으로부터 날아온 존재이다. 그냥 뚜벅뚜벅 걸어서 온 것이 아니라, 날아서 왔다. 그런데 이 날아서 왔다는 표현은 느닷없고 홀연하다는 뜻과 함께 신화적 분위기를 내포한다. 왜냐하면 신이 함께하는 제의적(祭儀的) 순간의 말은 시이고, 몸짓은 곧 무용이기 때문이다.

또 이 난은 해와 달이 합환주를 나눈 결과이고, 깊은 산 한울님의 마음을 꼬옥 품고 있는 산에, 들에 비친 신의 그림자이다. 한울님의 마음이 깊은 산에 깃들이는 것은 산이 하늘과 땅을 연결하는 수직적 매개 공간이기 때문이다. 그래서 신은 산에 있는 나무를 통해 내려오고 신을 모시는 모든 공간은 산이나 언덕에 위치하는 것이다.

조선란(朝鮮蘭) 한 촉에서 시인은 신을 본다. 그 신은 조선신(朝鮮神)이다. 신이라는 추상을 한 촉의 난으로 구체화하고 있는 것이다. 이러한 구체화를 통해 우리의 모든 산과 들에는 신이 함께하는 것이다. 우리의 일상 또한 언제나 신과 함께인 것이다.

> 600만 년 내 유전의 피에
> 꿈틀거리는
> 머언 우레
>
> 내게로 와서
> 항상
> 부드러운 베개였다
>
> 천상천하
> 드높은 나의 베개
> 나는 커다란 아기가 된다
>
> 어느 순간
> 베개가 빠진 때는

〉

뜨끔

침 맞는 듯

번개 치는 듯

획 그어 대고 지나가는

노여운 신(神)의 눈길이 떨었다.

—「양심의 의미」 전문

존재에 대한 인식이 신화적이다. 600만 년은 언뜻 구체적 시간인 것 같지만, 인식의 한계를 넘어서고 있다는 점에서 절대적이고, 그래서 또 태초와 같은 신화적 시간이다. 존재를 신화적 구조로 편입시키는 발상이다.

내 피에는 하늘의 현상인 먼 우레가 들어 있다. 그냥 우레가 아니라 먼 우레라는 것은 그것이 단순한 현재적 현상이 아니라는 것이다. 그런 우레가 내게로 와서 부드러운 베개가 되었다는 것은 그것이 머리를 받치는 것임으로 해서 내 정신을 받치는 힘이다. 그뿐만 아니라, 우레를 베고 눕는 것은 하늘 속에 눕는 것이다. 그리고 그렇게 먼 시간과 무변의 하늘 속에 누워 있는 나는 커다란 아기일 수밖에 없다. 누워 있기 때문에 아기일 수밖에 없고, 시간과 공간의 그 무한한 크기 때문에 또 아기일 수밖에 없는 것이다.

그리고 그런 우레의 베개가 나에게서 빠져 버리면, 내 정신의 기반이 사라져 버리면 갑자기 침을 맞는 것처럼 뜨끔하고 번개가 나를 때리는 것 같은, 노여운 신의 눈길이 획 지나는 것 같은 두려움을 느끼게 된다는 것이다.

거듭 말하지만, 우레는 하늘의 현상이다. 하늘을 우러러 부끄럽지 않기를 소망하고, 결연한 맹세마저 하늘에 두는 이 민족에게 하늘은 양심이고 또 신일 수밖에 없는 것이다.

사관(史官)처럼
멀찌감치 서 있다

조선왕조실록
888책 1천 800여 권 속
사관들의 머리카락 뒤에서
숨바꼭질하고 있다

사초(史草) 감추고 엎드려
피 토하듯 나직이 아뢰었지
— 전하, 사관 위에는 하늘이 있소이다

달려간다, 조랑마차 하나
채찍으로 심금 때리며
퉁방울눈 번뜩인다

눈보라 치는데
낙락장송 네댓 그루
슬픈 예언자 모습을 하고
축축 늘어져 걸어오는데
〉

광활한 수평선 너머
우레처럼 무너지는 왕조(王朝)
승냥이 한 마리
순식간에 불타고 없다.

—「소나무에 대하여 · 3」 전문

우리 민족에게 소나무보다 더 사랑받는 나무가 있을까. 그만큼 소나무는 그 오랜 역사를 언제나 우리와 함께해 왔다. 그 때문에 소나무에는 사철 푸른 우리의 정신과 감정이 이입(empathy)돼 있다.

그런 소나무는 또 우리의 역사를 지키는 눈빛이다. 상황에 따라 변하는 것이 아니라, 그 어떤 상황에서도 변하지 않는 눈빛이다. 그리고 그런 눈빛은 가장 정대한 사관의 그것이 아닌가. 사관이란 그때그때의 상황적 가치에 따라 곡필하지 않고 언제나 변하지 않는 하늘의 뜻을 따르는 자이기 때문이다.

역사는 미래에 대한 혜안이다. 그 때문에 그런 사관으로서의 소나무는 예언자적 모습일 수밖에 없다. 그런데 그런 예언자의 모습은 슬퍼 보인다. 왜냐하면 그는 우레처럼 왕조가 무너질 것을 알기 때문이다.

소나무 연작은 우리 민족의 기질과 가장 지고한 정신적 특성을 잘 나타낸 수작이다.

그렇다면 이러한 조남익 시인의 시 쓰기가 갖는 양식적 특성은 무엇인가. 그것은 한마디로 역동적 이미지의 창조라고 할 수 있다.

밤이면
자신 속이는 괴로움에 떨고
꿈길로 내친 머나먼 황야
높이 날아 노을에 젖어도

나는 이 땅의
자본이요 노동
그리고 흙이다

시간을 켜 들고
파도 넘어 파도의
수많은 넋들의 맨손이 춤추는 곳

뒤우뚱거리는 외나무다리 건너
이 빠진 노인 하나 걸어온다.

—「조선신(朝鮮神) · 3」 부분

조선의 신을 위태롭게 외나무다리를 건너오는 이 빠진 노인으로 구체화한 시이다. 그런데 그렇게 천천한 걸음을 위해 설정한 배경은 꿈길로 내친 머나먼 황야를 높이 날아 노을에 젖고, 파도 넘어 파도의 수많은 넋들의 맨손이 춤추는 곳이다.

내치고, 날아오르고, 수많은 넋들의 맨손이 춤추는 역동적 이미지가 위태한 노인의 천천한 걸음과 대비되어 묘한 아이러니적 분위기를 자아내고 있다.

어두운 절망의 뿌리에

소금을 태우는 불빛

별 무리 휘황하다

―「밤하늘의 산」 부분

어둠 속의 별빛을 소금을 태우는 불빛으로 치환하고 있다. 소금이 타는 모습은 강렬하고, 소리까지도 요란하다. 너무 멀어 어쩌면 고요할 수도 있는 별빛에 이렇게 강렬한 시청각적 이미지를 동시에 부여하고 있다. 그리고 시 「양심의 의미」에서는 노여운 신의 눈길을 우리에게 언제나 두려움뿐인 순간적인 번개의 이미지로 나타내고 있다.

오래 녹슨 땅

몇 차례 천둥 때리고 오는 듯

굉음(轟音) 속을 황홀한 길이 달린다

―「무지개」 부분

이 시에서 무지개는 단순히 하늘과 땅을 연결하는 매개물이 아니다. 그것은 서울 남산에 또는 임진강 휴전선의 남북에 걸린 것이기도 하다. 그리고 그것은 오래 녹슨 땅에 몇 차례 천둥 때리고 오는 듯 굉음 속을 달리는 길이다.

남북이건 하늘이건 마음껏 달리고 싶은 시적 자아의 감정이 이입돼 있는, 살아 움직이는 길이다.

소나무 군단이 포복으로 산맥을 기어오릅니다
소나무 군단이 높은 암벽에도 뿌리 내리고 날개 폅니다
소나무 군단이 숨죽이고 쉴 새 없이 암호를 보내고 있습니다
소나무 군단이 창세기의 바람을 새로 장전하고 있습니다.

—「소나무에 대하여 · 2」 전문

군단은 사단보다도 큰 군대 단위이다. 소나무 군락을 그렇게 큰 군대 단위로 표현함으로써 보다 큰 역동성을 획득하고 있다.

소나무들이 무수한 젊은 병사들처럼 산맥을 기어오르고, 암벽 위에서는 활짝 날개를 펴고, 창세기의 바람을 새로 장전하고 있다. 바람을 품고 있는 것이 아니라, 장전하고 있다는 것은 예상되는 위험에 의한 또 다른 긴장일 수 있는 것이다.

앞에서 인용했던 시「소나무에 대하여 · 3」 역시 역동적 이미지가 선명하다. 채찍을 휘둘러 심금을 때리고, 퉁방울눈을 번득인다는 표현에서 위기감과 함께 역동적 이미지가 생생하게 드러나고 있다. 열심히 채찍을 휘두르며 퉁방울눈을 번득이는 사람은 분명 조선 사람이다. 퉁방울눈은 우리 조선 사람의 몇 안 되는 신체적 특징이기 때문이다.

수평선 저 끝에서 왕조가 무너진다. 그냥 수평선이 아니라 광활한 수평선이고, 그냥 무너지는 왕조가 아니라 우레처럼 무너지는 왕조이다. 승냥이 한 마리도 순식간에 불타 버린다.

이 외에도 역동적 이미지는 도처에서 산견(散見)된다. 그런데 이러한 역동적 이미지들에는 하나의 공통점이 있다. 즉, 하늘과 땅 또는 자연적 대상을 역동적으로 살아 움직이게 하거나 한국적인 특성을 더욱 강하게 드러내는 것들이라는 것이다.

높이 날아 노을에 젖고, 파도 넘어 파도의 수많은 넋들의 맨손이 춤추는 곳, 별빛, 번개, 굉음 속을 달리는 황홀한 길인 무지개, 광활한 수평선 등은 모두 조남익 시인이 창조한 살아 있는 공간들이다.

춤추는 수많은 넋들의 맨손, 휙 그어대고 지나가는 노여운 신의 눈길, 바람을 장전하는 소나무 군단, 번득이는 퉁방울눈, 우레처럼 무너지는 왕조 등은 모두 한국적 이미지를 더욱 강하게 드러내는 표현들이다.

그러면 이러한 역동적 이미지들은 시의 의미 체계와 어떤 상관성을 갖는가.

3

지금까지 나는 조남익 시인의 시집 『푸른 하늘』을 자아에 대한 인식과 확대를 위한 시 쓰기라는 관점에서 살펴보았다. 그 결과 그는 시 쓰기를 통해 가장 한국적인 시간과 공간, 즉 하늘과 민족혼의 영역으로까지 자아를 확대하고 있음을 확인할 수 있었다. 그리고 그렇게 확대된 자아의 구체화, 보편화를 통해 이 민족의 보편적 자아를 또한 시도하고 있음도 알았다.

이렇게 보면 조남익 시인의 시 쓰기는 자기 구제의 양식이면서 동시에 더욱 큰 사랑의 실천을 위한 그 어떤 모색이었다고도 할 수 있다.

그리고 조남익 시인의 시가 갖는 또 하나의 특징인 역동적 이미지는 이렇게 수직과 수평으로 확대된 그 큰 자아의 공간을 정녕 살아 있는 모습이게 한다. 그의 시간과 공간은 그 역동적 이미지로 해서 언제나 새로운 의미로 살아 움직이고 있는 것이다.

그의 시를 읽다 보면 느닷없는 역동적 이미지가, 그 살아 있는 시간과 공간의 새로운 의미가 온통 우리의 가슴을 흔들어 놓는 것을 느낄 수 있다. 그리고 그런 흔듦을 통해 우리들마저 새롭게 변화시키고 있는 것이다.

이렇게 그의 시는 우리 한국 시의 새로운 지평이고, 또 다른 가능성인 것이다.

❐ 김백겸_7시집 『기다린 사람들이 온다』(2010) 평설

나만이 홀로 가고픈 '정신의 길'

1 '두 쌍의 투명한 날개와 두 개의 겹눈'

시집 『기다린 사람들이 온다』의 머리글에서 조남익 시인은 다음과 같이 말한다.

> 짧지 않은 시의 먼 길을 걸어왔지만, 아직도 길은 짐작하기 어려울 만큼 멀기만 합니다. 나에게 시란 무엇이던가? 그것은 길이었습니다. 삶의 길, 세상의 길 이런 의미보다는 나만이 홀로 가고픈 '정신의 길'이라고 할 수 있습니다.
>
> 허기에 시달리고 갈증이 들린 사람의 길은 그렇게 순탄한 것이 아닙니다. 일상적인 현실도 힘겨운 것인데, '정신의 길'을 모색한다는 것이 어디 쉬운 일도 아니려니와, 그 표출은 시라는 형식의 예술입니다.
>
> 나는 먼 데를 향하여 고뇌하면서 웁니다. 두 쌍의 투명한 날개와 두 개의 겹눈을 가진. '우는 매미'가 되어, 내가 태어난 땅과 하늘을 사랑하며 그것을 지키고자 했습니다.

이 서문을 보니 나는 로버트 프로스트의 「가지 않은 길」이 떠오른다. 그 시는 다음과 같다. "노란 숲속에 길이 두 갈래로 갈라져 있었습니다./ 나는 두 길을 다 가지 못하는 것을 안타깝게 생각하면서, 오랫동안 서서 한길이 굽어 꺾여 내려간 데까지, 바라다볼 수 있는 데까지 멀리 바라다보았습니다.// 그리고 똑같이 아름다운 다른 길을 택했습니다. 그 길에는 풀이 더 있고 사람이 걸은 자취가 적어 아마 더 걸어야 할 길이라고 나는 생각했던 게지요./ 그 길을 걸으므로, 그 길도 거의 같아질 것이지만./ … / 훗날에 훗날에 나는 어디선가/ 한숨을 쉬며 이야기할 것입니다./ 숲속에 두 갈래 길이 있었다고. 나는 사람들이 적게 간 길을 택하였다고./ 그리고 그 때문에 모든 것이 달라졌다고."

시인들은 모두 밑줄 친 시 구절 때문에 인생의 길이 달라진 사람들이다. 조남익 시인도 다르지 않다. '정신의 길'을 모색하면서 "두 쌍의 투명한 날개와 두 개의 겹눈을 가진 '우는 매미'가 되어… 나는 먼 데를 향하여 고뇌하면서 웁니다."라는 시인의 길을 걸어왔다.

조남익 시인이 평생의 시작 화두로 삼은 '정신의 길'이 눈에 들어온다. 조남익 시인이 시에서 드러내고자 한 '정신의 길'이란 무엇일까. 그 단서는 역시 시에서 찾아야 한다. 『조남익 시전집』(오늘의 문학사, 2005년)을 일독한 결과 조남익 시인의 시 세계의 출발점으로 나는 다음 시를 꼽고 싶다.

> 푸짐하게 열린 얼굴들, 그 맑은 웃음들이 서로 부딪쳐 恩惠로운 波紋을 잉그리는 땅 위에서, 흘러가는 저 바람 소리는 지금도 나의 귀에 들려오고 있네. … 아무것도 보이지 않네. 그러나 그 億萬

가지마다 휘엉청 늘어져서는 구르길 두어 번, 깃을 벌린 당신들은 쉬쉬 山嶽을 뛰어넘어 왼 山 왼 들을 다 채운 다음, 다시 돌아올 듯 가시네.

집이 본시 水古里에서도 上水古里인 나는, 천리 고개 사흘, 또 바늘 고개를 사흘, 그리고 물한바다 건너길 사흘, 아흐레를 눅눅히 젖어내야 하는지라, 아흐레를 또 누워서 가을을 볼밖엔 없네. 구릿빛 왼 몸뚱일 부끄럼 없이 뻗고, 하늘을 지붕 삼아 바위에 누울 양이면 山 제비는 배 위에 똥을 깔겨 달아나고, 벌레처럼 늙어가는 가을이 덮이네.

이는 바람대로, 江물에 풀어 헹군 이 서언한 소리들을 귀뿌리에 온 누리 차도록 물레로 감은 바에, 당신의 말씀들을 차마 잊힐 리야 있나…. 수수목이 나오면 게가 논두렁을 내리고, 山 아래 내 아우는 살찐 개구릴 잡아 닭에 쪼이며 조용히 당신의 곁을 지키네.

당신의 孤寂 앞에 저 빨간 山紅柹, 그리도 빛이 나 새끼처럼 올리워 高原 구석구석을 밝히는데, 오히려 億年의 陽光이 타는 듯 쌓여만 가네. 거적을 내다 깔고 앉아, 구름을 불러 半身을 묻고, 해를 머리 위에… 水古里땅, 돌부처님 이대로 짐짓 四海를 두 눈안에 닫아, 千歲 다스림 헤어 空中을 돌으리로다.

—「水古里」 전문

인간의 의식을 뇌세포의 기억과 추론 상상 기능으로 보는 뇌 과학적인 개념이 있다. 그러나 최신 뇌 과학의 견해에 의하면 정신은 뇌 안에 갇혀있는 존재가 아니다. 그렇다고 육체와 별도로 존재하는 종교적인 영혼의 개념은 아니다. 아기가 태어날 때의 인간 정신은 기본적인 생명 능력만 간직한 채 외부 세계에 대한 판단은 거의 백지로 태어난다. 백지의 정신에 외부 사물의 풍경(어머니, 자연과 사회 환경)을 기록한다. 정신은 나와 환경의 관계로서 발생하며 '생각의 지도'가 만들어진다. 그러므로 인간의 정신이란 태어난 환경과 발육 과정에 의해 아주 다른 모델을 구성한다.

정신에 해당하는 영어에는 mind가 있고 spirit이 있다. 백과사전의 정의를 참조하면 정신은 뇌의 프로세서로서 지각 · 고려 · 평가 · 결정을 포함하는 복합적인 능력이다. 그러나 mind는 동물을 포함한 생명의 정서적, 감정적 측면으로 사용되지만 spirit은 비교적 지적(知的)이고 의적(意的)인 다소 차원 높은 원리의 의미로 사용된다. spirit은 종교에서는 인간의 육체가 아닌 영혼의 영역으로 간주하고 있고 soul보다 차원이 높은 원리로 보기도 한다. 헤겔의 『정신현상학』에서는 정신을, 삼라만상을 유지하는 생명의 원리로 간주하고 있는데 그 배경에는 기독교의 성령(聖靈) 사상이 깔려 있다. '정신분석학'에서는 정신의 무의식적 측면을 다루는데 정신을 실체적 개념으로 보는 것이 아니라 인간존재를 드러내는 하나의 장(場, field)으로 본다고 설명한다. 이렇듯 정신이란 복잡한 개념이다.

이런 관점에서 조남익 시인이 고향을 의식하고 쓴 시 「水古里」는 조남익 시인의 정신을 구성한 지리적 환경과 이에 대한 시인의 성정(性情, 정신적 표현)이 잘 드러난 작품이다. 이 시는 《현대문학》에 1965년 신석초 선생에 의해 처음 추천된 시로서 조남익 시인이 세상에 자신을 알리는 시가 되었다. 이 시가 단순히 고향에 대한 향수를 드러낸 서정시가 아닌 이유는 화자의 눈과 "당신"이라는 대타자의 눈이 고향에 대한 여러 이미지와 풍경을 동시에 보고 있는 설정이 있다. 조남익 시인은 인용 시의 밑줄 친 부분에서 삼라만상의 존재가 순간이면서 영원인 시간의 드러남으로 보고 있다.

[2] '울부짖는 돌'

시집『기다린 사람들이 온다』의 시편들에선 화자의 정신과 '파토스(pathos)'가 결합한 다음 시가 눈에 들어온다.

권력이 권력을 깨고
사람이 사람을 깨고

채석장 돌산에서는
돌이 돌을 깨고 나오고,

가장 깊은 뜻
한 방울의 물처럼
뽀얀 입김 피어나도록

가도 가도 이 세상의 끝
울부짖는 돌
울부짖음 깨고 나오고,

〉

내가 베어 문 돌
긴 인고의 불꽃
울부짖는 돌.

—「울부짖는 돌」 전문

이 시는 “울부짖는 돌”에 화자의 시적 자아를 투사했다. ‘돌’이란 물질 측면에서는 지하의 용암이 식어 만들어진 화강암이 대표하는 긴 시간이 연상된다. 외견상 동양 사유의 오행(五行)에서 金의 성질에 속하고 의지와 강건함과 굴하지 않는 정신을 표상한다. 시간의 마모에 견디는 속성으로 인류가 문화 기표를 오래 남기고자 할 때는 돌에 역사를 기록한다. 이집트의 ‘로제타석(Rosetta Stone)’이나 영국의 ‘스톤헨지(Stonehenge)’는 각각 상고시대의 문화를 증명한다. 세계 곳곳의 석조건물이나 불상 등 문화 기표는 모두 돌로 남아있다. 인간 문화와 돌은 이토록 깊은 연관을 보이는 정신과 물질 관계를 보이지만 이 시는 그런 외연으로 해석할 수가 없다. 이 시에서는 화자의 ‘정신’이 “울부짖는 돌”과 일체가 되어 정신이 발화(發火)하는 모습을 발화(發話)하고 있기 때문이다.

“권력이 권력을 깨고/ 사람이 사람을 깨고”라는 시구가 독특하고 어렵다. 권력(a)=권력(b)와 사람(a)=사람(b)의 관계로 이 시구를 해석하면 이 표현은 홉스가 말한 ‘만인에 대한 만인의 투쟁’을 뜻하는 사회관계의 아수라장을 드러낸다. 이 경우 이 시는 리얼리즘 시로 전개되어야 논리 구조가 맞다. 그러나 이어지는 시구들은 화자의 ‘정신’에 관한 상징을 드러낸다. 그러므로 나는 이 시구를 권력(A) 〉 권력(a)와 사람(B) 〉 사람(b)의 관계로 해석한다. 권력(A)과 사람(B)은 라캉이 말한 상징 진리로서의 '대타자'를 나타낸다. 권력(a)과 사람(b)은 인간이 바라보고 해석하는 대상으로서의 기표 '오브제 쁘띠 a'를 지시한다. 이런 구조일 때 "권력이 권력을 깨고/ 사람이 사람을 깨고"는 사물에 내재한 '본질'이나 '이데아'로서의 '권력'과 '사람'이 외재하는 '현상'으로서의 '권력'과 '사람'을 깨고 나온다는 철학적 함의를 갖는다. 이 시구가 어려운 이유이다.

이 첫 구절의 해석에 기준을 정하고 바라보면 다음 2연과 3연은 바로 정리가 된다. "채석장 돌산"에서는 정신의 "돌"이 현실의 "돌"을 "깨고 나오고", "가장 깊은 뜻(정신의 본질)"은 "한 방울의 물(현상)처럼"처럼 피어난다. 4연이 다시 어렵다. "울부짖는 돌(정신의 본체)"이 다시 "울부짖음(정신의 작용)"을 "깨고 나오고"라는 표현이기에 그렇다.

동양철학의 체용론(體用論)은 사물을 본체와 작용으로 구분하지만, 실제는 '무극(無極)'인 일기(一機)의 작용이다. '무극(無極)'이 '체(體)'가 되고 변화와 작용으로서의 '태극(太極)'이 '용(用)'이 된다. 4연을 체용론으로 해석하면 '체(體)'가 '용(用)'을 깨고 나옴으로 해서 화자는 사물의 본질을 더 깊이 다가선 셈이 된다. 5연에서는 "내가 베어 문 돌"의 표현으로 화자의 목소리가 전면에 드러난다. "내가 베어 문 돌"이란 결국 무엇일까. 지금까지의 사물에 깃든 정신으로서의 '울부짖는 돌'로 이해하면 간단하지만, 시란 해석의 재창조가 가능하기에 재미있는 물건이다.

이 시에서 '울부짖는 돌'이라는 '보조관념'은 '원관념'이 드러나 있지 않기에 은유로 볼 수 없다. 그렇다면 '울부짖는 돌'은 표의(表

義)만 드러나 있고 본의(本義)가 생략되었기에 상징 표현으로 보아야 한다. 상징은 하나의 표의(表義)에 여러 개의 본의(本義)가 가능하다. 조남익 시인이 염두에 둔 실제 본의(本義)와 상관없이 독자인 나는 '울부짖는 돌'을 '철학자의 돌'의 상징으로 해석한다.

'철학자의 돌'은 중세 현교연금술(顯敎鍊金術, alchemy)에서 물질을 金을 바꾸는 과정에서의 원물질(原物質)을 말한다. 원물질은 음양(陰陽)의 성질을 함께 가진 질료인데 금을 만들어 내는 용매를 가리키며 비교연금술(秘敎鍊金術)에서는 기독교 비전에서의 '지상의 신', '구원자', '대우주의 아들'로 불리는 '신성한 정신'을 뜻하기도 한다. 연금술은 불완전한 인간(돌)을 완전한 인간(金)으로 전환하는 수련을 말하며 '철학자'의 돌은 사물에 본질에 들어있는 촉매로서의 힘 '메르쿠리우스(Mercurius)'의 다른 이름이다.

시에서의 '울부짖는 돌'이라는 표현이 여기까지 상상을 몰고 왔다. '울부짖는 돌'이란 화자의 심혼(心魂, anima)에 관계된 표현이라고 생각이 들기 때문이다. 이런 배경하에 "내가 베어 문 돌/ 긴 인고의 불꽃/ 울부짖는 돌"은 거칠고 조악한 물질세계로서의 현실을 시적인 정신의 단련(鍊金)을 통해 다른 세계로 표현하고자 하는 화자의 시적 의지가 가열차게 표현된 시구로 해석된다.

3 형이상학과 세계관

시란 성정(性情)을 드러내는 것이기에 시인의 작품에서는 시인의 형이상학과 세계관이 드러나게 마련이다. 시인이 낭만과 리얼리즘, 상징과 초현실주의 시관을 가지는 것은 시인이 이 세계를 바라보고 해석하는 기준이 다르기 때문이다. 조남익 시인이 향토와 역사를 소재로 시를 썼음에도 단순히 서정 시인이나 리얼리즘 시인으로 분류하기 어려운 까닭은 앞서 말한 '정신'을 시에서 구현하고자 하는 시작 태도에 있다. 조남익 시인의 형이상학적 관념이 드러나 있는 다음 시를 살펴보자.

> 산은 산에서
> 꿈을 꿉니다
>
> 사랑은 사람에게서
> 한 송이 꽃이 됩니다
>
> 아주 멀리
> 천분天分의 한 실오라기 끝에
> 지상의 낮과 밤 흐르고
>
> 나는 씨 없는 열매가 되겠습니다
> 얼굴 없는 꽃잎들
> 만리장성에 쌓입니다
> 아무도 없는 면벽面壁 속으로
> 나 아닌 나 사라져 갑니다.
>
> ―「지상의 가을에」 전문

조남익 시인의 관념이 현실 사물과 배후에 있는 초현실의 세계에 이르는 큰 그림을 그리고 있다. "산은 산에서/ 꿈을 꿉니다"라는 첫 연을 들여다보자. '산은 산이다'라는 불교의 공안(公案)은 '산(a)은 산(A)이 아니다'라는 부정을 거쳐 '산(A)은 산(a)이다'라는 큰 긍정의 세계를 드러낸다. 이 시를 '산(a)은 산(a)이다'라는 평범한 해석을 하면 '꿈을 꿉니다'라는 문장과 만나 '산이 꿈을 꿉니다'라는 동시의 세계로 떨어진다. 보편의 산(A, 관념)이 특수로서의 산(a, 사물)에서 꿈을 꾼다는 이 문장은 "사랑(A, 관념)은 사람(a, 사물)에게서/ 한 송이 꽃이 됩니다"라는 2연과 구조가 같은 문장이 되어 시 해석이 자연스럽게 된다.

3연이 또 어렵다. "아주 멀리/ 천분(天分)의 한 실오라기 끝에/ 지상의 낮과 밤 흐르고"의 표현은 화자가 '대타자'의 눈으로 화자가 사는 현실을 본 경우다. '천분(天分)의 한 실오라기 끝'이라는 하늘의 천명(天命) 개념이 들어가 있다. 인간의 삶은 하늘이 부여한 큰 사명의 소명으로서 사는 삶이라는 뜻이다. '대타자의 눈'으로 "아주 멀리" 내려다본 '지상의 낮과 밤'은 '현실/이승'의 시간인데 하늘 시간에 비해 아주 작은 시간이라는 관념을 암시한다.

"나는 씨 없는 열매가 되겠습니다.// 얼굴 없는 꽃잎들/ 만리장성에 쌓입니다"의 4, 5연은 화자의 심혼이 윤회를 그치겠다는 소망을 드러낸 구절이다. 마지막 6연 "아무도 없는 면벽(面壁) 속으로/ 나 아닌 나 사라져 갑니다"의 종결로 화자는 현실 세계에서 초탈해서 '열반적정'의 세계로 가는 노정을 완성하였음을 보여준다. 이 시는 형이상학적 관념이 없으면 이해가 어렵다. "얼굴 없는 꽃잎들/ 만리장성에 쌓입니다"라는 5연의 선취(禪趣)가 드러난 구절은 더욱 그렇다.

4 현실과 역사 정신

『趙南翼 詩全集』에는 백제와 신라, 고구려와 단군신화에 이르기까지 우리 민족의 뿌리를 의식한 시들이 많다. 이 역시 역사를 그 자체로 드러내기보다는 역사 정신에 관한 시를 펼쳐 보인다. 역사 정신이란 구체적으로 무엇일까. 제4시집『朕의 戀歌』 책머리에 조남익 시인은 다음과 같이 '역사 정신'에 관한 소회를 드러낸다.

> 나의 임은 짐(朕)입니다. 어찌 제왕만이 '짐'이라 할 수 있겠습니까. 제왕이 자신을 '짐'이라 하였다면, 우리는 절대정신으로서의 민족혼(民族魂)을 '짐'이라는 대명사로 불러도 좋을 것입니다. 그것은 바로 절대아(絶對我)이기도 합니다. 나의 임은 민족의 기원으로부터 삼국시대까지 국사(國史)의 이른바 '서장(序章)', 한민족(韓民族)의 성립(成立) 시기를 주로 소요(逍遙)하였습니다. 상고시대를 단국(檀國), 배달(倍達), 배달족(倍達族)으로 일컫는 바를 따른다면, 나의 임은 주로 '배달나라'를 여행한 셈이 되겠습니다.

메를로퐁티(Maurice Merleau-Ponty)는 예술가란 '사물'의 외양이 아닌 '존재의 의미'를 드러내는 작업을 하는 사람으로 보았다. '존재'란 개별 사물의 형태인 '존재자'를 성립하게 하는 형이상학적 실체인데 개별 사물을 초월해 있으며 은폐되어 있다. 예술이 '존재의 의미'를 개시하기 위해서는 예술가는 깊이를 알 수 없는 '실재'에 대한 절망감을 혼신의 힘으로 밟고, 그 여세를 몰아 가시적인 사물의 피안으로 넘어가는 창조적 예술가의 열정을 보여야 한다고 설명한다. (송석랑, 「메를로퐁티의 철학」, 문경출판사, 2005년, 86쪽)

조남익 시인이 드러내고자 하는 '절대정신'으로서의 '민족혼(民族魂)'은 곧 역사를 성립하게 하는 '존재'의 의미라고 볼 수 있다. 역사라는 사건 속에 나타난 절대정신에 시인의 혼을 투사하고 그 정체를 '짐(朕)'이라 표상한 설정이 흥미롭다. 역사를 절대자의 시각에서 조감하고자 하는 화자의 욕망이 들어가 있기 때문이다. 다소 길지만 제4시집 『朕의 戀歌』에서 역사 정신의 형상화가 잘 된 작품을 소개한다.

> 어젯밤 꿈에는 따오기가 와서 붉은 개구리 한 마리를 잡아다가 땅 위에 메어꽂고는 원통형에 밑으로 굽은 부리로 사정없이 쪼아 대니, 그건 개구리가 아니라, 갓난아기의 처참한 모습이었습니다. 그러나 죽은 듯이 있었던 피투성이 아기가 어느새 아장아장 걷기 시작합니다. 이번에는 따오기가 놀라 멈칫 뒤로 물러섰습니다. 씻은 듯이 고운 아기가 방싯방싯 웃으며 나에게로 손 벌려 옵니다.
>
> 나는 아기를 안고(오, 그 귀엽고 가벼운 몸이여), 먼 길을 갑니다. 내 고향 부여 백마강에 웬 목선들이 가득했어요. 배의 수미가 바싹 올라간 큼악한 나막신 모양의 배가, 어떤 것은 돛을 가득 올려놓았는가 하면, 어떤 것은 닻을 내리고 한가로이 물살에 떠 있습니다. 중의적삼 입은 야무진 사내들이 짐을 어깨에 지고 쉴 새 없이 배에 오르내리고 있었습니다. 그래, 여기가 구드래 나루터지. 낙화암 조금 못 미친 곳, 지금은 舊校里구교리라 부르지만 옛 日本일본이 백제의 호칭으로도 사용할 정도로 호황을 누렸던 久陁羅구다라가 바로 여기지.

〉

그래요, 백제는 무역이 성행한 해양 국가였습니다. 百濟백제란 이름도 해상 국가를 상징하는 百家濟海백가제해에서 왔어요. 일본의 北九洲북구주 방면은 물론, 중국 南北朝남북조 시대에는 양자강 하구의 좌우 기슭에도 스스로 稱藩칭번하고는 무역 구역을 열었다는 거예요.

근초고왕 말엽인 370년경에 백제는 南下남하하는 고구려 세력을 배후에서 견제하기 위해 고구려 후방인 遼西요서로 진출, 발해만을 들어갑니다. 백제 망한 후 요서의 百濟郡 太守백제군 태수 扶餘崇부여숭은 조국을 잃고, 이리저리 방황하다가 축멸되어 이역만리에 떠도는 원혼이 되고 맙니다. 그러나 중국의 正史정사에 기록된 이 백제의 遼西經略요서경략은 三國史記삼국사기에 써 있지 않고,

또 바다를 건너간 역사의 맥락이 찾아지지 않는다 하여 전면 부인되어 오고 있습니다.

오, 나는 아기를 꼭 안았습니다. 향그런 젖내 나는 아기는 새근새근 잠들어 있습니다. 나는 그 영혼을 그윽히 바라봅니다. 남의 역사를 자기들의 史書列傳사서열전에 끼워 넣기 좋아하는 중국의 支配史觀지배사관, 그러다 보니 韓民族史한민족사가 왜곡 기술되고, 또 中國史중국사로 둔갑한 것은 얼마나 많으리오. 그런데도 백제의 遼西經略은 오히려 거꾸로 되어 있으니, 어리둥절하지 않을 수 없었습니다.

〉

> 나는 나를 아직 찾지 못하였습니다. 요즈음 뿌리 찾기 운동이란 말을 종종 듣습니다만, 우리의 족보들을 보면 많은 성씨들이 그 시조를 중국인으로 하고 있답니다. 중국의 黃帝황제라든가, 백제를 멸망시킨 唐將당장 蘇定方소정방의 부장 아모개가 귀화해서 시조가 되었다든가 —— 등 여러 가지입니다. 우리의 姓성이 중국식인 것은 어쩔 수 없다 하더라도, 후세에 중국인을 시조로 떼어다 붙인 것은 해도 너무한 모화사상의 흔적 같거든요.
>
> 둥둥 북을 울려라. 한 치 앞 못 내다보고, 迷妄미망에서 태어나 미망으로 죽는 인간의 어리석음 덮으며, 다시 움 날 이 땅의 희망을 위해 우리 모두 둥둥 북을 울려라.
>
> 나는 예쁜 아기를 안고 먼 길을 갑니다. 구드래 나루터 지나 낙화암에 오르니, 백제의 진혼곡이 성난 물결을 곤두세워 놓곤 울부짖고 있었습니다. 나는 넋 잃고 그것을 내려다봅니다. 갑자기 등 뒤에서 따옥따옥 소리가 나 뒤돌아보니, 따오기가 검은 부리를 한 자는 벌려 놓고 나를 노려봅니다. 나는 놀라 뒷걸음치다가 아, 천 길 절벽으로 떨어지면서 소스라쳐 잠이 깨고 맙니다. 혼몽한 가운데 정신이 들면서 내가 안고 있던 아기가 실은 李夕湖이석호 부여문화원장이 언젠가 내게 준 백제의 瓦當와당 한쪽이었다는 생각이 들자, 나는 다시 현실의 꿈속으로 빠져들고 말았습니다.
>
> —「어젯밤 꿈에는 따오기가 와서」 전문

"갓난아기"로 은유된 백제 정신은 결국 시인이 드러내고자 하는 '민족혼(民族魂)'이다. 해상 강국 백제의 '요서경략(遼西經略)'

같은 민족의 자부심을 그린 시다. 이 시는 화자가 꿈속에서 본 "따오기"가 "붉은 개구리"를 잡아서 쪼는데 그 붉은 개구리는 갓난아기로 변한다. 화자는 "갓난아기"를 안고 화자의 고향인 부여로 가서 역사상의 백제를 추억하는 내용으로 되어 있다.

역사란 해석가가 현재에서 바라보는 일종의 꿈이다. 이 시는 화자의 꿈에서 역사의 꿈인 "백제"가 등장한다. 화자가 꿈속의 꿈에서 깨어나니 "갓난아기"가 현재의 "백제의 瓦當와당 한쪽"이라는 은유였음을 직관한다. 이 시에서 화자는 백제시대와 현재가 혼융된 큰 꿈속에 사는 화자 자신의 혼이 백제 혼이고 민족혼이라는 큰 주제를 말한다. 서정과 서사가 잘 결합된 가편(佳篇)이다.

조남익 시인의 '역사 정신'에 대한 관심과 천착을 말하기 위해 상기 시를 살펴보았다. 이번 시집『기다린 사람들이 온다』에서는 같은 주제를 드러낸 시로 다음 시편이 눈에 들어온다.

> 그들은 몸으로 말하고 몸으로 대답한다
> 밤이면 서로 몸 섞어 안고 잠든다
>
> 지하 10㎞까지
> 설령 시추한다 하여도
> 조금 떠오를 뿐 숨어 우는 민중의 바다
> 그들은 말하지 않아도 모두 알아채고 있다
> 말하지 않는 것이 그들 한마음의 그릇이다
>
> 그들에게 분열이란 처음부터 없었다

삼국 시대니 남북한 시대는 아예 없었다

지하수는 살아있다
국토 속에서 핏줄처럼 흐른다
한그루 청정한 나무의 수액으로도
흐르는 지하수

낙뢰 맞아 썩은 고목의 어둠 너머에서
먼동이 트는 새벽을
기다린 사람들이 온다.

—「지하수는 살아있다」 전문

외형의 역사란 지배자의 논리일 뿐 실제로 인간의 삶을 꾸려가는 것은 침묵하는 민중이라는 주제이다. 민중을 "지하수"로 은유해서 "국토 속에서 핏줄처럼 흐른다"는 표현을 하고 있다. 이 생명을 유지하는 물의 힘은 인간 사회뿐이 아니고 "한 그루 청정한 나무의 수액으로도/ 흐르는 지하수"의 힘이어서 민중의 죽지 않은 생명을 말한다. 역사는 왕과 지배자들의 화려한 삶과 그 삶을 부력으로 떠받치는 피지배자의 바다 같은 삶으로 구성되어 있다. 이 시는 "지하수"처럼 드러나지는 않지만, 민중의 삶이야말로 "삼국 시대"와 "남북한 시대"라는 외양을 무너뜨리는 내면의 역사를 구성한다고 말한다. 민중문학이 주창했던 리얼리즘 시각이 들어가 있으나 이 시의 주제는 "지하수"로 표상되는 '민족혼'과 '역사정신'에 역시 닿은 것으로 생각된다.

5 '비가시적인 야생적 존재의 의미'

조남익 시인은 시론 「토착의식(土着意識)과 역사의식(歷史意識)」에서 다음과 같이 말한다.

> 문단에 얼굴을 내밀고 작품 활동을 해온 지 벌써 40여 년이 되는 것 같다. 지금까지 시집 6권, 229편이 나의 작품 전량이 되고 있으니 나는 과작을 한 셈이다. 그러나 내 생애적 입장에서 볼 적에는 그 나름의 정신적 자취를 규명해 볼 수도 있을 것이다. … 중략 … 시는 주관성이 강한 장르이다. 시인 루이스 맥니스는 시를 가리켜 "인간의 생에 대한 반응을 기록하는 하나의 정밀기계"라고 하였고, '생에 대한 반응'이란 곧 치열한 정신의 흔적을 말한다고 할 수 있다. 그런데 그 정신의 흔적은 비속하고 일상적인 것과는 달리 "최선의 질서에 놓인 최선의 말"(코울리지)에 있었던 것이기 때문에 재기 발랄하고 뛰어난 '정예의 기록'에 남은 것이라고 하겠다. 이러한 기록의 연속은 하나의 생에 대한 신화적(神話的) 체계를 형성해 갈 수도 있을 것이다.
>
> —『趙南翼 詩全集』, 438쪽, 454쪽

'예술은 자연의 모방'이라는 명제는 사물의 존재를 소박하게 받아들이는 예술관이다. '자연주의'나 '리얼리즘' 예술은 사물을 있는 그대로 생생하게 그려내고자 한다. 그러나 사물에 깃들여진 정신을 드러내고자 하는 예술관은 사물의 본체(本體, 정신)가 현상(現象, 사물)에 어떻게 드러나 있는지를 살핀다. '후설(Edmund Husserl)'의 '선험적 현상학'은 우리가 감각하는 일상적인 사물에 대한 태도를 괄호에 넣은 다음(현상학적 판단중지) 남아있는 순수의식의 본질을 직관하여 진리를 드러내고자 한다. 조남익 시인이 시에 있어서 사물의 정신을 드러내려는 태도가 현상학적 입장과 유사하다. 후설의 현상학을 실존주의 입장에서 발전시킨 '메를로퐁티'의 예술관은 조남익 시인의 세계관을 더욱 깊이 뒷받침한다.

> 요컨대, 메를로퐁티가 원했던 것은 인간의 로고스를 확장시키는 가운데 육화된 이성의 체험 속에서 명증성을 추구하는 일이다. 메를로퐁티의 철학에 있어 투명한 관념이 갖는 불투명한 배경은 '지각 세계'가 되며, 그것은 진리의 근거로서의 '야생적(savage)' 존재의 의미 세계가 된다. 그는 기원의 진리인 이 야생적 존재의 원리로서 '가시적인 것'과 '비가시적인 것'을 이야기한다. '존재'란 가시성의 이면에 비가시적인 의미의 깊이를 갖는다는 것이다. 이 비가시적인 '야생적 존재의 의미'는 예술을 통해 직접 접근되어질 수 있다. '침묵의 언어'로서의 예술이 갖는 '소리 없는 목소리'의 '표현' 때문이다.
>
> — 송석랑 「메를로퐁티의 철학」(문경출판사, 2005년) 114~115쪽

시인은 '침묵의 언어'로서의 예술이 갖는 '소리 없는 목소리'의 '표현' 때문에 평생을 고통 속에 사는 사람이다. '비가시적인 야생적 존재의 의미'를 시라는 언어 현상(現象)으로 드러내야 하기 때문이다. 『趙南翼 詩全集』에는 시인의 시적 방황이 여러 갈래로 나와 있다. 그러나 시란 결국 시인 자신으로 돌아간다. 시에 깃들여진 진리 의식으로서의 '정신'이란 시인의 내면에 비친 자연과 외

부 사물(대타자)의 정신이기 때문이다. 조남익 시인의 시 정신이 시 「水古里」에서 출발하였듯이 그 시 정신의 귀착점도 나는 이번 시집 『기다린 사람들이 온다』의 다음 시에서 찾고 싶다.

참나무 숲속은 울창한 장졸들이 하늘을 찌를 듯 발돋움하고 팔 벌리어 섰네. 단단한 결로 각반을 감은 늘씬한 다리가 즐비하고 하늘은 안 보이네. 상수리나무 갈참나무 굴참나무 물참나무 졸참나무 떡갈나무 신갈나무 등 참나무의 나라에 5월이면 꽃 피어나기도 하지만, 피 끓는 그들의 몸은 땅이 좁다고, 땅이 척박해 살 수 없다고, 뿌리 뻗어 가다가도 철통같은 몸 흔들어 자유의 멍에를 절거덕 끌고 가는 신음 소리 내며 노호하네.

참나무는 울어도 땅속에서 우네. 이 땅의 오랜 혼이 묻힌 땅속에, 나무나 사람이나 죽으면 돌아가는 땅속에, 육신은 썩어 흙이 되고 신기루로 남은 혼이 잠자는 땅속에, 그들의 큰 뜻은 아직 살아 있어라. 귀걸이 코걸이로 동네방네 떠돌 적에 썩은 새끼로 범이라도 잡을 듯 우쭐댈 적에, 참나무의 혼은 비행기도 안 타고 곧장 죽순인 양 솟아 나왔네. 활 잘 쏘는 주몽이, 천신만고 대조영이, 백의종군 이순신, 의기남아들이 참나무 숲에서 태어난다네.

참나무 숲에 들면 온통 무인의 기백이네. 소나무가 문신이라면 참나무는 무신의 힘을 뽐내며 땅속으로부터 한반도를 출렁이게 하네. 나는 아무도 모를 야생의 씨앗을 타고 얼마나 출렁거리며 영원히 젊은 신들의 눈에 숨어 있었을까. 나는 벌레였을까. 풀꽃이었을까. 익어가는 사과의 향기는 휘발성의 영묘한 정기이듯 둥지 없는 나의 작은 새는 얼마나 눈 맞추려 자연의 섭리에 흐느꼈을까. 깊은 산에 자생하는 박달나무로 올라갔다가, 신단수 아래 신시에서 기웃거리다가, 홍시로 떨어졌다가 마침내 보름달, 어딘가 한 사발의 보리밥이 익은 보름달.

누가 무어라 해도 숯이네, 참숯. 사람이 한평생 살다 죽고 나면, 어떤 모습일까. 초개일까. 숯일까. 불붙이면 벌겋게 타오르며 생전의 가치를 뜨겁게 태우는 숯. 지금 얼마나 많은 참숯이 세상을 밝게 비추며 달구고 있는가. 나는 밤이면 야생의 숲으로 가서 몸 젖어 온다네. 숯이 숲에서 자라고, 숲이 숯을 만드네. 나라의 태몽이 저 백두산 천지에서 날아오면, 어느 곳인가 강보에 싸인 아기의 숨소리가 향기로운 종을 치는 참나무 숲.

—「참나무 숲」 전문

이 시는 여러 가지 시적 수사와 상황이 반영된 시다. 나무로 사람을 의인화하고 숲으로 한민족을 은유했다. 민족과 역사의 상황을 풍자한 알레고리로도 읽힌다. "신단수"부터 현재의 "비행기"까지의 시간 설정은 긴 서사시로도 보이게 한다. 시란 다중 해석이 가능한 시가 좋은 시다. 화자가 드러내고자 하는 주제는 "아기의 숨소리"로 상징되는 '민족혼(정신)'인데 화자가 이루고 싶은 정신의 경지를 투사했다. 이 시에서 메를로퐁티가 말한 '비가시적인 야생적 존재의 의미'가 생생하게 드러나지 않는가.

나는 조남익 시인이 추구하고자 했던 '정신'의 실체를 『趙南翼詩全集』과 이번 시집 『기다린 사람들이 온다』의 시를 통해 추구해 보았다. 조남익 시인은 사물의 중심에는 물질이 아닌 '정신'이 있어 비가시적인 존재로 자리하고 있으며 시란 이 '정신'을 드러내는 일이라고 믿고 있다. 그 정신은 '숲'으로 상징되는 큰 정신과 '나무'로 상징되는 개인 정신이 있다고 생각한다. 여러 시를 통해 본 결과 조남익 시인은 생명과 세계란 이런 '정신'의 개진과 은폐, 순환과 정지로 이루어졌다고 무의식적으로 파악한다. 앞서의 시론 인용에서 조 시인은 비록 과작의 시들이지만 이 '정신'을 드러내는 일에 일생에 걸쳐 '시적 고투'를 했다고 말한다.

이 대목에서 나는 시를 쓰는 일이란 작은 불꽃이 일어나리라고 믿으면서 시적 자아에 성냥개비를 긋는 일과 비슷하다고 생각한다. 정신의 집중과 강도가 굳지 않으면 시의 불꽃이 일어나지 않는다. 성냥개비를 여러 번 부러뜨려 다행히 불이 붙어도 마른 장작개비로서의 사유의 내용이 풍부하게 준비되지 않으면 큰 불길이 일어나지 않는다. 시를 쓰는 일이란 이토록 어려운 일이다. 조남익 시인의 시편 중 큰 불길에 성공한 시로 나는 인용한 「水古里」와, 4시집 『朕의 戀歌』에 실린 「어젯밤 꿈에는 따오기가 와서」, 「한울님과 웅녀」, 「廣開土王碑」 그리고 이번 시집에 실린 「참나무숲」을 들고 싶다.

예술의 한 갈래인 시는 이상한 마력이 있다. 고뇌일지라도 시인이 정신의 불꽃을 당겨 시를 쓰려는 이유는 시인이 유한하고 덧없는 개인 일생에 만족하지 않기 때문이다. 조남익 시인이 참여해 온 예술세계란 '비가시적인 야생적 존재의 의미'가 생생한 숲으로 인간의 시야에서 떨어져 있다. 시인은 '풀이 더 있고 사람이 걸은 자취가 적은' 길로 가서 자신의 심장에서 들리는 '북소리'를 듣는 운명을 선택한 사람이다.

전통 정서와 역사의식으로 꽃피운 큰 詩

– 趙南翼 論

1

백강 조남익 시인이 40여 년 시인 생활을 총정리하는 기념 시집『趙南翼 詩全集』을 출간했다. 특별히 이 시 전집 출간에는 두 가지 중요한 의미가 담겨있다고 생각된다. 하나는 인생의 경륜 70 고희를 기념하는 뜻에서였고 그다음은 요사이 시가 이상한 흐름에 대한 시의 본연을 보여준다는 것이다.

백강 조남익 시인은 우리 시가 50년대의 어지러움을 벗어나 60년대 안정기에 섰을 때 충분한 수련기를 거쳐 당시 최고의 권위지인《현대문학》지를 통해 데뷔했다. 추천 작품「水古里」「北村里打令」「山바람 소리」등은 당시 데뷔하기도 어려웠고 또 시인도 드문 시절에 명시로 널리 알려졌었다.

이 무렵의 시는 주로 고향을 노래한 시로서 향토색이 짙었다. 고향의 풀 내음과 꽃의 향기와 바람 소리와 고향 사람들의 인정이 잘 서려 있었다. 그래서 백강 조남익 시인 하게 되면 추천될 무렵의 시가 오랜 세월을 두고 많은 독자에게 더 많이 남아있다.

그는 끈질긴 시인이다. 교직 생활 바쁜 틈에도 오직 시를 위해 살아왔다고 할 정도로 많은 시를 썼다. 그렇다고 단순히 이름을 알리기 위한 적당한 시가 아니라 그야말로 갈고 닦아 피가 서릴 정도의 시만 유력지에 발표해 왔다.

이렇게 보면 성실하고 정열적인 시인이라 할 수 있다. 그 결과 시집만 6권 출간했다. (수필집, 시론집도 몇 권 있다) 이제 6권의 시집을 고희 기념으로 집대성하여 시 전집을 내게 되었다.

그는 보통 시인이 아니다. 나름대로의 시론과 사상을 갖고 시 한 줄도 소홀함이 없이 알차게 시를 써 왔다. 워낙 높이 올라간 시인이기 때문에 조심스럽게 그의 시 경향을 두 갈래로 나누어 설명하고자 한다.

2

그의 전반기 시는 시기적으로 데뷔 시절 1960년대부터 1970년대까지라고 볼 수 있다. 시집으로 보면 두 시집, 즉『山바람 소리』와『풀피리』가 여기에 해당된다. 이 무렵의 시 세계는 향토적이고 토착적인 세계를 중시했고 차츰 나아오면서 자연 친근 의식으로 자연의 아름다움과 거기에 따른 생활의 순박함을 노래했다.

> 흙이었다가 손탐 없이 그대로 바위였다가,
> 저 山 안에 호젓이 한 나무일 뿐이다
>
> 아침에 珠簾을 걸어

애기 손바닥만 한 날을 받아놓고
고지식, 다시 헹구는 茂盛한 微動을 보라

휘어지도록 커나서
배부른 아낼 서워있는데
숲처럼 어울러서 風樂이 은은한 마을…

춤 아니라도 새끼는 새끼대로 저의 귀염을 떨고
彌勒 같은 아내라야, 구기잖은 어미 노릇이라,
나는, 호젓이 이대로 한 나무였을 뿐이다

허구헌 長霖이 가고
모두 다 털고 떠나는 가을이라도 오면
그때는 내 마음도 짜르르 밤도와 울것다.

—「北村里 打令」 전문

앞에서 보는 '흙이었다가 손탐 없이 그대로 바위였다가'에서 볼 수 있듯이 자연 그 자체가 생활과 더불어 하나로 되어 있다. 그렇기 때문에 〈나〉도 '너'도 하나인 것이다. 특별히 '배부른 아내' '귀염 떠는 새끼'는 북촌리 생활의 주인공인 것이다. 이 시에서 보는 '주렴' '장림'도 산골 생활의 운치를 돋구고 있다. 이 시에서 토속적 색채를 자연스럽게 볼 수 있다.

이 무렵 시골 사람들의 생활을 노래한 시에선 밝음보다는 어둠이 깃든 면도 있었다. 이것을 확대하면 어려운 역사 속에서 살아온 한국인의 설움이기도 하다. 그러면서 그의 시에선 어딘가

정관적이고 고고한 운치를 풍기고 있었다.

사람은 송이송이 살다 가는 것을
그것은 남향해서 흘러가는 것을
누구나 鳳鳴里 와서 물으면 안다

여름을 나는 사람들이
아직 千年 前의 여름을 살아도
사는 이의 푸른 골짜기에 내리는 물은
누구나 鳳鳴里 와서 물으면 안다

그러기에 물소리는 새 노래로도 퍼져나고
자네의 그 착한 웃음에도 번져나고
이 찬란한 여름을
늘 구름 뜨듯이
결국은 아이들이 나이를 먹고…

송송이 가을로 휘돌을 때에
어쩔거나, 풀벌레로 터져 나는 울음을
天上에도 地下에도 붕붕 나는 불빛을
鳳鳴里, 그 좁은 동네에 가서 물으면 안다.

—「鳳鳴里」 전문

이 시는 두 번째 시집 『풀피리』에 수록되어 있는 시다. 어떻게 보면 앞의 시와 비슷한 면도 있다. 앞의 시 「北村里 打令」과 구석진 농촌 마을을 노래했다는 점에서는 같다. 앞의 시가 자연 친화의 소박한 마을을 데생하듯이 그렸다면 이 「鳳鳴里」에서는 사람 사는 인정의 세계를 더 중요시했다. '사람은 송이송이 살다 가는 것을/ 그것은 남향해서 흘러가는 것을 /누구나 鳳鳴里 와서 물으면 안다'에서 인생의 허무를 말해 주고 있다. 이 시에서 '자네의 그 착한 웃음' '결국은 아이들이 나이를 먹고'는 이 자연과 더불어 인생의 큰 의미를 던져주고 있다.

두 번째 시집 『풀피리』에서 돋보이는 작품이 「충청도」 연작시다. 무려 10편이나 된다.

> 풀이면 뜯고
> 넋이면 캐라
>
> 차라리 玉碎로 남겨 논
> 가도 가도 허허로운
> 黃山벌…
>
> 불은 이미 꺼지고
> 들릴 듯 사라지는
> 바람이 분다
>
> 女人의 노래 같은
> 그리고 흐느낌 같은
> 바람 속,
> 〉

새파란 눈매
땅 위 일천리에
초생달이 떴다

우리 시골집
오줌통에 빠진
초생달이 떴다.

—「충청도 · 7」 전문

이 시는 앞의 시 수법과 조금 차이가 난다. 우선, 시 정신으로 볼 때 자연의 아름다움이나 인정의 세계를 그리는 대신 어떤 역사적 사실을 들어 바른 정신을 가장 함축된 말로 표현하고 있다. 그래서 시의 표현법이 다르다. 처음부터 명령법을 쓰고 있다.

첫 연 '풀이면 뜯고/ 넋이면 캐라' 같은 것이 다르다. 전통 정신의 하나인 선비정신에서 볼 수 있는 꿋꿋함이 도사리고 있다. 따라서 종전의 시에 비해서 시의 기법 면에 힘쓰고 있음을 볼 수 있다. 특히 마지막 연에서 '우리 시골집/ 오줌통에 빠진/ 초생달이 떴다'는 고도한 표현이다.

앞에서 노래한 '새파란 눈매/ 땅 위 일천리에/ 초생달이 떴다'와 상당히 대조적이다. '오줌통에 빠진 초생달'은 일종 아이러니로서 초생달의 의미를 더 크게 하고 있다. 일종의 진귀한 착상이기도 하다.

3

같은 샘에서 발원한 물도 환경에 따라 흐름의 속도, 그 물빛이 달라질 수 있다. 한 사람의 일생이 늘 같을 수 없듯이 시의 성장도 자연 달라진다. 그렇게 보면 시의 변모는 자연 있게 마련이다.

백강 조남익 시인의 시도 80년대에 와서는 확연히 달라진 빛을 보인다. 그것은 종전 구축해 오던 전통주의 기반에다 다소 현실의식을 가미했다는 사실이다. 이 경향에는 시집 『나들이의 땅』, 『朕의 戀歌』, 『하늘에 그리는 상형문자』가 여기에 속한다. 원래 시의 변모는 눈에 보이지 않는 것이기 때문에 겉으로는 그것이 잘 드러나지 않는다. 그래서 한 시인에게 있어 초기에 터 닦던 그 흐름이 언제나 독자에겐 남아있는 것이다.

더 쉽게 이 무렵 시의 경향은 종전의 서정의 세계에다 현실 의식을 더 보태어 힘 있는 세계를 마련했다고 할까. 그래서 종전 시의 질이 다소 정적이고 부드러웠다면 이 무렵의 시는 다소 지적이고 꿋꿋했다고 볼 수 있다.

최원규 교수도 제3시집 『나들이의 땅』 跋文에서 "삶이나 역사의식이 그의 시 표면에 나타나고 있다. 그러나 조 시인은 단순히 시의 표면에 드러내 보이고 있는 것은 아니다. 삶과 자아 인식 혹은 역사의식을 소재로 하여 제시하면서도 조 시인이 취하는 탐미적 관점은 서정적 요소와의 결합이다"고 했다. 이 무렵 조남익 시인의 시 경향을 아주 적절하게 언급했다.

이러한 경향은 제4시집 『朕의 戀歌』에서 노골화되었다. 이 『朕의 戀歌』는 특별한 의미를 갖고 있다. 시인 자신도 밝혔듯이 역사기행에서 얻은 시를 한데 묶은 것이다.

위의 시 경향에서 언급한 대로 역사의식이 고스란히 이 시집에 담겨 있다. 조남익 시인은 서문에서 시집을 내면서 절대정신으로서의 민족혼을 강조하였다. 그러면서 시를 쓰게 된 것을 "그것들이 나의 근원으로서 내 심장 속에서 끊임없이 고동치고 있으며 나의 본질로서 손짓하고 있음을 부인할 수 없었습니다. 오히려 나는 내 핏속에 흐르는 넋의 흐느낌에 더 많이 공감하고 감동 받지 않을 수 없었습니다."고 했다.

조남익 시인이 앞의 시집과 달리 성공할 수 있었던 것은 역사적 사실을 들면서 그것을 뛰어난 기법으로 잘 시화했다는 것이다. 그의 긴 여정이 역사 탐구의 시절을 벗어나 새로운 서정의 세계로 되돌아온 것이 제5시집 『하늘에 그리는 상형문자』다.

태어나기를
윤기 있는 짐승이려고 한다
아니면 차라리
말라 죽은 삭정이의 살갗에 닿으려고 한다

휘어잡아도
유연한 뼛속은 비어
아무리 읊조린들
녹지 않는 향기이려고 한다

뺄 것
보탤 것
한 잔의 여의주에
말을 마시는 시인

〉
시에 나를 넣어
불사르고 오르는 연기 가닥으로
하늘에 그리는 상형문자
그 몸부림치는 혼(魂)이려고 한다

—「시의 골격」에서

아름다운 빛깔
긴 꼬리 달고
한껏 날았던 산꿩

목을 뽑고
먼 곳 향해 울어
비어 있는 본적지
내 꿈을 울어

충청남도부여군세도면수고리산557번지

거기서 왔다가
다시 돌아가야 하는
내 꿈을 울어

나는 아직도 토종
적갈색 피부가 고운
산꿩

—「산꿩」 전문

이 두 시는 성격이 좀 다르다. 앞의 시는 일종 시로 쓰는 시론이고 뒤의 시는 조남익 시인의 본령 향토적 서정시다. 앞의 시에서는 지적인 번뜩임을 볼 수 있고 뒤의 시에서는 심미의 세계 정적인 면을 볼 수 있다. '아름다운 빛깔/ 긴 꼬리 달고/ 한껏 날았던 산꿩' — 있는 그대로의 표현이다.

이러한 경향의 시가 2004년 11월에 낸 제6시집『푸른 하늘』에 오면 이때까지 추구해 오던 시 세계를 종합한 듯한 넓은 세계를 보여주고 있다. 물론 이 시집에 와서도 그가 끈질기게 추구하는 민족정신의 시도 더러 있지만 오히려 초기로 돌아간 듯한 인상의 경쾌한 시도 많다.

천길 속세에 떨어져도
흙 하나 안 묻은 그대 시궁발치

몸은 늙고 정신은 솟은
푸른 하늘

그대 허공에
존재의 끄나풀 끝 내 풍선은 서럽다

아버지의 눈에서 보았던
검고 깊은 사람의
푸른 하늘

내 손자놈도 훗날

내 눈에서
그것을 찾아낼 수 있을까

영혼의 문에 끊임없이 피는
꽃잎
아가

비밀의 문 따로
고양이 기웃거리는 땅,
나는 목숨 한 방울 입은 덕에 아름답다.

—「푸른 하늘」 전문

숯이로다
아예 숯으로 남은 백골들의
만인의총(萬人義塚)
호남 함성 무너지고
짓밟힌 뼈에 전율했던 영원

잔디
대명천지에 금잔디
해묵은 세월 파묻고
뿌리 내린
소나무 그때처럼 서 있고,

숯이로다

썩지 않는 숯
깡마른 땅에 열기 돌 때면
언제든 활활 달아오른 숯불이여
겨레의 깊숙한 심장 숨어 우는 곳

역사의 강에
곡선으로 떨어진 시간이 잠자고 있었다.

—「소나무에 대하여 · 5」 전문

위 시「푸른 하늘」에서 볼 수 있듯이 언어를 매만지는 솜씨가 부드럽다. 그러면서 인생의 재미있는 얘기도 재미있게 늘어놓고 있다.

이 시집에서 큰 비중을 둔 연작시「소나무에 대하여」도 역사적 얘기를 하고 있으면서도 삶의 이야기라서 재미있다. 이 시에서 시의 기법도 독특하다. '소나무'와 '숯'의 이미지를 아주 적절한 비유로 잘 나타내었다. '숯이로다/ 아예 숯으로 남은 백골들의 만인의총' 여기에서 '숯'은 백골로 남은 의인들을 말하고 있다.

백강 조남익 시인은 시의 큰 정상에 오르면서 역사의식을 놓치지 않았다. "나는 언어와 에스프리 모두에 관심을 두어 왔다고 할 수 있을 것이다. 나의 에스프리는 현세적인 것보다 역사의 실체에 더 많은 집념을 보여 왔다. — 제6시집 서문"에서도 잘 볼 수 있다. 이렇게 보면 백강 조남익 시인은 고향을 늘 생각하는, 역사의식을 항상 머리에 간직한 정신 지상주의자라고 말할 수 있다.

4

끝으로 백강 조남익 시인은 한평생 좋은 시를 쓰기 위하여 넓은 의미의 고향 충청도를 떠나지 않았다. 충청도의 짙은 색깔, 내음을 노래했기 때문에 그를 한마디로 충청도의 시인이라 할 수 있다. 충청도의 향토적 정서를 항상 밑바탕에 깔고 흙냄새 물씬 풍기는 시를 쓰고 있으면서도 항상 한자리에 머물지 않고 뭔가 안으로 변혁을 꾀했다. 그것이 민족정신을 속에 깐 역사의식이었던 것이다. 이것을 두고 보더라도 백강 조남익 시인은 참 한국의 시인이다.

《조선문학》 2005년 5월호에도 수록됨.

❒ 이은봉_8시집 『광야의 씨앗』(2012) 해설

(이은봉 시인 · 광주대학교 문창과 교수)

대지적 상상력과 상고적(尙古的) 이상

– 조남익 시집 『광야의 씨앗』에 대하여

숯불처럼 이글이글 타는 눈빛
천년을 관류한 정기의 불꽃
광야의 씨앗을 뿌려라

—「역사는 큰물에서 논다」 부분

1 대지적 상상력

조남익의 시는 기본적으로 대지적 상상력에 기초해 있다. 이때의 대지적 상상력은 역사의 내포를 거느릴 뿐만 아니라 자연의 이미지를 토대로 하고 있어 두루 관심을 끈다. 이러한 의미를 갖는 대지적 상상력을 바탕으로 하는 가운데 나날의 삶과 관련한 제 자신의 꿈과 소망을 담아내고 있는 것이 그의 시이다. 그의 시가 오늘의 현실보다는 과거의 현실과 함께하는 상념이나 사물을 매개로 해 서정의 화폭을 펼쳐내는 것도 이와 무관하지 않다. 대지적 상상력이 본래 시원의 상상력이기도 하고, 원초의 상상력이기도 하다는 점을 기억하지 않으면 안 된다. 바로 이러한 점에서도 그의 시에서 대지적 상상력은 인간의 근원적인 삶에 닿아 있다. 이러한 의미를 갖는 그의 시의 대지적 상상력은 우선 숲의 이미지를 통해 드러난다.

> 한겨레의 영산 백두산에 봄이 오면, 낙엽송 가문비나무 전나무 사시나무 등의 온갖 원시림이 일제히 울창한 수해의 가슴 열고, 하늘을 향해 숨소리 다듬어 푸른 정기를 뿜어내네. 환웅천왕이 구름 타고 내려온 곳. 보이기도 하고 안 보이기도 하는 반은 사람이요 반은 신이라.
>
> —「숲의 성자」 부분

이 시에 따르면 "낙엽송 가문비나무 전나무 사시나무 등의 온갖 원시림이 일제히 울창한 수해의 가슴"을 여는 것이 백두산이다. 이러한 특징을 갖는 백두산에서 독자가 대지적 상상력을 발견하기는 별로 어렵지 않다. 대지적 상상력은 본래 숲의 이미지, 나아가 산의 이미지와 함께하기 마련이다. 그의 시의 대지적 상상력은 산을 노래하는 시, 곧 도봉산, 북한산, 계룡산 등을 노래하는 시에서도 확인이 된다는 뜻이다. "도봉산은 밤마다 북한산 독수리에 젖가슴을 쪼아 먹힌다// 아무리 쪼아 먹혀도 아침이면 새살이 돋아나는 도봉산"(「도봉산에서」) 등의 구절에서 그의 시의 대지적 상상력을 발견하기는 별로 어렵지 않다. 이러한 뜻에서의 대지적 상상력은 백두산을 노래하고 있는 그의 또 다른 시에서도 익히 찾아볼 수 있다.

바위의 귀는 아직
밖으로 열리지 않은 미지의 귀
그 바위의 귀에는
우주가 가득 들어와 있다

—「바위의 귀」 부분

이 시에서는 대지적 상상력이 우주적 상상력과도 통한다. "백두산 산정"의 "바위의 귀"에 "가득 들어와 있"는 것이 우주이기 때문이다. 이 시의 이어지는 부분에 따르면 "백두산 산정"의 "바위의 귀"에는 "겨레의 비밀"이 숨어 있기도 하다. 이로 미루어 보면 "백두산 산정"의 "바위의 귀"에 들어 있는 우주는 "겨레의 비밀"이기도 하다. 그가 보기에는 겨레의 정기가 우주의 정기에 닿아 있는 것이다.

이와 관련해 더욱 주목이 되는 것은 그의 시의 대지적 상상력과 그로부터 비롯되는 자연의 이미지가 자주 역사에 대한 반성과 성찰을 촉발하고 있다는 점이다. 말하자면 대지적 상상력과 함께하는 자연의 이미지의 경우 자주 역사를 추동하는 다양한 에너지와 연결되어 있다는 것이다. 이를테면 "나무들 곧게 자라는/ 땅의 힘은 어디 있을까/ 숨어서 대지의 푸른 물결 품었을까/ 때로는 땅의 힘이 병들고/ 나무가 뿌리째 썩기도 할 때/ 맨주먹으로/ 분연히 일어서는 의병들"(「의병들의 빈손에」)이라고 노래하고 있는 것이 그의 시에서의 대지적 상상력이라는 뜻이다.

② 상고적(尙古的) 이상(理想)

이들 대지적 상상력에서 비롯되는 그의 시는 좀 더 커다란 정신의 흐름에 닿아 있어 관심을 끈다. '상고적(尙古的) 이상(理想)'이 다름 아닌 그것이다. 신동엽의 시로부터 영향을 받았을 것으로 보이는 이 커다란 정신의 흐름은 그의 시 정신의 근원으로 존재하며 거듭 변주되고 있어 더욱 주목이 된다. '상고적 이상'이라고 하는 그의 시 정신은 그가 태어나 지금까지 살아온 고향의 정신, 곧 충청도의 정신, 나아가 백제의 정신이기도 해 좀 더 주의를 요한다. 여기서 말하는 고향의 정신, 곧 충청도의 정신, 나아가 백제의 정신은 궁극적으로 이 땅 한반도의 정신에 닿아 있어 두루 의미를 갖는다. 구체적인 작품에서 이는 애국 의식에 기초한 민족, 민중의 정신으로 구현되는 경우도 없지 않아 자못 관심을 끌지만 말이다.

상고적(尙古的) 이상(理想)이라고 할 때의 상고(尙古)는 『논어』의 공자의 정신에서 비롯된다. 공자의 상고주의(尙古主義)는 본래 중국 역사의 출발기에 해당하는 요순우탕(堯舜禹湯) 문무주공(文武周公)의 치세에 대한 동경을 담고 있다. 좀 더 구체적으로 말하면 주공(周公)이 무왕(武王)을 도와 문물을 완성하던 주(周)나라 초기에 대한 향수를 담고 있는 것이 공자의 상고주의(尙古主義)라고 할 수 있다. 하지만 그의 시에서 상고의 대상은 멀리는 백제나 고구려, 가깝게는 조선으로 설정되어 있는 경우가 대부분이다. 그뿐만 아니라 그의 시에서 백제나 고구려, 조선 등 옛것에 대한 그리움은 토착적이고 애국적인 것과 깊이 연결되어 있다. 이때의 '토착적이고 애국적인 것'이라는 말은 '민족적이고 민중적인 것'을 포괄하고 있어 그의 역사의식을 짐작하게 해준다. 이는 무엇보다 그의 시가 지니고 있는 예언적 지성을 알 수 있게 해주거니와, 신라의 마지막 왕 김부나 후백제의 첫 왕 견훤으로부터 민족 통일을 이룰 수 있는 광야의 씨앗을 발견하고 있는 점이 그 구체적인 예이다. 그가 자신의 시에서 "큰 지혜는 여유 있고 한가로우나/ 작은 지혜는 사소하게 따지는 것이니/ 더 이상 따지고 논하지 말라/ 나 김부는 고려에 항복, 사직을 부치고자 한다"(장시 「역사는 큰물에서 논다」)라고 노래하고 있는 것도 그의 이러한 역사의식의 표현이다.

그의 시에 드러나 있는 상고적 경향은 "긴 세월의 끝에도 아물지 못하고/ 바늘과 송곳의 양 날개로 우는 백제/ 백제는 여전히 비어 있는 신들의 나라"(「돌아온 의자왕」)와 같은 구절을 통해서도 잘 알 수 있다. 이들 구절을 통해 알 수 있는 상고적 상상력은 기본적으로 애국정신, 곧 조국애와 함께한다. 그의 나라 사랑의 정신은 그의 시의 "오래 너무 억울해/ 작은 나라의 서러운 죄"(「통곡의 벽」)와 같은 구절에 의해서도 두루 증명이 된다. 그의 시와 함께하고 있는 상고적 이상은 이처럼 면면한 역사로부터 비롯되는 우리 민족의 오늘과 내일에 대한 걱정과 우려를 담고 있다. 따라서 그의 시에서 민족적인 것들이 토착적인 것들로, 나아가 고향의 것들로 변주되어 드러나는 것은 매우 자연스러운 일이다.

고향은 본래 고향에서 떠나온 자들의 것이다. 고향에 대한 그리움은 고향에 남아 있는 사람들에게는 일어나지 않기 마련이다. 고향이 항용 인간이라는 특징을 갖게 되면서 마음속에 간직하게 되는 근원적 대상을 상징하는 것은 바로 이 때문이다. 지금은 있지 않은 존재, 그리하여 끊임없이 향수를 불러일으키는 어머니 대지 같은 존재가 고향이라는 것이다. 시인 조남익이 떠나온 지

이미 오래인 자신의 고향 부여군 세도면 수고리와 아직도 정서적으로 깊이 얽혀 있는 것도 이와 무관하지 않다. 그의 마음에서는 늘 “아름다운 빛깔/ 긴 꼬리 달고/ 한껏 날았던 산꿩”이 “목을 뽑고” 우는 곳이 고향, 즉 “비어 있는 본적지”인 것이다.

아름다운 빛깔
긴 꼬리 달고
한껏 날았던 산꿩

목을 뽑고
먼 곳 향해 울어
비어 있는 본적지
내 꿈을 울어

충청남도부여군세도면수고리산557번지

거기서 왔다가
다시 돌아가야 하는
내 꿈을 울어

나는 아직도 토종
적갈색 피부가 고운
산꿩.

—「산꿩」 전문

이 시와 관련하여 유의해야 할 것은 그의 고향이 "다시 돌아가야 하는/ 내 꿈을" 우는 곳이라는 점이다. 이러한 표현은 그의 고향이 지금은 비어 있지만 언젠가는 돌아가야 할 이상의 공간으로 설정되어 있다는 것을 뜻한다. 언젠가는 돌아가야 할 이상의 공간으로 설정되어 있다고 하더라도 일단 고향은 시간적으로 이미 떠나온 공간, 곧 과거의 공간인 것이 사실이다. 이로 미루어 보면 그의 시에 드러나 있는 고향에 대한 향수가 과거의 것, 곧 옛날의 것에 대한 향수와 다르지 않다는 것을 알 수 있다.

그의 시에서 과거의 것, 곧 옛날의 것은 흔히 토착적인 것의 모습을 하고 있다. 이때의 토착적인 것은 조선적인 것, 백제적인 것, 고구려적인 것으로 전이되어 드러나거니와, 이는 모두 과거의 것, 옛날의 것이라는 점에서 서로 친족관계를 갖는다. 그의 시에서 고향의 것, 곧 토착적인 것은 조선적인 것, 백제적인 것과 상호 착종되어 드러나기 일쑤라는 뜻이다. 그뿐만 아니라 그의 시에서 고향의 것이나 백제의 것은 때로 충청도의 것으로 나타나기도 한다. 그의 「충청도」 연작시도 이러한 맥락에서 이해할 때 훨씬 쉽게 이해가 된다. "풀이면 뜯고/ 넋이면 캐라// 차라리 玉碎로 남겨논/ 가도 가도 허허로운/ 黃山벌"(「충청도 · 7」) 등의 구절을 두고 하는 말이다. 이와 관련해 기억해야 할 그의 시는 「조선호박꽃」이 아닌가 싶다. 이 시가 다름 아닌 과거의 것, 옛날의 것, 토착적인 것을 소재로 다루고 있기 때문이다.

> 하늘로 가고픈 담장을 타고 넝쿨째 기어오르는
> 손바닥만 한 잎사귀 사이 조선호박꽃
> 〉

호박꽃이 살짝 부끄러운 끼니 가난을 덜어 주었다
호박꽃이 살짝 새댁의 웅덩이를 들어올렸다
호박꽃이 살짝 노란 황금의 겨자씨로 여름내 마을을 지켜 주었다.

—「조선호박꽃」 전문

이 시에는 대상에 대한 시점이 다소 혼재되어 있다. 특히 1연은 객관적 시점에 주관적 시점이 뒤섞여 있어 좀 더 주의를 요한다. 기본적으로는 '조선호박꽃'의 생태적 현상이 객관적으로 노래되어 있는 것이 1연이다. "담장을 타고 넝쿨째 기어오르는/ 손바닥만 한 잎사귀 사이"에 피어 있는 "조선호박꽃"의 생태적 현상이 객관적으로 묘사되어 있는 것이 1연이라는 뜻이다. 물론 "하늘로 가고픈"이라는 주관적 정서가 덧붙여져 있는 것이 1연이기도 하다. 이 시의 시점이 다소 혼란스럽게 받아들여지는 것은 바로 이 때문이다.

2연에는 호박꽃에 대한 시인 조남익의 정서적 반응이 있는 그대로 드러나 있다. 호박꽃이 "가난을 덜어 주었다"는 것을, "새댁의 웅덩이를 들어올렸다"는 것을, "여름내 마을을 지켜 주었다"는 것을 직접적으로 진술하고 있는 것이 2연의 내용이다. 따라서 이 시의 기본 구성에는 전경후정의 원칙이 적절히 변용되어 수용되어 있다고 할 수 있다.

이와 관련해 유의해야 할 것은 호박꽃이라는 이 시의 중심 대상에 '조선'이라는 수식어가 붙어 있다는 점이다. '조선'이라는 수식어는 호박꽃이 미래의 것이 아니라 과거의 것이라는 점을, 다시 말해 전통의 것이라는 점을 말해 준다. 그의 시가 지니고 있는 이러한 특징은 다음의 시에 의해서도 충분히 확인이 된다. 다음의 시 또한 그의 시의 토착적 과거지향을 보여주는 대표적인 예이기 때문이다.

> 장닭이 암탉을 꼴딱 올라타곤 내려왔다
>
> 암탉이 부리로 먹이를 쪼아 먹이는 처마 밑
>
> 달걀이 굴러가다가도 어딘가 서는 모가 있었다.
>
> —「달걀」 전문

이제는 보기 힘들게 되었지만 1970년대까지만 해도 우리나라의 농촌 도처에서 볼 수 있었던 것이 이 시에 드러나 있는 풍경이다. 산업화 및 정보화가 보편화된 지금에 이르러서는 거의 찾아보기 어려운 것이 이 시와 함께하고 있는 풍경이라는 것이다. 그렇기는 하더라도 이 시에 함유되어 있는 풍경으로부터 우리 민족의 면면한 역사와 함께하고 있는 토착적 서정을 발견하기는 어렵지 않다. 이는 단군신화에 의지해 독특한 서정을 얻고 있는 그의 시 「한울님과 웅녀」, 오늘도 "웅대한 숨을 쉬고 있는" 배달겨레의 전통과 함께하고 있는 그의 시 「광개토대왕비」 등에 의해서도 잘 알 수 있다. 이들 토착적 서정을 통해 그가 추구하는 것은 말할 것도 없이 우리 민족의 역사가 지니고 있는 면면한 이월 가치이다. 그의 시와 함께하고 있는 이 나라 역사의 면면한 이월 가치에 대한 관심은 아래의 시에 의해서도 충분히 증명이 된다.

> 지하수는 살아있다

국토 속에서 핏줄처럼 흐른다
한그루 청정한 나무의 수액으로도
흐르는 지하수

낙뢰 맞아 썩은 고목의 어둠 너머에서
먼동이 트는 새벽을
기다린 사람들이 온다.

—「지하수는 살아있다」 부분

이 시는 “국토 속에서 핏줄처럼 흐르는 것들”, 곧 역사의 면면한 이월 가치에 초점이 있다. 상징적으로 말하면 “한그루 청정한 나무의 수액으로도/ 흐르는 지하수”에 대한 관심이 노래되어 있는 것이 이 시이다. 때로 그는 자신이 인식하고 있는 역사의 이월 가치를 “땅속으로부터 한반도를 출렁이게 하(「참나무 숲」)는 것”이라는 구절로 표현하기도 한다. 말하자면 면면한 역사를 담지하고 있는 것들, 곧 토착적인 것들이면서도 전통적인 것들, 오래된 옛것들의 가치가 줄기차게 노래되어 있는 것이 그의 시라는 뜻이다. 역사의 이월 가치에 대한 그의 관심은 그 자신이 역사의 이월 가치가 되고자 하는 몇몇 시를 통해서도 익히 확인이 된다. 이 시집의 표제 시이기도 한 「광야의 씨앗」이 바로 그의 그러한 의지를 보여주는 대표적인 예라고 할 수 있다.

눈 덮인 광야로 가서
무명의 몇 톨 씨앗으로 우리 잠들리
조상이 묻힌 땅

거기 또한 나 묻히리, 초목처럼
아닐세. 보이지 않는 진주처럼 파묻히리
천년이면 어떤가. 억년이면 되겠는가
순환의 계절이 오면, 우리 다시 피어나리
은행나무 이파리로, 민들레 꽃자루로
하늘거리는 나비로도
바람 타고 흔들리며 피어나리
어머니의 젖, 대지는 손짓한다
고고학이 와서
우리 깨울 때까지 깊은 잠에 빠지리.

—「광야의 씨앗」 전문

이 시에는 무엇보다 "눈 덮인 광야로 가서/ 무명의 몇 톨 씨앗으로" 파묻히고자 하는 그의 꿈이 담겨 있다. "몇 톨 씨앗으로" 파묻힌 다음 "순환의 계절이 오면" "은행나무 이파리로" "하늘거리는 나비로도" "다시 피어나"고자 하는 그의 희망이 담겨 있는 것이 이 시이다. 이 시에서 그가 "고고학이 와서/ 우리 깨울 때까지 깊은 잠에 빠지리."라고 노래하고 있는 것은 바로 이 때문이다. 이 시의 표제 시인「광야의 씨앗」에는 이처럼 "국토 속에서 핏줄"처럼 흐르다가 천년만년 뒤라도 되살아나고자 하는 그의 바람이 담겨 있다는 애기이다.

이때의 그의 바람은 민족적인 것들, 토착적인 것들, 전통적인 것들과 깊이 연결되어 있다. 물론 이것들은 민족적 시원의 활기를 지니고 있으면서도 면면한 이월 가치를 지니고 있는 것들이기도 하다. 또한 그것들은 고향의 것들이면서도 농촌의 것들, 나아가 대지 자연의 것들이지 않을 수 없다. 하지만 여기서 말하는 고향의 것들, 농촌의 것들, 대지 자연의 것들은 지금 이 나라의 어디에서나 지극히 소외되어 있는 것들임에 분명하다. 소외되어 있는 것들이라는 점에서 보면 고향의 것들, 농촌의 것들, 대지 자연의 것들은 곧 서민의 것들, 민중의 것들이기도 하다. 자신의 시에서 그가 다음과 같이 노래하고 있는 것도 실제로는 이러한 바람의 반영이기 십상이다.

쌀이 하하 웃으면
보리는 허허 웃었다
더구나 밀은 흐흐 웃었다

모처럼 고향 가서
논과 밭에 가득 피었을 옛 웃음들을
따라 웃지 못하고

난데없는 농촌의 적막에 놀라

어쩌겠나 털 없는
허수아비 하나 심어놓고 왔다

비어 있는 땅
고조선의 노인이 내려와 논다.

—「고향 가서」 전문

이 시의 주요 대상은 고향이기도 하고 농촌이기도 하다. 이때의 고향과 농촌은 "난데없는" "적막에 놀라"지 않을 수 없는 땅이기도 하고, 오랫동안 "비어 있는 땅"이기도 하다. 그런가 하면 "쌀이 하하 웃으면/ 보리는 허허 웃"는 땅인 이곳은 "고조선의 노인이 내려와" 노는 곳이기도 하다. 고향이기도 하고 농촌이기도 한 이곳이 "고조선의 노인이 내려와" 노는 곳이라는 발상에는 이곳이 면면한 역사의 현장이라는 뜻이 들어 있다.

그의 시에 이러한 내용이 담겨 있는 것은 무엇보다 대지적 상상력에 상고적 상상력이 중첩되어 있기 때문이다. 그렇다. 그의 시의 도처에서 발견되고 있는 것이 대지적 상상력에 중첩되어 있는 것이 상고적 상상력이다. 이때의 상고적 상상력은 조선이나 백제, 고구려 등 먼 옛날의 것들에 대한 향수와 함께하고 있어, 특히 주의를 요한다.

나라의 죄에서 빠져나와
상툿바람에 고의적삼을 입은 사내

—「유배지」 부분

그래, 여기가 구드래 나루터지. 낙화암 조금 못 미친 곳, 지금은 舊校里구교리라 부르지만, 옛 日本일본이 백제의 호칭으로도 사용할 정도로 호황을 누렸던 久陁羅구다라가 바로 여기지.

—「어젯밤 꿈에는 따오기가 와서」 부분

백마강 구비구비
탯줄을 잡듯

궁남지가 조그만 손바닥을 폈다

지하에서 연꽃들이 다투어 솟아 나와
울부짖는 침묵

—「궁남지에서」 부분

이들 시의 구절로 미루어 보면 그의 시의 상고적 상상력에는 조선이나 고구려보다 백제가 상대적으로 깊이 작동되고 있음을 알 수 있다. 물론 이는 그의 고향이 백제의 수도였던 부여와 좀 더 가깝기 때문이다. 이처럼 그의 백제에 대한 사랑은 고향에 대한 사랑, 농촌에 대한 사랑과 맞물려 있다. 그러한 가운데에도 그의 시의 상고적 상상력은 역사에 대한 지속적인 관심과 더불어 전개되고 있어 더욱 주목이 된다. 역사에 대한 그의 관심은 '역사'라는 언표가 드러나 있는 시 자체만으로도 잘 알 수 있다. 누구라도 그의 시의 도처에서 쉽게 '역사'라는 언표를 발견할 수 있기 때문이다.

역사의 사다리 타고 오르는 아이들

—「아이들」 부분

원시림의 깊은 이슬로
우린 모두 역사에 편히 잠들고 싶다.

—「역사에 편히 잠들고 싶다」 부분

역사의 흰 수염은 어둠 속에서 번득이고
이름 없는 별들이 순식간에 소지에서 꺼진다.

—「소지를 올리며」 부분

역사의 강에
곡선으로 떨어진 시간이 잠자고 있었다.

—「소나무에 대하여 · 5」 부분

이들 시에는 명확하게 역사라는 언표가 담겨 있다. 이들 시에 담겨 있는 역사에 대한 그의 관심은 곧바로 나라 사랑의 정신, 곧 애국정신과 맞물려 있다. 말하자면 "먹는 것을 하늘로 삼았"던 "민초들의 나라", "달 오르면" "수백 년 묵은 느티나무에/ 벙긋한 조국의 꽃이 피는 나라"(「다시 칠백의총」)에 대한 사랑을 담고 있는 것이 역사에 대한 그의 관심이라는 뜻이다. 하지만 역사에 대한 그의 관심과 함께하고 있는 나라 사랑의 정신, 곧 애국정신이 근대에 대한 자각, 나아가 근대 극복에의 의지에까지 닿아 있는 것으로 보이지는 않는다. 역사에 대한 그의 관심이 민주주의에 대한 진보적인 자각에까지 이르러 있는지는 잘 모르겠다는 뜻이다. 그렇다고는 하더라도 역사에 대한 그의 관심이 통일된 민족국가에 대한 의지를 바탕으로 하고 있는 것은 분명하다. 그가 자신의 시를 통해 민족 화해에의 의지를 담아내고 있는 것은 분명하기 때문이다. 「고구려 마을로 가서」에서 "돌아오는 고향/ 무지개 길게 서며 마을을 온통 흥분시켰다"고 하면서도 "어저께까지도 혈투를 벌이던 형제들이 함께 오는 길/ 형제의 손은 따뜻했다"(「고구려 마을로 가서」)고 노래하고 있는 것이 그이기 때문이다.

이로 미루어 보면 그의 시에 함유되어 있는 상고적 이상은 자못 명확해진다. 궁극적으로는 "사람이 별"인 세상을 꿈꾸고 있는 것이 그의 시와 함께하고 있는 상고적 이상이기 때문이다. 그렇다. "별들이 태어나고 죽으며/ 거룩한 영원이 빛"나는 것처럼 "사람도 태어나고 죽으며" 거룩한 "영생"을 꿈꾸기 마련이라고 생각하는 것이 그이다. 그의 경우 "태양을 도는 행성의 고유운동 타고" 인간의 "생사"도 "영생을 윤회한다"(「지구의 별」)고 생각한다는 뜻이다.

하지만 정작 그가 선망하고 기대하는 것은 이 세상에 새롭게 태어나는 것들이다. 이 세상에 새로 태어나는 것 중에서 그가 가장 선망하고 기대하는 것은 사람의 아이들이다. 「아이들」「황금 햇살」「아가의 탄생」 등을 통해 그의 이러한 생각은 현현되거니와, 이들 시에서 그가 깨닫는 것은 아이들이 "작은 것, 큰 것 모두 소진되어도/ 역사의 사다리 타고 오르는"(「아이들」) 존재라는 점이다. 그가 보기에는 "사뿐 저 높은 하늘나라에서" 온 "언젠가, 다시 하늘나라로 돌아갈" "천손족(天孫族)"(「아가의 탄생」)의 후손이 다름 아닌 아이들인 것이다.

3 겸손한 주체

이처럼 그는 늘 이 나라 "천손족(天孫族)"의 아이들(아가)을 통해 미래를 선망하고 기대하고 있다. 그가 갓 태어난 아이를 두고 "아기가 울었다/ 울음이 헤쳐 간 순리의 길로/ 황금 햇살이 확 터졌다"(「황금 햇살」)라고 노래하는 것도 다름 아닌 이 때문이다. 미래를 이렇게 선망하고 기대하는 그가 거만하거나 교만한 자아를 갖고 있을 리 만무하다. 겸손한 주체를 지니고 있으면서 끊임없이 자기를 낮추는 자아를 갖고 있는 것이 그이다. 이는 그가 자신을 "한평생 봉급쟁이의/ 월급봉투/ 아이들을 키우며 살아온 뒤웅박”(「뒤웅박 차고」)이라고 인식하고 있는 것만 보더라도 잘 알 수 있다. “시의 분수에서 솟아오르는/ 하 맑은 우주의 본성 앞에/ 누구보다도 겸손하고픈 사람”(「시는 돈을 싫어한다」)이 그라는 것이다. 이처럼 겸손한 자아를 지니고 있는 그가 자기 자신에 대해 “내 몸은 쌀 한 톨일세/ 백미도 좋지만 현미 더 좋으리”(「역사에 편히 잠들고 싶다」)라고 노래하는 것은 지극히 당연하다. 그로서는 늘 “영약처럼 먹고픈 시의 밥”(「시의 밥」)이 되고 싶은 것이다.

이처럼 겸손한 자아를 지니고 있는 그가 되고 싶어 하는 사람은 누구인가. 그의 시로 미루어 보면 그러한 사람은,

> 때로는 질탕거리며
> 선악을 허투루 뒤섞어 놓으며
>
> 바람의 고개를 넘어가네
>
> 지배 없는 사회
> 세금을 내어
> 대통령을 심부름시키며
>
> 근로하며
> 초목처럼 꿋꿋이 살며
> 한 씨앗으로 족히 남을 사람
>
> 우주의 먼 길을 갈 사람

—「바람의 고개」 부분

이지 않은가 싶다. 그러한 사람은 "오랜 고향의 묵은 터에 자리 잡아/ 착한 욕심만으로 살아가는 사람", "수풀처럼 평범하게 사는 게 좋은"(「맨발의 성자들 - 내 아우에게」) 사람이기도 하다. "많이 가진 것 없고/ 특별한 욕망 같은 것 없지만" 늘 "세상을 걱정하는 사람"(「낯익은 사람들」)이 그러한 사람이리라는 것은 불문가지이다. 물론 그가 되고 싶어 하는 사람은 구체적인 현실을 향해 항상 섬세하고 세심한 감각의 안테나를 드리우고 있는 사람이기도 하다. "빠른 발이 달린 뉴스를 타고/ 날마다 뉴스를 먹고 사는 사람"(「뉴스의 그림자」) 말이다.

이러한 자아를 꿈꾸는 그가 "민주주의를 혼자 자시는 사람/ 간덩이 부어 파쟁을 일삼는 사람"(「접시 비행기」)에 대해 비판과 저항의 화살을 날리는 것은 짐짓 있을 수 있는 일이다. "춘궁기의 보리꺼럭"에서 "민란에 봉기한/ 민초들의/ 창끝"(「보리밭에 대하여」)을 발견하기도 하는 것이 그 아닌가. 이로 미루어 보면 정작 그는 "소금기의 생체 리듬 타고/ 출렁이는 사회의 거울"(「소금」)이 되고 싶었는지도 모른다. 따라서 이러한 자아를 갖고 있는 시인 조남익에게 경의의 마음을 갖는 것은 일응 자연스러운 일이라고 하지 않을 수 없다.

❐ 임승빈_9시집 『걸어다니는 백두대간』(2016) 해설

(임승빈 시인 · 청주대 국문학과 교수)

한 그루 나무, 그 애기 손바닥 같은 일상

흙이었다가, 손탐 없이 그대로 바위였다가
저 산 안에 호젓이 한 나무일 뿐이다.

아침에 주렴珠簾을 걷어
애기 손바닥만 한 날을 받아놓고
고지식, 다시 헹구는 무성茂盛한 미동微動을 보라.

휘어지도록 커나서
배부른 아낼 서워있는데
숲처럼 어울려서 풍악風樂이 은은한 마을….

춤이 아니라도 새끼는 새끼대로 저의 귀염을 떨고
미륵彌勒같은 아내라야, 구기잖은 어미 노릇이라,
나는 호젓이 이대로 한 그루 나무였을 뿐이다.
〉

허구헌 장림長霖이 가고
모두 다 털고 떠나는 가을이라도 오면
그때는 내 마음도 짜르르 밤도와 울것다.

— 조남익「북촌리北村里 타령打令」

이 시는 1969년 10월, 현대문학사에서 발행한 시집『山바람 소리』에 실려 있다.

시집은 미색 하드 표지인데, 짙은 초록색 바탕에 산과 강, 그리고 구름 등이 이미지로만 처리된 겉표지가 씌워져 있다. 겉표지에는 시집 제목 '山바람 소리'가 명조체로, '조남익 시집趙南翼 詩集'이 고딕체로 명기돼 있다. 하드 표지와 속표지에는 시집 제목이 펜글씨체로 쓰여 있다. 서문은 신석초 시인이, 발문은 이성교 시인과 성춘복 시인이 썼다. 목차 뒤쪽 빈 페이지에는 제자 신석초, 카바 그림 김영덕, 컷 조병화, 장정裝幀 김수명 등 시집 발간에 도움을 준 사람들의 이름이 적혀 있다.

제자題字는 '山바람 소리'의 펜글씨를, 컷은 모두 5부로 나눈 각 부의 표지 밑에 있는 그림인데, 그것은 흑백으로 인쇄돼 있지만, 크레용으로 그린 느낌이 분명했다.

「바라춤」의 신석초 시인은 조남익 시인의《현대문학》추천위원이었고,「의자」연작의 조병화 시인은 당시 그림으로도 이름이 나 있던 문단의 선배였던 것 같다. 카바그림 김영덕金永悳은 당시 유명한 화가였다. 그리고 장정 김수명金洙鳴은 당시 '현대문학사'의 편집장이면서 유명한 김수영 시인의 매씨였다고 한다.

발문을 쓴 이성교 시인은 조남익 시인의 대학 시절 문우이고, 성춘복 시인도 비슷한 연배로 교류하던 사이가 아니었나 싶다.

발문 다음 페이지에는 저자의 사진과 함께 약력이 정리돼 있다. 1935년 부여 출생이니까, 이 시집은 시인이 34세에 발행한 첫 시집인 셈이다. 정가는 380원.

조남익 시인은 내 고등학교 시절의 은사이시다. 그뿐만 아니라, 내가 시를 쓰고 문학의 길을 걷게 된 직접적인 동기를 부여하신 분이다.

1학년 1학기 마지막 수업 시간이었다. 당신은 우리에게 방학 숙제로 시를 한 편씩 써오라고 하셨다. 고등학생에게 무슨 방학 숙제냐고 모두들 투덜댔지만, 아무도 그게 반드시 해야 하는 숙제라는 생각은 하지 않았다. 아무튼 난 숙제를 제출했고, 당신은 나를 교무실로 불러 문예반 활동을 권유하셨다. 그래서 시 쓰는 일이 평생의 업이 되었다.

문학동인 체제이기도 했지만, 당신은 방관하는 스타일이 아니었다. 매달 당신이 보는《현대문학》지를 문예반실에 갖다주었을 뿐만 아니라, 시를 쓰는 친구들에게는 수록된 시를 베끼도록 권했고, 절대 합평회를 거르는 법이 없었다. 교지와 동인지 발간에도 정성을 다했을 뿐만 아니라, '문학의 반'에는 지역 문인은 물론 졸업한 우리 선배 문인들을 한 분이라도 더 초청하려고 애를 쓰셨다.

시집『山바람 소리』가 나온 것은 2학년 가을이었다. 어느 날 수업 시간에 당신은 이 시집을 들고 오셔서 시「북촌리 타령」을 직접 읽어 주셨다. 그리고 시집에 대해, 시에 대해 여러 가지 말씀을 해 주셨다. 지금도 기억나는 것은 시에 대한 당신의 열정과 도수 높은 안경 속에서 유난히 빛나던 당신의 눈이었다.

그렇다. 당신은 천생 시인이었다. 시에 대한 열정도 열정이지만, 시인으로서의 자부심 또한 대단했다.

나는 그럴 때마다 만약 조형에겐 시가 없었더라면 무슨 맛으로 살아갈까? 하는 기우마저 들 때가 있었다. 적어도 조형은 한 목표를 향해, 줄기차게 걸어가는 자세를 잃지 않았다. 그것이 그의 데뷔작 「북촌리 타령」 첫 연에 잘 나타나 있다.

"흙이었다가 손탐 없이 그대로 바위였다가, 저 산 안에 호젓이 한 나무일 뿐이다"

아마 조형에겐 '시'는 하나의 신앙이었으리라.

이것은 시집 발문에서 이성교 시인이 한 말이다. 대학 시절의 당신은 시를 신앙으로 살고 있는 느낌이었다는 것이다.

어린 우리가 보기에도 그랬다. 수업이나 합평회 때를 막론하고 시를 얘기할 때의 당신은 평소와 달랐다. 아니, 늘 시를 생각하고 있었으니, 늘 여느 사람과 그 분위기가 달랐다. 그리고 그런 열정과 자부심은 평생을 갔다.

시 제목이 「북촌리 타령」이다. 그렇다면 북촌리는 어디일까. 북촌리는 북쪽에 있는 마을이다. 북쪽은 위쪽이다. 어둡기까지는 않더라도 햇빛이 가득한, 그 햇빛에 모든 것이 드러나 있는 그런 곳은 아닐 것이다. 우리나라는 남쪽보다 북쪽이 높고 산이 많으니, 산속에 있거나, 그게 아니더라도 나무가 많은, 숲이 우거진 마을일 것이다.

타령은 이야기보다 시적이다. 노래라는 느낌도 강하다. 논리의 빡빡함보다 아무러면 어떨까 싶은 여유가 있는 말이다. 그러니까 「북촌리 타령」은 그런 북숲마을에 사는 일상의 삶에 대한 타령조의 노래라고도 할 수 있다.

아닌 게 아니라, 이 시집에 실려 있는 그의 시들에는 이런 타령조의 어투가 많다. 시 자체가 절대 논리는 아니지만, 그 어떤 그런 논리적 사유를 벗어나 한유롭고자 하는 의식이 곳곳에서 나타나고 있다.

> 갓싸기로 갈까나/ 깃 달린 풀씨로 날아서 갈까나.// 잠은 자다가 꿈이나 꾸지,/ 나무며 풀이며, 저 산바람조차도/ 내 육신은 비어서 살아온 흔적이 없다.//
>
> — 시 「山바람 소리」 부분

> 하늘과 땅 사이에/ 새끼로 낳았다가, 짐승으로 커났다가/ 자욱한 민초로 뿌리를 내렸다가// 물소리에 바람 소리에/ 살아온 열두 허물을 벗고/ 돌로나, 쬐그만 돌로나 잠을 깰까나.//
>
> — 시 「돌로나 잠을 깰까나」 부분

위에 인용한 시에서도 한유롭고자 하는 타령조의 어투가 분명하다. 갓싸기는 갓을 싸는 헝겊이다. 이 갓싸기는 갓만큼 중요한 것이 아니다. 그냥 껍데기일 뿐이다. 그런 갓싸기로 갈까, 날개 같은 깃이 달린 풀씨가 되어 날아서 갈까 하는 말을 '갈까나'라고 함으로써 훨씬 심각하지 않을 뿐만 아니라, 노랫가락 같은 느낌을 준다.

하늘과 땅 사이에 새끼로, 짐승으로, 더구나 민초로 태어나 산다는 것은 자유롭다는 뜻이다. 책임과 의무를 의식하지 않는다는 뜻이다. 다시 말하면, 명예나 권력, 이념적 사명과도 무관하다는 것이다. 더구나 그동안 살아오면서 뒤집어썼던 인간사의 모든 관습과 가치와 이념마저도 물소리 바람 소리에 허물 벗듯 훌훌 벗어버리고 쬐그만 돌로나 다시 깨어날까 하는 말은 매우 한유로운 정신에의 지향을 장난기 어린 어투로 말하고 있는 것임에 틀림없다.

시 「북촌리 타령」의 시적 자아는 자신을 처음에 흙이었다가, 아무런 손때가 묻지 않은, 즉 전혀 인공적 힘이 가해지지 않은 바위였다가, 다시 저 산에 안긴 호젓한 한 나무일 뿐이라고 말한다. 대수롭지 않은 한 나무일 뿐이라고 말하고 있지만, 그것은 시적 자아가 원하는 바이고, 그런 나무와 같은 삶에의 지향은 어쩌면 인간으로의 삶보다 훨씬 가치 있는 것일 수 있다는 생각을 내포한다. 더구나 그것은 흙에서 바위, 다시 나무로 억겁의 윤회를 통해 비로소 얻은 목숨이 아닌가.

그리고 그다음에는 그런 자연으로서의 삶이 갖는 원시적 건강성과 순수성을 구체적으로 보여준다.

아침에 주렴을 걷어 애기 손바닥만 한 날을 받는다. 아침은 어둠에서 빛으로의 변화이다. 그 빛은 그냥 발이 아니라 구슬로 엮은 주렴으로 해서 더 영롱한 가시성을 갖는다. 그런데 그 영롱한 날(빛으로의 아침)은 애기 손바닥만 하다. 애기처럼 순수하고 작은, 그래서 더 소중한 것이다. 그리고 그런 아침, 즉 빛을 일구는(살아가는) 일상은 요란하지 않은 미동의 몸짓이면서 동시에 그 결과는 무성한 풍요로움이다.

이러한 자연적 삶의 건강하고 순수한 기쁨은 또 아내와 새끼를 통해 드러난다.

'휘어지도록 커나서 배부른 아내'에서, '휘어지도록'은 임신한 배의 모습을 연상시키기도 하지만, '넘치도록 가득한' 같은 느낌도 준다. 임신을 해서 휘어지도록 배가 부른 아내는 그 행동이 굼 떠 보여도 보는 이로 하여금 미소는 짓게 할망정 안타깝다는 생각을 하게 하지는 않는다. 거기에다가 새끼는 새끼대로 귀염을 떤다. 그런 새끼의 귀염은 새끼의 그것이니까, 춤처럼 세련된 것일 수 없다. 그렇게 서툴고 순수해서 오히려 더 귀엽다. 그리고 그런 새끼 옆에 부른 배를 하고 미륵 같은 아내는 서 있다. 새끼의 귀염에 일일이 반응하지 않으면서도 아내는 그 새끼의 귀염을 즐기고 있는 남편과 식구들을 일견 만족해하면서, 또 일견 그런 새끼를 낳아준 자기 자신을 대견해하는 표정으로 내려다보고 있는 것이다.

그런 하루가 가고, 아니, 오랜 장마(장림長霖) 끝에 한 계절이 가고, 모두가 털고 떠나는 가을이 오면, 한 그루 나무로 서서 시적 자아는 풀벌레들과 함께 밤도와 울겠다는 것이다.

그러나 이 시적 자아의 울음은 단순히 세월의 무상함을 우는 것이 아니다. 상실이나 고통의 울음도 아니다. 삶을 일구고 가꾼 회한의 울음이고, 자연의 섭리에 순응하는 울음이고, 어쩌면 그런 기쁨의 삶을 허락한 절대자에 대한 감사의 울음일 수도 있다.

왜냐하면, 이 시에서 시적 자아의 위치는 가장으로서의 그것이기 때문이다. 가장으로서의 자기 인식이고, 돌보고 건사해야 할 가장으로서의 의식이고, 그런 가장으로서의 기쁨이고 만족감이기 때문이다.

서문에서 신석초는 조남익 시인이 토착적인 자연과 생활을 소재로 사용하고 있으면서도, 그 대상을 인습적으로 처리하지 않고, 매우 지적인 현대 의식으로 감각화 하고 있다고 말한다. 우리나라의 고유 정서를 소박하고 아름답게 읊고 있으면서도, 복잡화한 시대 의식으로 관조하고 있는 점이 다른 시인들과 다른 점이라고 말한다.

발문에서 이성교 시인은 조남익 시인의 시 세계는 향토색이 짙은데, 그것은 아무도 돌보지 않은 벽향僻鄕의 어두운 것을 확대경으로 잘 비춰준 결과라고 말한다.

그러나 나는 시집『山바람 소리』에 대한 이러한 도식적 평가는 다분히 소재주의적인 시각의 결과라고 본다. 그리고 설혹 그렇더라도 나는 일단 그의 시를 생활시의 범주에 넣고 싶다. 이 시「북촌리 타령」뿐만 아니라, 시집 속의 많은 시들이 자잘한 일상을 그 모티프로 하고 있기 때문이다. 그런데 그런 모티프를 시로 형상화하는데 동원되는 것이 자연과 토속이고, 그 일상에 대한 해석과 자기 인식의 방법이 노장적老莊的인 것이다. 그리고 거기에는 동양적 허무주의와 그에 대한 극복 의식이 언뜻언뜻 내비쳐지기도 하는 것이다. 그리고 바로 이런 점이 그의 시를 단순한 생활시가 아니라, 자연과 토속을 매개로 한 더 큰 사유의 경지를 언뜻언뜻 엿볼 수 있게 하고 있는 것이다.

시집『山바람 소리』와 같은 초기 시의 관점에서 나는 조남익 시인과 유사한 시 세계를 가진 시인을 만나본 적이 없다. 대전에서 함께 활동했던 정훈, 한성기, 박용래, 임강빈, 최원규, 신협, 정신, 홍희표 등 그 어떤 시인의 시와도 목소리와 색깔부터가 전혀 달랐다.

그런 조남익 시인은 내게 은사이시면서도 동시에 내가 넘기에는 너무 높은 산이었다. 그리고 그 산을 넘어서야 한다는 일념의 과정이 지금까지의 내 시 쓰기였다.

《딩아돌하》 2015년 여름호에도 수록됨.

❐ 김석환_9시집 『걸어다니는 백두대간』(2016) 해설

(김석환 시인 · 명지대학교 문창과 교수)

조남익 시인의 초기 시에 나타난 실존 의식

- 삶의 본래성 탐색을 중심으로

[1] 서론

조남익(1935-) 시인은 1965-1966년에 걸쳐 《현대문학》 지로 등단한 이후 왕성한 시작 활동을 하며 시집 8권과 시선집 3권 및 시전집 1권을 발간하였다. 본고는 조남익 시인의 초기 시인 첫 시집 『山바람 소리』와 7년 후에 발간된 제2시집 『풀피리』에 게재된 시들의 시적 특질을 연구하고자 한다. 2권의 시집은 반복되는 일상적 삶에 대한 절망과 허무감을 극복하고 새로운 삶의 의미를 탐색하려는 의식을 형상화하고 있다. 즉 어떻게 살고 어떻게 살아야 하는가를 고뇌하는 '실존(Existenz)'[1]에 대한 치열한 의식을 일관성 있게 보여 준다.

그런데 실존주의의 비조라고 꼽히는 하이데거(Martin Heidegger)

1) 하이데거. 이기상 역, 『존재와 시간』, 까치글방, 2013, 28면. 앞으로의 장에서는 면수만 표기하기로 한다.
하이데거는 '실존'이란 인간이라는 "현존재가 그것과 이렇게 또는 저렇게 관계를 맺을 수 있고 또 언제나 어떻게든 관계를 맺고 있는 존재 자체"라고 정의하였다.

의 말에 의하면 '현존재(Dasein)'(22면)[2)]인 인간은 어느 순간에 '세계-내(In-der-Wert)'의 모든 존재자(Seiendes)들이 유의의성(Bedeutsamkeit)을 잃고 자신의 존재도 무성無性에 침몰하여 단독적으로 자기의 실존을 결정할 수밖에 없다는 경험을 한다. 이 순간에 세계에 의존해 살아가는 현존재인 인간이 '불안(Angst)'을 느끼는데 그것은 오히려 "현존재의 근원적인 존재 전체성을 파악하기 위한 현상적 토대를 제공한다."(149면)는 것이다. '불안'은 일상적으로 주고받는 "잡담의 다양한 애매함의 소동"(271면)에 몰입해 있던 현존재로 하여금 그러한 삶의 비본래성을 떠나 자기의 본래성(Eigentlichkeit)으로 돌아가게 하는 '양심'(408면)[3)]의 부름을 듣게 하기 때문이다. 본고는 그러한 하이데거의 실존에 관한 이론을 원용한 실존주의 비평의 한 시도로서 조남익 시인의 초기 시에서 시인이 어떻게 비본래적인 일상에서 삶의 본래성으로 돌아가는가에 초점을 맞추어 논하고자 하다.

② 등단 시에 대한 고찰

시인이 《현대문학》 지에 투고하여 등단작으로 당선된 시는 그 이전까지 습작해 온 시의 결정체이자 장차 창작하는 시 세계의 원형이 내재되어 있을 것이다. 특히 첫 번째 추천작인 시 「수고리」는 자신의 시작의 방향을 결정지어 주고 "내 작품의 성격을 말해

---

2) "여러 다른 것들 중 물음이라는 존재 가능성을 가지고 있는 그런 존재자를 우리는 현존재라는 용어로 파악하기로 하자"

3) "양심의 부름은 불러냄에서 현존재의 그 모든 "세속적인" 명성과 능력은 무시해 버린다. 그 부름은 현존재를 가차 없이 그의 탓이 있을 수 있음에로 개별화시켜 현존재로 하여금 본래적으로 존재하도록 강요한다."

주는 것이었"[4]다는 고백은 그런 추측을 더욱 가능하게 한다. 그런 가능성을 고려하며 등단 시 3편에 나타난 실존 의식의 특징을 고찰하여 장차 전개될 시 세계를 조명하는 출발점으로 삼고자 한다.

> 푸짐하게 열린 얼굴들, 그 맑은 웃음들이 서로 부딪혀 恩惠로운 波紋을 잉그리는 땅 위에서, 흘러가는 저 바람 소리는 지금도 나의 귀에 들려오고 있네. … 아무것도 보이지 않네. 그러나 그 億萬 가지마다 휘엉청 늘어져서는 구르길 두어 번, 깃을 벌린 당신들은 쉬쉬 山嶽을 뛰어넘어 왼 山 왼 들을 다 채운 다음, 다시 돌아올 듯 가시네.//집이 본시 水古里에서도 上水古里인 나는, 천리고개 사흘, 또 바늘고개를 사흘, 그리고 물한바다 건너길 사흘, 아흐레를 눅눅히 젖어내야 하는지라, 아흐레를 또 누워서 가을을 볼밖엔 없네. 구릿빛 왼 몸뚱일 부끄럼 없이 뻗고, 하늘을 지붕 삼아 바위에 누울 양이면 山제비는 배 위에 똥을 깔겨 달아나고, 벌레처럼 늙어가는 가을이 덮이네.
>
> ―「水古里」 일부(A. 62면)[5]

세상과 차단되고 하늘로 열려 있는 "수고리땅"은 문명을 건설해 온 현대인에게 은폐되어 있는 과거의 거주지이다. 모든 존재자들이 진실을 담지 못한 말보다 침묵과 몸으로 서로 교섭하며 존재의 의미를 갖고 있는 곳이다. 시인은 문명의 이기로 새로운 세계를 건설하여 살아오는 동안 과거로 사라진 고향이라는 거주지

4) 조남익, "토착 의식과 역사의식", 조남익(2005), 439면
5) 본고에서 조남익 시전집에 게재된 시를 인용하기로 하는데 이후의 글에서 기재의 편의상 ( ) 속의 A는 첫 시집 『山바람 소리』에, B는 두 번째 시집 『풀피리』에 실렸음을 나타낸다.

를 탈은폐 하고 있다. 통속적인 시간, 즉 과거 현재 미래라는 계기적 차원에서 과거적 공간인 '수고리'는 실존론적 '시간성(Zeitlichkeit)'의 차원에서 볼 때, 본래적 존재 전체가능성의 세계를 상징한다. 하이데거는 현존재로서 인간의 존재는 시간의 흐름에 따라 흘러가는 것이 아니라 인간은 존재 가능성을 찾아가는 존재이기에 "존재해 오며 - 현전화 하는 도래로서 통일적 현상"(하이데거. 433면)을 내포한 시간성을 바탕으로 존재하는 것이다.

그것은 인간의 삶의 구조와 같으며 "(세계 내부적으로 만나게 되는 존재자)에 몰입해 있음으로서의 자기를 앞질러 이미 (하나의 세계) 안에 있음"(하이데거. 432면)이라는 '현존재의 존재 전체성'과도 같다. 따라서 '기존, 현전, 도래'라는 세 시간성의 탈자태(脫自態, Ekstase)들(436면)은 등근원적[等根源的]이며. 그런 실존의 시간성을 바탕으로 할 때 과거의 공간인 '수고리'는 장래에 도래할 본래적 존재 가능성의 세계를 상징한다. 그런 '수고리'를 그림으로써 조남익 시인은 계기적 시간을 벗어나 자신이 존재하던 그곳을 장래에 도래할 세계로서 현전화 하는 것이다. 그리고 공중을 돌고 있는 "돌부처"는 '수고리'를 성의 공간으로 승격시키며 본래적 존재의 가능성을 회복하려는 시인의 실존을 대신한다.

> 갓싸기*로 갈까나/ 깃 달린 풀씨로 날아서 갈까나.// 잠은 자다가 꿈이나 꾸지./ 나무며 풀이며, 저 山바람조차도/ 내 肉身은 비어서 살아온 痕迹이 없다.// 落落長松/一千年 처마 밑에/ 晦冥**을 뚜드리는 소나기 비켜서서/ 五尺 短身이 坪 남짓 그루를 내렸다.// 갓싸기로 갈까나/ 깃 달린 풀씨로 날아서 갈까나./ 어두면 어둔대로/ 北方 二萬里, 길이 冥府로 벋어서/ 잠시 서인 자리에,

이삭은 새삼 짓누래졌다.// 돌로 치며는 소리라도 울려날 듯이/ 肉身을 고스란히 비워놨는데,/ 지금은, 저 山바람 속에서 휘뚜루 치는 石鐘, 石鐘아….

* 갓싸기 : 갓의 거죽을 싸는 헝겊

** 晦冥 : 해나 달의 빛이 가리워져서 컴컴함.

—「山바람 소리」 전문(A. 47면)

시인은 어느 목적지를 제시하지 않고 "갓싸기"나 "깃 달린 풀씨로 날아서 갈까나"라고 사물화의 욕망과 새로운 세계에 대한 지향성을 드러낸다. 그것은 "육신은 비어서 살아온 흔적이 없다"는 구절이 암시하듯 실존에 대한 회의와 불안을 극복하기 위해서이다. 즉 비본래적인 일상을 사는 동안 '흔적'이 상징하는 자기 존재의 의미를 찾을 수 없는 한계를 돌파하기 위해 새로운 세계를 지향하고자 한다. 하이데거는 이를 '호기심'이라고 하며 현존재인 인간은 배려되는 세계에 몰두해 있다가 그 세계로부터 자유로워져 새로운 가능성을 찾아 멀고 낯선 세계로 뛰어들고자 한다(하이데거. 235~236면)는 것이다.

특히 '갓싸기'와 '깃 달린 풀씨'는 화자에게 모두 이동성을 부여하며 퇴락한 일상으로부터 자유로워져 새로운 존재 가능성을 찾으려는 실존 의식을 효율적으로 암시한다. 그렇게 호기심을 갖는 시인은 먼저 '세계-내'에서 "오 척 단신"으로 뿌리를 내리고 있는 자신의 실존을 발견한다. 그리고 퇴락의 일상에서 여러 존재들과 맺고 있던 모든 관계를 버린 빈 육신으로 자신처럼 속이 빈 채 '석종'이 울리는 소리를 듣는다. 그 '소리'는 일상적 삶의 세계에서 자신의 삶을 좌우하던 말이 아니라 시인의 내면에서 우러나오는 '양심의 소리'를 상징한다. 거듭 그 석종을 부르는 것은 곧 일상적 삶으로부터 벗어나 독자적 존재 가능성에 다가가 본래적 삶을 회복하려는 것이다.

> 흙이었다가, 손탐 없이 그대로 바위였다가,/ 저 山 안에 호젓이 한 나무일 뿐이다.// 아침에 珠簾을 걷어/ 애기 손바닥만 한 날을 받아놓고/ 고지식, 다시 헹구는 茂盛한 微動을 보라.// 휘어지도록 커나서/ 배부른 아낼 서워있는데/ 숲처럼 어울러서 風樂이 은은한 마을…./ 춤 아니라도 새끼는 새끼대로 저의 귀염을 떨고/ 彌勒 같은 아내라야, 구기잖은 어미 노릇이라,/ 나는, 호젓이 이대로 한 나무였을 뿐이다.// 허구헌 長霖이 가고/모두 다 털고 떠나는 가을이라도 오면/ 그때는 내 마음도 짜르르 밤도와 울겠다.
>
> —「北村理 打令」전문(A. 45면)

시인을 대신하는 나무는 성장성과 확산성이 있으며 수평적 공간인 대지의 흙과 바위와 변별성을 갖고 있다. 그리하여 '세계-내'에 존재하는 자신이 여러 존재자들과 관계를 맺으며 세계를 열어갈 가능성을 암시한다. 그런데 나무는 아침이 되어 자신이 존재하는 실내와 실외의 경계인 주렴을 걷고 "애기 손바닥만 한 날"을 받음으로써 존재자들과 관계를 맺으며 일상을 시작한다. 그리고 "다시 헹구는 미동"은 반복되는 일상 중에 실존의 세계를 넓히고 실존을 실행하려는 행위이다.

한편, 아이를 잉태하여 "배부른 아내", "저의 귀염을 떨고" 있는 새끼, 어미 노릇을 하는 "미륵 같은 아내"는 던져진 세계-내에서 실존적 관계를 맺고 교섭하는 존재자들이다. 그렇게 시인은 가족이라는 세계-내에 던져진 자신의 존재를 발견하고 수직적 또는 수평적으로 성장과 확산을 하며 세계를 열어 간다. 그리고 "허구헌 장림, 즉 긴 장마가 상징하는 삶의 고난을 겪으며 존재자들과 맺은 관계를 "모두 다 털고 떠나는 가을"을 그린다. 그리고 '죽음'의 계절인 가을을 맞이할 자기 존재를 상상하며 "밤도와 울겼다"라고 만족과 아쉬움을 드러낸다. '죽음'은 현존재가 태어나 세계에 던져지는 순간부터 "떠맡는 그런 존재함의 한 방식"(하이데거. 329면)인데 가족이라는 세계-내에서 존재자들과 교섭하고 몰입하며 그 방식을 현전화 한다.

이상에서 조남익 시인의 등단 시 세 편에서는 현존재로서 자기가 처한 '세계-내'의 존재자들과의 관계 맺고 생활하며 실존에 대한 고뇌를 보여주고 있다. 그리고 실존의 영역을 확장시키며 존재의 불안을 경험하고 '양심의 소리'를 들으며 새로운 세계로의 이행을 꿈꾸기도 한다. 특히 '죽음' 등 본래적 전체 존재 가능성에 앞질러 다가가는 '결의'를 함으로써 그것을 인수하여 새로운 삶을 기획한다. 등단 시 시편에 나타난 실존 의식의 특징이 이후의 작품에서 시 정신의 원형이 어떻게 구체화 또는 심화되는가를 살펴보고자 한다.

3 '소리', 그 '양심'의 부름

현존재로서 인간은 어떤 상황 속에 놓여서 그곳에 있는 인간과 사물과 관계를 맺는 중에 이해하며 이를 위해 말을 주고받으며 살아간다. 하이데거는 그런 인간의 삶의 양식을 세 가지 실존 틀로서 규정하며 즉 '처해-있음(Befindlichkeit), 이해(Verstehen), 말(Rede)'에 의해 삶의 의미를 열어 헤치며 실존을 보장 받는다[6]고 하였다. 그런데 조남익 시인의 시에서 보면 어느 순간 자신이 처해 있는 상황 밖에서 들려오는 소리를 듣는데 그 '소리'는 내면에서 울리는 '양심의 소리'를 상징한다. 시인은 그 '소리'를 들음으로써 타자의 말에 따라 살아가는 일상적 삶의 퇴락을 벗어나 독자적인 존재의 가능성을 탐색한다.

> 일어섰거나, 누웠거나/ 소리는 소리를 실어서 가고/ 아침은 아침을 태워서 가고/ 우리는 숲속/ 낡아빠진 홍길동의 의자에서 /늙어버린 전봉준의 의자에서/ 하얀 가을을 의식한다.
>
> —「攝理」 일부(A. 37면)

위 시에서 '소리'는 거역할 수 없는 타자로서 우주적 또는 자연의 '섭리'를 상징한다. 그 '소리'는 현존재인 시인에게 자신의 실존을 이해할 수 있도록 하고 죽음으로 이끌어간다. 그런데 누구나 그 '소리'를 벗어나지 못하고 그것에 실려서 오가는 게 "일상의 나라"라는 것이다. 그 일상 속에서 기대를 갖고 "밤이 주는 아침의 호두"를 깨며 새로운 삶을 시작한다. 그러나 우리는 이미 이전의 인간들이 앉아 있다가 떠난 "의자"라는 현사실적인 삶의 자리에 머물고 있다. 그 '의자'는 이미 앉아 있던 인간들이 비우고 떠난 것이며, 우리가 앉아 있는 것이자 비우고 떠나야 할 현존재의 시간성의 탈자태들을 그대로 내포하고 있다. 그 의자에서 시인이 들리지 않는 '소리', 곧 '양심의 소리'를 들으며 곧 타자의 말에 이끌

6) 이서구, 『인간과 실존』, 이문출판사, 2000, 90-91면. 참조

린 채 일상에 몰입해 있는 자신의 존재를 발견하고 그 무의미성을 감지하는 것이다. 그 순간 시인은 모든 색이 무화되는 "하얀 가을"이 상징하는 '죽음'에 앞질러 다가가 보면서 "본래적이고 전체적인 확실성을 획득한다."(하이데거. 410면)

> 산맥을 넘어오는/ 소리가, 하늘 가득히 살아있었다./ 쉼 없이 흘러가고 흘러오고/ 아침마다 싱싱히 얼굴 씻는 嶺峰./ 우리들은 그 아래를 지나왔었다./ 칙칙한 어둠을 서로 부비며/ 대화도 없이, 뗏목이 밀리듯/ 우리들은 흔들리며 지나왔었다./ 길가에는 청청한 산천초목 우러러 서서/ 왼 산, 왼 들이 기립을 하고 공중에는/ 푸른 신호가 빛나고 있었다.
>
> —「素描」 일부(A. 39면)

이 시는 세상의 풍경을 묘사하고 있는데 역시 '소리'가 등장한다. 산맥을 넘어오며 하늘 가득 살아 있었고 쉼 없이 흘러가고 흘러온 '소리'는 천상으로부터 전해오는 우주 자연의 말이다. 그 소리에 '영봉'은 아침마다 얼굴을 씻으며 새로운 하루를 시작하는데 시인은 그 소리를 들으며 그 아래를 지나온 "우리들"이 서로 단절된 채 배려하며 이해하려 들지 않았다는 것이다. 그렇게 '우리들'이 듣고 있는 생동하는 우주의 소리는 곧 자신들의 내면에서 들려오는 '양심의 소리'인데 그 "양심의 부름을 이해함은 '그들' 속에 상실되어 있음을 드러내 보"(하이데거. 48면)이며 자신이 처한 세계의 비본래성을 깨닫게 한다. 즉 눈앞에 있는 존재자들에게 맞닿아 있지 않고 "뗏목처럼" 사물의 존재가 되어 계기적 시간의 흐름에 자신을 맡겨두고 살아간다는 것이다.

그런 인간과 달리 길가의 산천초목과 왼 산과 들 등은 오히려 수직적인 자세로 기립하고 있으며 그 위의 “공중에 푸른 신호”, 그 천상의 기호가 응답을 하는 등 우리들과 대조적으로 서로 소통을 한다. 그것을 본 ‘우리들’은 그 인간화된 사물들을 대상으로 실존 의식을 회복하여 흩어져서 서로 배려하며 인사를 하고 사랑을 한다. 그러나 이내 “기인 혀를 내두르며” 곁에 있는 존재자들에게 서로 “생채기들”을 입혀 주고 밀어내고 밀려 나가는 동안 “환호와 노호”를 한다. 그것은 세계 속에서 비본래적 삶을 거부하고 본래적 존재 가능성으로 다가가기 위한 “거대한 참여”이며 “희한한 의지”의 실현이다.

또한 시 「이튿날」 일부(A. 54면)에서 시인은 이미 “이름 없는 꽃”이 되어 죽어간 아가의 앓는 소리를 듣는다. 그런데 시인은 아가를 잃었으나 또 어제나 다름없이 아침을 맞이하며 “생자의 일상”에 처하여 “생자의 찬란한 빛”을 보는 것이다. 그리고 아가가 떠난 “빈자리”에 빛이 춤을 추는 것과 “세상은 순식간에 위대해”지는 것을 발견한다. 이러한 변화는 죽은 아가의 앓는 소리가, 상징하는 ‘양심의 소리’가 시인을 “자신의 가장 고유한 존재 가능에로 불러 세우”(하이데거. 165면)는 작용을 했기 때문이다.

> 흔들리지 않는 體軀이신데/ 어쩐 일로 여기 울리십니까.// 소리로는 들리지 않습니다./ 苦惱를 타는 나의 등 뒤에서/ 가늘게 떨리며 울리십니다.// 물같이 흐른다는 당신의 말씀/ 외려 老松의 그늘에 자리 두시고/ 年輪을 아로새긴 손바닥에는/ 어쩐 일로 바둑을 놓으십니까.
>
> —「歲月」 일부(A. 41면)

시인은 "흔들리지 않는 체구"인데 흔들리며 자신이 처해 있는 "여기"까지 울리는 까닭을 묻는다. 시인은 그 가는 울림을 통해서 소리로는 들을 수 없으나 삶의 문제로 "고뇌를 타는 나의 등 뒤"로 전해 오는 "물같이 흐른다는 말씀"을 수신한다. 그리고 그 '말씀'을 전해 주는 당신이 노송의 그늘에서 손바닥에 바둑을 놓는 것을 상상한다. 그런 '당신'은 순간마다 사람의 운명을 좌우하는 어떤 초월적인 대타자(Big Other)이며 그의 '말씀'은 곧 침묵으로 말하는 '양심의 소리'의 상징이다. 그리고 당신의 '손바닥'은 곧 시인이 처해 있는 세계이며 '바둑'은 세계-내에 던져진 채 사는 존재자들의 상징이다. 시인은 자기가 대타자 안에 구속되어 있다는 것을 의식하며 오가는 사람들은 그 삶의 운명을 좌우하는 대타자의 힘에 의해 어디인지로 흘러가는 "구름"이라고 여긴다.

그렇게 시인은 현존재가 존재의 의미를 부여하는 '근거 존재'로서 자기의 독자적인 존재를 근본적으로 결코 좌우하지 못한다는 것을 감지한다. (하이데거. 380면) 그러나 비본래적인 현존재로서 무력성을 안고 있는 현존재이지만 자기의 존재를 스스로 기투하지 않으면 안 되는 존재라는 것을 의식한다. (하이데거. 381면) 즉 자신이 자신의 의지와는 상관없이 세계-내에 던져져 존재 가능의 근거로 있으면서 그 '근거 존재'를 책임져야 하는, 즉 "탓이 있음"(하이데거. 378면)[7]의 존재라는 것을 이해한다. 그리고 "바람의 형해를 흐느낄 때" 현존재의 극단인 죽음의 순간을 의식한다. 그렇게 시인은 타자들의 힘에 이끌리고 그들의 말대로 이해하며 일상을 살다가 아가의 '죽음'을 경험하며 존재의 전체적 가

7) "탓이 있음"의 이념에는 아님의 성격이 놓여 있다…그 외에도 탓이 있음의 이념에는 "…에 책임이 있음"으로서의 탓 개념 안에 무차별하게 표현되어 있는 그것, 즉 "…에 대한 근거가 됨"도 속한다.

능성에 앞질러 감으로써 본래적인 삶을 살고자 한다.

> 잉잉 바람이 짐승이 되어 우는데/ 억만의 숨소리가 거기 있는데 / 성숙을 기다리며 사는 사람들/ 성숙을 기다리며 늙은 사람들// 물같이 흘러/ 마을에 化主僧이 내려오거든/ 올 굵은 삼베옷에 육신을 내어주고/ 카랑카랑 쇳소리를 冥漠에 담으리라
>
> —「가을에」 일부(A. 58면)

시인은 알밤이 익고 풀이 시들어버리는 "가을을 나서서" 죽음의 계절인 "삼동을 건너가는" 환절기를 맞이한다. 그러한 자연물의 변화를 보며 "겹겹이 싸인 삶"의 애환과 "구겨진 멍울", 즉 상처들을 치유하고 아직도 잊지 못한 "어두운 망령들"을 씻어 보내고자 한다. 그리고 뜨락에서 풀벌레의 풍악이 울리고 "억새처럼 시퍼런 반주를 흔들어 몸을 헹구는" 요요한 시간이 이어지며 실존에 대한 성찰에 몰입하게 한다. 그 풍경 속에서 자신의 실존을 위협하며 짐승이 되어 우는 바람 소리가 들리고, 그에 맞서서 자신의 존재를 지키려는 억만의 숨소리와 성숙을 기다리며 살다가 늙어가는 사람들의 모습이 보인다. 그것은 곧 일상적 삶의 풍경이며 세계-내에서 존재자들과 더불어 살아가는 인간의 평균적인 현사실성이다.

그렇게 퇴락한 삶이지만 시인은 자신의 실존을 의식하며 삶의 터전인 마을에 "화주승"이 자신의 장례를 집행하기 위해 내려올 때를 상상한다. '화주승'은 속과 성, 삶과 죽음의 세계를 매개하는 종교적 인물이다. 시인은 그가 내려올 때를 상상하며 그에게 육신을 내어주고 살아온 과정과 존재의 의미를 묻는 "카랑카랑한

쇳소리”를 어두운 사막과 같은 마음에 담으리라고 한다. 그 ‘쇳소리’는 시인의 내면에서 울리는 ‘양심의 소리’를 상징하는데 시인은 그것을 들음으로써 현존재인 시인이 스스로 ‘죽음에 이르는 존재’라고 파악함으로써 존재 의미의 ‘본래적 전체성(eigentliche Ganzheit)’을 확보한다.

4 ‘절망’과 실존의 본래성 탐색

현존재인 인간은 세계-내에 던져진 채 다른 존재자들과 교섭하며 자신의 존재 의미를 스스로 이해하고 찾아가며 살아야 한다. 그런데 현존재는 다른 존재자들과 교섭이 이루어지지 않을 때 세계는 유의의성을 갖지 못하고 자기의 존재 의미를 이해하지 못한다. 그렇게 세계와 자기의 존재 의미가 무화되면 현존재는 의지할 대상을 찾지 못하며 절망을 한다. 조남익 시인의 시에서도 ‘절망’은 빈번히 등장하는데 시인의 실존 의식을 살피는 주요한 관건이 된다.

> 손이 없습니다/ 귀가 없습니다/ 말이 없습니다// 검은 땅에 누운 白骨/ 지금은 虐殺된 새 떼가 떴습니다// 들어가도/ 다시 들어가도/ 나는 없습니다/ 아무도 없습니다
>
> ―「絶望」 전문(B. 91면)

시인은 세계-내의 존재자들과 교섭하며 배려하는 데 필요한 손과 귀가 없고 말이 없다고 한다. 그리하여 현존재인 시인은 자신의 존재 의미를 이해하지 못하여 “검은 땅에 누운 백골”, 즉 죽음

의 상태가 된 자기에 대해 절망하는 것이다. 그런데 절망은 "현존재를 그의 가능성으로부터 떼어내는 것이 아니라, 단지 이 가능성을 향한 존재의 한 양태일 뿐"(하이데거. 317면)이라서 존재의 전체 가능성으로 다가가는 기초가 된다. 시인은 다시 존재 의미를 이해하지 못한 자신의 모습을 대신하는 "학살된 새 떼"를 목격하며 "죽음에로의 선구先驅와 본래적 존재 가능을 위한 결의성"[8)]을 실행하는 것이다. 시인이 '나'를 찾아 거듭 "들어가"는 것은 곧 그 실행을 위한 실존론적 성찰을 구체적으로 암시한다.

> 나는 누워서 보았다/ 새벽이 오는 창가에/ 바야흐로 만물은 저마다 대야를 끌어당기며/ 새 아침의 축복에 머리를 풀어도/ 어제에 쓰인 그 물이여./ 나는 일상에 진저리를 내고/ 머언 들녘으로 신음 소리를 내면서 /뜻밖에 매일 앓고 있었다
>
> —「나는 누워서 보았다」 일부(A. 60면)

시인은 일상적 삶을 살아가다가 멈추고 휴식을 취하기 위한 자세로 "누워서" 자신의 실존을 성찰한다. 그리하여 존재자들과 자신의 존재 의미를 이해하지 못하며 사는 "사람 사이", 그 "황량한 들" 같은 일상에 "쓰레기"를 붓고 오는 자신의 현사실성을 의식한다. 그 '쓰레기'는 구체적으로 "혐오"와, "감정의 조각"과 진실을 내포하지 못한 "깨어진 북소리" 등 비본래적인 일상을 구성하는 요소들과 세계를 둘러보던 "눈동자" 등이다. 비본래적 삶의 구성요소들이 "폐물로 나둥그러진 거기", 즉 일상적 삶의 세계에 대하

8) 소광희, 『존재와 시간 강의』, 문예출판사, 2013, 189면.
"죽음에로의 선구와 본래적 존재 가능을 위한 결의성은 형식적으로 선구적 결의성(vorlaufende Entschloβ enheit)이라는 현상으로 통일될 수 있을 듯하다"

여 절망하며 “진저리를 내고” 앓고 있던 자신의 신음 소리를 들을 뿐이다.

그러한 성찰은 이어지며 세계-내의 만물은 각자가 새롭게 다가오는 “새 아침의 축복”을 맞이하여 일상을 시작하는 것을 발견한다. 그러나 대야에 담긴 물, 즉 세계-내의 존재자들을 대상으로 자신의 존재 의미를 새롭게 이해하지 못한다. 그래서 비본래적인 삶을 반복하며 사는 자신의 존재에 대한 절망과 아픔을 안고 앓고 있는 자신의 실존을 발견한다. 특히 “매일 앓고 있다”는 것은 “자신을 선택하고 장악하는 자유에 대해서 자유로운 존재”(256면)로 살고자 시도하는 불안과 절망의 징후이다. 그것은 또한 현존재가 던져진 세계-내에서 존재자들과 교섭하며 사는 일상적 삶은 늘 세계로부터 선택 또는 해석되는 대로 사는 비본래적일 수밖에 없다는 한계를 보여 준다.

> 있는 듯 없는 듯/ 파문혀간 생활은/ 소리도 나지 않게 頃刻에 떴다.// 세 끼 菜食에/ 몸이야 가지를 늘이워서/ 蒼生의 四苦를 앓을지라도/ 내 은혜는 이 萋萋로운 공간….
>
> —「打令調」 일부(A. 48)

시인은 자신의 실존을 확인하기 위해 “있는 듯 없는 듯 파묻혀간 생활”을 되돌아본다. 세 끼를 채식으로 채운 몸이지만 “가지를 늘이워서” 다른 존재자들과의 관계를 맺으며 살아가는 중에 “사고四苦”를 앓아 왔다. 시인은 자신이 처해 있던 세계를 대신하는 “처처로운 공간”을 은혜처럼 여겼는데, 그곳을 곁에 있던 이들과 교섭하며 살아온 “좁은 골목길”로 구체화하여 제시한다. 그곳에서 시인은 "하얀 얼굴"로 두려움과 불안을 느끼며 세계 내의 존재자들과 원만한 관계를 맺지 못하고 흐르는 물이나 바람처럼 살아온 실존을 확인한다. 한편, 그 '불안'은 "현존재를 그의 세계에 빠져 있으면서 몰입해 있음에서 되찾아"(하이데거. 258면) 옴으로써 "미래를 한 손에 들고서", "키 큰 장대같이 머리를 숙"이게 한다. 즉 도래할 전체 가능성에 다가가며 자기의 실존을 성찰함으로써 일상적 삶의 비본래성으로부터 벗어나려 한다.

> 능금일 거냐/ 익기나 잘 익어볼 능금일 거냐// 위태한 나뭇가지 끝/ *存在*조차 늘 뒤웅거리며/ 사는 일을 / 차라리 超然에 뒤웅거리며// ───世襲의 땅을 지나는/ 부절한 바람 소리여
>
> ―「果園의 詩」 일부(A. 51면)

시인은 미래에 "잘 익어볼 능금"처럼 독자적이고 전체적인 존재의 가능성을 기획한다. 그러나 현존재인 인간은 일상적 삶을 살아가는 중에 나뭇가지 끝에 미숙한 채 매달려 있는 과일처럼 '아직 아님'으로 위태롭게 "뒤웅거리"는 존재이다. 그리고 미숙한 과일이 잘 익어 성숙한 과일이 되면 그 삶이 완성되자 끝나는 것처럼 인간은 죽음을 맞이하며 존재 가능성을 박탈당해야 한다. 그렇게 인간은 "종말을 향한 존재"(하이데거. 329면)라는 존재 양식을 내포한 채 '아직 아님'(하이데거. 327면) 상태, 미성숙한 비본래적 존재로서 살아가야 한다.

시인은 위태로운 존재 양식으로부터 벗어나 "초연"하려 하지만 일상에 매몰된 채 살아온 인간들이 물려준 "세습의 땅"에는 끊임없이 실존을 위협하는 "바람"이 분다. 그러나 자신의 실존을 흔드

는 "바람"은 시인에게 불안을 야기하여 독자적으로 전체 가능성을 실행하라는 자극이 된다.[9] 그래서 시인은 "산빛을 먹고 구름을 먹고", 즉 세계-내에 존재하는 존재자들과 교섭하고 마음을 쓰며 살아간다. 그러는 중에 "살이 오른 과육"처럼 실존을 유지하며 이후에 살아가야 할, 즉 아직 미제로 남아 있는 "천리길"의 끝, 즉 삶의 극단에 있는 "한 점" 잘 익은 과일, 존재의 전체성의 실체가 시야에 들어옴을 의식한다.

> 사람의 함성을 몰고도/ 우거진 절망을 목 놓아 울고도/ 끝끝내 나타나지 않는 건 누구냐// 세월이 죽은/ 시커먼 벌판// 시대의 긴 노을이 잠기며/ 우리들, 무명한 해골이 떨어지는/ 奈落…
>
> —「亡滅」 일부(B. 89면)

시인은 조금은 따뜻하고 심심찮게 "결국은 흐르는 여울"을 미지의 "누구"가 "풀어서 먹이는" 시간의 흐름에 비유한다. 그렇게 '여울'이 대신하는 '시간'을 의식한다는 것은 곧 세계-내의 존재이자 시간-내의 존재인 현존재가 자신의 실존에 대하여 이해하려 하는 것이다. 그런데 시간의 흐름을 대신하는 여울이 현존재인 사람들의 "함성을 몰고", "우거진 절망을 울고" 있는데 그것을 운행하는 '누구'는 자신의 존재를 나타내지 않는다. '함성'은 현존재가 본래적 존재의 가능성에 닿고자 지르는 것이며 '여울'은 그 가능성에 다가가지 못한 현존재의 절망에서 비롯된 슬픔을 "목 놓아 울고" 있는 것이다. 시인은 "세월이 죽은/ 시커먼 벌판", 곧 유

9) 소광희, 앞의 책, 130-131면. 참조
'불안'은 세계에 의지해 사는 현존재가 의지할 것을 잃으면서 갖게 되지만 자기의 실존을 독자적으로 결정하여 가장 독자적 가능에 이르도록 한다.

의의성이 사라진 세계 속에서 잠기는 "시대의 긴 노을"을 보는데 그 일몰은 "무명한 해골"이 나락으로 떨어지는 '죽음'과 같은 것이다. 이처럼 시인이 시간의 흐름에 이끌리어 온 자신에게 절망하고 비본래적 존재를 벗어나 본래성을 찾기 위해 죽음에로의 '선구적 결의'를 한다.

> 임에 닿으면// 한 번 닿기만 하면 그만일/ 노오란 불길인데// 나는 갑니다/ 몸이 달립니다/ 생명이 탑니다
>
> —「熱望」(B. 98면)

일상적 삶의 과정은 땀을 흘리며 기운이 달리더라도 스스로 방향을 선택하고 새로운 길을 열어가는 것이다. 시인은 그러한 자신의 실존을 돌아보며 나아가야 할 "물길", 즉 아무런 안내 표지도 없는 그 위험한 미제의 인생길이 아직도 길게 남아 있음을 의식한다. 그런데 시인은 인생길의 끝에서 기다리는 삶의 목표이자 죽음인 "임"을 상상하며 자신의 실존은 그 '임'에 "한번 닿기만 하면 그만" 소멸되고 말 "노오란 불길"임을 의식한다. 그렇게 시인은 생의 종말인 죽음에의 '선구'로써 실존의 본래성에 도달하려 한다. 생명을 태우며 몸이 달리며 가는 것은 그러한 실존론적 노력을 구체적으로 보여준다.

> 풀피리/ 보이지 않는/ 어둠의 땅/ 누우런 絶望의/ 끄트머리에서 (… 중략 …) // 하늘에다/ 아시아의 魂을/ 신나게 불곤 하였다
>
> —「풀피리」(B. 100면)

시인은 풀피리를 부는 "우리 동네 아이들"을 전지적 시점에서 묘사하며 '절망'을 벗어나는 실존론적 상황을 보여준다. 그런데 현존재인 아이들이 처한 세계를 대신하는 '우리 동네'는 그 세계-내의 존재자들의 유의의성이 사라져 "보이지 않는/ 어둠의 땅"이 되었다. 아이들은 그렇게 존재자들이 보이지 않아 자신의 존재가 무화되는, "누우런 절망" 속에서 불안을 느끼며 그 "끄트머리"에서 "하늘에다" 풀피리를 분다. '하늘'은 지상적 존재가 끝나면서 이를 수 있는 새로운 세계의 상징으로서 지상에 살고 있는 아이들의 실존적 영역을 확대할 수 있는 곳이다. 하늘을 향해 "다시는/ 내려오지 않을 것처럼" 풀피리를 부는 아이들의 행위는 세계를 확장함으로써 본래적 삶으로 나아가려 하는 시인의 실존 의식을 암시해 준다. 그렇게 시인은 지상의 삶에 절망하며 하늘을 향해 피리를 부는 아이들을 통하여 "비록 자기의 존재 근거를 자기 스스로 놓지는 못하지만, 자기의 존재 가능을 스스로 기투하는 자"(소광희, 180면)라는 현존재의 실존을 보여 준다.

> 나무와 바람/ 미움과 사랑의/ 경련에 떨어질 듯/ 떨어질 듯 솟구쳐서는/ 나는, 벌써 반쯤은 모자를 벗었던가(… 중략 …)/ 살아온 그만큼/ 섬처럼 무너져 내린 /絶望 어린 나의 帽子를
>
> —「帽子」 일부(B. 97면)

시인은 한밤에 지붕 너머에서 지워도 지워지지 않고 윤이 흐르는 "초롱별"을 본다. 그것은 "나무와 바람"처럼 세계-내의 존재자들과 서로 교섭하는 중에 "미움과 사랑"의 감정에 경련하며 존재의 위태로움을 벗어나려는 행위이다. 그리고 "반쯤은 모자를 벗

었던가"라고 자신에게 물어보는데 '모자'는 '세계-내'에서 타자들과의 관계를 유지하기 위해 써야 하는 복장이다. 그것을 벗는다는 것은 곧 일상으로부터 벗어나 더욱 가치 있는 타자에 대한 존경의 표시이다. 그 타자는 곧 첫 연에서 등장하는 '초롱별'이며 이는 3연에서 파이프를 입에 물고 오는 회흘족의 눈망울, 즉 "까만 별빛"에 비유된다. 시인은 그 타자의 두리번거리는 눈망울 앞에서 경외하는 자세로 "조금은 일어서서" 모자를 벗었는가를 자문하며 자신의 실존을 성찰한다. 그리고 "살아온 그만큼 섬처럼 무너져 내린 모자"처럼 존재의 의미를 상실한 자신에 대하여 절망한다. 그런데 실존적 세계인 지상을 떠나서 비로소 갈 수 있는 천상에 존재하는 '별빛' 또는 회흘족의 눈망울을 보며 모자를 벗는다. 그러한 행위는 시인이 전체적인 존재 가능성을 내포한 죽음에 '앞질러 달려가 봄'으로써 자신의 "본래적인 확실성"(하이데거, 403면)[10]을 인수하려는 것이다.

조남익 시인은 반복되는 일상 중에서 살아온 자신을 되돌아보며 현실을 직시하는 중에 절망한다. 그 절망은 반복되는 삶에서 자신의 존재 의미를 찾지 못하거나 유한성에 갇힌 자신의 실존을 발견할 때 느끼게 되는 것이다. 그런데 시인은 절망의 순간 던져진 세계 너머 새로운 세계로 시선을 향하거나 죽음에로의 '선구적 결의'를 감행한다. 그리고 하늘이나 절대자의 존재를 의식하며 절망으로부터 벗어나 일상의 한계를 벗어나려 한다. 그것은 곧 절망을 발판으로 비본래적 삶에서 본래적 삶으로 나아가려는 실존적 노력이다.

---

10) "결단성이 현존재의 본래적인 진리로서 죽음에로 앞질러가 봄에서야 비로소 그것에 속해 있는 본래적인 확실성에 이르게 되는 것이라면…"

5 결론

이상에서 조남익 시인의 초기 시를 대상으로 어떻게 비본래적인 일상적 삶에서 실존의 본래성을 탐색해 나가는가에 초점을 맞추어 실존 의식을 고찰해 보았다.

먼저 등단 시 중 「수고리」에서 나타난 '수고리'는 과거적 공간만이 아니라 도래할 본래적 존재 가능성이 유지되는 세계의 상징이다. 「山바람 소리」에서는 일상 중에서 '산바람 소리'가 상징하는 양심의 소리에 귀를 기울이며 자신의 실존을 확인하고 새로운 세계에 대한 '호기심'을 갖고 다가가고자 한다. 시 「북촌리 타령」에서는 가족이라는 가족을 배려하며 살면서 죽음으로 '앞질러 달려가' 화주승의 소리를 듣는다. 양심의 소리를 상징하는 그 소리를 들음은 가족을 배려하며 사는 일상적 삶에서 본래성을 성취하려는 실존 의식의 표현이다.

한편, 등단 시 3편에서 나타나는 실존 의식의 특징은 초기의 시편들에서 다양하게 변주되며 일관적으로 드러난다. 조남익 시인의 시에서 '소리'가 빈번히 등장하는데 이는 모두 내면에서 울리는 '양심의 소리'를 상징한다. 시인은 '소리'에 귀를 기울이면서 불안을 느끼는데 그것은 시인으로 하여금 본래적 자기의 존재 앞에 불러 세우는 작용을 한다. 불안을 느끼면서 자기의 본래적 전체 가능성이 내재된 죽음으로 앞질러 가는 선구적 결의를 함으로써 그것을 인수하며 현전화 한다.

또한 시에서 '절망'과 그 변이체가 빈번히 등장하는데 이 역시 전체적 본래성을 인수하게 하는 기초로서 작용한다. 시인은 반복되는 일상 또는 지상적인 존재의 유한성에 직면하여 절망하며 죽음이나 세계 너머에 존재하는 절대적 존재를 의식한다. 따라서 절망 역시 비본래적 일상으로부터 본래성을 찾기 위한 토대로서 작용하는 것이다.

이상에서 비현실적 또는 죽음의 세계에서 들리는 '소리', 즉 양심의 소리를 듣고 존재의 전체 가능성에 앞질러가 그것을 인수하려는 실존적 노력은 초기 시 전체에 다양한 변주를 거치면서 이어지고 있다. 시인은 일상적 삶에서 허무와 불안 또는 절망을 느끼지만, 그것을 토대로 세계에 몰입하여 자기의 독자적 존재를 망각한 채 사는 자신을 본래적 자기 앞에 불러 세운다. 그 실존의 역전이 조남익 시인의 초기 시가 갖는 독자적 미학으로서 진정한 존재로부터 멀어진 채 퇴락한 일상을 사는 독자들에게 '양심의 소리'를 들려주고 있다.

– 본고는 한국현대문예비평학회의 『한국현대문예비평연구』 제48집(2015년, 창조문학사)에 수록된 논문을 요약한 것임.

❐ 조신권_10시집 『한강의 새벽』(2019) 한국형이상시 평설

(조신권 시인 · 연세대 명예교수)

백강白崗 조남익의 시 연구

1 序言

휠덜린은 일찍이 "이 궁핍한 시대에 시인이 무슨 소용이 있으랴"고 탄식했다지만, 아무리 궁핍한 시대라 하더라도 시는 여전히 존재하고 시인도 수없이 시의 바다에서 부침한다. 수많은 시인의 부침 속에서 백강 조남익 시인은 1965년에 《현대문학》에서 「수고리」, 「북촌리 타령」 등으로 3회 추천을 받아 문단에 떠오른, 올해로 80이 되는 현역 원로 시인으로서, 근 50년 동안 왕성하게 시작 활동을 계속해 오고 있는 작가다. 지금까지 백강은 시선집 3권, 시전집과 시집 8권, 시연구집 3권, 수필집 2권, 그리고 평론집 3권 등을 출간한 열정적 상재 시인이요 시에 대한 호기심과 깊은 이해와 탐구를 북돋워 주고 그걸 돕기 위해 심혈을 기울여 다수의 평론과 해설을 써서 펴낸 탁월한 평론가다.

백강 조남익 시인은 충남 부여에서 출생해서 팔십이 되기까지 고교 시절과 대학 시절을 제외하고서는 거의 향토를 떠나 본 일이 없는 향토 애호가요, 충남에서만 고교 교사, 고교 교장, 장학사,

연구관 등을 역임하여 반세기 동안 줄곧 향토 발전을 위해 헌신해 오며 후학들을 가르쳐 온 모범적인 교육자다. 간혹은 대학 강단에 나가 문학을 사랑하는 학생들을 가르치기도 한 문학적 사표가 되는 문학 교사다. 특히 거기서 원초적 생명의 건강성에 눈을 떴고, 토착민의 세계에 깊은 관심을 갖게 되어 충청도를 소재로 한 시편들을 발표함으로써 백제 유민의 자부심과 긍지를 지키는 동시에 유감없이 그 향토 정신을 드러낸 토속적 절창이다. 그는 백제의 유적이 남아 있는 시인의 고향 백제의 후예요, 유민으로서 역사의식을 키웠으며 이러한 고향 사랑, 백제 사랑의 정신은 그의 평생의 시적인 테마가 되었고 교육 정신의 기초가 되었다.

한국문협 대전광역시지회 초대 회장, 한국문인협회와 한국시인협회의 자문위원으로 참여하여 한국문학의 발전과 향토문학을 널리 펼치기 위해 헌신해 온 문학 활동가다. 2008년 월간《창조문예》7월호에 실린 글에서 백강 조남익 시인 자신이 "글을 쓴다는 것은 자기 영혼과의 대면이며, 글을 통하여 자아실현의 자유를 향유하고 구원을 얻고자 함이라"고 말한 대로, 자신의 영혼과 대면하고 자유로운 자아실현과 현실적인 욕구와 얽매임에서 벗어나기 위한 구원을 이루려고 외롭고 고독한 예술의 길을 걸어온 구도자적 시인이 바로 조남익 시인이다.

"철학자 하이데거는 현대인의 특징 중의 하나가 고향 상실이라고 했다. 그는 고향 상실이 세계인의 운명이 됐다고 개탄했다. 고향은 늘 그리운 곳이다. 그곳은 우리의 심신을 안아주는 정겨운 공간이기 때문이다. 그러나 현대인은 삶에 쫓기어 도시에서 생활하면서 바쁜 일상을 핑계로 고향을 잊고 산다. 하지만 자기 본연의 자아와 마주했을 때 다시 찾게 되는 곳 또한 고향이다."[11] 이와 같이, 목원대학교 국어교육과 교수이었던 故 홍희표(1946-2012) 시인의 말대로, 현대인들을 대부분 고향을 잊고 허탈하게 살아가고 있지만, 백강 조남익 시인은 시인의 고향 "수고리"에서 시작하여 "다시 수고리"로 돌아온, 향토를 지키면서도 인간애와 자연애를 바탕으로 한 시적 진정성과 개성적인 내면 풍경을 맑은 눈망울로써 부조해 낸 고향 여정의 시인이다.

'투명한 눈동자'를 지닌 시인은 시적 통찰을 통해 자연과 인간, 시간과 역사, 현상과 초월, 부정과 긍정 등을 새롭게 봄으로써 자연과 인간, 그리고 신의 원초적인 관계에 대한 생태적인 인식을 하게 되고 그걸 그에 상응하는 시법으로 형상화해 낼 수 있는데, 백강 조남익 시인이 바로 그런 시인이다. 백강 조남익 시인의 생애와 작품 세계부터 먼저 살펴보겠다.

2 백강 조남익의 생애와 작품 세계

백강 조남익(趙南翼, 1935-) 시인은 충청남도 부여군 세도면 수고리에서 출생하여 감수성이 풍부한 청소년기의 대부분을 이곳 고향에서 보냈다. 부여는 백제의 고도이기에 조남익 시인은 어린 시절 주변의 많은 유적들을 보면서 자랐다. 의정부농업고등학교를 나왔고 국학대학(현 고려대학교) 문학부 국문학과를 졸업하였다.

1965년에 시인의 고향인 부여 홍산농고 교사로 발령을 받고 교사 생활을 하던 같은 해에 《현대문학》에서 「수고리」, 「북촌리 타

11) 홍희표, 「조남익 시 연구」, 조남익 시선집 『흙빛의 말』(대전 : 오늘의 문학사, 2014), 159.

령」 등이 신석초 시인에 의해 추천되어 문단에 데뷔하여 본격적인 문단 생활을 하기 시작하였다. 대학을 졸업한 이후부터 줄곧 충청도에 거주하며 고교 교사, 고교 교장, 장학사, 연구관 등을 역임하면서 후학들을 가르치고 문인들을 양성한 모범적인 교사였다. 한국문협 대전광역시지회 초대 회장을 역임했으며 현재는 고문으로 계시고, 한국문인협회와 한국시인협회 자문위원으로, 한국 펜클럽 회원으로 문단 활동에 참여하여 문단 발전을 위하여 애써왔다. 현재는 풍육장학회 이사장이시다.

시집으로는 『山바람 소리』(1969), 『풀피리』(1976), 『나들이의 땅』(1983), 『짐의 연가』(1994), 『하늘에 그리는 상형문자』(1998), 『푸른 하늘』(2004), 『기다린 사람들이 온다』(2010), 『광야의 씨앗』(2012) 등이 있고, 시선집으로는 『눈빛의 말』(1987), 『흙빛의 말』(2014), 『아가의 탄생』(2015) 등이 있으며, 시전집으로는 『조남익 시전집』(1977)이 있다. 저서로 『현대시 해설』(1977), 『한국 대표시 해설』(1980), 『한국 현대시 해설』(1993) 등이 있고, 수필집으로 『사색의 연가』(1967), 『시의 오솔길』(1973) 등이 있으며, 평론집으로 『시와 득음미학』(2004), 『시와 유혹』(2004), 『향내 나는 숲속의 시인들』(2013) 등이 있다.

백강 조남익 시인은 1970년에 충남문화상, 1997년에 공산교육상, 1999년에 국민훈장 석류장, 2004년에 정훈문학상, 2007년에 시예술상, 2010년에 윤동주 문학상을 수상했다.

백강 조남익 시인의 시 세계는 세 시기로 나누어 설명할 수 있다. 초기 시는 『山바람 소리』와 『풀피리』를 포괄하는 1969년부터 1982년까지로 향토적 서정을, 중기 시는 『나들이의 땅』, 『눈빛의 말』, 『짐의 연가』를 포괄하는 1983년부터 1997년까지로 역사적 사실의 재현을, 후기 시는 『하늘에 그리는 상형문자』와 『푸른 하늘』을 포괄하는 1998년부터 현재로 일상적 삶의 모습을 그리고 있다는 것이다.

3 일상 너머를 지향하는 소명의 시학

백강 조남익 시인은 근 50년 동안 3권의 시선집과 8권의 시집을 펴냈다. 그중에서 초기 시에 해당되는 시들, 이를테면 「수고리」, 「산바람 소리」, 「북촌리 타령」, 「풀피리」, 「타령조」 같은 시들 속에 이미 백강의 시 세계를 유추하게 하는 시적인 원형이 들어 있다. 이 시들을 가지고 일상과 초월의 실존적 변증법을 통한 형이상학적 승화가 어떻게 이루어지는지를 살펴보겠다.

있는 듯 없는 듯
파묻혀간 생활은
소리도 나지 않게 경각頃刻에 떴다.

세 끼 채식에
몸이야 가지를 늘이워서
창생의 사고四苦를 앓을지라도….
내 은혜는 이 처처로운 공간

당신네 그 좁은 골목길에서
내 하얀 얼굴이 살았기로서니
누구 손잡아 볼 흥분이 없다.

〉

내 서른이 오기 전,
내 서른을 먼저 살고 간
시정의 물이더라도
바람이더라도

생명이
선회하는 잠자리에 머물었듯
미래를 한 손에 들고서
키 큰 장대같이 머리를 숙였다.

누구도 사랑해 본 적이 없었던 것처럼
아무도 울어 본 일이 없었던 것처럼.

—「타령조」 전문

이 시는 백강 조남익 시인의 첫 시집『山바람 소리』에 실려 있는 시로서 전 6연으로 구성돼 있다. 「타령조」라는 표제가 시사해 주듯이, 이 시는 다람쥐 쳇바퀴 돌리듯 돌아가는 따분한 일상의 반복과 그 너머를 바라보는 미래지향 의지를 형상화해 준 시다. 그는 철학적인 사색을 많이 하는 시인인 것이 틀림없는데, 그중에서도 실존주의 철학이나 현상학에 대한 깊은 조예를 갖고 있으며 그 식견을 시 속에서 녹여 시법으로 받아들여 사용하고 있다. 내가 아는 바대로는 실존주의에서는 우린 인간을 세계 안에 돌덩이처럼 던져진 존재로 본다. 우리 인간이 세계 안에 던져진 실존이긴 하지만 아무것도 할 수 없는 그런 운명의 굴레에 매인 존재가 아니라, 자기 존재를 스스로 다시 던져서 새로운 형상과 의미를 창출해 낼 수 있는 기투적인 존재라는 것이다. 백강 조남익 시인도 인간 실존이란 이렇게 일상 속에 던져져 존재감도 없이 '있는 듯 없는 듯' 그 속에 묻혀 흘러가며 파동도 일으키지 못하고 소리도 나지 않게 경각 즉 순간의 흐름 속에 떠 있다가 가라앉는 그런 존재라 한다(제1연).

그것도 세 끼를 채식으로 채우는 삶을 살면서 땅에 뿌리를 박고 살아가는 나무처럼 '몸'으로 제유되는 우리 인간은 '가지'에 비유되는 자식들을 늘려가며 뭇 창생들이 다 그런 것처럼 생로병사의 고통으로 아파하면서 차고 쓸쓸하고 매운 구슬픈 '처처로운 공간'에서 살아간다는 것이다. 그러나 비록 그곳이 처처로운 공간이요 좁은 골목길이지만, 시인에게 있어서는 그곳이 은혜롭다고 한다. 이는 문자적으로만 보면 모순이요 억지지만 역설의 미학으로 보면 '행복한 타락'과 마찬가지로 결과론적으로는 은혜가 되는 그런 공간이기에 그리워한다는 것이다. '사고四苦'가 우리 인간들에게 주어진 숙명적인 아픔이지만, 그 아픔이 있기 때문에 은혜와 구원을 앙모하게 되고, 그 고통으로 인한 불안과 초조감이 계기가 되어 그 어둠과 고통, 부정과 죽음을 뛰어넘을 수가 있다. 그래서 시인이 처한 공간이 차고 쓸쓸하고 매우 구슬프며 '좁은 골목길'이지만 은혜롭다는 것이다(제2연). 시인은 이와 같이 처처로운 '좁은 골목길'에서 '하얀 얼굴'로 두려움과 불안을 느끼며 누구 하나하고도 손잡아 볼 홍분을 갖질 못하고 살아간다고 한다(제3연). 인생의 부란기와 같은 일상에서 초월로 나아갈 수 있는 전환점인 서른이 오기 전, 나와 같은 나이로 그렇게 살다간 선인들처럼 별 볼 일 없는 공간에서 물처럼 바람처럼 흐르며 변화하는 삶을 살며(제4연), 돌고 도는 선회적인 생명이 그런 잠자리에 머물 듯 그렇게 살다가 "미래를 한 손에 들고서/ 키 큰 장대같이 머리를 숙이겠다"고 한다(제5연).

이 연에서 보는 바와 같이, 돌고 도는 순환 속에서 생명의 끝을 본다는 점에서 우리가 느끼는 불안은 "현존재의 근원적인 존재 전체성을 파악하기 위한 현상적 토대를 제공해 준다."[12] 즉 '불안'은 현존재가 빠져 휘몰려가며 넋을 놓은 채 살아가던 실존의 잠을 깨워주는 동시에 그런 미래를 향해 떠나며 지팡이를 짚듯이 손에 들고서 '키 큰 장대 머리', 곧 꼿꼿하게 세우고 자연의 이치에 순응하지 않고 살아가던 계산적인 머리와 합리적인 지성까지도 도래할 전체 가능성에다 순응시켜 살겠다고 한다. 그렇게 해서 일상의 삶의 비본래성으로부터 벗어나고 싶다는 것이다. "누구도 사랑해 본 적이 없었던 것처럼/ 아무도 울어 본 일이 없었던 것처럼"(제6연) 애착과 집념을 접고 그렇게 하고 싶다고 한다. 집착과 몰입에 가려진 시각으로는 존재의 통일성과 전체성을 지각할 수 없던 존재의 눈을 뜨게 하는 것은 '불안'이나 강물의 부침과 같은 '기복'이 계기가 되어 이루어진다. 이 시에서 시인은 '있는 듯'과 '없는 듯', '파묻히다'와 '뜨다', '경각'과 '영원', '초식'과 '육식', '사고'와 '은혜', '물'과 '바람', '과거'와 '미래', '손'과 '머리', '사랑'과 '울음' 같은 양극적이거나 이질적인 것들을 통합적인 감수성으로 하나도 거부하거나 버리지 아니하고 다 받아들여 그 요소들을 공교롭게 융합해서 밝고 넓은 빛나는 미래를 열어가려는 형이상학을 보여주고 있다. 「풀피리」라는 시를 보면 더욱 명확해진다.

12) 하이데거, 『존재와 시간』, 이기상 역(서울 : 도서출판 까치글방, 2013), 149.

우리 동네
열두 방네
아이들은

피리
풀피리
풀피리 하나로도

보이지 않는
어둠의 땅.
누우런 절망의
끄트머리에서

다시는
다시는
내려오지 않을 것처럼

하늘에다
아시아의 혼을
신나게 불곤 하였다.

—「풀피리」 전문

이 시는 백강 조남익 시인의 두 번째 시집 『풀피리』에 실려 있는 5연으로 구성된 시다. '풀피리'를 부는 사람은 '어른들'이 아니라 '아이들'이다. 그들은 '우리 동네', 곧 '열두 방네'의 아이들이다.

'우리 동네'는 열두 방네 밖에 되지 않는 작은 마을이요 눈에 띄지도 않고 빛도 비추지 않는 '어둠의 땅'이다. 우리 동네는 왜 이렇게 '어둠의 땅'이 되었는가? 그것은 그 동네가 작은 산촌일 뿐 아니라 '보이지 않는' 기대도 소망도 없는 공간과 비슷해졌기 때문이다. '어둠의 땅'이 되었다는 것은 아무런 삶의 의미도 희망도 없는 폐쇄적인 공간이 되었다는 말이다. 그러나 각성하면 희망이 되는 그런 땅이어서 '누우런 절망'이라는 모순어법을 사용하였다. '누우런'의 표준어인 '노란' 색깔, '노랑'은 일반적으로 '희망', '기대', '기쁨', '행복', '밝음', '사랑', '관대', '풍요'를 상징하는 것이기 때문에 '절망'이라는 낱말을 수식하는 형용사로서는 적합하지가 않고 모순된다. 그러나 '절망'이라는 부정적인 요소가 도약대가 되어서 희망으로 뛰어오를 수가 있다면 그것은 '누우런 절망'이라 표현할 수가 있다. 이렇듯 그 어떤 희망도 보이지 않는 '어둠의 땅', 그 '절망의 끄트머리에서' 아이들은 '풀피리'를 분다. 이 '풀피리'는 어두운 잠을 깨우는 기상나팔 소리와도 같다. '하늘'은 지상에 던져진 존재가 그 '끝머리'에서나 이를 수 있는 '새로운 세계'의 상징이라 할 수 있다. 지상에 살고 있는 아이들이 지상에서 겪는 고초와 고통, 절망과 허무 같은 부정적인 것들이 존재함으로써 '기대'와 '희열', '희망'과 '의미'도 있게 된다는 것을 깨닫게 되고, 그런 깨달음 곧 지혜와 자각을 갖게 되면 아이들은 실존적 영역을 확대할 수가 있게 된다. 하늘을 향해 "다시는/ 다시는/ 내려오지 않을 것처럼" '풀피리'를 부는 아이들의 행위는 실존의 영역을 확장시켜 본래적 삶으로 지양하려는 시인의 실존 의식을 암시해 준다. 그렇게 시인은 지상의 삶에 절망하며 하늘을 향해 피리를 부는 아이들을 통하여 "비록 자기의 존재 근거를 스스로 놓치는 못하지만, 자기의 존재 가능을 스스로 기투하는 자"[13]라는 것을 깨닫게 해준다.

자연과 인간의 모든 부문에서 시인은 '동네'와 '아이들', '피리'와 '풀피리', '하나'와 '많음', '빛'과 '어둠', '절망'과 '희망', '하강'과 '상승', '하늘'과 '땅', '한국'과 '아시아'와 같은 양극성, 즉 '작용과 반작용'을 인식하고 있다. 사실 자연에는 양극적인 요소의 상반된 경향이 엄연히 존재한다. 자연과 인간 실존의 이런 이원적 구조와 상반된 경향이 조화와 균형의 원천이 될 뿐 아니라 하늘을 향해 비약하게 하는 계기가 된다. 이 과정에서 초월로 이끄는 매체가 바로 '물소리', '바람 소리', '피리 소리'와 같은 '소리'다. 레오나르도 다빈치와 동시대의 거장 티치아노의 그림 가운데 〈전원의 합주〉라는 작은 그림이 있다. 이 그림의 한가운데에는 두 명의 음악가가 앉아 있고 양옆에는 누드로 그려진 두 여성이 하나는 서 있고 하나는 앉아 있다. 앉아 있는 여성의 손에는 피리가 들려 있고, 물통 옆에 서 있는 여성의 손에는 담은 물을 따르는 유리 항아리가 들려 있다. 이 두 여성은 예술의 영감을 전해주는 뮤즈다. 이 두 여성은 그림의 중앙에 앉아 있는 두 음악가의 작곡을 도와주기 위해 '피리 소리'와 '물소리' 같은 아름다운 악상을 전해주고 있다. 이 시에 있어서 '어둠의 땅' 우리 동네에 살고 있는 아이들은 '피리 소리'로써 하늘에다 한국의 혼을 넘어 아시아의 혼을 불곤 할 수 있다는 것이다. '아시아의 혼'을 불곤 할 수 있다는 것은 지엽적이지 않고 통일적이고 유기적인 영혼의 소리를 불어내겠다는 뜻이라 할 수 있다. 이와 같이, '피리 소리'를 매체로 해서 아이 같은 시인은 땅으로부터 하늘로, 절망으로부터 희망으로, 어둠으로부터 빛으로, 부정으로부터 긍정으로 실존적 영역을 확대할 수 있고

13) 소광희, 『존재와 시간 강의』(서울 : 문예출판사, 2013), 180

양성적이거나 이질적인 것들을 융합하여 통합적인 질서로 승화할 수가 있다고 한다. 여기서 백강 조남익 시인의 형이상학을 엿볼 수 있다. 「수고리」라는 시도 같은 계열의 시다.

> 푸짐하게 열린 얼굴들, 그 맑은 웃음들이 서로 부딪쳐 은혜로운 파문을 잉그리는 땅 위에서, 흘러가는 저 바람 소리는 지금도 나의 귀에 들려오고 있네…. 아무것도 보이지 않네. 그러나 그 억만億萬 가지마다 휘엉청 늘어져서는 구르길 두어 번, 깃을 벌린 당신들은 쉬쉬 산악을 뛰어넘어 왼 山 왼 들을 다 채운 다음 다시 돌아올 듯 가시네.
>
> 집이 본시 水古里에서도 上水古里인 나는, 천리고개 사흘, 또 바늘고개를 사흘, 그리고 물한바다 건너길 사흘, 아흐레를 누눅히 젖어내야 하는지라, 아흐레를 또 누워서 가을을 볼밖엔 없네. 구릿빛 왼 몸뚱일 부끄럼 없이 뻗고, 하늘을 지붕 삼아 바위에 누울 양이면 山제비는 배 위에 똥을 깔겨 달아나고 벌레처럼 늙어가는 가을이 덮이네.
>
> 이는 바람대로, 강물에 풀어 헹군 이 서언한 소리들을 귀뿌리에 온 누리 차도록 물레로 감은 바에, 당신의 말씀들을 차마 잊힐 리야 있나…. 수수목이 나오면 게가 논두렁을 내리고, 山 아래 내 아우는 살찐 개구릴 잡아 닭에 쪼이며 조용히 당신의 곁을 지키네.
>
> 당신의 孤寂 앞에 저 빨간 山紅柿, 그리도 빛이 나 새끼처럼 올리워 高原 구석구석을 밝히는데, 오히려 億年의 陽光이 타는 듯

> 쌓여만 가네. 거적을 내다 깔고 앉아, 구름을 불러 半身을 묻고 해를 머리 위에…. 수고리 땅, 돌부처님 이대로 짐짓 四海를 두 눈안에 닫아, 千歲 다스림 헤어 空中을 돌으리로다.
>
> —「수고리」 전문

이 시는 4연으로 구성된『산바람 소리』속에 수록돼 있으며 시인 자신이 말한 대로 그의 "작품의 성격을 말해 주는"14) 산문 형식의 자유시다. 시인을 대유하는 '나'는 흘러가는 '바람 소리'를 듣다가 수고리에서 '푸짐하게 열린 얼굴들'과 '맑은 웃음들이 서로 부딪쳐 은혜로 잉그리며' 살아가는 모습을 상상해 보게 된다. '수고리'는 시인이 태어나 몸담아 온 일상적인 좁은 골목길이 있는 공간이다. 푸짐하고 맑게 웃으며 서로 은혜로 잉그리며 살아가던 모습을 보게 되는 것은 '바람 소리'를 듣는 순간부터다. 여기서 '바람 소리'는 무지와 몽매로 감겼던 눈을 뜨게 하는 '투명한 통찰력' 또는 '영감'을 뜻한다. 유기적인 상상력은 삶의 모순과 본질을 꿰뚫어 볼 수 있는 초월적인 정신 능력이라 할 수 있다. 시인 '나'의 집은 '수고리에서도 상수고리'에 있는데, 그곳은 '천리고개 사흘, 또 바늘고개 사흘, 그리고 물한바다 건너길 사흘, 아흐레를 누누히 젖어내야 하는' 깊은 산골이다. 여기서 '아흐레' '아흡'은 수적인 총체성 또는 완전성을 가리킨다. 그만큼 나의 집 '상수고리'는 멀고 험한 곳이며 여러 고개를 넘지 않으면 안 되는 그런 공간이라는 것이다. 내가 가는 길에 넘어야 하는 여러 고개는 '상수고리'의 내밀성과 폐쇄성을 강화해 주기도 하고 통속적인 세계와는 단절된 그런 곳임을 암묵적으로 보여주기도 한다. 그곳은 '구릿빛

14) 조남익,『조남익 시전집』(대전 : 오늘의 문학사, 2005), 439.

몸뚱이를 부끄럼 없이 뻗고' 살아갈 수 있는 그런 조야하고 원시적인 야생적 삶을 마음껏 누릴 수 있는 곳이며, '하늘을 지붕 삼아 바위에 누울' 수 있는 그런 자연과 함께 눕고 호흡하며 위로는 하늘과 소통하면서 휴식을 누릴 수 있는 곳이다. 그리고 '수수목이 나오면 게가 논두렁을 내리'는 자연이 생동하고 풍만한 먹거리를 제공해 주는 서로 상부상조하는 생태적 질서가 유지되는 곳이다. 또한 '빨간 산 홍시'가 '고원 구석구석을 밝히'고 '억년의 영광이 쌓여만' 가는 밝은 빛이 차고 넘치고 환하고, 기대와 소망이 충만한 그런 곳이다.

시인 '내'가 사는 고향 '상수고리'는 너무 깊고 먼 그런 거리에 있는 곳이므로 접근하기 어렵고 평범한 사람은 이를 수 없는 통속과는 차단된 그런 곳인 동시에 위로는 하늘과는 소통하는 열려 있는 그런 공간이다. '수고리 땅'은 문명을 건설해 온 현대인의 인위적인 '조작(art)'이나 '세련'과는 거리가 먼 '자연(nature)'과 '야성'의 세계다. 현대성으로부터는 은폐되어 있는 과거의 거주지라 할 수 있다. 인간과 사물 등 모든 존재자들이 진실을 담지 못한 말이나 위장된 말보다는 침묵과 몸으로 서로 교섭하며 존재의 의미를 갖는 그런 곳이다. 시인은 현대인들이 자신들의 존재성을 유지하기 위해 새로운 기술과 문명의 이기로써 새로운 세계를 건설하여 살아오는 동안 과거로 사라진 고향이라는 거주지를 동경하며 누드화처럼 가려진 옷을 벗긴다. '폐쇄'와 '개방', '은폐(숨김)'과 '벗김', '과거'와 '미래'라는 거리가 멀고 상충되며 충돌하는 개념들을 '전체'로서의 총체적인 '시간'과 '수고리'라는 '공간'으로 유기적으로 통합하여 전체적인 조화와 균형을 유지하게 하고 본래적 존재의 가능성을 열어 주는데, 그것을 이루게 하는 것이 시인의 유기적인 상상력이다. 이런 상상력을 통하여 통속적 시간의 차원에서 과거의 공간인 '수고리'는 장래에 도래할 본래적 존재 가능성의 세계로 이동하게 한다. 백강 조남익 시인은 '四海를 두 눈 안에 닫아, 千歲 다스림 헤어' 보며 공중을 돌고 있는 '돌부처'를 내세움으로써 갇힌 공간인 '수고리'를 '초월적 공간'으로 승격시켜 본래적 존재의 회복 가능성을 보여주고 있다. 이런 점에서 상상력에 의한 시인의 창조적 변용이 중요한 기능을 하고 있음을 확인할 수 있다. 시인의 창조적 변용은 끊임없이 창조적 자기 변신을 요한다. 이 과정에서 부분과 전체, 내용과 형식, 작용과 반작용, 형이하학과 형이상학, 이상과 현실의 양극성이 통합되며 새로운 존재 가능성을 열어준다. 이것이 곧 조남익 시인의 시가 보여주는 형이상 시성이라 할 수 있다.

4 유민의 시점으로 본 유기적 역사의식

백강 조남익 시인은 그의 초기 시집『山바람 소리』와『풀피리』를 통해서 충청도에서 태어나 대부분 줄곧 그곳에 살며 그 땅의 모든 것을 시재로 삼아 시를 쓰고 있는 향토적 시인 자신의 역사의식을 형상화해 주고 있다. 서상한 바와 같이, 그는 충청도를 소재로 한 시편들을 발표함으로써 백제 유민의 자부심과 긍지를 유감없이 보여주고 있다. 특히「충청도」라고 하는 연작시를 통해서 유민의 시점으로 본 유기적 역사의식을 천착해 보겠다.

풀에는 이빨이 없어라
아드득 가는 이빨 없이도

신통하게
아무 데서나 잘 자라는
풀

낫을 번쩍
참수斬首하는 손,

그 비정非情의 순간에도
풀은 자란다
온 들에 넘치는
풀들의 격양가擊壤歌
밀생密生의 뿌리는 대지大地를 덮는다

이빨 빠진
백제百濟 유민遺民을
어육魚肉처럼 베고 또 베어도
여전히 무성한
백제百濟의 들아
누구도 지울 수 없었던
풀밭의 힘이여

—「충청도 · 8」 전문

이 시는 3연으로 구성된 「충청도」라는 연작시의 8번 시다. 이 시는 남을 음해하거나 해할 줄도 모르는, 온순하고 유순한, '이빨이 없는 풀'과 같은 백제의 후예인 충청도 사람들을 기리는 노래다. 낫을 들고 풀을 사정없이 몽땅 베어버려도 그 풀은 그 벤 자리에서 다시 돋아 자라나 부단한 생명력으로써 허허로운 들판을 뒤덮는다는 것이다. 이빨이 빠진, 온순하기 이를 데 없는, 백제의 유민으로 살아가는 충청도 사람들, 어디 가서 남을 해할 줄도 모르는, 어질고 착한 사람들, 아무리 짓밟고 어육처럼 베고 또 베어도 여전히 무성하게 자라나는 풀처럼, 누구도 이겨낼 수 없는, 씨름꾼처럼 들판을 뒤덮어 메어치는 힘으로써 태평하게 오늘을 살아가는 충청도 사람들을, 중국의 고가인 '땅을 치며 노래한다'는 뜻의 요나라 때의 태평세월을 구가한 격양가擊壤歌를 부르는 것처럼 시인은 노래한다. 이 시 전체를 연을 따라가며 좀 더 상세하게 분석하면서 이 시에 나타나는 역사적인 유기적 세계관을 세찰해 보겠다.

제1연의 주제는 '풀은 이빨이 없다'는 것이다. 이빨 없는 풀이지만, 민초의 상징인 '풀'은 '신통하게' '아무 데서나' 잘 자란다. 충청도 사람들은 백제 유민들로서 이빨이 없는 풀처럼 온순하고 유순하지만 '아드득 가는' 악착같은 데는 없어도 아무 데서나 잘 자라는 풀처럼 강한 생명력을 가지고 있다는 것이다. 제2연에서는 대역 죄인을 참수하는 것처럼 칼이 아닌 낫으로 비정하게 베고 베어도 이 풀은 처절하리만큼 끈질기게 자라난다고 한다. 이는 일제와 같은 외세가 아무리 비정하게 탄압하고 억압하며 음해하고 해치려 해도 '밀생의 뿌리'처럼 민초인 충청도 사람들은 대지 곳곳에서 생명으로 이어진다는 것이다.

제3연에서는 2행에 등장한 '백제 유민'을 풀에다 비유한다. 백제는 천 년 전에 역사에서 사라졌지만, 그들의 후예는 어육처럼 베고 베어도 여전히 무성한 풀들처럼 백제의 들인 충청도에서 끈질기게 자라가고 있다는 것이다. 그들은 찬란한 백제의 역사를 되살릴 수 없는 '이빨 빠진' 호랑이에 불과하지만, 허허로운 들판을 뒤덮는 풀처럼 '누구도 지울 수 없는' 강인한 생명력으로 살아갈 것이라 한다. 시인은 통합적인 감수성과 상상력을 통해서 유민의 시점으로 들풀과 백제 유민을 통합해서 끈질긴 역사의 생명력을 가진 사람들로 그려주고 있다. 이런 점에서 백제의 멸망은 역사의 끝이 아니라 새로운 역사의 생성 원리로 환원되는 역사적 생명의 기점이라 할 수 있다. 이는 주역에서 말하는 것처럼 '궁하면 변하고 변하면 통하며 통하면 오래간다'는 변화의 이치와 상당히 유사하다. '기회의 수레바퀴'는 모든 사람에게 공평하게 돌아간다고 볼 수 있다는 점에서, 백제 유민들의 역사 정신은 밟히고 베이고 베어도 더욱더욱 무성하게 자라는 풀처럼 이어질 것이라는 것이다. 이것이 유민의 시점으로 본 유기적인 역사관이라 할 수 있다. 「충청도 · 10」도 같은 맥락에서 봐야 할 것이다.

낙화암洛花岩
진혼제鎭魂祭여

삼천 주三千 株의 대나무에
삼천 혼三千 魂이 되살은
어리미친 불길이여.

강물에 잠긴
부소산扶蘇山
진달래 꽃송이

새빨간 그 넋이여.

하늘 끝
바다 끝에
궁궐 같은 노을 속

어지러이
춤을 추는
피리 소리여
삼천 혼三千 魂이여.

—「충청도 · 10」 전문

이 시는 5연으로 이루어진 실존주의 철학자 칼 야스퍼스가 '원초적 역사의 씨앗'을 잠재하고 있다는 향토적 역사의식을 형상화해 주고 있다. 이 시는 백제의 마지막 왕인 의자왕과 낙화암에 뛰어내려 목숨을 끊은 삼천 궁녀들의 이야기를 소재로 하고 있는 시다. 제1연에서는 나라가 망하자, 의자왕을 섬기던 삼천 명의 궁녀가 부소산에 모여 후일 낙화암이라 부르게 된 '바위'에서 일제히 강물에 몸을 던진 사건을 형상화하였다. 이를 기리기 위하여 매년 5월엔 '낙화암 진혼제'가 열리는데 백강 조남익 시인은 이 자리에 직접 참석해서 진혼제를 실제로 보며 감득한 술회를 선명하게 그려주고 있다. 시인은 이 '진혼제'에서 '삼천 주의 대나무'에 붙은 '불길'을 본다(제2연). '대나무'는 자고로 소나무와 더불어 충절과 절개의 표상이 되어오고 있다. 지아비와 나라를 잃은 삼천 궁녀에게 있어서는 미래란 더 이상 존재할 수가 없었다. 그들은 패망한 국가의 백성으로 구차하게 살아남아 비참하게 사느니 차라리 목숨을 버리는 길을 택했던 것이다. 여기서 시인이 든 '삼천 그루의 대나무'는 삼천 궁녀의 절개를 상징하는 표상물이라 할 수 있다.

제3연에서는 삼천 궁녀의 혼을 '진달래 꽃송이'에다 비유한다. 시인은 진혼제에서 '진달래꽃'으로 변모한 삼천 궁녀의 모습을 본다. 망국민으로서 비굴하고 처참하게 사느니 차라리 목숨을 강물에 던져 부소산 낙화암에서 꽃송이같이 강물로 떨어진 그들의 애타는 정한은 '새빨간' 진달래꽃으로 다시 피어난다. '새빨간'이라는 색채가 주는 이미지는 강렬하면서도 열정적이고 정한적이라 할 수 있다. 1,400여 년 전의 처절한 정한이 오랜 세월이 흐른 오늘까지도 사라지지 않고 '새빨간 넋'으로 되살아난 것이다. 죽어도 죽지 않는 넋의 정한이 진혼제를 드리는 그 시점에서 백마강 강물 위에 새빨간 넋으로 피어오른다. 진혼제에서 들리는 사방으로 울려 퍼지는 '피리 소리'는 삼천 궁녀의 혼을 불러오는 영매 작용을 한다. '피리 소리'는 '하늘 끝', '바다 끝', '노을 속' 그 어디에 있을지 모르는 삼천 궁녀의 혼을 부르기 위해 부는 '초혼의 부름'이다. 어느새 진혼제 굿판에 '피리 소리'를 따라 모인 삼천 궁녀의 혼은 '어지러이' 퍼지는 그 소리에 맞춰 춤을 춘다. 아직도 한이 되어 구천을 떠돌고 있는 삼천 궁녀의 혼들이 피리 소리와 어우러져 춤을 추는 행위를 통해 원혼들도 그리고 백제의 유민들도 일시적인 위로를 받는다. 이 영혼들은 자신들의 죽음이 너무나 억울하고 한에 사무쳐서 갈 곳으로 가지 못하고 있지만 백제의 유민들이 드리는 진혼제를 통해 그 분함이 잠시나마 누그러지고 진정되는 카타르시스가 이루어진다. 시인은 삼천 궁녀의 비극을 그들만의 비극적 역사로 보질 않고 오늘을 살아가는 현대인들이 짊어져야 할 역사적 실재로 받아들이는 것이다.

우리 삶이나 역사의 한순간 한순간은 그저 흘러가는 시간적 계기가 아니고 잠들었던 영혼이 깨어나면 우주적 전체로서 하나가 되는 경이로운 순간이 되는 것이다. 시인이 추구하는 것은 '과거'를 과거로서만이 아니라 '현재'와 '미래'로 연결되어 이루어지는 통합적 총체인 것이다. 다시 말하면 시인은 양극적이거나 이질적인 것들을 분리해서 보질 않고 일체를 포괄하는 초월적인 통찰력으로 통합해서 전체를 이루려 한다. 이런 형이상학적인 시점이야말로 경이로운 것이라 아니할 수 없다.

5 결언 : 물아일체의 형이상학

백강 조남익 시인은 제5시집 『하늘에 그리는 상형문자』와 제6시집 『푸른 하늘』을 통해서 인간과 그들의 생활에 중점을 두는 일상의 시로 돌아온다. 여러 평자들이 지적하는 바와 같이, 그의 시 세계는 「수고리」에서 보듯 순박한 향토에서 출발하여 역사 인식을 거쳐 다시 고향으로 회귀하는 것이라 할 수 있다. 「산꿩」이라는 시와 「아내의 생일」이라는 시를 통해서 물아일체의 형이상학을 천착해 보겠다.

아름다운 빛깔
긴 꼬리 달고
한껏 날았던 산꿩.
〉

목을 뽑고
먼 곳 향해 울어
비어 있는 본적지
내 꿈을 울어

충청남도부여군세도면수고리산557번지

거기서 왔다가
다시 돌아가야 하는
내 꿈을 울어

나는 아직도 토종
적갈색 피부가 고운
산꿩.

—「산꿩」 전문

이 시는 5연으로 구성된 시인을 '산꿩'으로 대유해서 노래한 시다. 제1연에서 '산꿩'에 비유된 시인에게 있어서 지난날 고향은 그다지 중요하고 아름다운 곳으로 여겨지질 않았다. 그러나 그 고향은 산꿩이 가지고 있는 것 같은 '아름다운 빛깔'과 긴 꼬리'의 깃털을 가지고 있어서 세상을 부유하면서 살아갈 때 세상 그 무엇도 부럽지가 않았다. 제2연에서 시인은 그 옛날엔 본척만척하던 고향이언만 세상을 떠돌다 보니 순간순간 생각나고 그리워졌다고 한다. 그런 감회를 시인은 '비어 있는 본적지' 고향을 향해 '목을 뽑고' 길게 운다고 하였다. 그의 고향은 충청남도 부여군 세도면

수고리 산 557번지다. 그곳이 바로 그의 본적지요 그가 꿈에도 그리는 향수의 땅이다.

성서에서 보듯 인간은 흙에서 왔다가 흙으로 돌아간다. 그렇듯이 시인 역시 그가 태어난 고향 수고리를 떠나 세상을 부류하다가 이젠 다시 수고리로 다시 돌아가야만 하는 운명적 존재다. 고향에서 왔다가 고향으로 다시 돌아가는 것이 시인의 꿈이었음을 깨닫게 해주는 대목이기도 하다. 따라서 제2연과 제4연에 나타나는 '내 꿈을 울어'라는 표현은 바로 시인의 고향 회귀 의식의 표출이라 할 수 있다. 이런 깨달음과 더불어 제5연에서는 "나는 아직도 토종/ 적갈색 피부가 고운/ 산꿩"이라고 고백한다. 시인은 '토종'을 '적갈색 피부를 가진 사람'으로 인식하고 있다. 그 색깔은 산꿩의 그것과 일치한다. '꿩'이 한국의 모든 새를 대표하는 고유종이라는 점에서 '산꿩'과 '시인이 자신'을 동일시할 수가 있다. 제5연에서 강조해서 사용한 '아직도'라는 부사는 과거에도 그러했고, 현재도 그러하다는 것을 자인하는 부사적인 언표다. 이로써 시인은 고유한 충청도 토종으로서 백제의 유민인 것을 자부하고 있음을 우리는 알 수가 있다.

'산꿩', '시인(나)', '먼 곳', '가까운 곳', '흙', '몸', '왔다', '돌아간다'와 같은 서로 다른 것들이 이 시에서는 서로 '고리'로 연결되는 존재로 같이 있게 되고 상의 상부하며 상존하는 유기적인 관계로 존재하며 살아가고 전체를 이룬다. 이렇게 천지인天地人 일체는 서로 따로따로 떨어져 있는 존재가 아니라 연쇄적으로 상응되는 존재로서 일종의 '물아일체'를 이룬다는 것이다. 이 사상은 바로 만물이 서로 언제나 함께 있어서 서로 의존하거나 균등을 이루지 않으면 언제나 무너지고 쇠퇴하며 파멸되고 만다는 것을 표상한다.

이렇게 자연과 인간, 그리고 우주의 모든 만상이 공존하며 서로 교통 교감하고 서로의 계기가 되어 새로운 의미를 만들어내고 조화를 만들어내는 것을 심미적으로는 '아름다움'이라 할 수 있다. 「아내의 생일」도 같은 맥락에서 보는 것이 좋을 것이다.

삶의 허물 벗기우고 나면
풍란의 고운 넋
반딧불 하나
인연의 끝에서
날아갈 것을

지금 맞바래기의
암수 두 은행나무
수령을 헤이며
우두커니 먼 산을 보네.

정한 냉수 한 그릇
받쳐 들밖에.

—「아내의 생일」 전문

이 시는 3연으로 이루어져 있는 부부의 관계를 '두 은행나무'에다 비유해서 노래한 시다. 제1연에서 시인은 우주론적인 사유와 관점에서 삶을 통찰하고 인식한다. 우리 인생을 흔히 소우주라 해서 대우주에 대응되는 존귀한 존재로 비유하는 것이 보통인데, 여기서 시인은 우리 인간의 삶을 그렇게 거창하고 대단한 것으로 보지 않는 입지에 서서 사유하고 통찰하고 있다는 사실을 전제로 하고 있다. 우리 인간을 하나님의 형상대로 지음 받은 흠이 없는 상대적이지만 완전하고 존귀한 존재로 보면 모든 것이 우월적 집착으로 남게 되지만 타락을 유물로 물려받은 '허물'을 가진 존재로 보고 그 허물을 한 겹 벗기고 나면 '풍란의 고운 넋'도 '반딧불'도 마찬가지로 한 작고 사소한 인연으로 사라져 버리게 된다는 것이다. 제2연에 언급된 '지금'이라는 부사는 과거나 미래에 집착하지 말고, 현재적 삶의 충실에 당위성을 강조하는 시간부사다. 그리고 서로 '마주 바라보며 서 있는 두 그루의 은행나무'는 시인과 그의 아내를 표상한다. 제2연에서는 장수의 상징이요 변함없는 사랑의 상징인 은행나무처럼 시인과 아내는 그렇게 평생을 서로의 반려자가 되어 희로애락을 함께하며 늙어가기를 원하며 동경한다. 이 말은 제3연에 제시되어 있듯이, '정한 냉수 한 그릇' 떠 놓고 올렸던 그 옛날을 상기하며 하는 말이다. 이렇듯 백강 조남익 시인이 이룬 부부의 연은 정한 냉수 한 그릇 떠 놓고 두 손 모아 백년해로하기를 기도하는 제식을 갖추고 맺어진 것이었다. 이것은 우주론적 입장에서 삶을 보는 것이지만, 그는 멀고 초연한 초월적인 것만을 중시하는 것은 아니다.

우리의 삶을 거시적으로만 보지 않고 미시적으로 보면 풍란을 키우는 일이나 풀섶을 나는 한 마리 반딧불도, 마주 바라다보는 두 그루의 은행나무도, 정한 냉수 한 그릇을 떠 놓고 비는 행위도 모두 사소한 일상적 행위이지만 그것들도 유기적인 인연으로 얽혀 있는 우리가 소중히 여겨야 할 생활의 모습이기도 하다. 우리는 별 의식 없이 부부의 연을 이어가지만, 사실상은 한 남자가 한 아내의 남편으로 또는 한 여자가 한 남자의 아내로서 부부를 이루어 서로 헌신하고 희생하며 사는 부부애가 그렇게 사소한 것만도 아니다. 이런 사실을 백강 조남익 시인은 마주 바라다보는 두 그루의 은행나무처럼 오래오래 해로하고 싶다는 말로 표현하였다. 특히 허물 많은 자기 같은 사람을 남편으로 맞아서 평생을 헌신적인 아내로, 네 아이의 어머니로 희생하여 온 아내의 노고에 보답하고자 해서 쓴 시가 바로 이 「아내의 생일」이다. 따라서 이 시는 조남익 시인이 아내에 대한 고마움과 사랑을 담아 쓴, 아내를 위한 헌시라고 할 수 있다.

백강 조남익 시인은 한마디로 말해서 그 자신의 고향인 '수고리'에서 시작하여 '다시 수고리'로 돌아온 향토 시인이요 향수의 시인이라 할 수 있다. 백강은 '큰 것'과 '작은 것', '일상적인 것'과 '초월적인 것', '먼 것'과 '가까운 것', '시시한 것'과 '소중한 것'과 같은 양극적이거나 이질적인 것들을 통합적 감수성으로 통합하고 융합해서 총체적인 진리와 미를 형상화해 내고 있다. 그는 자기 사상을 하나의 잣대로 재기보다는 '전체적 관점'에서 보는데, 그것이 그의 형이상학적인 특징이라 할 수 있다. 그의 시에는 동양적인 것만도 아니고 서양적인 것만도 아닌 통합적이며 전체적인 시점으로 보는 세계관이 전제되어 있다. 물론 향토적인 색깔이 강한 것은 틀림없지만 그의 시를 세찰해 보면 자기 고향의 역사와 유물 또는 풍물 차원에만 머물지 않고 우주적인 것에로 승격되기도 하고 민족의식에로 승화되기도 한다. 그런 점에서 백강 조남익 시인은 형이상학적인 명창이라 할 수 있다.

《조선문학》 2016년 6월호에도 수록됨.

제 2 편

조남익 시집 외 평설

정진석 /《표현》제9호 1985.03.10. 평론
정진석 /《표현》제11호 1986.05.01. 평론
김재근 /《대전일보》1990.07.13. 기사(평설형)
정진석 /《대전문학》4호 1991.06.30. 평론
리헌석 /《오늘의문학》1995년 가을호 평론
김영교 /《문학과 창작》2001년 12월호 평설
송기섭 /《시문학》2005년 2월 평론
김정숙 /《문학사랑》2005년 봄호 평론
이성교 /《조선문학》2005년 5월호 평론
홍희표 /《어문연구》제64호, 2010. 시인 연구(논문)
유한근 / 시선집『아가의 탄생』2015. 조남익의 시 세계
김숙자 /《문학사랑》2024년 여름호 평론

* 중복 발표된 평설은 첫 평설을 바탕으로 하고
후속 평설은 뒤에 그 과정을 밝혔습니다.

❐ 정진석_《표현》 제9호 1985.03.10. 평론

克己의 交響曲

- 趙南翼의 詩에 나타난 存在 意識에 대하여

Ⅰ. 들어가면서

이 글은 趙南翼 시인의 시 세계 가운데 '存在 意識'에 관한 고찰이다. 여기선 시인의 존재 의식을 표출한 詩가 通時的으로 어떻게 변모되고 있는가에 주안점을 두고 살펴보고자 한다. 이는 시인의 生涯와 결부시킬 때, 보다 명쾌하게 드러나리라고 생각된다.

필자가 고찰한 바에 의하면, 趙南翼 시인의 眞面目은 작품의 질적인 면에서나 양적인 면에서나 存在 意識을 표출한 작품세계에 있었다. 다시 말해서 趙南翼의 시 작품의 중량감에서나 편수에서 볼 때, 鄕土 意識을 추구한 詩보다는 오히려 存在 意識을 추구한 詩가 두드러지고 빼어나 시인의 시 세계의 핵심을 이루고 있었다.

이런 관점에서 趙南翼 시인은 '人生派 詩人'이라고 할 수 있다.

Ⅱ. 存在 意識

우선 우리는 趙南翼 시인의 存在 意識에 대한 작품 세계를 이해하는 데에 있어서 참고로 그의 生涯的인 측면을 살펴볼 필요가 있다.

물론 이 점에 대해선 趙南翼 시인이 아직 생존하고 있는 시인이기 때문에 매우 조심스러운 점도 없지 않으나, 시인은 문단에 데뷔하기 몇 해 전에 참으로 큰 절망에 빠진 일이 있었다고 한다. 좀 더 구체적으로 언급한다면 趙南翼 시인은 27살(1961년) 때에 산후(產後)조리를 소홀하게 한 탓으로 상처(喪妻)하였다. 게다가 시인의 애기를 잃었거니와, 또 3년 후인 1964년(30살)에는 새 부인(夫人)과의 사이에서 낳은 첫딸을 '백혈병(白血病)'이라는 불치병(不治病)으로 잃고 말았던 것이다.[15] 이로 인하여 우리는 시인이 이 무렵 얼마나 虛無와 憐憫에 시달렸을 것인가를 미루어 짐작할 수 있다.

趙南翼 시인은 이 당시 딸의 죽음에 대하여 다음과 같이 진술하고 있다.

> 짧은 아이의 생애는 고통에 찬 투병 생활이 전부였다. 뿐 아니라 그 육신에다 수없이 꽂은 주삿바늘, 침 · 뜸, 수술 등이 남겨놓은 형국은 그 병고에 못지않은 이중의 가혹한 고문이 되고 말았다.[16]

고 그 처연하고도 비통했던 심정을 회고한 바 있다.

더욱이 이러한 개인적인 비극을 맛본 시기가 趙南翼 시인이 문

---

15) 趙南翼, 「여름은 虛無를 몰아온다」(특히 '앓는 부성애' '하늘을 나는 노래'), 『思索의 戀歌』, 39~46쪽.

16) 趙南翼, 「여름은 虛無를 몰아온다 – 하늘을 나는 노래」, 『思索의 戀歌』, 46쪽.

단에 데뷔하기 이전인 20대 후반 무렵에 일어났던 일들이었음을 고려할 때, 그의 문학의 밑바닥에는 처음부터 虛無 意識이 강렬하게 작용하였을 것이다. 다른 한편 이런 쓰라린 체험은 시인의 내면 의식을 한층 성숙하게 하는 어떤 형태로든 이바지했으리라고 추측된다.

아무튼 趙南翼 시인에게 있어서 病苦(백혈병)에 死境을 헤매면서 신음하던 딸의 幻影이 투병기는 말할 것도 없고, 딸의 死後에도 오래도록 그의 의식을 지배하고 몹시 괴롭혔으리라는 것은 詩 「이튿날」〈 I -52〉의 일부만 보아도 충분히 읽을 수 있다.

아가야,
잉잉 앓는 네 소리는 아직
내 손에서 나고, 발에서도 나고
내 몸 깊은 곳에서 울린다.
너는 벌써 이름도 없는 꽃
하룻밤 새 아스라한 無明 一千里에
純白의 虛無를 떨어뜨린다.

—〈1연〉

이 詩는 아버지로서 죽은 어린 딸에 대한 애절한 憐憫, 즉 父情을 觀照의 차원에서 읊은 일종의 輓歌(elegy)다.

결과적으로 3명의 가족과 死別한 趙南翼 시인은 '결국 生이란 寄也요, 死란 歸也였다'[17]라는 宿命的인 生死觀을 터득함으로써 비로소 生死를 超脫한 諦念的 虛無主義가 싹트게 되었으리라.

17) 趙南翼, 「여름은 虛無를 몰아온다 - 하늘을 나는 노래」, 『思索의 戀歌』, 46쪽.

다음 詩「돌로나 잠을 깰까나」와 만나면, 趙南翼 시인은 초기 시부터 深奧한 東洋思想에 접어들어 있음을 엿볼 수 있다.

초가삼간
그 좁은 通俗 속에서
아침마다 떠나는 우리들의 出漁
憂愁까지 갔다가 되돌아오고—.

생활을 빼는 肉身의 나무에
조각달로 걸려서 무르익을 때,
과일을 따는 虛無, 그 손에
돌로나, 쬐그만 돌로나 잠을 깰까나.

—「돌로나 잠을 깰까나」(3~4연)〈Ⅰ-14〉

趙南翼 시인의 이 詩를 두고, 徐廷柱는 '그는 어느 憂愁에서도 잘 되돌아올 줄 아는 永生의 힘과 슬기와 늘 갓 젊은 눈웃음을 가지고 있는 것이다.'[18]고 평한 바 있다.

위 인용 시도 例外는 아니지만, 趙南翼 시인의 詩에서는 佛敎的인 色彩가 농후하다. 특히「北村里 打令」〈Ⅰ-32〉,「木石의 노래」〈Ⅰ-34〉,「山에서」〈Ⅰ-97〉 등과 같은 詩를 통해서 보면 輪回說, 因果應報 思想 등에 心醉해 있음을 엿볼 수 있다.

趙南翼 시인이 어느 정도로 깊이 佛敎에 빠져들었는가는 그의 詩에 동원된 詩語들을 유심히 살펴보아도 알 수 있다. 즉 他 宗敎用語에 비해 佛敎 用語가 많이 사용된 것이 이를 방증해 주는 징

18) 서정주,『풀피리』〈序〉중 7쪽.

표다. 구체적으로 지적한다면, 가령 基督敎에서 쓰는 용어가 '聖經, 敎會, 골고다 언덕' 등이 고작이며, 道敎나 土俗 信仰(巫俗) 용어가 '堂上, 堂下, 神壇, 明堂' 정도다. 이에 비하여 佛敎 用語는 '彌勒, 돌부처님, 生佛, 化主僧, 蒼生의 四苦, 四海 俗世, 下界, 淨土, 冥府, 晦冥, 蓮花, 石鐘 등 비교가 안 될 만큼 우세하다.

그런데 趙南翼 시인이 이같이 佛敎에 心醉하게 된 배경은 두 가지 측면에서 생각해 볼 수 있다. 그 하나는 앞에서 언급한 바 있는 대로, 첫 夫人과 자녀를 둘이나 잃은 아픔을 달래기 위해서 東洋人의 生理에 맞는 佛敎에 歸依했으리라는 것은 지극히 자연스러운 일로 받아들여진다. 다른 하나는 시인의 성장지(부여)와도 무관하지 않은 것 같다. 趙南翼 시인 자신은 百濟 성왕 10년(532년) 釋誕日에 낙성된 大鳥寺와 高麗 24대 元宗 때(?)에 조성된 彌勒大像에 대하여,

> ① 나의 소년 시절, 나는 이웃집 드나들듯 이곳을 지나다닌 터이지만, 미륵불에 대한 느낌은 조금도 달라지지 않았고, 언제나 내게 오는 것은 두려움 반, 존숭심 반 해서 선뜩한 외경의 마음이었던 것이다.[19]

> ② <u>大鳥寺 - 그것은 오늘에 와서도 이 방면의 아늑한 나의 요람이요, 詩心의 고향이다.</u> 인간의 생장지는 이토록 깊게 패이고, 또 질긴 것인가….
>
> 나는 장성한 이후에 이 山寺보다 얼마든지 훌륭한 사찰을 볼

19) 조남익, 「詩와 傳說의 故鄕 - 大鳥寺와 미륵대상(彌勒大像)」, 에세이집 『詩의 오솔길』 233~234쪽.

기회가 있었고, 또 둘러보았지만 시심은 늘 이 大鳥寺에 가 살았다.[20]

(밑줄 - 筆者)

고 술회한 바 있다.

趙南翼 시인은 자신의 家庭史的인 不幸을 佛敎에 의지함으로써 피를 말리는 아픔과 슬픔을 감내하면서 이를 詩로 승화시키는 苦行을 거쳐 人生無常, 空이라는 아법개공(我法皆空)의 一次的인 人生論을 체득할 수 있게 되었으리라.

일반적으로 人間은 人生이나 現實에 대해서 虛無感이나 敗北意識을 절실하게 느꼈을 때는 흔히 그 脫出口로 自然을 택하게 된다. 이때, 自然은 現實로부터의 逃避處인 동시에 精神的 自慰處로서 휴식과 안식을 취할 수 있는 空間으로 제공될 수 있다.

다음 詩들은 趙南翼 시인의 現實逃避的인 虛無 意識을 표출시킨 작품들이다.

① 빈손으로 와서는
빈손으로 가서는
하늘나라 無邊의 처마 끝에
깜빡 한번 반짝이고는
돌아오라, 다시 풀밭에.

우리는 풀밭에

---

20) 조남익, 「詩와 傳說의 故鄕 - 大鳥寺와 미륵대상(彌勒大像)」, 에세이집 『詩의 오솔길』 240쪽.

서슬이 시퍼런 삶을 다스리고
차라리 영원이 아니어도 좋았을
가난한 마음을 울어보는 것이다.

—「풀밭에서」(4~5연) 〈 I -25〉

(방점, 밑줄 - 筆者, 이하 같음)

② 草木처럼 억세고 싱싱한
삶의 마음을 오르내리며
친구여,
속살이 볕에 타는 우리의 가난일랑
이 生涯 가의 海溢에 씻으며 살세나.

—「虛無 戀歌」끝 聯(4연) 〈 I -50〉

③ 먼 나라로 갈꺼나
시집가는 새댁마냥,
시집살이 인생살이 이바지를
가득가득 짐 지워가는 새댁마냥
식솔들아, 憂愁 落葉 식솔들아
겨울을 넘어서 먼 나라로 갈꺼나,
가서는 우리 얼굴, 새로 단장을 하고
오손도손 살아볼 꺼나.

—「흙 속에」(4연) 〈 I -76〉

④ 머언 뒤에서
머언 앞에서

우리는, 虛無를 숲처럼 흔들어도 좋다.

밤이거든 깃들어 자고
낮이면 어린 딸의 손목 잡고
다사로운 一千年 굽이를 나들이 가자.

—「山에서」(4~5연) 〈 I -97〉

위 인용한 詩들은 趙南翼 시인의 제1시집 『山바람 소리』에서 뽑은 것들인데, 生 그 자체를 虛無, 즉 空手來空手去 같은 人生無常을 느낀 나머지 現實逃避的이고도 自然 回歸 意志를 토로한 작품들임을 알 수 있다.

비단 이 詩들에서뿐만 아니라, 趙南翼 시인의 다른 詩에서도 빈번하게 쓰고 있는 주시해 봄직한 詩語가 있다. 그것은 '빈'과 '가난'이라는 낱말일 것이다. 예컨대 '빈'의 경우를 보면, '빈 들', '빈 자리', '가을 빈터', '빈손의 시장기', '빈집', '빈 마을', '빈 그릇', '텅 빈 들판', '비인 千年 城' 등 헤아릴 수 없이 다양하고 빈번하게 쓰고 있다. 이것은 바로 이 詩人이 구체적인 사물이나 情景의 비어 있는 상태를 제시함으로써 철저히 人生과 現實을 쓸쓸하고, 비어 있고, 虛無한 것으로 느끼거나 파악하고 있는 자신의 內面 意識을 표출시킨 것으로 보아진다.

그리고 '가난' 역시 정신적·경제적 궁핍에 대한 苦惱를 토로한 것이라는 풀이가 가능하다.

그런데 우리가 주의해야 할 것은 趙南翼 시인의 이러한 詩語 '빈'이나 '가난'은 일차적이고도 표피적인 차원에서만 조명하는 데 그쳐서는 결코 안 될 것이다. 그것은 모든 事物이나 言語와 色彩

는 兩面性, 즉 二重構造로 되어 있음을 염두에 둘 때, 우리는 시인이 추구하려고 한 심층구조를 투시해 보도록 노력해야 할 것이다. 왜냐하면 詩란 水山(iceberg)과 같은 존재이기 때문이다.

필자는 잠시 화제를 돌려, 趙南翼 시인의 詩에 비교적 빈도수가 높은 色彩語 '흰색'과 '파란색'에 대해서 언급하고자 한다.

趙南翼 시인은 그의 여러 편의 詩에서 '흰색' 表象語를 詩語로 끌어들이고 있다. 예를 들면, '하얀 가을', '하야니 하야니 벗겨지는 길', '내 하얀 얼굴', '하얗게 희어져 가는 길', '허연 배', '흰 돛', '하얀 달', '白花', '白蘭', '새하얀 보리밭', '하얀 뿌리' 등을 들 수 있다.

'흰색'은 無彩色의 하나로서 明度가 '20'으로 가장 밝으며, 일반적으로 우리에게 주는 느낌은 깨끗함, 밝음, 소박함, 봉사(헌신) 등을 연상시키고 있다.

그리고 趙南翼 시인의 詩에는 '푸른색'을 지칭하는 色彩語가 많다. 그 用例를 보면, '푸른 신호', '푸른 거미', '푸른 불빛', '푸른 울음', '푸른 별', '푸른 골짜기', '푸른 눈', '푸른 눈동자', '저 푸른 草原', '푸른 날개', '푸른 영혼' 등이다.

'푸른색'은 三原色의 하나로서, 그 느낌 및 이미지는 안정, 젊음, 힘참, 未知의 공간(自然이나 제3의 空間 따위) 등을 연상시켜 준다.

다 아는 바와 같이, '빈'이라는 속성은 어떤 것이든지 담을 수 있는 空間이 있다. '가난' 또한 앞으로 풍요로워질 가능성이 있다. '흰색'의 속성은 어떤 色이든지 칠해도 수용할 포용력이 있다. 이 세 가지 '빈·가난·흰 색'의 유사성 내지는 동질성은 다 같이 無限한 可能性, 未來 指向性, 包容性 등을 갖고 있다는 점이다.

그렇다면 이제 필자가 말하려는 意圖는 그 윤곽이 드러난 셈이다. 즉 趙南翼 시인이 '빈' 空間 이미지와 '흰색' 表象語를 즐겨 쓴

眞意는 명백하게 드러난다. 좀 더 구체적으로 말하면, 시인은 '서슬이 시퍼런 삶'(「풀밭에서」), '속살이 볕에 타는 우리의 가난'(「虛無 戀歌」), '겨울'(「흙 속에」) 등으로 表象 된 현실을 떠나서 '먼 나라'(「흙 속에」) 곧 未知의 새로운 空間을 찾아가 거기서 知性의 고민, 영혼의 방황, 차가운 現實의 좌절감 따위로 병든 世紀와 思想으로부터 오염된 現實的인 삶(形而下學的인 삶)을 청산하고, '새로 단장을 하고'(「흙 속에」) 自然에 同化 된 原色的인 삶을 영위할 수 있는 理想鄕을 憧憬했던 것이다. 또한 시인은 그런 '푸른색'의 空間에 安住하여 '오손도손'(「흙 속에」) 재미있게 살고 싶었으리라. 이 점을 우리는 앞에서 인용한 詩들의 밑줄 친 부분에서 역력히 엿볼 수 있다.

엄밀한 의미에서 現實逃避라고 할 수 있지만, 반면에 이는 現實的인 가난과 虛無를 초월한 形而上學的인 삶으로 오늘을 사는 現代人으로서의 행복한 精神的 逃避요 슬기인지도 모른다.

그러나 우리는 안타깝게도 다음 「어느 날」이라는 詩와 접하면, 趙南翼 시인의 유토피아 意識, 超現實主義的인 理想은 現實 앞에서 가차 없이 무너지고 있음을 發見하게 된다.

나는 眞理로다.
나뭇가지에 새가 앉은 것, 바람이 불어오는 것, 내가 지금 어느
낯선 촌길을 지나게 된 것, 아침에 딸아이를 데리고 白 小兒科를
가는 아내와 집 앞서 헤어져 온 것….

내 마음 小宇宙에도
나의 국적은 한국이라는 것, 달 뜨는 밤이면 부엉이 울음을 듣

는다는 것, 아버님은 늘 엄격하였다는 것, 나는 어딘가 쭈그러졌다는 것….

—「어느 날」(1~2연) 〈Ⅰ-86〉

이는 철저한 實存的 自己 認識이다. 달리 말해서 自我에 대한 새로운 自覺이요, 存在 意識에 대한 놀라운 깨달음이라고 할 수 있다. 섣부른 판단을 삼가는 의미에서 우리는 다음과 같은 趙南翼 시인의 독백에 귀 기울여 보자.

> 고향.
>
> 누구에게나 있는 고향.
>
> 그러나 「나의 고향」은 파리가 아니요, 아프리카가 아니요, 아마존강 유역도 아니요, 캐나다도 아닌 - 아시아, 그것도 국토가 두 동강이 난 한반도였다.
>
> 왜 하필 한반도에서 태어났을까? 소나무가 산에서, 갈대가 강가에서, 벼는 들에서, 쑥은 언덕에서만 태어나 살아가듯이, 나 또한 내 先人들의 핏줄을 이어받아 태어나게 된 자연의 섭리, 자연의 風土性인가.[21]
>
> (밑줄 - 筆者)

위 인용문은 趙南翼 시인의 에세이집『詩의 오솔길』속에 수록된「詩와 傳說의 故鄕」中 일부다. 언뜻 Leibniz, Gottfried Wilhelm, Freiherr Von의「神의 豫定造化說」을 연상시킨다. 시인은 自身이 태어난 것은 神께서 생각하실 때, 아름다운 地上樂園을 건설하는

21) 조남익,「詩와 傳說의 故鄕 - 나의 詩的 遍歷에서」, 에세이집『詩의 오솔길』183쪽.

데 꼭 있어야 할 사람, 꿀벌과 같은 사람, 선택받은 사람으로서 해야 할 使命이 있기에 보내진 것이라고 생각하고 있다. 따라서 이는 곧 시인이 마땅히 自然의 攝理에 따른 것이라고 믿게 된 것이다. 기독교 式의 표현을 빌자면, '거듭난 것'이라고 할 수 있다. 그래서 趙南翼 시인은,

> 이대로 어디든 가고 싶다. 풀 냄새, 나무 냄새, 흙냄새, 그리고 사람 내음새 이것들을 사랑하면서 어디든 가고 싶다. 「不在의 시간」 그 공허가 올지라도 나의 모든 것, 내 이웃들을 사랑하면서 살고 싶다.[22)]
>
> (밑줄 - 筆者)

고 고백하게 된 것이다.

趙南翼 시인의 이와 같은 平靜, 즉 긍정적인 삶의 자세는 가족의 죽음을 통한 人生의 本質을 虛無로 認識한 後, 다시 그 虛無를 나름대로 克服한 覺人으로서의 면모를 갖추게 되었음을 의미하고 있다. 아울러 자신을 사랑하는 길과 對他的인 存在에 대하여 사랑을 피부껏 느끼게 된 것임을 뜻한다. 다시 말하면 自己 存在의 正體性, 자신의 使命, 人生의 참뜻 등을 깨달았기 때문으로 풀이될 수 있다.

趙南翼 詩에 있어서 자기 자신과 가족에 대한 비교적 狹義的인 사랑은 본고에서 다루기로 하고, 凡對他的인 것(사회, 현실, 이웃)에 대한 보다 廣義的인 사랑이나 민족에 대한 사랑은 문제를 달리해서 각각 '時代 意識'과 '뿌리 意識'에서 다루기로 한다.

---

22) 조남익, 「山居日記」, 『思索의 戀歌』, 28쪽.

趙南翼 시인의 초기 시에 짙게 깔려 있던 虛無 意識은 일상 속에서, 그리고 시간적인 경과를 거침으로써 서서히 밝음을 指向하고 있음을 엿볼 수 있다. 물론 詩「絶望」〈Ⅱ-20〉, 「壓迫」〈Ⅱ-42〉, 「하늘의 노동」〈Ⅲ-20〉 등과 같은 작품에서 自然의 몰락, 현실에 대한 내지는 현실 속에서 煩惱하는 小市民의 애환을 토로한 詩들이 없는 것도 아니지만, 시인의 많은 詩들이 未來指向的이거나 上向 意志를 꾀하고 있음을 역력히 드러내고 있다.

① 사는 것은 닮는 것
창이 나 버려진 나의 구두는
벌써 몇 켤레째 귀 위엄을 잃었던가.
짐은 높은, 생활은 낮은
이 詩人은 지금도 하늘을 보고 길을 걷는다.

—「까치집」中〈Ⅰ-80〉

② 한결같이 영악해 보이는 사람들이
서로 손잡고 살아가는 금싸라기 땅.

주름진 것을 펴며 사는 일은 아름다운 것
하늘에 닿으려 번쩍이는 힘을 보리라.

—「山上吟」4~5연〈Ⅲ-38〉

위 詩 ①「까치집」은 日常에서의 庶民의 生活苦(창 난 구두)를 토로하면서 자신의 집 地帶 位置가 높은 탓으로 마실 다니기도 불편한 데서 까치집을 유치시키고 있다. 그렇지만 시인은 높은 하늘(꿈, 내일)을 바라보고, 발은 땅(현실, 오늘)을 딛고 묵묵히 걸어 나가고 있는 것이다.

詩 ②「山上吟」에선 山에 올라가서 사람들이 살아가는 모습을 굽어보고 있다. 즉 空間的으로 上向 移動하여 人間事, 田園都市의 風物과 情景을 내려다보면서 스스로 만끽하고 있다. 이런 上向 憧憬, 上向 姿勢는 바로 未來指向的인 삶의 意志 또는 安分 自足(분수)하는 精神 遍歷을 나타내고 있다.

個人의 孤獨과 虛無는 흔히 自然 親和나 對他的인 存在에 대한 사랑을 통해서 해소될 수도 있다. 趙南翼 시인의 경우, 自愛의 方法과 空間은 각각 克己의 길과 옛 故鄕을 비롯한 自然이다. 그리고 시인의 對他的인 存在에 대한 애정은 아내를 위시한 가족이 중요시되고 있다. 前者에 해당하는 대표적인 작품으로는 詩「머리칼」〈Ⅲ-14〉, 「꽃뱀」〈Ⅲ-16〉, 「하늘과 소」〈Ⅲ-37〉, 「山上吟」〈Ⅲ-38〉, 「날개」〈Ⅲ-39〉 등을 들 수 있다. 한편, 候者의 경우로 들 수 있는 대표적인 작품은 詩「情」〈Ⅰ-93〉, 「아내의 空日」〈Ⅱ-21〉, 「나들이」〈Ⅲ-22〉 등이다.

편의상 後者에 대하여 먼저 살펴보기로 하자.

> 이 사회가 아무리 대량사회화 하고, 비정의 세계가 될지라도, 인생의 '행복의 보루'이며, 아늑한 꿈과 사랑과 안식과 생의 보금자리인 가정은 우리의 영원한 요람인 것이다.
>
> 따뜻하고 상냥한 아내가 기다리고 지키는 가정일수록 우리 모두의 가정에 대한 애착과 즐거움은 더할 것이다.[23]

---

23) 조남익, 「어스름의 歸路」, 『詩의 오솔길』, 20쪽.

고 趙南翼 시인 자신은 그의 에세이 「어스름의 歸路」에서 家庭이야말로 행복의 기본적인 요소임을 역설하고, 이러한 家庭의 중요성에 대하여 진솔하게 쓴 바 있다. 家庭이 붕괴된 피눈물과 뼈아픈 체험을 맛본 자만이 절감할 수 있는 家庭의 소중함이기도 하다.

> ① 아내의 聖經엔/ 예수님이 아니다./ 여덟 살짜리/ 여섯 살짜리/ 특히나 세 살짜리를/ 꽃처럼 걸려서 가는 敎會.// (中略) // 하늘 끝 아른한 視野에/ 除百事한 空日의/ 그런 듯 우렁은 길 속으로/ 들어서는 아내의 平和.// (中略) // 우리들 눈에는/ 아내의 울음이란/ 전혀 보이질 않았다.
>
> —「아내의 空日」 中 〈Ⅱ-21〉

> ② 월급장이의/ 한평생,/ 용케도 지탱하여 온/ 아내의/ 서러운 두 손도// 오늘은/ 확 트인 郊外에서/ 모처럼 고운 눈빛이여.// 自由의 넋이 불타고 있었다.
>
> —「나들이」 (3~5연) 〈Ⅲ-22〉

詩 ①「아내의 空日」은 세 자녀를 데리고 敎會에 가는 母情의 행복한 모습에 대한 예찬과 함께 그 아내에 대한 극진한 사랑이 애잔하고 농밀하게 표백되어 있다. 그리고 詩 ②「나들이」에선 모처럼의 가족 소풍을 통하여 아내에 대한 애틋한 사랑과 삶의 희열 내지는 여유를 보이고 있다. 특히 「나들이」의 경우는 시인의 박봉을 가지고도 알뜰살뜰하게 가계를 탈 없이 '용케도 지탱하여 온/ 아내'에 대한 고마움과 정신적으로나 경제적으로나 자신이 한 가정의 家長으로서의 구실을 충실히 해낼 수 있을 만큼 비교적 안정

적인 기반이 다져졌음을 동시에 보여주고 있다.

趙南翼 시인의 이와 같은 가족에 대한 지극한 사랑은 어쩌면 일찍이 첫 夫人과의 死別과 두 자녀를 잃은 슬픔을 뼈저리게 체험했던 그였기에, 누구보다도 家庭의 重要性과 함께 家長으로서의 막중한 責務를 절실히 느낀 데서 비롯된 것이 아닐까 싶다.

그러면 이제 趙南翼 시인의 孤獨과 虛無를 극복하는 과정에서 前者인 自然 親和的인 방안, 즉 自愛의 길, 克己의 길 차원에서 살펴보기로 하자.

> 들길이/ 남에서 오거나 말거나// 산길이/ 북으로 가거나 말거나// 소나기와 천둥 속에/ 홀로 넘치는// 노랑 꽃/ 하얀 꽃// 구름 너머/ 백마 타고 오시는/ 소식이 있거나 말거나.
>
> ―「풀꽃」 전문 〈Ⅲ-19〉

이 詩는 어떤 면에선 現實에 대한 회의감에서 야기된 거부감을 아이로니컬하게 표출시킨 감도 전혀 배제할 수는 없다. 하지만 시인은 超然物外한 차원에 도달하여 自然 속에 파묻혀, 즉 自然에 歸依하여 超然, 脫俗한 '풀꽃'을 노래하고 있다. 이 詩에서 '풀꽃'은 시인 자신의 內面 意識이 感情移入 된 客觀的 相觀物(objective correlative)로서, 곧 自畵像이다.

정리컨대 趙南翼 시인은 거듭 휘몰아친 不幸으로 말미암아 高潮된 虛無 意識마저도 굳은 意志로써 超克하였다. 동시에 시인은 시 창작을 통하여 人生의 存在 意味를 끈질기게 추구한 결과, 마침내 立身의 경지에 들어서서 形而上學的인 삶을 영위하게 된 '克己의 시인'이고 '人生派 詩人'이라고 할 수 있다.

Ⅲ. 나오면서

趙南翼 시인은 未來의 詩人이다. 필자가 趙南翼을 未來의 詩人이라고 부른 까닭은 1984년 현재 50代의 문턱에 선 시인의 연령만을 고려해서 한 말이 아니다. 그것은 적어도 이 땅의 한 詩人으로서 使命感을 견고하게 갖고 있을 뿐만 아니라, '이제 시작인 셈이다'(제3시집 『나들이의 땅』 自序인 〈詩의 말〉 中)고 선언한 야심작 「나들이의 땅」에 대한 의욕적인 情熱과 준열한 詩精神, 그리고 詩와 詩論을 함께 겸비하고 있는 有能한 詩人이라는 점에 근거를 두고 한 말이다.

앞으로 우리가 주목해야 할 점은 趙南翼 시인의 뜨거운 詩 精神이 어떻게 民族魂(뿌리 意識)을 詩的으로 승화시켜 나갈 것인가라는 문제에 귀착된다.

알다시피, 歷史란 歷史的인 事實이나 事件보다는 그것을 어떻게 解釋하느냐는 歷史觀이 더욱 중요하다. 이 같은 基本 命題를 상기해 볼 때, 文學性 面에서 野史인 『三國遺事』에 도저히 미치지 못하는 正史 『三國史記』를 텍스트로 선정한 趙南翼 시인의 「朕의 戀歌」가 앞으로 어떻게 전개될 것인가 매우 궁금한 일이 아닐 수 없다.

趙南翼 시인은 우리 民族史에 대한 냉철한 통찰력으로 歷史의 兩面性(긍정적인 면과 부정적인 면)을 얼마나 날카롭게 꿰뚫고, 歷史의 재창조를 향하여 조화·통합시켜 새롭게 조명할 것인가? 또한 趙南翼 시인은 主題 意識의 강박관념에 얽매이지 않고 그동안 연마해 온 그의 詩的 想像力을 유감없이 발휘함으로써 歷史를 공부하는 本質的인 精神이라고 할 수 있는 溫故而知新을 올바로 살려 과연 現代性을 얼마만큼 획득할 수 있을 것인가? 그 결과 여부에 따라 「朕의 戀歌」의 存在價値性 및 生命力이 결정될 것이다.

趙南翼 시인은 藝術家로서의 자질을 고루 갖춘 完全武裝 된 詩人이며 이미 그 나름대로의 新抒情을 구축했음을 감안할 때, 우리는 앞으로 그가 펼쳐나갈 詩 世界를 기대해도 좋으리라.

그러면 趙南翼 시인의 연작시「朕의 戀歌」의 '序詩'라고 간주되는 다음 詩를 검토해 봄으로써 이 글을 맺기로 한다.

그래, 난 쏘아주고 싶어요.
말벌처럼,
봄의 끝에서, 겨울의 입구에서
허물 벗는 시대의
번쩍이는 그 이마를 보며,
숨은 앙금이 내려앉은 곳을
달려가 쏘아주고 싶어요.
애간장 녹이는 사랑의 혀처럼
불타는 毒針이 되고 싶어요.

—「쏘아주고 싶어요 - 朕의 戀歌·1」끝 聯(2연) 〈Ⅲ-56〉

『이솝의 우화』에 의하면, '벌'은 일단 어떤 대상을 쏘고 나면 죽고 만다고 한다. 이러한 '벌'의 生理를 반추시켜 볼 때, 이 땅에 理想的인 유토피아(Utopia)가 건설되기를 열망하는 趙南翼 시인의 時代와 겨레에 대한 사랑은 벌 중에서 '말벌'이 되어서 '숨은 앙금이 내려앉는 곳을' 향하여 달려가 '불타는 毒針'으로 쏘아주고 싶다는 殺身成仁的 精神이 아닐 수 없다. 이는 趙南翼 시인이 지식인으로서의 책무 및 역사의 파수꾼으로서의 신명을 다 바치고 소명 의식을 충실히 이행하겠다는 강한 意志의 천명인 것이다.

따라서 우리는 趙南翼 시인의 준열한 詩 精神이 歷史의 곪은 곳, 가려운 곳, 삔 곳, 체한 곳 등에 아가페적인 사랑의 針을 놓아 주고 다닐 그 활약상을 계속 지켜보기로 하자.

끝으로 우리는 趙南翼 시인이 자신의 個人的 悲運을 意志로 克服하고, '鐘은 울어야만 하는 것'[24]이라는 藝術家로서의 에스프리와 '이 황금만능의 시대에, 따오기처럼 쫓기는 詩人들을 보면서 내 빛깔과 향기가 참으로 값진 것임을 깨닫는 것이외다.'[25]라는 자기 詩에 대한 높은 자긍심과 詩人으로서의 使命意識을 견지하며 묵묵하게 그러면서도 안으로 뜨겁게 걸어가고 있는 희망차고도 밝은 미래에 깊은 관심을 가지고 지켜볼 일이다.

• 鄭眞石, 「克己의 交響曲 – 趙南翼의 詩에 나타난 '存在 意識'에 대하여」, 《表現》 9호(1985. 3. 10)에 발표한 원고를 극히 일부 문맥을 수정 · 보완함.

24) 조남익, 「울지 않는 藝術」, 『詩의 오솔길』, 69쪽.
25) 조남익, 제3시집 『나들이의 땅』 自序인 〈詩의 말〉 中, 9쪽.

❐ 정진석_《표현》 제11호 1986.05.01. 평론

抒情과 參與의 어우러짐을 통한 새 歷史意識의 地平

- 趙南翼의 詩에 나타난 時代 意識과 뿌리 意識에 대하여

Ⅰ. 들어가면서

詩人이 시대와 역사 앞에서 어떤 자세와 입장을 취하느냐는 것은 전적으로 개인의 자유의사에 속하는 문제이다.

그렇지만 시인이 峻烈한 역사의식과 책임감을 갖고 역사와 당대의 삶의 현장에 뛰어들었을 때, 보다 민중의 정신적 지주로 부각될 수 있을 것이다.

다 알다시피, 역사의식과 책임감은 선각자로서, 시인으로서의 사명감에서 현실이나 대타적인 존재에 대한 애정과 연민으로부터 싹트기 마련이다. 만일 시인이 민족의 앞에 놓인 상황과 국가적·시국적·사회적 제 당면문제를 숫제 외면한다면 그는 지성인으로서의 기본 양식, 즉 역사의 응시자, 관모 없는 입법자, 정의의 파수병, 진실의 예언자로서의 직능과 양심을 포기한 사람이라고 볼 수밖에 없을 것이다.

그런데 우리가 각별히 유념해야 할 사항은 詩란 결코 사상의, 종교의, 정치의 대행물이나 종속물 또는 도구화가 될 수 없다는 준엄한 불문율이다. 또한 사상과 철학의 노예나 통치 체제의 머슴과 시녀 노릇을 해서는 절대로 안 될 것이다.

따라서 우리 詩人들은 자신의 사상과 감정을 뜨거운 시 정신에서 용광로(시작 과정)에 달구어 언어로 육화시켰을 때, 비로소 詩가 될 수 있음을 재인식해 볼 필요가 있다.

그렇다. 詩人은 처음부터 끝까지 詩人이어야 하며, 또한 詩人은 어떤 상황에서도 詩로써 말해야 할 것이다.

이 글은 趙南翼 시인의 詩에 나타난 '時代 意識'과 '뿌리 意識'에 대해서 살펴본 것이다.

趙南翼 시인은 그의 제3시집『나들이의 땅』자서(自序)인 '詩人의 말' 중에서 다음과 같이 말하고 있다.

> 이 詩集의 詩人은 따오기가 인적 드문 산간의 무논이나 연못에서 살았던 것처럼 이 땅의 鄕土性과 土着的 세계에 오래 서성거렸습니다. 그리고 거기 서늘한 老松의 나뭇가지에 집을 짓고 싶어 했겠지요.
>
> 이제 그는 조금씩 뜨거워지는 것인지도 모릅니다. 서늘한 詩로부터 출발했던 그로서는 거꾸로 된 과정이랄 수 있겠지요. 일반적으로는 젊은 시절에 뜨겁고, 나이가 들수록 老熟해지는 것이니까요,
>
> 이 詩集의 연작시「朕의 戀歌」는 國史의 正史 쪽에서 取材하고 있는 것인데, 이제 시작인 셈입니다. 이 뜨거운 詩와의 균형을 위해서, 첫 시집『山바람 소리』와 제2시집『풀피리』에서, 각각 3편

씩 6편을 제5부로, 끝에다 묶어 보았습니다.

(傍點 - 筆者, 以下 같음)

위 인용문만 가지고선 傍點 부분인 '서늘한 詩'의 개념이 구체적으로 무엇을 가리키는지 분명하지 않다. 다만 문맥의 흐름과 시인의 시 세계를 전체적으로 조명해 본 바를 고려할 때, 어렴풋이나마 잡히는 것은 '서늘한 詩'란 '鄕土性과 土着的 세계를 표출한 抒情詩'와 '인생의 깊은 내면의 세계를 추구한 觀照 詩' 따위를 의미하는 것 같다. 반면에 傍點 부분인 '뜨거운 詩'란 '시대적 상황이나 모순을 고발하고 사회참여 의식을 표출한 詩', '도덕성이나 정의감이 강렬한 공리적인 詩', '百濟 魂, 더 나아가 民族魂을 열망한 詩' 등을 뜻하는 성싶다.

그렇다면 趙南翼 시인이 말하는 '뜨거운 詩'의 성격은 현실 참여의식이나 역사의식 또는 민족정신 같은 것을 희구한 도덕성, 정의감, 목적성 따위를 강하게 띤 參與 계열의 詩라고 할 수 있겠다.

여기서 '時代 意識'이란 역사와 민족의 앞날에 대해서 깨어있는 자만이 느낄 수 있는 것으로써 당대의 현실에 대한 상황 의식, 문명 비판 의식, 人間事의 모순과 몰락에 대한 분노와 고발 등을 일컫는다. 그리고 '뿌리 意識'이란 家門, 민족, 겨레 등에 대한 애정과 넋, 정신적 근원 의식을 말한다.

필자는 趙南翼 시인의 詩에 나타난 이 같은 '時代 意識'과 '뿌리 意識'을 하나로 묶어서 '歷史意識'이라고 부르고자 한다.

그런데 엄밀하게 말해서 이 둘은 별개의 항목으로 각각 논제를 달리해서 다루어야 할 성격인지도 모른다.

그렇지만 필자가 이 글에서 이 둘을 함께 다루고자 하는 것은 趙南翼 시인의 경우, 이 두 세계가 추구하고 있는 지향점이 하나로 접맥되고 있기 때문이다. 즉 둘 다 공히 그 소재와 기법 면에서 다소 상이점을 보이고 있을 뿐 궁극적으로 이웃 사랑, 나라 사랑, 민족 사랑, 겨레 사랑 등으로 合一 내지는 合致되고 있다는 데 그 근거를 두고 있다.

대체로 歷史意識을 표출하는 길은 크게 두 가지의 방향이 있을 수 있다. 하나는 오늘의 상황이나 제 문제를 소재로 삼아 직접적으로 표출하는 방법과 다른 하나는 지나간 역사적 사실이나 사건을 소재로 하여 오늘의 제 문제를 간접적으로 표출해 내는 방법이 그것이다.

다시 前者는 오늘의 이 땅의 문제를 적나라하게 클로즈업시키는 경우와 시야를 他國, 즉, 이웃 나라 혹은 멀리 제3國의 시국적 흐름이나 현상을 詩的 話題로 동원함으로써 우리의 현실을 넌지시 암시하는 경우가 있다. 한편, 後者의 경우도 단순히 역사적 사실을 시적으로 제시하는 방법과 역사적 사실을 오늘에 끌어들여 적극적으로 현실성을 획득하고자 하는 방법이 있다.

아무튼 前者에 있어서나 後者에 있어서나 가장 중요한 것은 주제 의식을 언어로 어떻게 잘 용해시키고 詩的으로 걸러냄으로써 얼마나 많은 독자들과의 공감대를 형성하느냐에 따라, 과연 詩로서 살아남느냐로 귀착될 수 있지 않을까 싶다.

趙南翼 시인은 詩人으로서 마땅히 취해야 할 時代 意識에 대해서 다음과 같이 역설한 바 있다.

> 시대 의식이란 개념을 단말마적인 협의에서 구할 것이 아니라,

보다 풍성한 역사의식의 연원에서 현대적 감각의 배합과 그 美意識에서 구축해야만 할 것이다.[26)]

시인은 時代 意識을 당대의 시국적인 상황이나 사건에서보다는 오히려 역사 깊은 뿌리 意識에서 추출하여 이를 토대로 현대적 감각의 배합과 미의식을 구축하려고 했음을 엿볼 수 있다. 이러한 趙南翼의 의지가 詩에 얼마나 투영되고 표현화 작업에서 성공을 거두었느냐에 대한 검토는 그의 문학을 평가함에 있어서 매우 중대한 관건이 아닐 수 없다.

요컨대 이 글은 趙南翼 시인의 '뜨거운 詩'에 대한 고찰인 셈이다. 즉 그의 詩에 나타난 '時代 意識'과 '뿌리 意識'에 대한 살펴봄에 두고 있다. 필자는 여기서 趙南翼 시인의 강렬한 歷史意識(시대와 민족을 향해서 하고 싶은 말)이 어떻게 서정화 처리 작업을 통해 작품(詩)으로 형상화되어 있는가를 주시해 보고자 한다.

Ⅱ. 時代 意識

趙南翼 시인은 그가 문단에 데뷔할 무렵의 초창기인 60년대의 혁명기, 70년대의 과도기, 80년대 현재까지 어떤 주체 의식과 시대관을 갖고 살아왔을까?

먼저 趙南翼 시인의 눈에 비친 60년대 時代相은 어떠했던가를 알아본다는 것은 무의미한 일이 아닐 것이다.

혁명의 거리에 조국을 외치는 가두방송, 근대화의 청사진을 제

26) 조남익, 「현대시의 과제」 에세이집 『詩의 오솔길』, 173쪽.

시하는 포스터…. 어수선한 거리에 초조한 시민의 빠른 발걸음, 원고료를 받지 못한 시인(詩人)의 이즈러진 얼굴, 이 기회에 출세의 줄을 잡으려는 야심만만한 음모의 눈초리, 실업자의 거덜이 난 구두창…. 이 모든 것들이 해뜩해뜩 저마다의 명암(明暗)을 뿌려 던지며 도시는 저물어 갑니다.

도시는 피로하였는데, 이 시대는 정지되어 있는데, 날이 저물었는데…. 두드려도 대답조차 없는 평화, 이 어항(魚缸) 속의 행렬아!

가난한 이 나라의 시인(詩人)들아![27]

위 인용문은 趙南翼 시인의 「어항 투시도(魚缸透視圖)의 일부인데, 당시 時代苦에 대한 시인의 처절한 절규가 아닌가 싶다.

이 같은 시대적 혼돈 속에서 趙南翼 시인이 시인으로서 어떻게 대처해야 할 것인가에 대한 갈등과 고뇌가 잘 나타난 최초의 작품이 「長夢歌」다.

趙南翼 시인의 이 詩 「長夢歌」 가운데 대화하는 부분만 옮겨 본다면,

〈네 주인장 계시냐? 생활을 실어 왔다 일러라〉

〈아닙니다. 우리 주인은 지금 바다에 나가 계십니다〉

〈빨리 달려가 오시라 하여라. 지금이 어느 땐데 한가로이 바다를 마신다냐? 지금 내 달구지에는 신음하는 민족의 설화가 있고, 불태워진 꽃봉오리의 함성이 있고 가난한 생명의 비정이 바리로 실려 왔단다〉

---

27) 조남익, 「어항 투시도(魚缸透視圖)」 에세이집 『詩의 오솔길』, 46~47쪽.

〈그런 이야기는 매양 우거지는 잡초더미래요. 시대에 우거지는 잡초 따위는 긴 안목에서는 서 푼의 값어치나 있을까…. 태어난 것 그 자체가 역시 잡초였을 뿐이었으니까요. 우리 주인은 백 년을 들어도 끝장이 없을 그런 시중 이야길 반가와하지 않습니다.〉

〈건방지고나, 태어난 당대의 책임을 이다지도 기피할 수 있단 말이냐!〉

〈기피가 아니죠, 더 근본적인 책임의 탐구이었으니까요….〉

—「長夢歌」〈Ⅰ-73〉

이 詩의 묘미는 인용되지 않은 부분도 빼어나지만, 詩的 話者(Persona), 즉 童子와 먼 곳으로부터 달구지에 '생활'(현실)을 싣고서 '바다'(자연)에 나가 있는 '나'라는 주인장을 찾아온 '벗' 사이에 오가는 禪門禪答的이고도 아이로니컬한 대화에 있다.

여기에 등장하는 인물, 즉 대화에 직접 동참하는 童子와 벗과 직접 나오지는 않는 '나'라는 주인장 등은 다 같이 시인 자신을 표상하는 동일인(同一人)임은 어렵지 않게 짐작될 수 있는 일이다.

趙南翼 시인의 이 詩 속에서 莊子와 같은 道人을 연상시키는 '나'라는 주인공은 비현실적 '꿈'(夢)의 형태를 빌어, 시인으로서의 당대에의 책임, 예컨대 '신음하는 민족의 설화', '불태워진 꽃봉오리의 함성', '가난한 생명의 비정' 따위에 대한 사회적 양심과 사명 의식에서 그 참여 여부를 번뇌하는 내적 갈등을 해학적으로 표출시키고 있다.

趙南翼의 이 詩의 핵은 〈기피가 아니죠, 더 근본적인 책임의 탐구이었으니까요….〉에 있다. 시인은 이 같은 시대관과 문학관으로 스스로 '이 땅의 鄕土性과 土着的 세계에 오래 서성거렸습니다.'라고 진술한 바, 제1시집 『山바람 소리』 시기엔 향토 의식과 존재 의식이 두드러지게 나타나 있다.

趙南翼 시인의 詩에 있어서 歷史意識, 즉 時代 意識과 뿌리 意識은 제1시집 『山바람 소리』에서는 거의 보이지 않았다가, 제2시집 『풀피리』에서 본격적으로 발아되어 제3시집 『나들이의 땅』에선 한층 강렬하게 드러나고 있다.

이 점에 대해서 宋在英은 '自然에의 心醉와 日常에의 順應이라는 初期 詩의 패턴에서 趙南翼 씨가 서서히 現實과 狀況에 대하여 關心하기 시작했다는 것은 그에게 있어 중요한 변모'[28]라고 적절하게 지적한 바 있다.

이렇게 본다면 趙南翼 시인이 역사적 현실과 상황에 대해 눈을 뜨기 시작한 것은 곧 그의 정신적인 성숙을 의미한다고 볼 수 있다.

趙南翼 시인의 詩가 이렇게 변모되는 데에는 문학 스승 격인 薦者 申石艸 선생의 애정 어린 충고가 약간은 작용되지 않았을까 싶다.

申石艸 선생은 趙南翼 시인의 제1시집 『山바람 소리』 〈序文〉에서 다음과 같은 자상한 지적을 한 바 있다.

> 다만 趙南翼의 뮤즈가 매양 폐쇄적 土俗 社會에 눈길을 돌리기 때문에 作品의 스케일이 작고 너무 섬세하기 때문에 도리어 가냘픈 느낌이 없지 않다.

어쨌든 趙南翼 시인의 시적 공간의 확산은 결과적으로 그의 치

---

28) 宋在英, 「탈기교의 방법」, 趙南翼 제2시집 『풀피리』 〈跋文〉 중 90쪽.

열한 시 정신과 공감대의 폭(독자층의 확대)을 넓히기 위한 의욕을 보여 주었다는 점에서 고무적인 일로 받아들여진다.

趙南翼 시인의 현실 참여의식은 비록 原初的이고 陰性的이긴 하지만, 대체로 제2시집『풀피리』시기부터 주변적이고 일상적인 삶의 현장으로부터 발현되고 있다.

趙南翼 시인의 다음 詩들 속에는 우리 사회의 어둡고 아픈 단면과 오늘날 파괴되어 가는 농촌의 실정을 역사적 현실로 해석하고자 하는 그의 時代 意識 및 對他的인 存在에 대한 진한 사랑이 담겨 있다.

> 나는 숨어 있는 者입니다.
> 숨어서 오히려 무게를 지니는 者입니다.
>
> 名山大川
> 나는 거기를 좋아하지 않습니다.
> 행복한 사람
> 不幸을 딛고 선 사내
> 다리를 절며 걷는 女高生
> 나는 이들의 마음을 찾아가 숨습니다.
>
> 그들도 모를 나는
> 그들도 모를 그들의
> 거칠고 험한 태깔을 갈고 닦습니다.
> (4~5연 省略)
>
> —「名劍 - 百濟 遺民의 말」〈Ⅱ-49〉(傍點 - 필자)

이 詩의 副題(百濟 遺民의 말)가 시사하듯이, 趙南翼 시인은 자신이 패망한 백제의 遺民임을 자처하고 있다. 다 알다시피 百濟는 한 겨레인 신라와 타민족인 당나라 연합국에 의해 멸망된 나라다. 그러나 백제의 撩原의 불길처럼 일어난 백제부흥운동 군들은 백제 멸망 이후 4년간이나 줄기차게 항거했으며, 한때는 羅·唐 연합군을 무찌르고 사비성 탈환을 눈앞까지 둘 정도로 그 기세가 대단했던 것이다. (불행히도 內紛으로 실패하기는 했지만) 또한 660년 7월 18일 사비성이 함락된 후, 200여 년간을 신라에 예속되었다가도 後百濟로 봉기한 끈질긴 魂을 갖고 있는 민족이었다. 실상 시인 자신은 지난날 개인적인 불행으로 말미암아 자신도 젊은 시절 한때 가정적 파탄(특히 夫人과의 死別), 그리고 시대적 비애와 좌절감에서 몸부림치기도 한 적이 있다. 그렇지만 趙南翼 시인은 바로 끈질긴 魂을 지닌 百濟의 後裔임을 긍지로 삼고 자신의 불우한 운명을 딛고 다시 일어선 강인한 의지적인 사람이기도 하다. 그래서 이런 시인은 어려운 격동의 시대를 만나 그 옛날 百濟 遺民의 얼과 피를 이어받은 後裔답게 시인으로서의 책무와 소명감을 절실히 느낀 나머지 이제까지 평온하게 지냈던 비현실적인 공간인 名山大川(自然)을 거부하고 있는 것이다. 이는 趙南翼 시인이 사회공동체의 구성원으로서의 時代 意識에 대한 覺性이요 開眼인 동시에 이 땅 오늘에 살고 있는 지식인의 한 사람인 詩人으로서 현실적 당면 과제를 외면하지 않고 적극 동참하겠다는 사회참여 정신의 선포이기도 하다. 그리고 趙南翼 시인은 현실 속에 뛰어들어 사회적 명성이나 물질적 풍요 덕택으로 '겉으로만 행복한 사람', '不幸을 딛고 선 사내', '다리를 절며 걷는 女高生' 즉 정신이 가난한 사람, 지나온 상처로 점철되어 영혼이 병든 사람,

육체적으로 신체불구자 등을 찾아가 그들을 위하여 '그들도 모를 그들의/ 거칠고 험한 태깔'을 갈고 닦아주고 싶었던 것이다. 당사자들도 모르게 '숨어서' 마음의 친구가 되어 주려고 한 데서 시인의 다스운 이웃애와 순정적 휴머니즘을 여실히 엿볼 수 있다. 이 경우, 정신적 또는 육체적 장애인들에 대한 구체적인 사랑의 구현은 자신의 詩를 통해서 가능했을 것이다.

이처럼 趙南翼 시인은 대타적인 존재에 대한 애정의 시선으로 자기 주변의 농촌 실정을 바라보았을 때, 自然의 평화로움이 파괴되고 있을뿐더러 고질적인 농촌의 궁핍과 씁쓸한 애환이 포착되었을 것이다. 그래서 시인은 자연히 이에 대한 詩人으로서의 책임과 소임을 새롭게 자각하게 되고 또한 연민이 고조되기도 하였으리라.

> (1-2연 省略)
> 멀리 또는 가까이
> 부르도자가 일구어 논 길이 열리고
> 새로 들어선 新興 住宅들의
> 그린 듯한 푸른 날개
>
> 땅에는 떨어지는 빛이 있다.
> 땅에는 떨어지는 씨앗이 있다.
> 땅에는 쌓이는 역사가 있다.
> 땅에는 오도 가도 못하는 자연이 있다.
> 땅에는 한 키나 자란 반원의 평화가 있다.
>
> ―「郊外吟」〈Ⅱ-51〉(傍點, 밑줄 - 筆者)

趙南翼 시인은 郊外에 나가, 농촌도 현대기계(부르도자, 포크레인, 트럭 등)를 이용해서 농지정리가 잘되고, 예전의 초가지붕이 新興 住宅으로 말쑥하게 개량된 것 등을 목격한 것이다.

언뜻 보면 농지정리가 되고 관개수로 시설이 완벽하게 됨에 따라 농산물을 보다 풍성하게 생산할 수 있게 되었을 뿐만 아니라, 또 주택 개량이 된 것으로 미루어 우리 농촌도 잘 살게 된 것에 대해 찬사와 희열을 표백한 것 같다. 그렇지만 趙南翼 시인의 속내는 실은 文明에 의해서 自然이 밀려나고 파괴되고 원형이 붕괴된 것에 대한 아픔과 아쉬움을 나직한 톤으로 고발하고 있는 것이다.

이 詩에서 趙南翼 시인이 말하려는 초점은 '땅에는 오도 가도 못하는 자연이 있다.'라고 한 안타까움과 서글픔, 바로 여기에 있다. 따라서 우리는 마지막 行 '땅에는 한 키나 자란 반원의 평화가 있다'의 시적 심리구조를 되새겨볼 여지가 있다.

아무튼 趙南翼 시인은 땅에는 '떨어지는 빛', '떨어지는 씨앗', '쌓이는 역사', '오도 가도 못하는 자연', '한 키나 자란 반원의 평화' 등의 이질적이고 상반적인 언어 결합을 통한 메시지의 반어적 강화를 꾀하고 있음을 볼 수 있다. 무엇보다 주제 의식을 은폐시킴으로써 시적 효과를 거두고 있는 것이 이 작품의 매력 포인트로 보아진다.

다음 詩에서 趙南翼 시인은 이 땅의 거의 유전적이고 숙명적인 농부들의 가난과 애환을, 즉 농촌사회의 우울한 현실을 素描的으로 그리고 있다.

(1연 省略)

뿌리조차 땅에 내린
하이얀 근심들을 먹고
南村里의 서른여섯 지붕에
지금도 하늘로 뿜는
가느다란 연기…….

하늘은 넓은데
안 보일 듯 흐트러지는
白髮의
슬픈 모가지야
어디로 갈리는 거냐,

땅에 사는 이의
연약한 한숨으로나 물 길어 올리는
저 무궁한 노을도 같고,
(5연 省略)

—「忠淸道·1」〈Ⅱ-60〉(傍點 - 筆者)

우리는 이 詩의 傍點 찍은 부분들을 눈여겨보아야 하는 바, 먼저 '하이얀 근심'이란 '하얀색'의 대표적인 색감인 소박, 단순의 이미지를 반추시켜 본다면 이는 별 욕심 없이 살아가는 농민들의 의식주에 대한 기본적 근심을 표상하고 있다. 그리고 '가느다란 연기'는 단지 밥만 짓기에 굵고 많은 양의 연기가 아닌, '가느다란 연기'일 수 있음을 감안할 때, 농촌의 궁핍을 각각 표징한 이미지라고 생각해 볼 수 있다. 또한 '하늘은 넓은데/ 안 보일 듯 흐트러지는/ 白髮의/ 슬픈 모가지야/ 어디로 갈리는 거냐'라고 짙은 연민을 진술한 것에서, 광활한 하늘에 반해 '가느다란 연기'가 '白髮의 슬픈 모가지처럼' 사라진다고 읊은 것에서 이 시인의 허무적 우수를 읽을 수 있다. 끝으로 주시해 봄직한 詩句는 '연약한 한숨'이다. 혹 농업정책을 주도하는 위정자들의 무책임한 과오나 무성의 탓으로 막대한 피해를 입었을지라도 힘이 없는 농민이기에 강자에게 항의 한마디도 제대로 못한 채 벙어리 냉가슴 앓듯 안으로만 삭이며 순응하면서 살아가는 농민의 우매한 순박함과 우울함을 대변한 것이 아닌가 싶다. 趙南翼 시인의 이 詩는 팍팍하고 척박한 농촌의 궁핍상과 애환의 표상물인 '가느다란 연기'를, 아름다운 自然의 모습에 대한 대유적 현상인 노을과 함께 병치시켜 담담하게 서경 처리한 기법이 돋보인다.

이미 앞에서도 언급한 바와 같이, 趙南翼 시인의 詩에 나타난 時代 意識은 제3시집 『나들이의 땅』에 이르면 한층 더 당당하고 카랑카랑한 목청으로 톤을 높여서 발산되고 있다.

> 불길이 달구어내는 칼이 있습니다.
> 땅으로 떨어지는 분노가 있습니다.
> 하늘이 우는 허무가 있습니다.
> 순식간에 달려오는
> 발끝,
> 네 因習이 폭발합니다.
>
> ―「雷聲」 전문 〈Ⅲ-17〉 (傍點 - 筆者)

단순히 평범한 진술인 것 같지만, 이 詩를 유심히 보면, '雷聲'의 특성을 잘 살려 의미심장한 시적 긴장이 응축되어 있음을 읽을 수 있다. 물론 틀의 앙상함과 직설적 표현으로 인한 시적 울림을 획득하는 데 미약하다는 허점을 안고 있다는 점에서 빼어난 작품이라고 할 수는 없다. 그렇지만 大自然의 현상 가운데 하나인 '雷聲'을 자기 것 화해서, 즉 '칼', '분노', '허무' 등으로 주관적으로 인식하고 있음을 주시해 봄직하다. 그뿐만 아니라, 雷聲이 순식간에 달려와 어떤 대상을 때림과 동시에 그것을 일단 맞은 대상은 '네 因習이 폭발합니다.'고 선고함으로써 그 속에 통념적인 고정관념이나 낡은 관습, 구시대적 악질 제도, 자파적이고 이기적인 아집, 사회적 부조리와 모순 현상 등 일체의 악의 요소가 한꺼번에 산산이 부서지고 만다는 詩人으로서의 준엄한 판결을 담고 있다.

그런데 趙南翼 시인의 의도는 이런 표피적인 것에 머무르지 않는다. 적어도 시인은 어떤 대상이나 사물이 雷聲을 맞음으로써 그동안 속박당했던 인습의 굴레나 불합리한 제도적 울타리로부터 완전히 해방되고 악의 조건들이 깨끗이 일소되며 청산될 수 있다고 확신하는 것 같다. 이렇게 혁신됨에 따라 집단의 경우, 새로운 질서가 확립될 수 있으리라고 희망하고 있는 것이다. 또한 개인의 경우, 갱생을 통하여 새 이정표를 설정하고 도약을 꿈꿀 수 있음을 역설하고 있는 것이다. 우리는 사물이나 현상에 대한 고정관념에 따른 붙박이 틀로부터 자유로이 벗어나 참신하게 해석하고 있는 趙南翼 시인의 詩作 態度를 기억해 주어야 할 것이다.

이러한 趙南翼 시인의 사물이나 자연의 현상에 대한 새로운 인식능력은 다음 詩에 더욱 잘 발휘되어 있다.

형광등의 투명한 밝음 속에
가늘게 떠는 경악을 보라.

밝음도 헛되이
은근한 음모가 비추어 흘러

감추인 아홉 꼬리 은은히
九尾狐가 노려보고 있다.

허긴 사람들이
그리도
노려보고 사는 일처럼…….

—「九尾狐」全文〈Ⅲ-18〉

趙南翼 시인은 평범한 일상적 사물의 하나인 발광 물체 형광등(明)과 형광등의 불빛(暗)을, 즉 한 사물의 양면성(이중 구조)을 예리한 관찰력으로 포착해서 거기에 날카롭게 현실적 상황을 재단하는 시적 효과를 창출해 내고 있다. 시인의 이 詩는 인간 행위나 사물의 二重構造, 즉 선과 악, 정의와 부조리, 평화와 전쟁, 사랑과 미움 등의 兩面性 또는 천사적 자선이나 지고한 구호 뒤의 裏面性을 빗대 풍자하고 있지 않나 싶다. 이를테면 애국을 앞세운 위정자나 독재자의 장기 집권욕, 민중의 이름을 팔아 개인의 정치적 야망을 탈취하려는 일부 정치인들의 위선적 짓거리, 허울좋게 자선을 빙자한 파렴치들의 사기 행각 따위를 유추시키고 있다. 바로 이런 점에서 趙南翼 시인의 기존 사물에 대해 새롭게 존

재 의미를 부여하려는 부단한 노력과 심미안적 투시력을 높이 사줄 만하다. 아무래도 이 詩의 노른자는 끝 연 '허긴 사람들이/ 그리도/ 노려보며 사는 일처럼….'에 있지 않을까 싶다.

우리는 다음 詩에서 趙南翼 시인의 時代 意識을 좀 더 짙게 엿볼 수 있다.

> 사람들은 둘이서, 셋이서, 넷이서,
> 말 못하는 둘이서, 셋이서, 넷이서
>
> 열 적게 남은
> 實存 끝에까지 가서는
> 더도 말고 쬐그만
> 귀나 될까나,
>
> 찬물로 떨어지는
> 천년 정적 속
> 한 줄의 詩를 위한
> 天聲이나 들을까나.
>
> —「天聲」中 (2-4연) 〈Ⅲ-24〉 (傍點 - 筆者)

우리는 傍點 부분인 '말 못하는'의 의미를 정확하게 이해했을 때, 이 詩의 내적 비밀을 감지할 수 있다. 특히 인용되지 않은 1연과 5연의 '말 못하는 배꽃과/ 말 못하는 도로와/ 말 못하는 바람과/ 말 못하는 조팝나무와'에 시선을 멈출 필요가 있다. 더욱이 같은 詩句를 첫 연(1연)과 끝 연(5연)에 수미상관 식으로 반복해서 방출했다는 것은 이 작품이《新東亞》誌(1981년 6월호)에 발표된 당시 前後의 時局을 고려할 때, 즉 10·26 사건에 연이어서 국가비상사태 선포, 군부의 충돌 등으로 말미암아 정계와 사회, 경제 등 국가 전반에 걸쳐 송두리째 흔들리는 혼란기를 맞이하게 된 실로 살벌하고 안타까운 상황에 대한 증언식 고발이기도 하다. 특히 趙南翼 시인이 이 같은 조국의 참담하고 암울한 운명 앞에서도 지식인으로서 아무 도움이나 역할은커녕 언론 및 표현의 통제 때문에 그저 죽어서 지내야 했던 실로 공포와 불안과 초조의 사회 분위기 및 안개 정국으로 인한 몹시 우울한 불확실성의 시대 상황에서 시인이 취해야 할 시대적 고뇌가 반추되어 있음을 역력하게 읽을 수 있다. 그것은 사람들이 둘이고 셋이고 넷이고 함께 모여 있어도 모두가 '말 못하는' 생벙어리가 되어버린 불구자들뿐이라는 증언이 이를 잘 대변해 주고 있다. 심지어 이 땅에 존재하는 사물(도로), 식물(꽃, 나무), 기류 현상(바람)까지도 '말 못하는' 한결같이 생병신 같은 것들만 존재하는 겨울 공화국 속에서 삶을 영위했던 숨 막히고 침통한 自然에 병치시켜 반어적으로 표출시키고 있다는 점에서 그렇다. 그 가운데도 趙南翼 시인은 이를 외면하거나 포기하거나 잠들지 않고 비록 '말 못하는' 병신이 되어 입은 막혔지만, 天聲을 들으려고 歷史의 把守兵으로 자원 복무하고 있는 것이다.

그리고 趙南翼 시인의 '제7회 아시아 축구선수권대회 남북한전을 보고'라는 副題가 붙은 詩「뎃상」〈Ⅲ-52〉은 남북으로 분단된 조국의 비극적 현실에 대한 처절한 아픔을 '시퍼런 칼날이 갈라논 두 쪽의 사과'로 표상시켜 '쟁반 위에 남은/ 앉지도 서지도 못하는 / 곱사등이의 꼴/ 사과의 그 씨는 간 곳을 알 수도 없었다.' (3연)

라고 마른 울음으로 읊고 있다. 이 詩句에서 '씨'는 단일민족으로서의 겨레 의식, 동포 의식을 상징하고 있다. 시인은 이어서 분단의 현실적 상황을 끝 연(4연)에서 '밤새 눈이 내린 벌판 위에서/ 피 흘리는 콩새는 퍼덕이며 가고 있었다.'고 민족적 통분을 극히 함축된 이미지로 비장미를 보여주고 있다.

다음 詩는 對他的인 存在에 대한 趙南翼 시인의 처신이 어떠했는가를 잘 보여주는 전형적인 작품이다.

하늘은 소를 보며
소만치나 소리 없는
꿈나라로 달립니다.

억울한 사람
변변찮은 사람

하얀 윅새풀이 우는
사람의 편에서
소는

<u>하늘의 실을 입에 물고</u>
<u>느리게 느리게 갑니다.</u>

—「하늘과 소」 전문 〈Ⅲ-37〉 (밑줄 - 筆者)

위 詩에서 '소'는 趙南翼 시인 자신의 인생관이 반영된 실존의 自畵像이기도 하다. 시인은 이 작품을 통해 인생을 관조하면서

'하얀 웍새풀이 우는/ 사람의 편에서' 휴머니즘적인 정신으로 '억울한 사람/ 변변찮은 사람'을 위하여 차분하고 신중하게 '하늘의 실을 입에 물고/ 느리게 느리게 갑니다.'고 천명하고 있다. 따라서 趙南翼 시인의 앞에서 살펴본 詩「名劍」과 그 맥락을 같이하고 있다고 하겠다.

앞에서 인용된 詩에서도 볼 수 있었던 바와 같이, 趙南翼 시인의 詩에는 '떨어진다.', '내려온다' 따위의 서술격 동사로 된 下降 이미지가 上昇 이미지보다 두드러지게 압도적이다. 시인의 이러한 下降 이미지의 강세에 대한 宋在英의 다음 지적은 매우 설득력을 갖고 있다.

> 대개 이와 같은 下降 이미지가 우리에게 聯想시키는 內延的인 意味는 절망적인 분위기, 自虐的 諦念, 또는 破滅에의 順從이다. 그러나 중요한 것은 거기엔 또 逆說的인 念願이 無意識 속에 潛在해 있다는 사실이다.[29)]

정리컨대 趙南翼 시인은 누구 못지않게 오늘의 현실과 상황에 대해 강한 時代 意識을 갖고 있는 지식인의 한 사람임에는 분명하다. 하지만 시인은 시대에 대한 분노와 비판과 아픔을 선불리 직접화법이나 詩的으로 채 걸러지지도 않은 설익은 사유 그대로 드러내려고 한 것 아니라, 보다 한 차원 높은 견지에서 정제된 詩想으로써 이미지를 구사하고 그것을 되도록 서정적으로 표출시키려고 힘썼음을 엿볼 수 있다. 다시 말하면 趙南翼 시인은 현실 상황이나 시대를 향하여 心中의 발언을 직접 노출시키지 않고 간접

29) 宋在英, 「탈기교의 방법」, 趙南翼 제2시집 『풀피리』 〈跋文〉 中 92쪽.

화법 또는 객관적 상관물(특히 自然)을 통해서 철저하게 은폐시키고 여과시킴으로써 결코 흥분되지 않은 가라앉은 목소리로 메시지를 전달하고 있다. 바로 이것이 趙南翼 시인의 時代 意識을 표출시킨 參與 詩가 확보한 독특성이자 강점이다.

Ⅲ. 뿌리 意識

趙南翼 시인은 뿌리 意識을 강하게 갖고 있는 한 사람이다. 즉 民族魂을 투철하게 소유하고 있는 시인이다.

趙南翼 시인의 詩的 空間의 이동은 대체로 자신의 출생지이고 성장지인 忠淸南道 扶餘郡 世道面 水古里에서 출발해 고향인 忠淸道 扶餘에서 鄕土愛가 상승하고 있다. 이것은 두 가지 방향으로 확산되는 바, 하나는 空間的으로 忠淸道에로의 확산과 다른 하나는 歷史的으로 百濟라는 나라에 대한 집착으로 전개되고 있다.

또다시 空間的으로는 韓半島 전체에로의 지역 확산과 더불어 歷史的으로는 같은 韓民族이라는 겨레 의식, 뿌리 의식에서 百濟를 기점으로, 동시대적으로 三國時代, 위로 古朝鮮과 그 이전의 原住民, 아래로 高麗, 朝鮮까지 섭렵해서 팽창 내지는 심화되고 있음을 볼 수 있다.

歷史的으로 볼 때, 忠淸道는 비참하게 멸망한 百濟의 땅이었다. 그런즉 忠淸道는 百濟가 쓰러진 이래 줄곧 통일신라시대, 고려시대까지 오랫동안 억압받고 소외된, 한마디로 버림받은 지역이었음은 부인할 수 없는 사실이다. 따라서 百濟의 哀史를 염두에 둔다면 忠淸道의 歷史的 情緒는 '恨'일 수밖에 없다.

이런 측면에서 傳統的 地人相關論, 즉 人傑地魂이란 말이 있듯이 국토·자연·지리·사회의 환경이 인격 형성과 인간의 정신문화를 형성하는 데 지대한 영향을 끼친다는 環境說을 반추시켜 볼 필요가 있다. 실상 오랜 세월을 두고 좌절되어 온 百濟 魂의 무거운 諦念과 이로 말미암아 값싼 현실 타협으로 유랑된 亡國 民의 서러운 환상은 자연히 保守的이고 溫乾的이고 退嬰的인 요소가 忠淸道의 遺傳子的 기질로 은연중에 굳어졌으리라. 그래서 李重煥은 그의 名著『擇里志』에서 忠淸道를 '隱者', '淸風明月'로 특징을 잡았는지도 모른다.

무릇 시인(작가)의 출생지나 성장지 또는 거주지는 가장 원초적이면서도 강력한 체험의 촉각을 행사하게 됨은 두루 아는 일이다.

趙南翼 시인은 忠淸道, 그것도 百濟의 마지막 서울이었던 옛 泗沘城(扶蘇山城·半月城) 부근의 扶餘 사람이다. 정확하게 말해서 忠淸南道 扶餘郡 世道面 水古里 태생이다. 시인은 학창 시절(대학)을 제외하고는 그의 생활 근거지가 충청도 땅을 떠나지 않은 토박이에 속한다. 바로 여기서 시인은 자신도 이 옛 百濟 遺民의 後裔 중 한 사람이라고 강하게 자각되었을 것이다. 동시에 시인은 그의 잠재의식에서 百濟 魂이 자기의 피와 체질에도 선천적으로 또는 후천적으로 배어 있음을 자의식하게 된 것이었으리라. 그 구체적인 근거로 趙南翼 시인의 다음 두 산문을 접하면 이 점이 좀 더 명백해질 수 있다.

> ① 내 소년 시절의 성장과 추억은 林川과 성흥산이 그 무대였다. (中略) 장날이면 나는 紙土川을 건너 성흥산을 넘고, 林川장을

다녀온다. - (中略) -
성흥산의 험한 길을 오르고 내리는 것이 전부인 이 코스에서
나는 백제 멸망의 거대한 실체를 피부로 느끼며 자랐다.[30]

② 여기는 옛 百濟 땅……. 滅亡의 哀史가 깊숙이 땅에 묻히었고,
거기서 오는 오랜 세월의 슬픔은 지금도 여기 사는 사람들의
가슴 속에 아지랭이처럼 피어오른다.[31]

(밑줄 - 筆者)

趙南翼 시인은 어린 시절, 자기 집 근처에 있는 百濟 東城王 23년(501년)에 이루어진 옛 성지 聖興山城(加林山城)이나 옛 百濟의 슬픈 역사의 상징적 존재인 白馬江, 그것들을 바라보며 성장하였다. 그런 가운데, 이 같은 역사의 비극적 주위 환경은 시인의 의식의 한구석을 잠재적으로 지배하기 시작했을 것이다. 또한 시인 자신도 모르는 사이에 百濟의 後裔로서의 슬픔과 분노를 함께 통감하게 되고 가슴에 응어리지게 되었을 것이다.

趙南翼 시인이 얼마만큼 鄕土愛에 집착했으며 뿌리 의식, 겨레 의식(백제 혼, 민족혼)에 매료되어 있었는가는 다음의 진술만 보아도 잘 알 수 있다.

내가 디디고 사는 이 땅, 발끝에 채이는 돌멩이 하나에도 거기에는 모두 '얼'이 들어 있었으며, 그 '얼'들은 너무도 맺힌 것들이었다.[32]

(傍點 - 筆者)

30) 조남익, 「敗亡의 孤城」『詩의 오솔길』 210쪽.
31) 조남익, 「내 故鄕 白馬江」『詩의 오솔길』 202쪽.
32) 조남익, 「聖興山城의 傳說」『詩의 오솔길』 222쪽.

趙南翼 시인은 자신이 태어나고 현재 살고 있는 忠淸道 땅에 있는 단순한 돌멩이 하나에도 민족의 얼이 서리어 있으며, 또한 그 얼은 너무도 恨으로 '맺힌 것'으로 인지하고 있다. 이는 시인의 애틋한 애향심인 동시에 더 나아가 우리 韓民族에 대한 철저하고도 투철한 각성이요, 곧 뿌리 의식의 발로인 것이다.

그러면 趙南翼 시인의 작품을 통해서 이에 관하여 보다 상세하게 살펴보기로 하자. 趙南翼 시인의 뿌리 의식은 초기 시 「情景」에서 그 시발점을 찾을 수 있다.

> 나뭇잎이 반짝이는 건,
> 세상 사람의 얼굴이
> 모두들 귀하게 반짝이는 건,
> 혼이냐, 착한 혼이 쏘는 빛발이냐.
>
> 고향 뒷산 솔밭에
> 지금도 들려오는 솔바람 소리는
> 어디서 오는 一萬肝腸
>
> —「情景」(2~3연) 〈 I -48〉

趙南翼 시인은 고향 뒷산 솔밭의 솔바람 소리에서도 그 의미를 캐고 또한 의미를 부여하려고 부단히 노력했던 것이다.

이처럼 趙南翼 시인은 역사의 본질 파악 내지는 魂(얼, 넋)을 향한 강렬한 뿌리 의식을 거듭 추구하고 시도한 결과, 그의 '나이 사십이 다 되어서야' 비로소 母國의 하늘, 母國의 땅에 닿을 수 있었던 것이다.

어머니
당신의 깊디깊은 몸에서
삼줄 달고 태어났지만요,
나이 사십이 다 되어서야
母國의 하늘에 겨우 닿았습니다.
(2~5연 省略)

어머니
나이 사십이 다 되어서야
어느덧 그 무게 때문에
저도, 겨우 母國의 흙에 닿았습니다.

—「母國」〈Ⅱ-41〉

위 詩에 잘 표백되어 있는 바와 같이, 趙南翼 시인은 '사십이 다 되어' 금기야 지금까지 피상적으로만 막연하게 느껴왔던 百濟 魂이 관념의 범부를 해체하고, 구체성을 띠면서 살아 있는 역사의 현장으로 수용되었던 것이다. 또한 시인은 母國의 실체와의 접맥이 가능했던 것이다.

趙南翼 시인은 나이가 사십(不惑)이 다 되어서야 '어느덧 그 무게 때문에' 母國의 하늘과 땅에 닿았다고 겸손하게 고백하고 있다. 하지만 실상은 오랜 시일에 걸쳐 고투한 대가로 마침내 터득된 뿌리 깊은 역사의식의 결정체요, 집요하고도 피 끓는 民族魂의 소산으로 볼 수 있다.

이러한 우리 민족의 역사에 대한 새로운 인식과 뿌리 의식의 심화는 이 땅에 사는 詩人으로서의 민족과 조국에 대한 책무와 소임의 깨침이요, 동시에 자아 성찰을 통한 내면적 자기확산의 징표로 간주된다.

다음 제시하는 趙南翼 시인의 詩들 속엔 우리 민족의 아픔과 百濟의 亡國에 서린 哀歡이 처절하고도 농밀하게 점철되어 있다.

① 조금은 따뜻하게
조금은 심심찮게
결국은 흐르는 여울
시간을 풀어서 먹이는 건 누구냐.

사람의 함성을 몰고도
우거진 절망을 목 놓아 울고도
끝끝내 나타나지 않는 건 누구냐.

세월이 죽은
시커먼 벌판
시대의 긴 노을
시대의 긴 노을이 잠기며
우리들, 무명한 해골이 떨어지는
奈落….

누구냐,
서녘에서 불어오는
바람 속, 그 질풍의 노도
하얀 달이 罪를 벗는 질풍의 노도 속

그때라야 잠을 깨는

너는 누구냐

—「亡滅」〈Ⅱ-16〉

② 亡國의 벌판,
五百年 恨이 썩은
朝鮮의 숲길 위에서도
검은 발은 뛰고 있었다.

뛰고 있었다.
오밤중이면
아득히 뱃고동처럼 우는
나의 심장 속에서
물어뜯는 검은 咆哮

—「階伯의 아내」(4~5연)〈Ⅱ-46〉

③ 찢어진 임의 눈초리
말을 몰아 구름밭으로 떠나신 뒤

제 屍身에 덮인
창부의 호곡을 나는 들었습니다.

(3~5연 省略)

죽음을 넘어선
찬란한 아침이 왔습니다.

—「階伯의 아내」〈Ⅱ-56〉(以上 傍點 - 筆者)

이런 詩들의 전체적인 흐름도 그렇지만, 특히 傍點 찍은 부분들의 詩語와 詩句들은 그대로 百濟의 서글픈 恨의 정서와 분위기를 자아내 주는 데 충분하다.

趙南翼 시인의 말을 빌리면 聖興山城, 그 山頂은 수천의 병마를 움직일 만한 평퍼짐한 면적을 가지고 있는데, 거기엔 수백 년 묵은 고목(정자나무)이 산(261m) 가장자리로 울창하게 한 그루 서서는 해와 달을 가리고 비바람을 맞고 있었던 것이다. 그것을 바라보노라면 愛鄕心과 뿌리 의식이 남다른 시인으로서는 역사의 비극과 그 오랜 忍苦의 風霜雨露에 가슴이 메여 왔으리라. 시인은 매섭고 세찬 바람이 높은 山頂을 휩쓸 때 찢어질 듯한 그 古木의 몸부림, 무언가 호소하는 듯한 이파리들의 손짓들, 그것은 곧 멸망된 자의 천년 묵은 化身으로 느껴졌던 것이다.[33)]

우선 ①「亡滅」은 이 古木을 소재로 쓴 詩로서 이 같은 역사의 비극적 현장을 목격하고 느낀 착잡하고도 어지러운 심회를 표출시킨 것이다. 다소 흥분된 발성으로 흡사 무당의 주술을 방불케 쏟아진 이 작품은 羅唐 聯合軍의 침공으로 百濟가 멸망 직전에 이르렀을 때, 최후의 격전지인 황산벌로 나가 장렬한 죽음의 길을 택한 階伯 장군 휘하의 5,000명 결사대와 패망한 후에도 끈질기게 항거한 백제 부흥군들의 寃鬼를 달래주는 살풀이나 씻김굿 내지는 鎭魂曲 성격을 띠고 있다.

33) 조남익, 「敗亡의 孤城」『詩의 오솔길』 211쪽.

그런데 이 詩 「亡滅」은 조금은 거칠게 목소리가 클 뿐만 아니라 이미지의 명징성이 결여되어 다분히 추상적으로 흐른 결함이 있다.

그리고 ②「黑馬」는 이미지의 구체화 작업, 즉 사상이나 감정이 언어로 용해되는 과정에서 덜 제어된 흠이 없지 않다. 그렇지만 '나의 심장 속에서/ 물어뜯는 검은 咆哮' 같은 詩句는 역사에 대한 자학적 자각이 치열하고 처절하게 표출된 絶句다.

앞의 두 작품에 견주어 ③「階伯의 아내」는 주제 의식이 비교적 선명하게 드러나 있거니와 '찢어진 임의 눈초리/ 말을 몰아 구름 밭으로 떠나신 뒤'에서 엿볼 수 있는 바, 비장한 결의로 최후의 결투에 출전하는 階伯 장군의 救國的 기상이 역력하게 점철되어 있다. 특히 끝 연 '죽음을 넘어선/ 찬란한 아침이 왔습니다.'라는 마무리는 역사의 비극적 현실을 시인의 에스프리로 초월적이고 미래지향적으로 승화시켰다는 점에서 가히 빼어난 부분이다.

이들 詩는 다 같이 趙南翼 시인의 철두철미한 뿌리 의식이 투영되어 비참했던 역사의 침울한 흔적과 상처를 표출시킨 것이다. 그런데 단순히 과거의 역사적 사건이나 상황에 국한되어 그치지 않고 있다. 여기서 우리는 70년대 초기의 당시 時代 惡과 社會惡을 향한 시인의 준열한 역사의식에서 발현된 마른 울부짖음과 함께 그 박진감과 리얼리티를 역력하게 읽을 수 있다.

다음 詩 「풀피리」에서 보면 趙南翼 시인은 패망의 百濟나 지정학적으로 아시아의 대륙에 붙어있는 작은 반도국인 연유로 外侵이 끊기지 않은 우리 조상들의 비극적 숙명과 수난에 대해 이제까지 퍽 감상적인 우수에 젖어 애끓게 동정해 왔음을 엿볼 수 있다. 그렇거니와 깊이 갇혀 있던 연민의 늪으로부터 비교적 자유롭게 탈피해서 詩人으로서 승리의 안목으로 새 歷史意識의 지평을 전개시켜 극복 의지를 유감없이 보여주고 있다.

(1~2연 省略)

보이지 않는
어둠의 땅
누우런 絶望의
끄트머리에서

다시는
다시는
내려오지 않을 것처럼

하늘에다
아시아의 魂을
신나게 불곤 하였다.

—「풀피리」〈Ⅱ-37〉

趙南翼 시인은 '풀피리'라는 제목으로 이 詩와 또 다른 詩「풀피리 - 朕의 戀歌·5」〈Ⅲ-64〉 두 편을 썼을 뿐만 아니라, 그의 제2시집의 題目으로도 쓴 바 있다.

'풀피리'란 '풀+피리'로 이루어진 복합명사로서, 말 그대로 풀대나 보릿대로 만든 피리다. 분해해서 '풀'은 서정적 냄새를 풍기는 연약한 식물이다. 그리고 '피리'는 서양의 악기 '피콜로' 정도에 해당되어 높은 소리를 낼 수 있는 관악기의 일종이다. 이 둘이 합성된 '풀피리'는 작고 소박한 것이나, 어린이들이 즐겨 가락을 자유자재로 연주할 수 있다.

'풀피리'는 趙南翼 시인의 시적 특허품으로서, 그의 시 경향을 잘 대변하는 매체다. 따라서 韓何雲 시인의 專用的 시 악기가 '보리피리'라면, 趙南翼 시인의 專用的인 시 악기는 '풀피리'인 셈이다.

趙南翼 시인은 恨으로 얼룩진 어둠의 이 땅의 '누우런 絶望의/ 끄트머리에서' 풀피리를 이용해서 '하늘에다/ 아시아의 魂을/ 신나게 불곤 하였다.'고 읊고 있다.

그렇다. 설령 아무리 국가의 존망이 바람 앞에 놓인 촛불처럼 위기에 처해, 민중이 심지어 지배층까지 절망할지라도, 시인만은 끝까지 체념할 수 없는 것이다. 그 이유는 그 사회집단의 정신적 지도자인 詩人마저 절망하거나 포기하는 나라와 민족은 이미 구제받을 수 없는, 즉 뿌리가 송두리째 뽑혀 반드시 죽고 말 나라요, 민족일 수밖에 없기 때문이다.

그러므로 詩人은 밖으로 다른 나라의 침략 혹은 압박을 받거나 안으로 걷잡을 수 없이 혼란과 부정부패와 악의 꽃이 만발하고 있음으로 말미암아 국가적 존망이 바람 앞의 촛불처럼 위태로운 극한상황에 봉착되어 있을망정 최악의 국난 중에도 함부로 좌절하거나 포기할 수 없는 노릇이다. 그런즉 詩人은 숙명적으로 늘 고독한 존재일 수 없다. 바로 여기에 詩人으로서의 존엄성과 고상함이 있는 것이다.

趙南翼 시인은 그의 뜨거운 詩心을 풀피리로 연주해 냄으로써 抒情과 參與의 멋들어진 어우러짐을 통해 새 歷史意識의 地平을

열고자 부단히 고뇌하고 동시에 詩作 鍊金術을 계발하고 있는 것이다.

趙南翼 시인이 '하늘에다/ 아시아의 魂을/ 신나게' 불 수 있었던 사상적 배경은 다음 詩들을 접할 때, 그 윤곽이 저절로 드러날 수 있다.

미리 밝혀 두는 바, 趙南翼 시인의 의식의 저변에는 우리 민족의 은근과 끈기를 굳게 확신하는 믿음과 열망이 자리 잡고 있는 것이다.

① 이빨 빠진
百濟 遺民을
魚肉처럼 베고 또 베어도
여전히 무성한
百濟의 들아.
누구도 지울 수 없었던
풀밭의 힘이여.

—「忠清道·8」(끝 연, 즉 3연) 〈Ⅱ-74〉

② 머언 지평선
壬辰年 끝의
어룽진 노을 속
역사는 아직도 활활 불타고 있었다.

—「七百義塚」(끝 연, 즉 3연) 〈Ⅲ-44〉

③ 義兵들처럼 널어선

코스모스 하얀 손에

그냥 놓쳐버릴 가을이 떴다.

—「錦山」(끝 연, 즉 4연) 〈Ⅲ-46〉

④ 그대 눈 속에 숨은

잠재력의 파도

青龍이 솟구친다.

—「눈빛의 말」(끝 연, 즉 5연) 〈Ⅲ-53〉

위 ①「忠淸道·8」은 趙南翼 시인의 連作 詩 중 하나다. 시인은 비록 옛날에 百濟는 망했지만, 그 亡國의 遺民들은 쓰러진 母國을 다시 일으켜 세우려고 끈질기게 부흥 운동을 시도했던 것과 마찬가지로 지난날의 그 百濟 魂은 오늘날에도 단절되지 않고 百濟의 옛 땅인 忠淸道의 들에 피어난 풀로 이어져 있다고 확고하게 믿고 있는 것이다.

상식적으로 낫으로 베어서 베어지지 않을 풀은 있을 리 없다. 그럼에도 趙南翼 시인의 민족에 대한 애틋한 사랑과 의지는 예리하고 놀라운 통찰력으로, 낫으로 '魚肉처럼 베고 또 베어도/ 여전히 무성한' 풀의 생태적 특성과 기질을 포착한 것이다. 그리고 시인은 거기서 주변 강대국에게 시달려 지낸 약소민족임에도 은근과 끈기로써 강인하게 버티어 온 옛 조상들의 民族魂을 유추한 것이다. 시인은 충청도 지역의 그런 풀의 기질을 통해서, 특히 '百濟의 넋' 즉 연약하고 가냘프나 끈기를 보여준 百濟 遺民들의 後裔답게 고난과 역경에 맞서 온갖 시련을 극복하면서 꿋꿋하게 살아 있는 우리 민족의 정기 및 저력을 이 작품 속에 용해시켜 놓고 있다. 趙南翼 시인의 이 시의 밑바닥엔 이미 宋在英이 지적한 바와 같이, '忠淸道 사람을 무력하게 보는 부당한 偏見에 대하여 은근한 저항정신을 고취시킨 면이 있는 것으로 여겨진다.'[34]고 볼 수 있다.

②「七百義塚」과 ③「錦山」은 다 같이 임진왜란 때 忠淸南道 錦山郡에서 나라를 지키기 위하여 왜군과 끝까지 싸우다가 장렬하게 순국한 의병장 趙憲 장군과 승병장 靈圭大師를 위시한 七百義士가 묻힌 무덤을 소재로 쓴 詩들이다. 詩「七百義塚」의 마지막 行 '역사는 아직도 활활 불타고 있었다.'에 잘 나타나 있듯이, 趙南翼 시인은 그들의 장엄하고도 투철한 민족혼(애국심)은 오늘도 지속되고 있다고 애절하게 추모하고 있다. 이 같은 시인의 철두철미한 歷史意識은 詩「錦山」에서 길가에 핀 코스모스까지도 줄지어 서 있는 義兵들로 보고 있는 것만 보아도 역력하게 알 수 있다.

④「눈빛의 말」은 비록 '黃龍'(中國)과 '海狗(日本)'에게 수많은 피해와 상처를 입었으나, '靑龍(韓國)은 푸른 불꽃을 내뿜으며 꿈틀거리는 희망찬 미래를 꿈꾸고 있다. 시인의 이 詩는 우리 민족의 무한한 가능성(잠재력)을 희구하고 믿는 뿌리 의식이 잘 표출되어 있다.

이상 네 편의 詩를 통해서 우리는 趙南翼 시인의 우리 민족에 대한 끈기와 미래지향적인 잠재력을 견고하게 믿으려는 뿌리 의식 내지는 민족의식과 함께 愛鄕心을 여실히 읽을 수 있다.

이러한 토대 위에 趙南翼 시인의 민족에 대한 신념과 긍지와 사랑은 점차로 앙양되고 있음을 다음 詩에서 볼 수 있다.

---

34) 송재영, 「탈기교의 방법」, 조남익 제2시집 『풀피리』 〈跋文〉 中 95쪽.

(1연 省略)

도깨비 大同江 건너듯
나는 植民地에서 왔다.

(3연 省略)

누우런 植民地 땅
먼 나라에서 수레를 타고
돌아온 祖國

(5~8연 省略)

새야
새야
끓는 철물에 던졌다 건진
사나이의 비극에서 나는 왔다.

—「不死鳥」〈Ⅱ-53〉

'不死鳥'(phoenix)란 이집트 神話에 나오는 신성한 새로서 500년 간격으로 한 번씩 神壇에 날아와서 스스로 불타 죽고 그 재 속에서 새로 재생된다고 한다. 따라서 不死鳥란 永生 不死의 상징이다.

趙南翼 시인의 이 詩에서 '不死鳥'는 우리 민족의 영원한 생명력을 표상하고 있다.

시인은 이 작품을 통해서 자신은 식민지에서 태어났다는 철저한 자기 인식을 표명하고 있다. 실상 우리 민족은 '누우런 植民地의 땅'(韓半島), 그것은 가깝게는 일제의 35년간 피맺힌 식민지 생활, 멀리는 箕子朝鮮 이래 李朝 때까지 중국의 지배를 받아왔던 속국 신세, 즉 거의 식민지 생활을 면치 못해 온 약소국으로서 감수해야만 했던 설움과 恨의 민족(韓民族)이었다. 그런 서글픈 노예적 입장으로부터 20세기 중반(1945.8.15)에 해방되어 명실공히 국권을 회복함으로써 마침내 피눈물 나는 수난의 식민지 생활을 깨끗이 청산하고 떳떳한 자유민, 자주 인으로서 살아갈 수 있는 권리와 위치를 확보하게 된 것이다. 이것은 그냥 저절로 획득된 것이 아니라 우리 민족의 열렬한 나라 사랑 정신과 끈질긴 인내심과 민족적 국난 극복 의지의 결정체라는 것이 시인의 믿음이다. 그리하여 그 감흥을 억누르지 못하고 '새야/ 새야' 되풀이해서 눈물겹게 불러보고 있다. 시인의 이런 감격의 정당성은 적어도 '끓는 철물에 던졌다 건진/ 사나이의 비극에서' 왔기에, 즉 수많은 죽음과 희생을 통한 거듭남 내지는 부활이었기에 진실로 값지고 사랑스러우며 고귀한 것이 아닐 수 없다.

우리 역사를 뒤돌아볼 때, 韓半島에서 살아온 우리 韓民族이 약소민족인 탓으로, 숙명적으로 5,000년 역사가 거의 한시도 평탄하지 않았다고 해도 지나친 말이 아니다. 咸錫憲 선생의 『뜻으로 본 한국사』에 쓰여 있는 대로 무려 900여 회 이상의 外侵을 받은 것을 비롯해 수많은 國難을 겪었다. 그뿐만 아니라 강대국(특히 중국)으로부터 속국으로서의 설움과 압박을 감내하면서 모질게 이어져 내려온 그야말로 桎梏의 역사였다고 할 수 있다. 거기에다가 거의 바람 잘 날 없는 내부적 시련과 갈등(갖가지 內亂 및

士禍 따위) 등으로 말미암아 全 國土가 피와 눈물과 恨으로 물들고 얼룩지고 맺힌 강토인 것은 부인할 수 없는 냉혹한 사실이다. 하지만 世界史的으로 그 많은 강대국이 쓰러져 갔어도, 우리 민족의 뿌리 깊은 생명력은 질경이처럼 모질게 버티어 온 것이다. 그러기에 시인은 이런 조국을 더욱 사랑하게 되었으며, 그런 조상들을 흠모하게 되었던 것이다. 또한 시인은 이 땅에 태어난 것을 영광스럽고 자랑스럽게 여기고 있는 것이다.

趙南翼 시인의 나라 사랑하는 마음과 민족정신은 다음 詩에 질경이의 무서운 생명력을 사랑의 환희로 감싸고 싶은 진실이 잘 나타나 있다.

하필이면 길가에
태어난 罪.
질경이의
하얀 뿌리가 밉다.

하늘에 닿지 못하는
어여차, 미치고 싶은 사랑
코리아에 태어난
나의 罪…….

(3연 省略)

질경이야,
짓밟힌 질경이야

어여차, 미치고 싶은
밟히며 자란 사랑이야.

—「罪」〈Ⅲ-42〉

위 詩에서 보면 趙南翼 시인은 질경이의 비극적 생태인 '하필이면 길가에/ 태어난 罪' 아닌 죄, 즉 강자인 사람들이 지나다니는 길가에 돋아난 탓으로 시달릴 수밖에 없는 질경이의 신세를 우리 민족의 한 맺힌 苦難史와 결부시켜 同病相憐的 입장에서 동정하고 연민하고 있다. 왜냐하면 이런 질경이의 측은한 숙명이야말로 흡사 우리 한반도의 비애 어린 숙명적 처지와 마찬가지이기 때문이다. 우리 한반도는 아시아의 대륙과 태평양을 잇는 길목인고로, 옛날이나 지금이나 바다로 진출하려는 중국(중공)이나 소련 세력과 반면에 대륙으로 진출하려는 또는 방어하려는 강대국 미국이나 일본 세력의 틈바구니에서 몹시 시달리고 허우적거리는 것이 바로 우리나라의 지정학적 팔자이자 현실이기도 한 것이다. 여기서 질경이의 가련한 처지는 곧 우리 민족 또는 민초들의 苦難史를 상징하고 있다. '하필이면 길가에/ 태어난 罪' 때문에 왕래하는 뭇사람들로부터 밟히고 짓밟혀도 질기게 살아남는 질경이의 악착같은 생명력 기질을 보유한 것이 곧 우리 민족이다. 그러나 趙南翼 시인은 이 땅에 태어난 것을 슬퍼하거나 비극이라고 생각하지 않고 민족의 원죄 의식 내지는 민족의 숙명이라고 긍정적으로 받아들이면서 민족에 대한 뜨거운 사랑과 희망을 진솔하게 직토하고 있다.

1연에서 '질경이의/ 하얀 뿌리가 밉다.'는 역설적 서술에서의 시적 긴장 획득과 끝 연의 '어여차, 미치고 싶은/ 밟히며 자란 사랑이야.'라고 읊은 시인의 가슴으로부터 우러나오는 피 끓는 絶唱은 이 詩를 詩답게 하는 데 어느 만치 보태고 있다.

이미 앞에서 피력한 바, 시인(작가)의 출생지나 성장지 또는 거주지는 가장 원초적이면서도 강력한 체험의 촉각을 행사하게 됨은 주지의 사실이다. 이때 문제는 작가(시인)의 출생지 및 성장지나 거주지가 극히 제한된 小地域이라는 점을 직시하고 보다 시야를 한 차원 확산시켜야 온당할 것이다. 만약 지나치게 폐쇄적 詩魂에 매료된 나머지 鄕土愛 또는 國土愛 등에 집착했을 경우, 자칫 작가(시인)는 국부적인 小宇宙에 갇히고 마는 결과를 초래하여 공간적 매너리즘에 도취할 우려가 다분히 있기 때문이다.

趙南翼 시인은 슬기롭게도 바로 이 점을 자각한 것 같다. 이는 그동안 집요하게 견지해 온 시인의 시적 공간이 지리적으로 출생지인 동시에 성장지이기도 한 扶餘를 비롯해 거주지나 근무지인 大田 또는 錦山을 중심으로 百濟 魂을 건질 수 있고 불러일으키던 忠淸道라는 지역에서 탈피하고 있다는 점에서 그러하다.

시인은 제1시집 『山바람 소리』 시기에는 扶餘를 중심으로 한 百濟 魂과 忠淸圈을 지조적인 견지에서 거의 아집스럽게 벗어나지 않고 있다.

그렇지만 제2시집 『풀피리』 시기부터는 忠淸道를 탈피하기 시작해서 제3시집 『나들이의 땅』 시기에 이르면 그의 詩는 時空 확산을 꾀하고 있기 때문이다. 이처럼 시인은 제2시집과 제3시집 무렵에 이르러 지리적으로는 한반도 전 지역에로의 空間的 擴散과 역사적으로 百濟에서 배달민족 전체에 해당되는 古朝鮮, 高句麗, 新羅, 高麗, 李朝 등에까지 時間的 擴散을 통하여 변모를 추구하고 있다.

趙南翼 시인의 시적 배경의 확산은 다음과 같은 깨우침에 연유한 것으로 파악된다.

> 나의 임(詩 - 필자 註)은 딱딱한 관념의 세계가 아니라, 차라리 천년 묵은 산맥(山脈)을 넘어 불어오는 그 무궁한 바람의 철리(哲理)에서 손짓하는 것인가. 그러잖아도 유한한 인생이 토착적인 향토 세계로 뛰어들었을 때, 그 화제의 한정성은 어떻게 극복할 것인가….[35)]
>
> (밑줄 - 筆者)

趙南翼 시인의 이 말은 오래전부터의 자신의 문학세계에 대한 과제이자 구체적인 실천 강령이기도 하다. 시인은 토착적인 향토 세계에 집착했을 때 자칫 봉착될지도 모르는 화제의 한정성을 의식했던 것이다. 이는 지극히 지혜롭고 현명한 각성이라고 볼 수 있다.

시인은 역사 앞에서 항시 깨어 있어야 한다. 동시에 시인은 늘 새로운 세계, 즉 새로운 소재의 발굴, 시적 테크닉의 개척, 신선한 이미지의 창출, 새로운 존재 의미의 부여, 우리말의 발굴 및 가다듬기 등을 위하여 실험정신을 가지고 끊임없이 갈구하고 시도하여야 할 것이다. 그렇게 거듭나기(탈바꿈)를 두려워하지 않는 작가만이 살아 있는 詩人이라고 말할 수 있을 것이다.

趙南翼 시인의 경우, 主題의 제한성을 극복하고 民族魂을 표출하기 위한 시도인 「朕의 戀歌」야말로 곧 자기 자신의 詩에 대한 고정성이나 시 세계의 폐쇄성의 수렁에 갇히지 않으려는 강한 의

35) 조남익, 「이 책을 읽는 분에게」 에세이집 『詩의 오솔길』 〈後記〉 中 355쪽.

지를 보여준 단적인 징표라고 간주된다. 다 알다시피, 지난날의 史觀이 역사적 사실이나 사건의 자료수집과 그 자체에 중점을 두었다. 이제 오늘날의 歷史觀은 그 역사적 사실이나 사건에 대하여 어떤 각도에서 새롭게 조명하느냐, 즉 그것을 어떻게 해석하느냐는 역사의식이 더욱 중요시되고 있는 경향이 대세를 이루고 있다.

역사학계의 이런 추세를 감안하지 않더라도 詩人으로서 역사의 문헌적 기록이나 사건 그 자체에만 연연할 것이 아니라 한 단계를 뛰어넘어 작가정신으로 뚜렷한 주체 의식을 확립한 기반 위에 새로운 안목으로 역사의 심층구조를 꿰뚫도록 응시하여야 함은 당연한 일로 받아들여진다.

그러면 趙南翼 시인은 이 땅의 한 詩人으로서 사명감을 갖고 '이 詩集의 연작시 「朕의 戀歌」는 國史의 正史 쪽인 『三國史記』에서 取材하고 있는 것인데, 이제 시작인 셈입니다.'[36]라고 선언하고 있다.

우리는 趙南翼 시인의 야심작 「朕의 戀歌」에 드러난 의욕적인 정열과 민족 사랑의 열렬한 시 정신에 대하여 검토해 보기로 하자.

이때 趙南翼 시인의 이런 원대하고도 방대한 대작업에 걸 수 있는 우리의 관심과 기대는 다음의 두 가지로 집약될 수 있다. 첫째로 우리 민족사에 대한 냉철한 통찰력으로 역사의 兩面性(긍정적인 면과 부정적인 면, 사실과 사실의 왜곡 내지는 조작 등)을 얼마나 날카롭게 해부하고, 역사의 재창조를 향하여 어떻게 조화·통합시킴으로써 새롭게 조명할 것인가? 둘째로 주제 의식의 강박관

---

36) 조남익, 제3시집 『나들이의 땅』 「詩의 말」 〈自序〉 中에서.

념과 현실적 한계(반공 국가이며 오늘의 어려운 시국적 여건)로부터 얼마나 얽매이지 않고 그동안 20여 년 연마해 온 자신의 시적 상상력을 유감없이 발휘함으로써 우리가 역사를 알아야 하는 근본 취지 및 효용성(溫故而知新)을 제대로 살려가면서 과연 어느 정도 時代性을 획득할 수 있을 것인가? 이 두 가지가 바로 「朕의 戀歌」의 생명력(價値性)을 판가름할 수 있는 중요한 관건이 될 것이라고 보인다.

아무튼 文學性 면에서 볼 때, 주로 正史인 『三國史記』를 텍스트로 설정한 趙南翼 시인의 연작시 「朕의 戀歌」가 어떻게 전개될 것인가가 매우 흥미롭고 궁금한 일이 아닐 수 없다.

우선 연작시 「朕의 戀歌」의 序詩라고 보이는 다음 詩를 보기로 하자.

> 그래, 난 쏘아주고 싶어요.
> 말벌처럼,
> 봄의 끝에서, 겨울의 입구에서
> 허물 벗는 시대의
> 번쩍이는 그 이마를 보며
>
> 숨은 앙금이 내려앉는 곳을
> 달려가 쏘아주고 싶어요.
> 애간장 녹이는 사랑의 혀처럼
>
> —「쏘아주고 싶어요」(끝 연, 즉 2연) 〈Ⅲ-56〉

趙南翼 시인은 '봄의 끝에서, 겨울의 입구에서/ 허물 벗는 시대

의/ 번쩍이는 그 이마를 보며' 즉 이 땅에 새롭고 이상적인 낙원(유토피아)가 건설되기를 열망하고 있다. 이러한 꿈이 이루어지기를 염원하는 이 시인의 시대와 겨레에 대한 사랑은 벌 중에서도 '말벌'이 되어 완전히 정신적 포로로 사로잡을 정도로 '숨은 앙금이 내려앉는 곳을' 향하여 달려가 '불타는 毒針'으로 쏘아주고 싶다고 표백하고 있다. 따라서 일단 어떤 대상을 쏘고 나면 죽고 만다는 '벌'의 생태를 반추시켜 볼 때, 그의 시 정신은 정말로 우리 민족에 대한 치열하고 뜨거운 사랑이라고 할 수 있다.

이제 우리는 趙南翼 시인의 준열한 시 정신이 역사의 곪은 곳, 가려운 곳, 삔 곳, 체한 곳 등에 명실공히 아가페적인 사랑의 針을 놓아주고 다닐 것인가 그 활약상을 시인의 詩를 통하여 그가 얼마나 시대와 민족을 위해서 땀과 정신적 피를 흘렸는가를 살펴본다는 것은 의미 있는 일이라고 할 수 있다.

우리는 趙南翼 시인의 연작시의 副題인 「朕의 戀歌」에서 '朕'의 개념과 정체에 대해서 정확하게 파악해 볼 필요가 있다.

사전적인 개념 정의에 따르면, '朕'은 임금이 자신을 낮추어서 일컫는 말이다. 그렇다면 여기서 '朕'은 무엇을 의미하고 있는 것일까? 이 점은 시인의 다음 詩에 그 윤곽이 드러나 있다.

> 후줄근히 비바람 두드리고
> 터진 틈 사이
> 無覺의 입김을 뿜으며
> 방싯 태어났어요, 朕은,
>
> 그래요, 태어난

朕은 魂이었어요,

宇宙보다 더 큰

民族魂이었어요.

—「풀피리 - 朕의 戀歌·5」中 〈Ⅲ-64〉

위 인용 시「풀피리 - 朕의 戀歌·5」에 나타나 있는 바와 같이, 첫째로 '朕'은 바로 '民族魂'이다.

다른 한편으로 '朕'은 趙南翼 시인이 자기 자신을 자칭하는 말일 수 있다. 또는 시인이 오랜 통찰과 사색을 통하여 확립된 '민족의식에의 깨침' 그 자체를 뜻할 수도 있다. 그런즉 이 詩에서의 '民族魂'은 시인 자신의 우리 민족에 대한 투철한 정신세계(魂)를 표상한다고 볼 수도 있다. 이렇게 볼 수 있는 실마리는 다음과 같은 趙南翼 시인의 글에서 찾을 수 있다.

① 따옥따옥….

영롱한 예술의 꽃, 나는 따오기처럼 우는 詩이외다. 詩人들의 祝福을 받고 태어난 나는, 한 사람이라도 반겨주는 이가 있으면, 찾아가 우는 따오기이외다.

결이 고운 내 노래는 사람의 심금을 울리는 감동이 있고, 매력 있는 메시지, 온몸으로 반짝이는 리듬의 存在이지요. 나는 원래가 天才들의 손에 의해서 길들여졌지요.

내 몸은 해오라기처럼 희답니다. 기품 있는 순백, 뒷목께로 길게 형성된 羽冠을 세우고, 오만하게 살아온 나의 걸음은 오랜 역사를 가지고 있답니다.[37]

---

37) 조남익, 제3시집 『나들이의 땅』「시의 말」〈自序〉中 8쪽.

② 나는 오직 태어난 때문에 사는 것은 아닐 것이다. 나의 고향, 나의 조국의 한 줌 '흙'을 사랑하듯이 나는 나의 '넋'을 사랑하고 키워야 할 일인 것이다.[38)]

(밑줄 - 筆者)

인용문 ①에서 시인으로서의 지고한 자부와 자기 詩에 대한 대단한 긍지를, ②에선 자신의 넋(얼 또는 시 정신)을 천명한 것에서 後者와 같이 볼 수 있는 근거를 발굴할 수 있기에 그렇다.

정리컨대 前者에 따른다면 「朕의 戀歌」는 '民族魂이 부르는 戀歌'로 풀이되며, 後者에 의한다면 '나의 겨레 사랑의 노래' 또는 '시인의 민족 사랑의 노래'로 해석될 수 있다. 하여튼 이것은 趙南翼 시인이 오래전부터 견지해 온 '詩人의 사명이란 그의 민족적 自我의 전개에 있어서 가장 光彩 있는 부분을 '얼'로써 채워주어야 하며, 그것은 부단히 정진의 기틀에서만 가능한 것'[39)]이라고 확신했기 때문으로 받아들여진다.

이 글에서는 지면 관계상 부득이 몇 편의 詩를 추려 그 一部만 집중적으로 주시해 본다.

①

(1~2연 省略)

타다 만 原木은/ 긴 잠에서 깨어나/ 한 길이나 소스라쳐 튀며 / 상처받은 짐승처럼 울부짖는다./ 馬上에서 활 쏘며 달리던/

38) 조남익, 「詩와 傳說의 故鄕 - 나의 詩作 遍歷에서」, 에세이집 『詩의 오솔길』 184쪽.
39) 조남익, 「詩人의 體質」, 에세이집 『詩의 오솔길』 253쪽.

高句麗가 아득히 산맥을 뛰어넘어 오고 있었다.// - 7백 년 社稷의/ 주름잡던 땅에/ 천 3백 년/ 가랑잎만 물 위에 떴다// - (6연 省略) - / -2천 년의 이스라엘처럼.//

—「原木 -朕의 戀歌·2」〈Ⅲ-58〉

② 곰 가재 뒤지듯
광막한 동북아시아
해안 따라 강변 따라 스며들었지,
(2~3연 省略)
그들 古아시아족의
圓錐形 움집에서는
新石器 文化의 연기가 피어오르고
빗살무늬의 櫛紋土器가 오롯했었지
(5~6연 省略)
곰을 숭배하여
곰의 자손이라고 믿은 그들은
머언 시베리아 동북부로 이동되었지.
그래, 그들이 우리의 先住民이었지.

—「先住民 - 朕의 戀歌·3」〈Ⅲ-60〉

③

(1연 省略)

우는 듯/ 울리는 듯/ 칼 가는 들에/ 좁은 소매의 저고리와 홀태바지/ 북방계 호복을 입고/ 興安嶺山脈을 넘어오는/ 기마민족 말굽 소리.// 이제사 보이는 / 겨울 하늘/ 기러기 떼의 그림자.

—「先祖들 - 朕의 戀歌·4」〈Ⅲ-62〉

④ 아가의 엉덩이에 찍어 보내시는
三神 할머니의
푸른 몽고반점이여,

(2~5연 省略)

아파트가 되고, 고인돌이 되고
내가 아파트로 들어가고
고인돌로 나오고

아가야, 그것이 모여
숲이 되고 꽃이 되어
찬란한 그대 얼굴 피어오른다.

—「形成 - 朕의 戀歌·6」〈Ⅲ-66〉

⑤

(1~4연 省略)

大地의 그윽한 陰冗에 숨어
잠잘 때 그들은 수컷이 되고
누울 때 女子는 암컷이 됐어요.

〉

멧돼지 송곳니로 만든
날카로운 낫에는
푸른 영혼이 번득이고 있었어요.

—「先史時代 - 朕의 戀歌·7」〈Ⅲ-68〉

⑥

(1~3연 省略)

이윽고 세 마리 龍/ 龍이 끄는/ 青銅 수레 타시고// 太白山 마루에/ 神市를 열어/ 投射하기 시작한 東方의 햇살.// 새야, 파랑새야/ 漢江에서 다시 듣는 울음의/ 달밤이 떴네.

—「桓雄大皇 - 朕의 戀歌·8」〈Ⅲ-70〉

(以上 밑줄 - 筆者)

이상의 작품들은 우리나라의 古代史, 특히 선사시대의 역사를 주로 詩의 소재로 취하고 있다.

이들 詩는 趙南翼 시인이 우리 겨레의 뿌리 의식을 추구한 것들로서 민족의 근원, 고조선을 위시한 부족 국가의 성립, 선조들의 생활 방식(의식주 및 종교와 문화, 기타) 등에 대한 제반 사항을 대개 國史의 正史에서 그 글감을 취재한 것이다. 물론 '桓雄大皇' 같은 경우에는 野史인『三國遺事』에 수록된 檀君神話에서 발췌한 것이다.

좀 더 구체적으로 언급한다면, ①「原木 - 朕의 戀歌·2」은 그 옛날 만주 대륙까지 국토를 확장해 나갔던 고구려의 웅활한 기개,

우리 민족의 끈기 및 잠재력을, ②「先住民 - 朕의 戀歌·3」은 우리 민족의 기원, 주거지, 생활 도구, 장례 풍습을, ③「先祖들 - 朕의 戀歌·4」은 선조들의 遺傳質(북방계 몽고인종), 의복류, 기마민족임을, 이미 바로 앞의「풀피리 - 朕의 戀歌·5」는 우리 민족의 성립과 民族魂을, ④「形成 - 朕의 戀歌·6」은 우리 종족의 공통성인 몽고반점과 배달민족의 형성 과정을, ⑤「先史時代 - 朕의 戀歌·7」은 우리 선조들의 주거 형태와 민족의 민속신앙(토템)을, ⑥「桓雄大皇 - 朕의 戀歌·8」은 檀君神話를 제재로 우리 韓民族의 줄기와 魂을 각각 형상화하고 있다.

한 가지 우리가 분명히 짚고 넘어가야 할 사항은 이 땅의 전통주의자들이 흔히 저지르기 쉬운 매너리즘, 즉 우리 역사, 우리 가락, 우리 춤, 우리 문화재(유물이나 유적), 우리 조상, 우리 풍습, 우리 것이라고 무조건 좋다고 매혹된 나머지 과거를 단순히 동경한다거나 옛날 또는 옛것으로 빠져들어 가는 국수적 감상주의 내지는 복고주의적 경향은 지양되고 경계되어야 하며 비판받아야 마땅하다. 이는 부질없는 헛작업이 될 수도 있다는 점에서 그러하다.

무릇 傳統의 생명과 진가는 언제나 새롭게 변모되는 데 있다. 따라서 혹 그것이 아무리 우리 것이라고 하더라도 오늘의 가치관에 부합되지 않거나 썩은 부분이라고 民意가 집약되었을 때는 과감하게 도려내는 결단성과 수술 작업이 이루어져야만 전체가 살 수 있고 새로운 창조가 가능한 것이다.

이런 관점에서 설령 소재는 옛것에서 취했을지라도 과거 속에 오늘을 투영시켜 보고 조심스럽게 저울질해 보고 조명해 본 후, 다시 과거를 오늘에 접맥시켜 새로운 의미와 가치를 부여했을 때 시로서의 존재 가치가 확보될 수 있을 것이다.

趙南翼 시인도 이 점을 나름대로 의식한 것 같다. 그 근거로 「先祖들 - 朕의 戀歌·4」, 「形成 - 朕의 戀歌·6」, 「桓雄大皇 - 朕의 戀歌·8」 같은 詩의 밑줄 친 끝 연을 주시해 볼 때, 자명하다.

앞에 인용된 詩들의 끝 연 밑줄 친 부분들에 대해선 崔元圭도 지적한 바, '이와 같이 歷史를 소재로 하여 시를 쓸 때, 표면에 드러나기 쉬운 주제 의식을 서정성으로 제어 작업을 하고 있다. 역사적 사실을 서술적 수법으로 처리함에 따라 시의 균형을 잃게 되는 것을 막아주고 있다. 이는 知的인 것에 어느 정도의 서정성을 투입하여 美를 추구하고 있는 것이다.'[40]

그러나 이 정도 가지고는 미약하지 않나 싶다. 왜냐하면 언급한 詩들의 앞부분과 밑줄 친 부분과의 이 두 이질적인 요소들을 접맥 내지는 융합시키는 과정에 있어서 부자연스러운 데서 야기된 한 편의 詩 전체로서의 통일성이 결핍되어 있을 뿐만 아니라, 시적 긴장을 획득하지 못하고 있기에 그러하다.

그리고 趙南翼 시인이 『朕의 戀歌』의 序詩인 「쏘아주고 싶어요」에서 '불타는 毒針'이 되어 말벌처럼 '숨은 앙금이 내려앉는 곳을' 쏘아 주겠다는 의지적이고 양심적인 선언과는 달리 주제 의식의 표출 면에서 다소 기댓값에 빗나가고 있음을 지적하지 않을 수 없는 괴로움과 애정의 짜증(?)이 있다.

앞으로 趙南翼 시인의 『朕의 戀歌』가 보다 독자들로부터 사랑을 받고 文學史에 남을 수 있는 여부(키워드)는 무언가 민족의 밑바탕에 응어리진 恨, 맺힌 것, 고압적이고 강권에 의해 동면 상태에 있는 민중의 속울음을 얼마만큼 시적 용해 과정을 거쳐서 抒情

---

40) 최원규, 「自我認識과 歷史意識의 抒情化 - 그의 作品을 中心으로」, 조남익 제3시집 『나들이의 땅』 〈해설〉 中 95쪽.

性과 아울러 밀도 있게 결합시킴으로써 새로운 시 세계를 구축하고 참신하고도 선명한 이미지로 명징성을 띠게 표출시키느냐 못하느냐에 전적으로 달려 있는 것이다.

한마디로 趙南翼 시인이 민족과 겨레를 향해서 하고 싶은 말(주제 의식)을 어떻게 작품(예술)으로 승화시킴으로써, 과연 얼마만큼 新抒情을 개척하는 가운데 詩다운 詩로 빚어나가느냐가 중요한 숙제로 남아 있는 것이다.

참으로 시인의 에스프리의 위대함은 역사를 재창조하고 보다 오늘을 바르고 양심적으로 살고자 역사의 강물을 응시하면서 새 歷史意識의 지평을 펼쳐나가는 민중의 정신적 지팡이 역할과 소임을 스스로 감당했을 때, 비로소 발현될 수 있음을 우리 詩人은 항시 염두에 두고 詩作에 임해야 할 것이다.

어쨌든 趙南翼 시인의 야심작인 연작시 「朕의 戀歌」 작업은 계속 진행 중에 있으니, 좀 더 관망해 보자는 뜻에서 여기선 이쯤에서 접어두기로 하자.

Ⅳ. 나오면서

이렇게 해서 우리는 趙南翼 시인의 詩에 표출된 '時代 意識'과 '뿌리 의식'에 대해서 살펴본 바, 다음과 같은 결론을 얻을 수 있었다.

① 趙南翼 시인의 詩的 무대는 처음엔 출생지인 동시에 성장지인 百濟의 옛 서울 扶餘를 중심으로 한 百濟 魂과 忠淸圈을 지조적인 견지에서 벗어나지 않지만, 제2시집 『풀피리』 시기부터는

忠淸道를 탈피하기 시작해서 제3시집『나들이의 땅』시기에 이르면 지리적으로 韓半島 전 지역에로의 공간적 확산과 더불어 역사적으로 百濟에서 古朝鮮, 高句麗, 新羅, 高麗, 李朝 등에까지 시간적 확산 등 時空 확산을 꾀하고 있다. 이는 토착적인 향토 세계나 특정 옛 국가(百濟)에 집착할 경우, 話題의 제한성을 의식한 나머지 이를 극복하기 위한 자유의지로 인정된다.

② 趙南翼 시인은 시대적 상황이나 현실에 대한 분노와 비판과 아픔을 직접화법이 아닌, 간접화법이나 객관적 상관물을 통하여 보다 정제된 詩想으로써 은근히 한 차원 높은 견지에서 이미지를 구축하고 그것을 서정적으로 처리하려고 힘썼음을 보여주고 있다. 이 점이 바로 조남익 시인의 時代 意識을 표출시킨 參與 詩가 확보한 독특성이자 강점이기도 하다.

③ 趙南翼 시인은 투철한 民族魂을 갖고 있는 한 사람으로서, 그의 뿌리 의식은 자신이 亡國인 百濟 遺民의 後裔라는 강한 자의식에서 비롯된 것이다. 그의 詩는 짓밟힌 百濟의 恨의 울림이요, 敗者의 맺힌 피눈물의 응어리에 대한 씻김굿이다.

④ 趙南翼 시인의 야심작인 연작시「朕의 戀歌」는 말할 것 없이 대단한 포부이며 시도임에는 분명하나, 아직까지는 그의 선언만큼 형상화 작업에서 성과를 확고하게 거두지 못하고 있다고 하겠다.

아무쪼록 趙南翼 시인이 자신의 詩에 대한 自評대로 '황금만능의 시대에, 따오기처럼 쫓기는 詩人들을 보면서, 또 그들의 타락을 보면서 나는 내 빛깔과 향기가 참으로 값진 것임을 깨닫는 것이외다.'[41]라는 자기 詩에 대한 높은 자긍심과 詩人으로서의 사명 의식을 갖고, 묵묵하게 그러면서도 안으로 뜨겁게 걸어가고 있는 시인의 발길을 주목해 볼만한 일이다.

요컨대 趙南翼 시인의 詩는 그 나름대로 抒情과 參與의 어우러짐을 통한 새 歷史意識의 지평을 이루어가고 있다. 다시 말해서 시인은 自我의 內面 意識과 汎對他的인 存在에 대한 뜨거운 사랑과 준열한 歷史意識을 적절하게 조화시켜 抒情的인 언어로 思想과 魂의 육화 작업을 잘 해내느냐에 따라 이 땅의 參與 詩의 고질적인 한계를 극복하고 新抒情을 확보한 詩人의 한 사람으로 평가될 수 있으리라.

끝으로 趙南翼 시인의 인생관, 문학관을 표명한 다음 말을 소개하면서 이 글을 맺기로 한다.

> 나는 나의 고향, 나의 조국을 사랑한다. 그리고 이 나의 '넋'을 사랑한다. 뿐만 아니라 이 나라에 태어나서 비록 미력한 詩人이긴 하지만, 나의 사랑하는 '넋'을 시로 쓸 수 있는 나의 자유를 사랑한다.
>
> 그리하여 한반도 - 그 구석지고 외진 땅에 소태같이 우거지고 썩은 것, 고달프고 슬픈 것, 홀로 피고 지는 것, 그것들을 모두 사랑하고 그것들을 인고하며 나는 외로운 나의 시를 쓴다.[42]
>
> (밑줄 - 筆者)

우리 모두 이 땅의 모든 것을 진정 사랑하기에, 참아내고 포용하면서 고독한 詩人의 길을 대쪽 같고 카랑카랑한 선비정신으로

---

41) 조남익, 제3시집 『나들이의 땅』 「詩의 말」 〈자서〉 中 9쪽.
42) 조남익, 「詩와 傳說의 故鄕 - 나의 詩作 遍歷에서」, 에세이집 『시의 오솔길』 184쪽.

지조 있게 걸어 나가고 있는 趙南翼 시인을 지켜보기로 하자.

* 애초 鄭眞石, 「趙南翼의 詩에 나타난 '時代 意識'과 '뿌리 意識'에 대하여」, 《표현》 11호(1986.5.1.)에 발표된 원고

* 「抒情과 參與의 어우러짐을 통한 새 歷史意識의 地平」이라는 새 제목으로 趙南翼 시선집 『눈빛의 말』(미래문화사, 1987) 해설로 재수록.

❐ 김재근_《대전일보》 1990.07.13. 기사(평설형)

作家의 땅

조남익 시인의 고향엔 그의 시에 관한 많은 비밀들이 숨어 있다. 처음 전화를 했을 때 "어떡해야 된댜. 내 시를 알려면 水古里에 우선 가봐야 헐 틴디."라고 사투리 섞인 서두를 꺼냈는데, 강경과 세도면 소재지를 지나 비포장도로를 한참이나 달려 도착한 시골은 실제로 그가 지은 시편들의 살과 뼈와 혼이 지천으로 널려 있었다.

지금도 그의 동생이 소를 기르고 텃밭을 일구고 있는 외딴집인 생가. 3백 년이 훨씬 넘은 일곱 그루의 정자나무. 풍양조씨 중시조를 모신 사당. 마을 정면의 백제 때 축성한 성흥산성. 논과 밭의 푸른 곡식들과 산과 벌판의 온갖 나무와 풀 등등….

〈고려 개국공신인 孟이 시조인데 그 뒤로 6대 동안 실전됐고 조남익 시인은 殿直公으로부터 따져 26대손인데 회양공을 거쳐 사옹원정공이 4형제를 낳았는데 이곳에 모신 죽계공은 둘째인 익희의 손이고, 나와 조 시인은 그 아우인 益祥의 손입니다.〉

시인의 부친(得九씨 □ 작고)과 같은 항렬인 마을의 원로 측에 속하는 仁九씨(71)가 마을의 내력과 풍양조씨가 인근에 자리 잡게 된 과정을 소상하게 일러준다. 20여 호의 조그만 마을인데도 이야깃거리도 많고 전설도 많다. 마을 한구석을 파보면 나온다는 옛날 옛적의 기와 조각만큼이나 이곳에 태어나 밭을 갈고 김을 매다간 삶들의 흔적이 이루 헤아릴 수조차 없다.

광주리를 이고 가는 품새가 조금만 이상해도, 소를 모는 입담이 조금만 거칠어도 배꼽을 잡고 웃곤 하던 사연들이 이제 모두 마을의 역사가 되고 추억이 돼버린 것이다.

〈초등학교 때 처음 문학작품을 대했다. 시골이었는데도 南昇(6□25사변 때 의용군 나가 行不) 南中 형이 요샛말로 문학청년이었던 관계로 집엔 늘 책이 즐비했다. 백씨 南昇은 한학과 서예에 능했는데 서울 가면 늘 한 보따리씩 책을 사 왔다. 정지용□이태준의 글도 그때 읽었던 기억이 나는데 초등학교 졸업 때 이미 한국문학의 상당 부분을 읽었을 정도로 독서량이 꽤 많았다.〉

이처럼 어려서 시와 소설을 읽으며 남익 소년은 처음 막연히 문학을 해봐야겠다는 생각을 한다. 이런 상태에서 6학년 때 그에게 결정적으로 문학의 길을 걷게 해주는 '사건'이 일어난다.

『새벗』이란 잡지에 강소천 씨가 남익 소년의 작품 「눈 오는 아침」이란 작품을 그달의 최고작으로 선정했던 것. 산과 들밖에 보이지 않는 첩첩 시골에서 자라고 있던 소년에게 그것은 충격이었고 그때 처음 '활자의 마력'을 맛보았다고 한다.

그 뒤 의정부에서 고등학교에 다니면서도 (형 南中이 그곳에서 교직 생활) 습작을 계속했고, 서울에서 국학대학(현 고려대)에 진학, 본격적으로 문학에 몰두하게 된다. 훗날 시인이 된 李姓教 등과 문학을 이야기했고 특히 이 무렵 은사인 未堂 徐廷柱를 만난

것도 빼놓을 수 없는 일 중의 하나. 평소 未堂의 시를 좋아해 왔던 터라 그를 자주 찾았고 그런 과정에서 많은 문학적 감화를 받았던 것.

비록 시적 경향이 서로 달랐지만, 졸업할 무렵엔 추천 여부가 오갈 정도였다고 한다.

또한 그는 白流문학회란 것을 조직, 부여 지방의 문학 중흥을 위해 노력했고, 그때 大田의 金大炫ㆍ丁薰 등과 교류도 하는데 이 무렵 동향 사람인 申東曄과의 만남은 그의 문학에 결정적 계기를 제공한다. 이미 59년 조선일보에 『이야기하는 쟁기꾼의 대지』로 등단한 열혈 청년인 申과 자주 어울려 百濟와 시를 논했고, 그의 소개로 申석초 시인을 알게 됐던 것. 그 뒤 조남익은 40여 편의 시를 묶어 《현대문학》에 투고하는데 필자도 모르는 사이에 원고가 추천위원인 申석초 시인에게 넘겨졌고 결국 그가 그중에서 한편 「수고리」를 뽑아줌으로써 문단에 처음 얼굴을 내밀게 됐던 것이다.

그 뒤 등단 4년 만에 첫 시집 『山바람 소리』로 문단의 호평을 받고 2년 후엔 이 지역에서 활동하는 朴龍來, 韓性祺, 任剛彬, 崔元圭, 洪禧杓 등과 『靑蛙集』이란 공동 시집을 내고 76년에는 두 번째 시집 『풀피리』를 상재함으로써 문단에 확고한 위치를 구축하게 된다.

> 흙이었다가, 손탐 없이 그대로 바위였다가,
> 저 山 안에 호젓이 한 나무일 뿐이다.

> 아침에 珠簾을 걸어

애기 손바닥만 한 날을 받아놓고
고지식, 다시 헹구는 茂盛한 微動을 보라.

—「北村里 打令」에서

위의 시편이나 데뷔 당시 화제를 불렀던「水古里」에서 보듯 그의 초기 시들은 토착적 향토적인 것들이 압도적 주류를 이룬다. 그가 태어나고 자란 고향 마을의 자연과 생활이 매우 현대적이고 지적으로 다루어지고 있다. 宋在英의 지적처럼 그의 이러한 시편들은 일종의 '鄕愁의 미학'을 형성하는데 그것은 때때로 옛 선비의 고전적 자세를 연상시키며 고고한 운치를 풍기고, 산바람 소리, 여울 소리 등 자연의 온갖 조화를 관조하는 동양적 사유는 한시 풍의 구조적 발상을 방불케 한다.

사람은 송이송이 살다 가는 것을
그것은 남향해서 흘러가는 것을
누구나 鳳明里에 와서 물으면 안다.

여름날 나는 사람들이
아직 千年 前의 여름을 살아도
사는 이의 푸른 골짜기에 내리는 물은
누구나 鳳明里 와서 물으면 안다.

—「鳳明里」에서

조남익의 시편들은 두 번째 시집『풀피리』에서 변모를 보여준다.『봉명리』에서 보듯 초기 시에서 현저했던 언어에 대한 집착이 훨씬 덜해진다. 산문시인 「水古里」에서까지 보여줬던 언어의 치밀성과 美感 대신에 평이한 일상적 언어가 두드러진다. 또한 그는 이 시집의 「名劍」, 「郊外吟」, 「階伯의 아내」 등의 작품에서부터 현실과 상황에 대해 관심을 갖기 시작하고 특히 연작시 「忠淸道」에서 그는 백제와 충청도에 대해 남다른 애착을 보여주기에 이른다.

풀에는 이빨이 없어라
아드득 가는 이빨 없이도
신통하게
아무 데서나 잘 자라는
풀

(중략)

이빨 빠진
百濟 遺民을
魚肉처럼 베고 또 베어도
여전히 무성한
百濟의 들아.
누구도 지울 수 없었던
풀밭의 힘이여
—「忠淸道 · 8」

들판의 풀을 베고 또 베어도 무성하게 자라나듯 백제의 후손들이 계속 번성함을 노래하고 있는 것이다. 그의 이러한 백제와 역사에 대한 관심은 세 번째 시집 『나들이의 땅』에 이르러서 보다 확실한 모습으로 나타난다.

사서인 『三國史記』에 나타난 역사적 사실을 『朕의 戀歌』란 연작시로 엮어내기 시작한 것이다. 수고리를 거쳐 백제와 충청도를 지나 이제 민족사의 전면을 조명하는 데까지 시적 지평이 확대된 것이다.

朱蒙, 너는 神 아닌 人間
피 펄펄 뛰는 남자 중의 남자
너는 처음 알이었었다
그것도 닷 되들이 크기의 알
난 알 낳은 여자였누나.

—「神話 · 柳花夫人傳」, 『朕의 戀歌 · 19』에서

한마디로 민족혼을 탐색하고 드러내기 위한 작업으로 그는 여기서 그러한 사상성과 특유의 서정성을 결합하는 데 심혈을 기울이고 있다. 그와 절친했던 申東曄이 그와 똑같이 백제의 수도 부여에서 태어나 百濟 魂이 담긴 불후의 명시「錦江」을 썼던 점을 기억해 보면 그의 이러한 몸부림이 쉽게 이해된다.

그는 백제인인 것이다.

〈83년에 쓰기 시작해서 금년 4월까지 7년째 쓰고 있어요. 지금은 워낙 바빠서 잠시 쉬고 있는 상태고… 나름대로 이것저것 공부도 하면서 노력을 했는데 써놓고 보니 백제 편에 가장 집념을 갖고 매달렸던 것 같아요. 길이도 그렇고 내용도 그렇고….〉

그가 어렸을 때 임천장을 구경하러 갈 때마다 오르내렸던 백제의 한이 서린 성흥산성이나 백마강, 황산벌 등이 평생 그의 몸과 마음에 배어 있는 것이다. 그의 고향 수고리에 당연한 듯이 한켠에 당당하게 자리 잡고 서 있는 일곱 그루의 둥구나무처럼….

〈기자 양반, 이것 좀 써 주소. 이 나무가 이래 봬도 삼백 년이 훨씬 넘은 것인디 어떻게 보호해야 될 것 아니겄소. 우리 힘으로는 당최 너무 벅차서….〉

사진을 찍고 미주알고주알 묻는 기자에게 마을 사람들의 한결같은 부탁이다.

세월이 흐르고 水古里도 이제 제법 울긋불긋한 지붕들이 눈에 띄지만, 아직까지 마을길엔 단 한 뼘도 흔하디흔한 시멘트 자국조차 없는 것이다. 수고리가 그런 것인지 백제가 그런 것인지 이 땅의 모든 농촌이 그런 것인지….

〈대전일보 1990년 7월 13일〉

❐ 정진석_《대전문학》 4호 1991.06.30. 평론

自然의 交響詩

- 趙南翼의 詩에 나타난 鄕土 意識에 대하여

Ⅰ. 들어가면서

필자가 趙南翼 선생을 처음 뵌 것은 1975년 공주교육대학 동문 문우들의 동인지 《原始村》을 발간한 후, 당시 대전고등학교 재직 중인 趙南翼 선생과 안명호 선생을 찾아간 것이 계기가 되지 않았나 기억하고 있다.

그리고 趙南翼 선생은 필자가 첫 시집 『沙月李 비타령』을 내자 부탁을 하지 않았는데, 〈대전일보〉에 비교적 자상한 「書評」을 써 주셨다. 그 당시로서는 열악한 지방신문에 이런 지면을 확보하는 기회가 좀처럼 여의치 않았을 것이다. 더욱이 필자처럼 향토 문단의 햇병아리 같은 새내기인 경우에는 거의 없었던 퍽 획기적인 일이 아니었나 싶다. 이것은 선생의 극진한 후학 사랑에서 이루어진 일이라고 보아진다. 신문을 하나도 구독하지 않던 젊은 시절인 필자로서는 이런 사실조차 모르고 있다가, 어느 문우의 친절한 귀띔을 받고서 비로소 뒤늦게 알게 되었다.

이 같은 趙南翼 선생의 필자를 향한, 따뜻하게 배려해 준 베품에 대한 빚 갚기 차원에서 趙南翼 선생의 작품 세계에 대한 글을 세 차례[43]에 걸쳐 발표하였다.

趙南翼 시인은 이를 잊지 않고 필자를 향한 후학 사랑의 견지에서 당신의 작품 세계에 대해서 여러 사람들에 의하여 써진 다수의 평론을 한 권의 책자로 묶은 『趙南翼의 詩와 삶』(오늘의문학사, 2003)의 編者로 지정해 주었다. 그런즉 이렇게 해서 가만히 있는 필자한테 한 권의 編著 실적이 생긴 꼴이다. 靑馬 式의 표현을 빌려 '너와 나의 인정의 꽃밭'이 날로 메말라가고 있는 현실을 감안할 때, 참으로 고마운 일이 아닐 수 없다. 이는 趙南翼 선생이 아마 문단의 선배 문인으로서 또한 교육계 선배로서 후학의 교육공무원으로서의 신분 상승 및 문단적 저서 실적에 조금이라도 보탬내지는 도움이 되게끔 해주기 위한 따뜻한 애정과 자상한 배려 차원에서 우러난 의도의 소산이 아니었나 싶다.

흔히 세속적인 시류에 휩쓸리기 쉽고 동시대 이웃들의 정신적 지도자층인 문단도 정치 풍토 뺨치게 추락되어 가고 혼탁해진 우리 문단의 현실과 안타까운 분위기 속에서 더러 외로울 정도로 올곧아 언제나 위풍당당하고 카랑카랑 처신하는 실로 대쪽 선비 같은 趙南翼 선생을 존경하지 않을 수 없다.

趙南翼 시인에 대한 본격적인 연구나 평가 작업은 별로 이루어

43) 拙稿, 「克己의 交響曲 - 趙南翼의 詩에 나타난 '存在 意識'에 대하여」《表現》 9호(1985. 3. 10), 「趙南翼의 詩에 나타난 '時代 意識'과 '뿌리 意識'에 대하여」《표현》 11호(1986. 5. 1), 「自然의 交響詩 - 趙南翼의 詩에 나타난 '鄕土 意識'에 대하여」《大田文學》 4호(한국문인협회 대전광역시지회, 1991. 6. 30) 등이다. 이 중에 「趙南翼의 詩에 나타난 '時代 意識'과 '뿌리 意識'에 대하여」는 다소 수정 · 보완되어 趙南翼 시선집 『눈빛의 말』(미래문화사, 1987)의 「해설」로 「抒情과 參與의 어우러짐을 통한 새 歷史意識의 地平」이라는 제목으로 재수록 되었음.

지지 않았다. 이제까지의 시인에 관한 단평(短評)의 골자(骨子)를 요약해 본다면 뮤즈를 구사(驅使)할 수 있는 한 사람[44], '인생파(人生派) 시인(詩人)', '향토색(鄕土色)이 짙은 시인', '〈한국(韓國)의 시(詩)〉를 쓰려고 했던 시인'[45], '혜안(慧眼)의 시인', '풍광(風光) 좋고 시원스러운 산들바람의 自然의 詩人', '심성의 발로(發露)로서 보다 많은 자연(自然)의 혼(魂)과 섭리(攝理)를 터득하려고 노력하는 시인(詩人)'[46], '전통(傳統)의 시인이고 도인(道人)이고 영생인(永生人)'[47], '초기(初期)에 있어 다분히 언어감각(言語感覺)에 치우친 시인(詩人)', '기교(技巧)보다는 〈해야 할 목소리〉를 선택한 시인(詩人)'[48], '오랜 전통(傳統)에 뿌리를 박아 서정성(抒情性)과 향토적(鄕土的)인 색깔을 깔고 있는 시인(詩人)'[49], '주제 의식(主題意識)을 중요시하는 시인(詩人)'[50]으로 언급된 바 있다.

趙南翼 시인의 시 세계를 고찰해 보기 위한 선행 작업으로 그의 3권의 시집에 수록된 전 작품(99편)에 대하여 각각의 주제를 분석해 본 바, 그 主題 면에서 鄕土 意識, 存在 意識, 時代 意識, 뿌리 意識 등 네 묶음으로 기본 주제를 이루고 있었다.

이 글은 趙南翼 시인의 시 세계 가운데 〈鄕土 意識〉에 관한 고

---

44) 신석초, 조남익 제1시집 『山바람 소리』 〈서문〉 중.
45) 이성교, 「향토색이 짙은 그의 시 세계」, 조남익 제1시집 『山바람 소리』 〈발문〉 104~105쪽.
46) 성춘복, 「혜안의 시인 조남익 형」, 조남익 제1시집 『山바람 소리』 〈발문〉 106쪽.
47) 서정주, 『풀피리』 〈서(序)〉 중 6쪽.
48) 송재영, 「탈기교(脫技巧)의 방법(方法)」, 『풀피리』 〈발문〉 87쪽과 96쪽.
49) 임강빈, 「조용한 야망(野望) – 그의 인간(人間)을 중심(中心)으로」, 『나들이의 땅』 〈跋文〉 87쪽.
50) 최원규, 「자아 인식(自我認識)과 역사의식(歷史意識)의 서정화(抒情化) – 그의 작품(作品)을 중심(中心)으로」, 『나들이의 땅』 〈해설〉 89쪽.

찰이다. 여기선 趙南翼 시인의 鄕土 意識을 표출한 詩가 通時的으로 어떻게 변모되고 있는가에 주안점을 두고 살펴보고자 한다. 이는 趙南翼의 생애와 결부시킬 때보다 명쾌하게 드러나리라고 생각한다.

이 글에서는 제4시집이라고 간주되는 趙南翼의 시선집 『눈빛의 말』(서울 : 미래문화사, 1987) 속에 수록된 작품은 제외되었음을 밝혀 둔다.

Ⅱ. 生涯 및 詩的 遍歷

1. 일반인(교육자)으로서의 발자취

趙南翼(1935.4.1.~현재) 선생은 시인이고 교육자이다. 趙南翼 시인의 호(號)는 백강(白崗)이다.

趙南翼 시인은 1935년 4월 1일(음력 乙亥 1.27.) 忠淸南道 扶餘郡 世道面 水古里 557(기충골)에서 아버지 豊壤 趙氏(회양공) 得九와 어머니 安東 權氏 順禮 사이에서 7남매 가운데 5형제 중 3男으로 출생하였다.[51)]

趙南翼 시인의 고향 마을은 세도면이되, 세도면과 장암면과 임천면 등 세 면이 접하는 경계지역 산골이다. 그래서 시인은 임천면 소재 성흥산성(聖興山城), 일명 가림산성(嘉林山城)을 바라보며 소년 시기까지 산간 오지인 고향에서 성장하였다. 趙南翼 시

51) 5형제의 이름은 南昇, 南中, 南翼, 南權, 南禹 등이다. 조남익(趙南翼) 시인은 이들 가운데 셋째다. 시인은 특히 한학에도 매우 밝았다는 맏형 남승(南昇)을 흠모하다시피 따랐으며, 또한 여러모로 많은 영향을 받았다고 한다. 시인은 그 맏형으로부터 훗날 자신이 시인이 될 수 있는 자양분을 무척 받지 않았나 싶다고 회고하기도 한다. 그런데 시인은 그런 맏형을 6 · 25 동족상잔 중 잃은 것을 대단히 애석해하고 있다.

인은 성홍산과 자기 시의 역사의식의 근원에 대하여 다음과 같이 진술하고 있다.

> 거기에 백제 외성, 궁궐을 지키는 게 외성이 있는데 그것을 성홍산성(聖興山城)이라고 그래요. 그걸 일반에서는 가림산성(嘉林山城)이라고 부르는데 백제시대의 성곽이 남아있어요. 아주 흔연하게, 그리고 한 야산 같은 산이지만 굉장히 험합니다. 그리고 그 위로 올라가면은 몇만 명 군대를 움직일 만한 펑퍼짐한 평평한 평지가 있고 그래서 제가 그 산 밑에서 주로 자랐기 때문에 조금 인제 청소년을 지나면서 백제에 관심이 많았고 오늘날 제 시의 주요한 흐름 하나가 역사의식인데, 거기서 싹텄다 이렇게 말할 수 있습니다.[52)]

趙南翼 시인은 청소년기에 교사인 6살 위인 仲兄 南中을 따라가 1956년 2월 22일 의정부농업고등학교를 졸업하였다.

이어서 시인은 1956년 4월 16일 국학대학(현 고려대) 문학부 국문학과 입학해 1960년 3월 29일 國學大學(현 高麗大學校) 국문학과를 졸업하기 직전인 당해 연도 이른 봄 고향의 柳暎子 씨와 결혼하였다.

시인은 대학을 졸업한 이래, 1960년 4월 1일 경기도 화성군 소재 사립학교인 화도중학교 교사로 근무하였다. 그런데 시인은 1961년 봄방학(음력 3월) 무렵 부인 柳暎子가 해산 후 사망(아들인 아기도 사망)하였다. 시인의 나이 불과 26살에 상처(喪妻)를

---

52) 편성철(채록연구원), 《대전의 예인(藝人) 그리고 예술(藝術) 조남익》(대전문화재단, 2016, 대전원로예술인 구술채록사업), 5쪽.

당하였으니, 그 슬픔이 얼마나 컸을 것인가는 미루어 짐작되고도 남는다.

시인은 1962년 9월 24일 군복무(육군 정훈병) 중 閔彩基와 재혼하여 슬하(膝下)에 1남 2녀를 두고 있다.

趙南翼 시인은 1965년 3월 20일 제대 후, 충남교육청 시행 제1회 중등교원 임용고시(고교 교사)에 합격하여 고향인 부여군 홍산면 소재 홍산중·농업고등학교에 교육공무원으로서 첫 발령을 받았다.

趙南翼 시인은 1968년 고향인 홍산농업고등학교에서 대전고등학교로 전근된 이후 대전에 정착하여 거주하는 한편, 창작활동과 문단 활동을 부지런하고 성실하게 지속하였다.

趙南翼 시인은 교육자로서 그동안 30여 년간 教職을 天職으로 알고 화도중학교, 홍산농업고등학교, 대전고등학교, 충남고등학교, 금산여자고등학교, 금산고등학교, 대천여자고등학교, 충무교육원(교육연구사), 충청남도교육청 중등교육과(장학사), 부여고등학교 교감, 충청남도 교육연구원(교육 연구관), 정산고등학교 교장 등을 거쳐 1999년 8월 31일 교원 법정 정년이 단축되는 바람에 부여고등학교 교장으로 정년퇴직(국민훈장 석류장)하였다.

다른 한편 趙南翼 시인은 교육공무원으로서 재직하던 중인 1985년 1월 14일에 충남중등국어교육 연구회장으로 피선되어 퇴임할 때까지 4년간이나 열정적으로 회원들의 연구 분위기 조성 및 여러모로 복지 향상을 도모하고 솔선수범한 공로가 지대하였다.

趙南翼 시인은 교육공무원으로서 教職을 天職으로 알고 봉직하다가 정년퇴임한 뒤에도 대전에서 거주하면서 2000년 3월 1일부터 공주대학교와 건양대학교에 출강하는 한편 대전문예대학

학장으로 후학들에게 문학 이론 및 창작 실제를 가르쳤다. 또 시인은 1997년 1월 25일 취임한 풍양조씨 장학 단체인 재단법인 <풍육장학회> 이사장을 줄곧 맡아 기여하였다. 시인은 이처럼 노년기를 시 창작과 함께 퍽 알차고 값지게 보내기도 하였다. 그렇지만 1935년생인 시인은 올해(2023년) 88세이기에 다리에 힘이 빠진 탓으로 보행이 퍽 불편해 외출을 거의 못하고 있는 안타까운 실정이다.

2. 시인(詩人)으로서의 발자취

趙南翼 시인은 부여 출신 충청남도 토박이 시인으로서 시인의 문단 활동과 문단 경력 및 저서 실적을 살펴보면 다음과 같다.

趙南翼 시인은 대학 재학 중인 1958년 3월 1일 고향인 부여에서 金容喆, 朴桂弘, 李鍾律 등과 더불어 <백류문학회(白流文學會)>를 만들고 회장을 맡아 주도적으로 이끌었다. 그래서 이 무렵부터 시(詩)와 평론(評論)을 써서 발표하기 시작했다.

趙南翼 시인이 문단에 데뷔한 것은《현대문학》誌에 詩「水古里」(1965.6),「北村里 打令」(1965.9),「山바람 소리」(1966.2) 등으로 신석초(申石艸) 선생의 3회 추천을 받음으로써 비롯되었다.

그 이후, 趙南翼 시인은 다수의 저서를 상재하였다. 즉 <詩集>으로 첫 시집「山바람 소리』(1969), 제2시집『풀피리』(1976), 제3시집『나들이의 땅』(1983), 제4시집『朕의 戀歌』(1994), 제5시집『하늘에 그리는 상형문자』(1998), 제6시집『푸른 하늘』(2004), 제7시집『기다린 사람들이 온다』(2010), 제8시집『 광야의 씨앗』(2012) 등이 있다. 그리고 <시선집>『아가의 탄생』(2015), 시집

『한강의 새벽』(2019), 시선집 『눈빛의 말』(1987), 『흙빛의 말』(2014) 등이 있다. 또 시전집 『趙南翼 詩全集』(2005)이 있다.

趙南翼 시인의 이 밖의 저서로는 에세이집 『詩의 오솔길』(1973), 시 평설로 『현대시 해설』(1977), 『한국대표시 해설』(1980), 『한국 현대시 해설』(상권, 1993), 『한국 현대시 해설』(하권, 1993) 등 4권, 시론집으로 『시와 득음 미학』(2004), 산문·문학론 『시와 유혹』(2004), 시론집 『향기나는 숲속의 시인들』(2013) 등이 있다. 기타 6인 공저 시집 『青蛙集』(한국시인협회, 1971), 4인 공저 에세이집 『思索의 戀歌』(1967) 등도 있다.

趙南翼 시인은 한 마디로 시 창작과 문학 이론을 고루 겸비한 유능한 문인(文人)으로서 충남·대전은 물론, 우리 한국 문단의 정말 보배로운 시인이다.

趙南翼 시인은 앞에서 살펴본 대로 여러 권의 저서를 내고 이와 함께 문단에 이바지한 바가 커서 그 공적이 공인되어 그동안 충청남도문화상(문학/1970), 공산교육상(예술체육교육/1997), 정훈문학상(3회, 2004), 시예술상(시예술사, 2007), 윤동주문학상(26회, 2010), 제1회 금강일보문학상(2017), 제56회 한국문학상(2019), 국민훈장 석류장(1999. 8. 31.) 등을 수상하였다.

또 다른 한편 趙南翼 시인은 1968년 11월 1일 한국문협 충남지부 사무국장, 1979년 5월 1일 한국문협 충남지부 부지부장(2회), 특히 1989년 4월 23일 한국문협 대전광역시지회 초대 회장 피선, 한국문인협회 대전직할시지부 초대 지부장으로 당선된 이래 2년간 재임 기간 중(1989. 4~1991. 3)으로서 향토 문단의 중흥을 위하여 혼신을 다 쏟아 헌신하기도 하였다.

趙南翼 시인의 한국문인협회 대전직할시지부 초대 지부장으로

서의 봉직 중 그 주요 실적을 소개하면 다음과 같다. 시인은 대전문학진흥후원회 결성을 통한 기관지의 연 2회 발행(재임 중 기관지 《대전문학》 제3호까지 발간), 준 기관지 《대전시단》 발행(재임 중 제2호까지 발간), 해변시인학교(1989), 청소년 문예 강좌(1989, 1990), 한밭제(1989, 1990), 문학 축제(1989, 1990), 애향사화전(1990), 올림픽 기념 백일장(1990), 주부 독서 강좌(1990), 대전문학상 제정(1989) 등을 들 수 있다. 특히 한국문인협회 대전직할시지부 창립총회 초대 지부장 입후보 시 단임제 공약 약속 이행을 통한 문인으로서의 올곧은 선비정신을 실천궁행하고 발휘함으로써 아주 예찬해도 좋은 모범적인 先例를 남겼다. 아울러 趙南翼 시인은 한국문인협회 대전직할시지부 차기인 제2대 지부장을 선출하고 임원 개선 과정에 있어서 제2회 총회 석상에서뿐만 아니라 진행상 중도적인 입장의 견지함을 통하여 대전 문단의 깨끗하고도 조용한 임원 개선 전통의 초석을 마련했다는 점은 높이 평가되어야 할 것이다.

또한 趙南翼은 故 韓性祺 시인과의 공동 편저 충남시인대표작선집『詩여, 바람이여』(1984)를 발간하는 데 있어서 편집 주간으로서 그 실무를 도맡았다. 특히 이 책자의 뒤에 〈부록〉으로 趙南翼 시인이 집필·정리한 「忠南 詩壇 40年 史」와 「忠南 文學史 年表」는 그 이후, 여러 사람에 의하여 〈대전 문학사〉나 〈충남 문학사〉를 집필하는 데 소중한 밑거름 및 길라잡이가 되고 있다는 점에서 매우 가치 있고 귀중한 정리 작업이었다고 평가된다.

이뿐만 아니라, 趙南翼 시인은 1970년 부여군 부여읍 백제대교 옆 솔밭에 〈申東曄 詩碑〉 건립과 1984년 大田 보문산 사정공원에 〈朴龍來 詩碑〉 건립과 1992년 大田 보문산 사정공원에 〈金

冠植 詩碑〉 건립 및 論山市 鍊武邑 巢龍里 소재 〈金冠植 墓所에 墓碑〉 건립 등을 거의 헌신적으로 주관하였다. 이어서 趙南翼은 1997년 부여군 부여읍 〈구드래조각공원〉에 〈鄭漢模 詩碑〉를 유치 건립하는 데도 크게 이바지하였다. 또 趙南翼 시인은 2000년에는 서천군 한산면 〈모시타운〉에 시인의 薦者인 〈申石艸 詩碑〉를 건립하는 데 무척 힘썼다.

이밖에 趙南翼 시인은 1986년《현대시학》誌 에「광복 40년, 한국 시인 대표작 연구」를 연재(43명, 113편 평설), 1989년《시문학》誌에 배달나라 역사 기행시「朕의 戀歌」연재(7회, 21편), 1996년《시문학》誌에「월북·납북 시인 연구」연재(5회)한 바 있다.

아울러 趙南翼 시인은 한국문인협회와 국제펜클럽 한국본부 회원 및 1988년부터 한국시인협회 중앙위원 등으로 활약하였다.

그리고 趙南翼 시인은 대전광역시와 충청남도가 분리되기 이전의 한국문인협회 충청남도지부 사무국장 및 부지부장을 다년간 맡아 대전·충남 문단사에 기여한 공적이 컸다.

오늘날 우리 한국 문단은 21세기 정보화·세계화·개성화·디지털화·포스트모더니즘·지식기반사회를 맞이하여 가히 개혁적 변화의 물결이 소용돌이치고 있다. 우리 문단에 있어서도, 특히 詩의 경우, 그 어느 때보다 이제까지의 抒情詩에 대한 비판 및 회의가 대두되고 있다. 즉 재래 抒情詩에 대한 변혁 바람이 일고 있다. 실상 이 세상에 존재하는 森羅萬象 및 모든 생명체 가운데 영원히 변하지 않는 것은 하나도 없다. 우리의 육안으로 쉽게 보이지 않을 뿐, 지금, 이 순간에도 大自然의 섭리와 순환의 법칙에 따라 끊임없이 변화되어 가는 중이다. 이 같은 자연계의 질서와 더불어 우리 인류 문명사 역시 계속 변모되어 가기 마련이다. 그렇다면

萬古不變의 詩歌란 존재할 수 없는 노릇이다. 그래서 시인들은 '自己表現의 克服'이라는 당면 과제를 해소해 보려고 저마다 고투하고 있는 것이다.

趙南翼 시인은 이러한 새로운 조류에 동참하고자 나름대로 抒情의 확장을 통하여 자기 극복의 시 세계를 구축하고자 부단히 고뇌하고 있다.

이렇게 볼 때, 趙南翼 시인은 우리 한국 문단은 물론, 특히 대전 문단, 그리고 충청남도 교육계를 위하여 명실공히 헌신적으로 땀흘려 이바지한 공적이 참으로 혁혁하다고 볼 수 있다. 또한 趙南翼 시인은 八旬이 훨씬 넘은 高齡임에도 불구하고, 줄기차고 집요한 실험 의식으로 왕성하게 시 창작에 정진하고 있다. 이와 곁들여 황혼기를 아름답게 알알이 수놓고 있는 老詩人의 치열하고도 준엄한 시 정신과 항상 올곧아 위풍당당하며 카랑카랑한 대쪽 같은 선비다운 처세관 및 성실하고도 지혜로운 삶의 자세를 꼿꼿하게 유지함으로써 우리 후학들의 귀감이 되고 있다. 이 점 후학의 한 사람으로서 존경과 감사를 표하지 않을 수 없다.

Ⅲ. 書誌 狀況과 主題別 樣相

趙南翼 시인의 3권의 시집에 대하여 서지 상황을 도표화하면, 다음 〈圖表 1〉과 같다.

〈圖表 1〉

순	시집명	수록편수 (실제)	발행처	발행년월일	면수	정가 (원)	비고
1	山바람 소리	33	현대문학사	1969.10.20	106	380	
2	풀피리	32	민음사	1976.06.30	96	900	
3	나들이의 땅	40 (34)	장학사	1983.09.20	97	2,300	제1, 2시집에 수록된 작품 중 재수록된 6편을 제외하면 실제는 34편임
종 합		105 (99)	필자는 조남익(趙南翼) 시인의 3권 시집에 수록된 전 작품수를 99편으로 정리하고자 한다. 단, 시선집 『눈빛의 말』(미래문화사,1987) 속에 수록된 작품은 포함시키지 않았음.)				

대체로 趙南翼의 시 세계는 제1시집 『山바람 소리』에선 향토성(토속성)과 인생무상을 접맥시킨 서정시(抒情詩)를, 제2시집 『풀피리』에는 충청도에 대한 향토애, 소시민의 일상적인 애환을, 제3시집 『나들이의 땅』에선 현실 상황의 자아의식과 시대 의식 및 민족혼(특히 백제 혼), 즉 뿌리 의식을 주로 표출하고 있었다.

이미 〈머리말〉에서 밝힌 바 있는 3권의 시집에 수록된 전 작품을 분석하고 그 주제별로 분류·종합해서 조명해 보았을 때, 다음 〈圖表 2〉와 같다. (단, 圖表에 대한 분석은 여기선 省略하기도 한다.)

<圖表 2>

<table>
<tr><th rowspan="2">순</th><th rowspan="2">시집명</th><th rowspan="2">작품 수</th><th colspan="4">시 세계(기본 주제)</th><th rowspan="2">비 고</th></tr>
<tr><th>鄕土
意識</th><th>存在
意識</th><th>時代
意識</th><th>뿌리
意識</th></tr>
<tr><td>1</td><td>山바람
소리</td><td>33</td><td>(18)
6
(38)</td><td>(76)
25
(54)</td><td>(3)
1
(7)</td><td>(3)
1
(4)</td><td></td></tr>
<tr><td>2</td><td>풀피리</td><td>32</td><td>(28)
9
(56)</td><td>(31)
10
(22)</td><td>(13)
4
(29)</td><td>(28)
9
(39)</td><td></td></tr>
<tr><td>3</td><td>나들이
의 땅</td><td>34</td><td>(3)
1
(6)</td><td>(32)
11
(24)</td><td>(27)
9
(64)</td><td>(38)
13
(57)</td><td>제 1, 2시집에 수록된 작품 40편 중 재수록 된 6편을 제외한 작품 수(34편)임</td></tr>
<tr><td colspan="2">합 계</td><td>99</td><td>16</td><td>46</td><td>14</td><td>23</td><td></td></tr>
</table>

<圖表 설명> 시 세계(주제별) 각 난의 작품 편수 좌상단의 숫자는 공시적인 관점에서 각 시집의 자체 작품 편수를 기준으로 하여 주제의식별 해당 작품 편수에 대한 100분율 한 것이며, 우하단의 숫자는 통시적인 관점에서 주제별 작품 총수를 기준으로 하여 각 시집에 수록된 주제의식별 해당 작품 편수에 대한 100분율(%)이다. * ( ) 숫자는 반올림한 수임.

Ⅳ. 詩 世界와 詩的 空間(鄕土 意識)

自然은 우리 인간의 영원한 고향이다. 이 영원한 고향의 근원은 대체로 유년 시절의 고향의 자연공간이다.

趙南翼 시인은 여러 평자의 견해에 의하면, '鄕土 詩人', '自然派 詩人' 등으로 거의 일관되어 온 감이 없지 않다. 그의 향토 의식을 표출시킨 시(詩)가 평자들의 논란의 대상으로 되어온 것은 다음 두 가지 측면에서 연유한 것 같다.

첫째로 趙南翼 시인의 데뷔작들이 전통적 서정과 향토성을 농밀하게 깔고 발아된 시(詩)였다는 점, 즉 시「水古里」,「北村里 打令」,「山바람 소리」 등이 그것인데, 이 시들이 한결같이 수준작이었다. 특히「北村里 打令」의 경우는 당시 추천작임에도 불구하고, 《주간 한국》에서 선정한 〈이달의 시(詩)〉 10편 중의 하나로 뽑힐 정도로 인정받은 바 있다.

둘째로 趙南翼 시인 자신이 이 방면에 애착을 갖고 집요하게 지속적으로 추구한 시인이라는 사실이다.

이 점은 趙南翼 시인의 제3시집『나들이의 땅』 자서(自序)인 〈시(詩)의 말〉 가운데 다음과 같은 부분을 주시할 때 보다 선명해질 수 있다.

> 이 詩集의 詩人은 따오기가 인적 드문 산간의 무논이나 연못에서 살았던 것처럼, <u>이 땅의 鄕土性과 土俗的 세계에 오래 서성거렸습니다.</u> 그리고 거기 서늘한 老松의 나뭇가지에 집을 짓고 싶어 했겠지요.
>
> (밑줄 - 筆者, 以下 같음)

趙南翼 시인 자신이 자기의 시 세계에 대해 '이 땅의 鄕土性과 土俗的 세계에 오래 서성거렸습니다.'라고 천명한 것만 보아도 그가 얼마나 鄕土 意識을 표출시키려고 애썼는가를 알 수 있다.

그러면 <들어가면서>에서 언급한 대로, 趙南翼 시인의 鄕土意識을 표출한 詩가 通時的으로 어떻게 변모되고 있는가 주요 작품을 중심으로 고찰해 보기로 하자.

1. 제1시집『山바람 소리』의 詩

趙南翼 시인의 自然 親和 意識을 추구한 詩로서의 효시(嚆矢)는 詩「水古里」< I -70>[53]이다. 이 작품은 4연으로 된 散文詩인데, 그의 출생지인 동시에 성장지이기도 한 향리(自然) 속에 묻혀서 形而上學的인 人生觀을 自然에 투영시키고 있다.

> 구릿빛 왼 몸뚱일 부끄럼 없이 뻗고, 하늘을 지붕 삼아 바위에 누울 양이면 山제비는 배 위에 똥을 깔겨 달아나고, 벌레처럼 늙어가는 가을이 덮이네.
>
> <2연 中에서>

> 거적을 내다 깔고 앉아, 구름을 불러 半身을 묻고, 해를 머리 위에… 水古里 땅, 돌부처님 이대로 짐짓 西海를 두 눈 안에 담아, 千歲 다스림 헤어 空中을 돌으리로다.
>
> <4연 中에서>

우리는 인용된 위 詩句에서 볼 수 있는 바, 趙南翼 시인은 나이에 걸맞지 않게도 마치 莊子나 老子식의 超然物外的인 경지에서

53) 「水古里」, < I -70>란 ' I '은 제1시집을, '70'은 시 「水古里」가 시작되는 페이지를 뜻한다. 편의상 이 글에서는 II - 제 2시집, III - 제3시집을 각각 가리키는 것으로 한다. 그리고 페이지 표시는 앞의 용례(用例)와 같다.

自然에 歸依하여 시간적·공간적 차원을 超脫해서 無爲 自適하고 있는 성싶다.

趙南翼의 이 작품에 대해 薦者인 申石艸는 〈推薦記〉에서 다음과 같이 평한 바 있다.

> 現代詩가 金屬性 言語를 즐겨 쓰는 바탕에서 드물게 들을 수 있는 소박한 민들레꽃 향기나, 조금은 野性的인 風土 속에 돋아난 無名草의 幻想을 풍겨 주는 作品이라는 전제 밑에 우리에게는 오히려 친근한 예사로운 土俗語로 짜낸 이 精神 織物에서는 엉뚱하게도 잊어버렸던 또 다른 멋을 느낄 수 있는 것이다.[54)]

趙南翼 시인의 이 같은 정신적 급성숙의 배경은 시인의 천부적 사유력도 컸겠지만, 어쩌면 다음과 같은 개인적인 상황에 더 크게 있지 않았나 사료된다.

다음 趙南翼 시인의 推薦作인 동시에 代表作의 하나라고 할 수 있는 詩「北村里 打令」을 보기로 하자.

> 흙이었다가, 손탐 없이 그대로 바위였다가,
> 저 산 안에 호젓이 한 나무일 뿐이다.
>
> (2~3연 中略)
>
> 춤 아니라도 새끼는 새끼대로 저의 귀염을 떨고
> 미륵 같은 아내라야, 구기잖은 어미 노릇이라,

54) 申石艸, 〈推薦記〉《현대문학》 126호.

나는, 호젓이 이대로 한 나무였을 뿐이다.

허구헌 長霖이 가고
모두 다 털고 떠나는 가을이라도 오면
그때는 내 마음도 짜르르 밤도와 울웠다.

—「北村里 打令」〈1-32〉

輪回說에 바탕을 두고 발상된 詩「北村里 打令」은 시인의 제2회 推薦作인데, 薦者인 申石艸 시인으로부터

> 「水古里」가 소박한 土俗的인 着想으로 우리 鄕土 生活의 現實表像으로 보여준 데 대하여「北村里 打令」은 보다 현대적인 知的인 각도에서 우리 風土의 이미지를 다루어 본 것이다.[55)]

라는 평을 받기도 하였다.

아무튼 이 詩에서 보면, 原色의 삶 속에 배인 피보다 짙은 동질의 風土, 즉 自然에 동화된 우리의 삶은 우리 자신이 흙일 수도 있고, 바위일 수도 있고, 나무일 수도 있다는 것이다. 다시 말해서 因果應報에 따라 순환되는 存在로서, 곧 自然의 일부(一部)일 뿐이라는 것이다. 인용된 부분에선 하나의 충만과 결실에 대한 은유법을 활용하면서 個體는 全體로의 융합, 全體는 個體와의 혼연일체에 놓인 순박한 삶을 표출시키고 있다.

따라서 趙南翼의 詩「北村里 打令」에서 볼 수 있는 바, 자연에

55) 申石艸, 《현대문학》 통권 129호.
趙南翼, 「次元을 찾는 韓國人의 고향 - 拙作 「北村里 打令」의 노트」, 『시(詩)의 오솔길』, 182 재인용.

완전히 동화된 原色의 삶, 즉 자연의 진실 속에서 우리의 心琴이 스스로 自然의 소리를 내고 울 수 있는 것이다.

그리고 趙南翼의 詩 「山바람 소리」는 자연에 심취된 현실 도피적인 내면 의식을 토로한 작품이다. 그 일부(一部)만 읽어 보자.

> 갓싸기로 갈까나
> 깃 달린 풀씨로 날아서 갈까나.
>
> 잠은 자다가 꿈이나 꾸지
> 나무며 풀이며, 저 山바람조차도
> 내 肉身은 비어서 살아온 痕迹이 없다.
> —「산바람 소리」 1~2연 〈 I -36〉

정리컨대 趙南翼의 제1시집 『山바람 소리』 속에 수록된 작품 가운데 鄕土 意識을 표출한 詩는 고향인 수고리(水古里)를 중심으로 한 大自然의 鄕土性(또는 土俗性)과 자신의 개인적 비애로 인한 人生無常을 접맥시킨 抒情詩라고 할 수 있다.

2. 제2시집 『풀피리』의 詩

趙南翼의 詩는 제2시집 『풀피리』에 이르면 다음과 같은 두 가지 변화를 가져온다. 하나는 시적 테크닉의 세련미와 다른 하나는 시적 공간의 확산이 그것이다. 좀 더 구체적으로 언급하면, 前者는 그의 詩가 제1시집 「山바람 소리」(1969)에 비하여 주제 의식보다는 테크닉적인 면에서 승하여 다분히 素描的이고 이미지화를 꾀하고 있다. 後者는 제1시집『山바람 소리』에서의 시적 공간이 주로 시인의 고향인 '수고리(水古里)'를 중심으로 했던 '부여(扶餘)'라는 小空間에서 '충청도(忠淸道)'라는 보다 너른 공간(空間)으로 확산되고 있음을 볼 수 있다. 시인은 연작시「忠淸道」를 썼는데, 이것들은 대개 回顧的인 자세를 취해 鄕愁의 공간으로 설정되었거나 鄕土愛를 짙게 드러내고 있다.

> ① 어른들은/ 땅에서 福을 캐어도/ 아이들은/ 지금도 맨발,/ 천 길이나/ 일렁이는 신발 속을/ 뒤지며 자라네.
>
> —「忠淸道·3」後半部 〈Ⅱ-64〉

> ② 秋收도 끝난 빈 들에
> 휘엉청 달빛이나 쏟아지듯이
> 忠淸道 할머니의 耳順에
> 곱다란 평화가 쏟아지듯이
>
> —「忠淸道·4」2연 〈Ⅱ-66〉

①「忠淸道·3」은 떠나온 고향에 대한 향수가 은근히 깔려 있는데, 이는 일종의 '自然 回歸'라고 하겠다. 無窮無盡한 原始的 自然 속에서 현실이나 지성에 오염되지 않은, 병들지 않은, 원시적 생명의 건강을 지닌 사람, 즉 자연의 순리에 따라 평화롭게 살아가는 自然人에 대한 憧憬이다.

②「忠淸道·4」는 自然과의 交合을 통한 인생의 아름다운 황혼에 대한 동경으로 '다 살아본 者', '天命을 깨달은 者'만이 도달할 수 있는 인생의 觀照와 悟性의 평화가 내린 경지이다. 이 시는 '耳

順의 곱다란 평화'와 추수가 다 끝난 가을 '빈 들에 쏟아진 고운 달빛'을 병치시켰다는 점에서 돋보인다.

趙南翼 시인의 제1시집 『山바람 소리』에서나 제2시집 『풀피리』에서나 향토 의식을 표출시킨 작품들의 공통 함수는 인간이 자연을 정복한 삶이 아니라 인간이 자연에 同化된 原色的 삶이다. 다시 말하면 인간과 자연과의 對等 關係나 鬪爭 關係가 아닌, 일종의 主從 關係 내지는 和合 關係로서 인간이 自然에 예속된 그 일부(一部)이고 部分集合이라고 할 수 있다.

이때 趙南翼 시인의 自然에 대한 강력한 동경이나 기원은 단순히 自然界에 대한 復古가 아니라, 본질적으로 自然界가 지니고 있는 유구한 魂의 세계, 아름다운 세계에의 歸依와 그 모색으로써 自然이 등장 또는 동원되는 것뿐이다.[56)]

정리컨대 趙南翼 시인의 제2시집 『풀피리』 속에 수록된 작품 가운데 향토 의식을 표출한 詩는 충청도에 대한 향토애 및 자연과 인간과의 공존 내지는 자연에 귀의하고자 하는 현대인의 自然 回歸 심리를 詩的으로 잘 구가하였다.

3. 제3시집 『나들이의 땅』의 詩

趙南翼 시인의 애틋한 향토 의식은 제3시집 『나들이의 땅』에 이르면 별로 보이지 않고 있다. 그것은 그의 主觀心이 시대 의식이나 뿌리 의식으로 바뀌었기 때문이다. 이는 趙南翼의 詩에서 향토 의식을 추방시켰다거나 전혀 배제시켰다기보다는 그의 세계관의 확산 내지는 시적 성숙이라고 보아진다.

56) 趙南翼, 「詩와 傳說의 故鄕 - 마을로 내려와서」, 『시(詩)의 오솔길』, 193쪽.

참고로 趙南翼의 詩「버들을 보며」〈Ⅲ-35〉를 보면 버드나무를 통하여 봄을 繪畵的으로 잘 표출시키고 있다.

> 그러나 봄이 오면, 사랑과 미움이 함께 오는 함께 천사만사의
> 구슬이 어지러이 춤을 추면서 뽀얀 입김을 뿜어 올렸다.
> 어쩌면 들쥐의 허연 이빨 같은 봄빛을….

위 詩句는 끝부분이다. 봄의 계절 감각을 詩的으로 이미지화하는 데 성공함으로써 新 抒情性을 획득하고 있다.

이상에서 살펴본 바, 趙南翼 시의 향토 의식은 언제나 일관성을 띠고 표출되지는 않고 있다. 이것은 詩란 끊임없는 변모의 과정을 거쳐야 한다는 상식 논리를 반추시킬 때 바람직하고 당연한 일로 받아들여질 수 있다. 좀 더 구체적으로 약술한다면, 시인의 자연 친화 경향의 시는 제1시집『山바람 소리』(1969)까지엔 자연에의 심취, 제2시집『풀피리』(1976)까지엔 도시 생활에서 겪는 갈등과 회의감에서 야기된 향수(鄕愁) 내지는 안식(安息)의 공간으로서의 자연 동경, 제3시집『나들이의 땅』(1983) 무렵을 위시한 1980년대 접어들면서부터는 역사의식 및 민족혼(民族魂) 따위의 뿌리를 찾는 발굴지 또는 그것을 투영시키는 공간으로 대두되고 있다. 더 나아가 大自然에 귀의한 超脫·超然의 면모를 보여주고 있다.

Ⅴ. 나오면서

요컨대 趙南翼 시인은 향토적이고 토속적인 세계에 시적 관심

과 매력을 무한히 느껴온 사람이라고 할 수 있다. 그가 일찍이 습작기부터 향토 의식에 천착한 배경은 적어도 다음과 같은 자신의 소신에 의한 것으로 파악된다.

> 이 어려운 시대에, 공해(公害)의 문명·사상·도시를 떠나서 우리의 위안(慰安)이란 고작해야 시골의 한적한 오솔길이 있을 뿐이었다. (中略) 안식을 자연에서 구하고, 시(詩)와 전설(傳說)을 찾아 인생을 사색하는 것은 얼마든지 새로울 수 있는 일이다.[57)]

사실 오늘날 우리 인류는 인간이 이룩해 놓은 文明에 의해 오히려 피해자 및 機械의 부속품화 내지는 로봇화로 전락되고 말았다. 그래서 우리 현대인은 대부분 정신(精神) 한구석이 병들었거나 극도로 지쳐 있다고 하겠다. 그럼에도 불구하고 高度로 발달된 科學 機械 物質文明社會 속에서 살아가야 하는 黃金萬能主義, 倫理와 道德이 붕괴된 現代 產業社會 속에서 몹시 시달리면서도 쇠약해진 몸과 마음을 마음껏 방사시켜 볼 휴식의 공간과 정신적 여유를 확보하지 못하고 있을 뿐만 아니라, 더구나 의지할 만한 뚜렷한 思想도 찾지 못한 연유로 荒蕪地 내지는 오아시스 하나 없는 沙漠 위를, 목을 바싹바싹 타며 터벅거리고 있는 셈이다. 따라서 오늘날 우리 사회는 날로 人間 喪失, 人間 沒落의 危機로 치닫고 있는 심각한 실정이다.

이 같은 危機狀況을 감안할 때, 趙南翼의 詩에서 산바람이나 강바람의 시원한 대자연(大自然)에 대한 鄕愁는 시인의 주장대로 결코 부질없는 抒情詩일 수만은 없으며, 어쩌면 그것은 自然을

57) 趙南翼, 「이 책을 읽는 분에게」, 『시(詩)의 오솔길』, 355쪽.

목마르게 갈구하는 현대인의 안타까운 絶叫일지도 모른다.[58)]

그러므로 자기를 사랑하고 가족을 사랑하고 제자를 사랑하고 동시대 이웃을 사랑하고 향토를 사랑하고 나라를 사랑하고 민족을 사랑함에 있어서 언제나 초지일관(初志一貫) 대쪽 같은 성품으로 시대와 역사의 파수꾼으로서 올곧고 위풍당당하게 카랑카랑 살아온 이 시대 마지막 선비 趙南翼 시인의 鄕土 意識을 표출한 詩는 이런 맥락에서 값있게 평가되어야 마땅할 것이다.

* 鄭眞石, 「自然의 交響詩 - 趙南翼의 詩에 나타난 '鄕土 意識'에 대하여」, 《大田文學》 4호(한국문인협회 대전광역시지회, 1991.06.30.)에 발표한 원고를 극히 일부 문맥을 수정 · 보완함.

58) 趙南翼, 「山바람 江바람」, 『시(詩)의 오솔길』, 355쪽.

❐ 리현석_《오늘의문학》 1995년 가을호 평론

증언과 서정의 조화

– 조남익 시인의 시 세계 기행

1. 들어가면서

특정 시인과의 만남은 가히 운명적이다. 우연한 만남이라던가, 작품을 감명 깊게 감상한 후 만났다던가. 작품이 좋아서 찾았다던가, 지연과 혈연에 의해 가깝게 지낼 수 있었다던가, 사상이나 문학성이 좋아서 그리워하는 관계라던가 하는 등 모두가 어찌 보면 운명적이다.

조남익 시인과의 첫 만남은 시집을 통해서였다. 그러니까, 문학청년으로 불타는 가슴을 간직하고 있던 1970년대 초반의 대학 시절, 6인 시집『청와집(青蛙集)』에서였다. 한정판으로 발간되었던 작품집을 소지하게 된 것도 운명적이며, 이 시집을 통해 향토 시단의 서정시의 정수를 맛본 것도 운명적이랄 수 있다. 이 시집에는 한성기 · 박용래 · 임강빈 · 최원규 · 조남익 · 홍희표 시인들의 서정시가 다섯 편씩 수록되어 있다. 한편, 한편이 감동을 주는 가편(佳篇)들이었다.

조남익 시인의 시는 난해한 한자어가 몇 있어서 '자전'을 찾으면서 읽어야 했지만, 그 속에서 남모르는 희열을 느낄 수가 있었다. 그중 쉬우면서 향토 서정을 담고 있는 시는 암송하기에 이르렀다.

느이 동네의
해묵은 고샅길에 이는
비릿하니 짭짤한 것
바람 소리는 잔다던.

추수도 끝난 빈 들에
휘영청 달빛이나 쏟아지듯이
충청도 할머니의 이순에
곱다란 평화나 쏟아지듯이

느이 동네도
길길이 무서리에 머리 빗기우고
푸른 산, 푸른 강에
해마다 떨어지는 년치(年齒)여…….

날개는 솟구쳐
노래를 나는데
벌레 울음 같은
노래를 나는데.

—「충청도 · 4」 전문

이 작품은 단순하면서도 시의 행과 행 사이, 연과 연 사이에 수많은 언어가 생략되어 독자들에게 다양한 상상력을 요구하는데, 이런 표현이 개성적 표현이다.

시인은 천변만화(千變萬化)하는 자연과 삶을 자신의 지향(指向)에 따라서 선택하여 작품으로 형상화한다. 그 선택에 따라 시인의 시 세계가 집약되며, 공통분모에 의하여 시적 원형질이 결정된다. 조남익 시인도 그의 독자적 선택에 의해 시를 창작하고 있다. 남과 다른 시, 그만이 가지고 있는 감수성에 의해 빚어진 시, 그의 개성적인 색깔이 드러나는 시를 창작하기에 최선을 다하고 있다.

조남익 시인은 시 창작의 일차적 과제를 '당의정설'에 두는 듯하다. 예컨대 공리주의적인 경우, 쾌락적인 경우, 양자 중 어느 한쪽에 치우치지 않으려는 의식의 소산으로, 양자의 합일에 따른 '당의정설'을 지향하는 것 같다. 따라서 시인의 시적 원형질을 파악하고자 할 때, 특히 유의해야 할 점으로, 언외언(言外言)과 언내언(言內言)에 대한 의미를 파악해야 한다. 또한 이런 작품에 대한 평가는 얼마만큼 내용과 서정이 조화롭게 형상화되었는가 하는 점이다. 이에 따라 필자는 시인의 작품을 섭렵하고, 그 작품의 실체를 분석하면서 시인의 시 세계를 기행하고자 한다.

조남익 시인은 1965년~6년《현대문학》에 추천을 받아 등단한 후, 다음과 같은 시집을 발간했다.

제1시집 『山바람 소리』(1969)
6인 시집 『청와집』(1971)
제2시집 『풀피리』(1976)

제3시집 『나들이의 땅』(1983)
시선집 『눈빛의 말』(1987)
제4시집 『朕의 戀歌』(1994)

물론 이 외에도 수필집으로 『사색의 연가』(1967), 『시의 오솔길』(1973) 등이 있으며, 시 감상집으로 『현대시 해설』(1977), 『한국대표시 해설』(1980), 『한국 현대시 해설』(1993) 상권과 하권을 발간하여, 시 외에도 남다른 열정과 관심을 보이고 있다.

시집 발간만을 토대로 추단할 때, 조남익 시인은 과작(寡作)하고 있음을 알 수 있다. 60년대에 1권, 70년대에 1권, 80년대에 1권, 90년대에 1권이 말해주듯이 그는 10년에 1권꼴로 발간하고 있다. 이는 여타의 시인들에 비해 매우 적은 작품 창작을 보여주는 것이며, 이는 작품의 완성도를 지향하는 치열성의 소산으로 보인다.

그는 설익은 과일을 따지 않는다. 그는 마무리되지 않은 작품을 내놓지 않는다. 오로지 작품으로서의 완벽을 추구한다.

2. 조남익 시인의 시 세계 분석

2.1

정한모 시인은 조남익 시인의 시 세계를 집약적으로 정리한 바 있는데, 〈평범한 일상의 관조를 리리시즘으로 바꾸기〉〈일상의 생활 감정 속에서 철학성을 찾기〉라는 것이다. 이는 일상에서 서정성을 일궈내는 것이며, 일상에서 독특하고 개성적인 주제를 포착했다는 것에 다름 아니다.

일차적으로 그가 견지하고 있는 서정의 꽃밭을 기행하기로 한다. 시인은 누구나 꽃밭을 가꾸고 있다. 크거나 작거나, 화려하거나 검소하거나, 자연스럽거나 인위적이거나, 이국적이거나 전통적이거나 간에 시인들은 독자적인 꽃밭을 가꾸고 있다. 그 서정의 색깔에 따라 시인의 감성은 자리매김하는 것이다. 시인의 서정이 놀라울 만큼 간절하고 호소력이 있는 작품 한 편을 감상해 보자.

나뭇잎이 반짝이는 건
세상 사람들의 얼굴이
모두들 귀하게 반짝이는 건
혼이냐, 착한 혼이 쏘는 빛발이냐.

고향 뒷산 솔밭에
지금도 들려오는 솔바람 소리는
어디서 오는 일만간장(一萬肝腸)
혼이냐, 우는 혼의 깃발이냐.

하늘서 펴내 오는
꽃수레는 하늘가를 돌고
혼아, 혼아, 나에게 와 사는 혼아,
네가 먹이는 머언 하늘빛
서늘히 식을 듯, 뜨겁게
길길이 숲이 덮인 언덕에다 뿌려라.

―「정경(情景)」 전문

이 시를 일독하고 느낀 것은 은유가 빚어낸 서정성의 탁월함이었다. 나뭇잎이 반짝이고, 사람들의 얼굴도 밝은 것, 그리고 혼이 쏘는 빛발 등은 연상적 은유가 반짝이는 작품이기 때문이다. 또한 고향 솔바람 소리와 혼의 깃발이라는 연계도 뛰어난 은유이기 때문이다.

이 시를 재독하고 느낀 것은 구조의 탄탄함이었다. 1연의 '반짝임', 2연의 '우는 혼', 3연의 '하늘빛 뿌림'의 구조를 종합할 때, 독자들은 이 시의 구조가 〈정 · 반 · 합〉의 변증법적 구조를 갖추었다고 쉽게 인식할 것이다. 이런 구조의 탄탄함이 억지스러움을 주지 않고 있다. 일상의 자연을 관조하는 과정에서 연상에 의해 은유가 태동하고, 의도적으로 구성한 작품들보다 보다 뚜렷한 구조적 특징을 보여준다는 것이 시인의 개성적 힘이다.

이 시를 정독하고 느낀 것은 서정성과 구조의 조화로움, 융합이었다. 시인의 서정성이 구조의 탄탄함과 밀착할 때, 작품이 주는 힘은 가공할 만한 것이다. 결국 이 작품은 언뜻 보아 서정성이 빛나고, 재독하여 구조의 탄탄함을 확인하고, 정독하여 작품의 조화로움을 감득할 수 있는 것이다. 사실 좀 더 예민한 독자는 단번에 이와 같은 작품성을 천착할 수도 있을 것이다. 어떻든 작품의 서정성과 함께 구조의 탄탄함으로 — 시인이 기울이고 있는 바 — 시 창작에 있어 완벽성을 추구하고 있음을 납득할 수 있다.

「정경」에서 보여주는 것 같은 절절한 서정을 보여주는 작품으로 「호곡(呼曲)」, 「풀밭에서」, 「흙 속에」 등이 있다. 시인이 견지하고 있는 '혼'의 서정성이 합치한다.

거기 정토(淨土),

문 닫힌 갈림길
담 건너 당상(堂上)에
피리 부는 영혼아

—「호곡(呼曲)」 일부

우리는 풀밭에
서슬이 시퍼런 삶을 다스리고
차라리 영원이 아니어도 좋았을
가난한 마음을 울어보는 것이다.

—「풀밭에서」 일부

옷을 벗긴 가을 빈터
바람 을시렁이 불고,
몸에 가을은 달려왔어도
늘 허기진 내 영혼은
수수깡에 가서 불고.

—「흙 속에」 일부

결국 '무주공산'에 산화할 나의 '피리 부는 영혼'이나 백제의 멸망과 함께 '백마강 아홉 굽이/ 아홉 용이 잠겨서 살 듯/ 아흔아홉 굽이 산하에/ 풀씨 같은 영혼'으로 인한 '가난한 마음'은 같다. 또한 추수 같은 들녘의 가을바람으로 환치된 '내 영혼'도 같은 맥락이다. 이와 같이 시인은 어느 정도 집약된 공통분모를 갖고 있다. 이 공통분모가 보다 절절한 서정을 잉태하여 작품의 질을 한층 높이고 있다.

2.2

다음으로 기행할 분야는 역사의식의 치열성이다. 조남익 시인의 작품은 거의 대부분 역사의식의 투영으로 볼 수 있다. 생활 속의 작은 일에서 역사적 사건이라는 커다란 일까지 시인의 의식은 남다르게 표출되고 있다. 이는 과거의 역사가 있기에 오늘이 존재한다는 당위성을 내포하고 있는 것이며, 오늘을 거울삼아 미래에 대한 경계를 확고하게 하자는 시인의 깊은 배려로 보인다. 따라서 역사 그 자체를 노래하기보다는 역사와 현실의 상징적 의미를 천착하고 있으며, 역사적 사실(史實) 자체보다는 그 사실(史實)이 내포하고 있는 의미와 정신에서 더 집착하고 있다.

옛 싸움터에서
역사는 파묻혀 빛나고 있었다.
유난히도 붉은 해의 얼굴
이제는 나라도 겨레도
앳된 아이의 부끄러움을 타고 있었다.

풀들은 쓰러져 잠들고
무겁게 우는
땅의 신음에
우리들의 피
맨발로 달리고 있었다.

머언 지평선
임진년(壬辰年) 끝의

어룽진 노을 속
역사는 아직도 활활 불타고 있었다.

—「칠백의총(七百義塚)」 전문

칠백의총은 충남 금산에 있는 둘레 33미터, 높이 3미터의 큰 무덤이다. 임진왜란 때 의병장 조헌, 영구 대사 등 7백 의사가 전원 순절하니 한 무덤을 파고 시신들을 거두어 모신 곳이다. 이로써 호남으로 향하던 왜군의 예봉은 꺾이고 호남 땅이 보전되기에 이르렀다. 또한 이충무공 활약의 터전이 되었다.

조남익 시인은 이 칠백의총을 형상화함에 있어 그 자체에 대한 언급은 피하고 있다. 그 정신을 오늘에 되살려 확인함에 그쳤다. 이것이 시인이 갖고 있는 시적 특질이다. 그 역사의 실체는 땅속에 묻혔지만, 역사의 정신은 〈맨발로 달리고〉 있으며, 〈아직도 활활 불타고 〉 있는 것이다. 시인은 근세사의 한 사실(史實)을 통해 역사라는 것은 단절된 것이 아니라 연속된 것이며, 특히 그 정신은 면면히 계승된다는 것을 확인한 것이다.

이러한 의식은 여러 역사의 낱낱에서 모두 발현되고 있다. 일부 돋보이는 작품들을 통해 확인해 보자.

아가의 엉덩이에 찍어 보내시는
삼신할머니의
푸른 몽고반점이여.

꿈나라 초원의 야생마를 잡아타고
핏줄의 부연 강물을 건너

이 땅에 태어난 오랜 역사…….

—「형성(形成)」 일부

이 작품은 우리 민족의 형성을 구체적이고 대표적인 '몽고반점'을 통해 보여주고 있다. '무문토기'를 빚어 살던 민족이, '청동기시대'를 거쳐 민족이 구체화되었음을 설파하고 있다. 그러면서 현대적 시각으로 〈아파트가 되고, 고인돌이 되고, 내가 아파트로 들어가고/ 고인돌로 나오고// 아가야, 그것이 모여/ 숲이 되고 꽃이 되어/ 찬란한 그대 얼굴 피어오른다〉라고 노래하는 것이다. 이와 같은 민족의 역사 형성을 통해 시인의 의식은 발현된다. 민족의식의 발현은 그리움을 수반하는데, 보다 가치 있는 역사에로 귀착된다. 시인이 동경하는 일차적인 역사는 고구려의 웅대함이다.

타다 만 원목은 긴 잠에서 깨어나
한 길이나 소스라쳐 튀며
상처받은 짐승처럼 울부짖는다.
마상(馬上)에서 활 쏘며 달리던
고구려가 아득히 산맥을 뛰어넘어 오고 있었다.

—「원목(原木)」 일부

동트는 새벽에
집 새로 지으려거든
아가야, 저 고구려 영토에
터 좀 넓게 잡으려무나.

—「고구려의 영토」 일부

역사적으로 보면 고구려도 망한 나라임에 틀림이 없지만, 그 고구려의 광활했던 영토만큼은 자랑스럽고, 또한 현실적으로 그리운 것이다. 역사적 사실(史實)에 대한 그리움은 현실적 궁핍에서 출발된다. 지금도 광활한 국토가 있다면 고구려의 고토가 그리울 리 없다. 시인이 부족하다고 느끼는 심리적 궁핍감에 의해 절절한 그리움은 잉태된다.

그러면서도 조남익 시인의 내면에는 멸실되다시피 한 '백제'가 살아 있다. 망해버린 나라에 대한 자부심도 드러나고 있다. 이는 아마 백제의 마지막 도읍지였던 '부여'에서 성장한 환경적 영향 때문이리라. 또한 백제의 유민 의식이 빚어낸 한 맺힌 절규일 수도 있으리라.

> 해 뜨는 나라
> 백강구(白江口) 패전 8년 만에
> 왜인들은 땅 치고 통곡하며 부르짖었다.
>
> — 백제의 이름이 오늘에 끊겼으니
> (百濟之名 絶干今日)
> 어찌 고향의 묘소를 오갈 수 있으랴
> (丘墓之所 豈能往復)
> 『일본서기(日本書記)』는 쓰여졌다.
>
> —『일본탄생사(日本誕生史)』 일부

이 작품은 백제의 우월성을 보여주면서 왜국의 역사 날조를 비판하는 것이다. 일본서기의 기록으로 일인들은 자국의 우수성을 주장하지만, 그 책의 내용으로 자가당착에 빠질 수밖에 없다는 것이다. 이런 이유로 시인은 〈가서는, 깨끗한 혈루로 가서는/ 왜 무우같이 미끈한 두 다리로 서고/ 더도 말고 파안대소 한번 하세〉라고 노래하는 것이다.

이와 같이 역사적 왜곡을 확인하고 민족의식을 고취함도 시인의 책무 중의 하나이다. 이를 위해서는 위대한 역사나 자랑스러운 사실도 중요하지만, 부끄럽고 왜소한 역사도 오늘을 거울삼기 위해 조명할 가치가 있다.

> 백제의 새는
> 울지 않으려 한다.
>
> 백제의 새는
> 노래하려고 하지 않는다.
>
> 망각의 땅거미 덮이고
> 한 줌의 재 속에서 다시 태어나는 새여.
>
> 백제의 새는
> 초록 잔디이려고 한다.
>
> 백제의 새는
> 파란 하늘이려고 한다.
>
> 눈뜨면 너무도 밝은 세상

흘러가는 물빛 위를 침몰하면서 나는 새여.

—「백제의 새」 전문

'한 줌의 재'가 조국의 멸망이라고 하면, 시인의 감정이 이입된 '새'가 노래할 수는 없다. 그러나 '한 줌의 재' 속에서 다시 태어나는 새는 멸망을 딛고 거듭남을 말하는 것이다. 다시 태어난 새, 백제의 유민은 '초록 잔디'와 '파란 하늘'을 지향한다. 그래서 〈눈 뜨면 너무도 밝은 한 세상〉을 갈망하는 것이다. 역사를 통한 의식의 표출은 사실의 열거에 식상할 수도 있으나, 이를 지양한 조남익 시인은 서정성과 독자성으로 이를 극복하고 있다.

2.3

현실을 바탕으로 한 작품군도 뛰어나다. 조남익 시인의 시는 군더더기 하나 없는 깔끔한 시이다. 다만 한 가지 한자(漢字)를 다용하는 것은 시대에 역행하는 것 같다. 이러한 점과 함께 어려운 한자어를 자주 활용하는데, 이도 바람직한 것으로 보기는 어렵다.

향토적 서정과 역사의식이 알맞게 어우러져 있으면서, 현실을 바탕으로 한 대표적 시는 연작으로 된「충청도」시리즈이다. 조남익 시인은 전형적인 백제 유민이면서 또한 전형적인 충청도 사람답기를 원하고 있다. 그의 시에는 이런 시 정신이 켠켠에 숨 쉬고 있다.

어제는 儒城에 가설랑

거기 어느 들녘에
장승처럼 서서 우는 나를 만났네.

그저께는 扶餘에 가설랑
故 申東曄 詩碑를 찾고
아직도 사랑해 쌓는
울음들을 만났네.

돌아도
다시 돌아도
휘어지도록 천 리 길을
이승은 번쩍이고

저녁이 내리면
내 사랑하는 이들의
구비구비 꽃구름

구비에 닿아설랑
외로이 꺼질 듯 마구 익는
여기는 머언 旅路…….

—「忠淸道 · 6」 전문

어느 날 유성에 가서 장승을 보았다. 그 장승에 시인의 감정이 이입되고, 그런 감정은 부여에 가서 신동엽 시비를 보면서도 동일한 정서가 환기되기에 이르렀다. 그 정서는 이승과 저승 사이의 거리감과 함께 그리움이 환기시킨 '슬픔'이다. 이 대문에 시인은 '울음'을 만날 수밖에 없었다. 그러나 이러한 그리움도 〈구비에 닿아설랑/ 외로이 꺼질 듯 마구 익는/ 여기는 머언 여로〉에서 잊혀질까 노심초사(勞心焦思)하는 마음의 반영이다.

시인의 내면에 깊이 각인된 역사의식, 과거 회귀적인 서정성 등이 빚어내는 시심이 현대와 조화를 이루고 있는 작품도 감상해 보자.

어제를 사랑한 그대,
땀의 향기에 취한 듯 묻혀
오늘 아침
손님처럼 뜰에 내려선다.

느리게 떠 있는 빈 종이배,
아파트 숲을 건너오는
햇살은 부서져 쌓이고
별뉘 한 올을 손바닥에 받는다.

—「휴일(休日)」 일부

서정적 자아는 휴일의 아침에 늦잠을 자면서 꿈속에서 '떨어지는 이슬'을 보게 된다. 그 이슬을 예로 든 시상이 연상된 것이다. '어제'와 '오늘'의 차이는 극명하다. 어제가 몸살을 앓고 있는 상황이라면, 오늘은 햇살이 넘치는 상황이다. 말하자면 현실의 자각이 과거의 질곡을 뛰어넘을 수 있었던 것이다. 환언하면 현실이 과거를 초극한 것이다. 현실에 대한 긍정적 세계관을 보여주는 작품이다. 이러한 현실 속의 서정이 무르녹아 있는 작품을 또 한 편 보자.

> 월급쟁이의
> 한평생,
> 용케도 지탱하여 온
> 아내의
> 서러운 두 손도
>
> 오늘은
> 확 트인 郊外에서
> 모처럼 고운 눈빛이여.
>
> 자유의 넋이 불타고 있었다.
>
> —「나들이」 일부

역사의식이 투철한 조남익 시인이었기에 가족의 현실적 행복은 염두에 없었던가? 가난한 시인의 가난한 호주머니가 죄였던가? 오랜만에 가진 가족 나들이였음이 시 속에 드러나고 있다. 시인은 아내를 통해 행복과 희열을 표출하고 있지만, 사실은 시인 자신의 시선이자 정감이다. 길가의 꽃을 보고 〈비인 호주머니의/ 일년초/ 꽃송이들이여〉라는 형상화가 이를 입증한다. 또한 〈한평생/ 눈칫밥 먹고/ 가녀린 어깨 너머/ 하늘나라 自生의 무게로/ 흐드러지게 꽃이 피었다〉라는 토로에도 입증된다.

월급쟁이인 시인이나 시인의 아내가 '서러운' 감정을 극복하고

'자유의 넋'을 구가하는 것은 시인만이 갖고 있는 특권이다. 시인의 내면에는 끝없는 갈증으로 지고지선(至高至善)의 가치를 추구하면서도 찰나의 안분지족(安分知足)을 향유하는 것이다. 그때의 짧은 행복을 시화한 것이다.

그러나 시인의 내면에 역사적 인식이 주체를 이루고 있을 때, 그 시적 특질은 고뇌의 산물로 나타난다.

> 슬픔은 무엇을 타고 내려오던가
> 휴전선(休戰線)을 건너서 내려오던가
> 여름에도 와이샤쓰를 못 벗는
> 내 허약한 갈비씨에서 오던가
>
> 말을 하던가
> 自由는 부르짖던가
> 統一은 울부짖던가
> 미끄럼대를 타고
> 아이들이 줄지어 내려오던가
>
> —「하강(下降)」 일부

조국의 현실을 안타깝게 노래한 작품이다. '휴전선'과 '허약한 내 갈비씨'의 동질성은 조남익 시인만의 독특한 연상이다. 허약한 갈비씨는 어쩌면 그 자체를 쉽게 옮겼는지도 모른다. 그러함에도 불구하고, 휴전선이라는 시어와 연계될 때, 그것은 상징적 의미를 유지하게 된다. 말하자면 통일이 되지 않은 상태의 국토를 상징적으로 도입했다고 볼 수 있다.

그렇지만, 말미의 〈미끄럼대를 타고/ 아이들이 줄지어 내려오던가〉에서 보여주는 통일에의 희망과 기대가 시의 핵을 이루고 있다. 온 국민(우리 민족)이 원하는 '자유'와 '통일'은 역사적 의식이 남다른 조남익 시인에게 있어서는 더욱 예민한 명제이다. 이러한 명제를 관념에 휩쓸리지 않고 형상화한 것, 그것이 시인의 위대성이다.

3. 나오면서

일상의 작은 일, 큰 일, 역사적 사실(史實) 등에서 시인이 독자적 주제를 견지하면서, 개성적인 표현을 한다는 것은 지난(至難)한 일이다. 그러함에도 불구하고 조남익 시인은 이를 성취함은 물론 미적으로 승화시키는 예술혼을 보여주고 있다. 이는 아마도 다작의 미망(迷妄)에 휩쓸리지 않고 정제된 서정을 완벽하게 표현하고자 하는 시인 의식의 발로인 듯하다. 주제가 뚜렷하면서도 서정성을 유지하여, 어느 한쪽에 치우치지 않고 조화를 이루는 것이 시 창작의 묘체라 할 때, 조남익 시인의 시는 이에 값한다.

다만 앞에서도 간단히 언급했지만, 한자어의 고집스러운 사용은 융통성이 없거나, 각주구검(刻舟求劍)의 시대착오일 수 있음을 재음미해야 할 일이다. 순수 우리 한글로도 우리의 정서를 완벽하게 표출할 수 있다. 혹자는 한자어 없이는 어렵다는 견해를 밝히는데, 한자어도 한글로 쓰면 된다. 혼동이 염려되는 작품을 괄호로 덧붙이면 된다. 구학문에 익은 문인들이 한자를 다용하는데, 이는 독자들을 스스로 떼어내는 셈이다.

조남익 시인은 앞으로도 역사의식이 투철한 시 창작에 몰두할 것 같다. 주제와 서정이 융합된 결정체를 끝없이 빚어낼 것 같다. 이런 가정은 다음의 작품에 의한 추단이다.

끝까지
아주 끝까지
살아가다가
굴러가다가

애오라지
썩지도 늙지도 못하는
영영 외톨진 한 줌은
이승에 떨어지는 새빨간 토막…….

세상은 넓어도
세상을 먹고 살은 이의
다 타지 못한 옹이가 들었다.

바람 부는 날에
이삭처럼 떨어진
어스름 저녁,
빈 들인데

어딘가 성큼
천아성(天鵝聲)이 울리고

아하, 신(神)이 줍는 노래여.

—「신이 줍는 노래」 전문

시인은 〈끝까지/ 살아가다가/ 굴러가다가〉 마침내는 〈빈 들〉에서 〈신이 줍는 노래〉를 창작하고자 한다. 이런 작업은 시지프스의 되풀이처럼 끝이 날 줄 모른다. 따라서 시인은 생명이 붙어있는 한 시 창작에 전념할 것에 틀림없다. 그것도 스스로의 완벽성 추구에 전념하느라 생명의 소잔마저 감내하는 것이 시인의 운명이다. 사실 신이 줍는 노래가 아니면 어떠한가. 내가 첫째 독자이며, 또 다른 독자의 가슴에 여울지는 노래라면 좋잖은가. 수많은 독자의 심금을 울린다면 말하여 무엇 하겠는가. 그러나 조남익 시인은 〈신이 줍는 노래〉를 창작하기에 신명을 다하고 있다.

그의 성취를 빌며, 조남익 시인의 시, 기행의 여로를 간략히 마감한다.

❐ 김영교_《문학과 창작》 2001년 12월호 평설

大椿나무 찾아가는 오솔길

서둘러 길을 나섰지만, 도로공사로 인해 차는 정체와 서행을 반복하였다. 충주 - 청주를 잇는 36번 국도에서 무인 속도 측정기와 내 발끝은 끊임없이 치열한 신경전을 벌였지만 증평 톨게이트를 지나 중부고속도로에 접어들면서부터는 그 신경전도 한결 누그러졌다. 여름이 끝나고부터 지금까지 비다운 비 한 번 내려주지 않는 하늘은 조금씩 저물어 가고 있었다. 추수를 모두 끝낸 텅 빈 들녘이며, 이젠 제법 많은 나뭇잎을 떨구어 낸 산은 제 나름의 월동 준비를 하는 것이리라. 들판은 들판대로, 숲은 숲대로 자신을 비워내고 떨구어 냄으로 추위를 이겨내는 데 비해, 붉은 피가 흐르는 우리들은 오히려 그들의 열매를 섭취하며 더 많은 것들을 몸에 걸치고, 두르고 치장을 하며 살아가는 모습이 참 대조적이라는 생각이 들기도 했다.

대전 시내로 접어들자, 차의 미등을 켜야 할 만큼 겨울 햇살은 금세 사위어 들었고, 보문산 자락 바로 아래 있다는 시인의 집에 도착할 때 해는 완전히 저물었다. 며칠 전, 전화로 구체적인 날짜와 시간, 장소를 정할 때 들은 바 있는 충남대 부속병원 뒤편 오르막을 오를 때쯤 해서 조남익 시인으로부터 다시 전화가 걸려 왔다. 시인의 말씀대로 살고 계시는 아파트 단지는 그 길에서 얼마 지나지 않아 바로 찾을 수 있었다. 목측(目測)의 어림짐작이었지만 산기슭 아래 위치한 시인의 아파트는 아마 낮이었다면 시내 전경이 훤하니 바라보일 만큼 위치가 좋을 것 같다. 근처 슈퍼마켓에 들러 주스 한 통을 사 들고 동(棟) 입구 앞에서 다시 전화를 드린 뒤 7층으로 올라갔다. 먼 길을 왔다며 두 손을 꼭 쥐여주셨다. 사진으로 뵙던 것보다 훨씬 젊어 보이셨고, 한층 부드러운 인상이셨다. 한 번의 서신과 두어 번의 전화가 있었을 뿐 생면부지의 첫 만남이었건만 행여 그 어색함의 간극은 마주 쥔 양손의 어디고 비집고 들어오질 못했다. 이내 시인은 서재인 듯한 방으로 나를 안내하셨고, 서재에 들어서서 나는 다시 한번 정식으로 반절을 올리는 예를 드렸다.

서재 한쪽 벽면이 꽉 채워진 책장을 설핏 둘러보고는 사각형의 앉은뱅이책상을 마주하고 앉았다. 우선 이곳까지 내려온 고생과 다시 되짚어 올라가야 하는 걱정을 시인께서 몇 번씩이나 말씀하시든지 되려 내 말주변이 조츰조츰 막히곤 했다. 어제 함양에서 있었던 한국시인협회 모임에 참석하지 못한 아쉬움을 한쪽 곁으로 밀쳐둔 채 시인의 출생지인 부여에 관한 이야기부터 말머리는 풀리기 시작하였다.

시인을 이렇게 대하기 전, 나는 시인의 글을 읽으며 시 곳곳에 고즈넉하게 자리한 시인의 고향(부여군 세도면 수고리)은 곧 그의 시의 출발지이자 비등점이라는 생각을 했었다. 지난 1965년 《현대문학》의 신석초 선생으로부터 첫 추천을 받은 작품의 제목이 바로 고향 「수고리(水古里)」였으며, 이어 2, 3회 추천 완료를 한 「북촌리 타령」이나 「山바람 소리」 역시 고향 부여의 정경과 감흥을 직·간접적으로 용해, 응축해 낸 것이다.

풍양조(趙)씨 선대들께서 600여 년을 한곳에서 살아오셨다는 부여에는 현재 시인의 아우님께서 지키고 계신다는 말씀까지 들을 수 있었다. 조 시인의 굵직하고 괄괄하신 성조(聲調)에서부터 단단해 보이는 골격에 이르기까지 문인보다는 오히려 무인 쪽에 가깝다는 생각이 나는 왜 들었을까? 문을 사랑한 무인, 백제의 후예 가운데 나는 그런 사람이 있는지를 속으로 혼자 가늠해 보았다.

사모님께서 녹차를 내오셨다. 자제분들이 모두 출가(막내 아드님만 금년 12월 결혼 예정)한 관계로 두 분만 계시는 집안은 마냥 조용하기만 했다. 사모님께서는 감기 기운으로 몸이 불편하다는 말씀은 있었지만, 붉은색 스웨터 때문인지 시종 밝은 모습이었고, 자신이 이 자리에 있으면 행여 누(累)라도 된다는 듯 차를 내놓으신 뒤 이내 자리를 비켜 주셨다. 찻잔 속의 뜨거운 욕조에 들어가 몸을 풀기 시작하는 마른 햇살과 바람, 이슬은 꽤 깊은 향취를 풀어내고 있었다. 이야기는 그 녹차 향기처럼 시인의 고향과 가족을 지나 등단 직전 신동엽 시인과의 만남으로 피어오르고 있었다.

독서광이라고 할 만한 시인의 백형(伯兄 : 6□25 동란 때 작고) 덕분에 비록 시골이었지만 시인은 어려서부터 책을 가까이할 수 있었고, 그때부터 문학에 관련된 서적을 접할 수 있었다고 한다. 그러한 영향은 마침내 시인을 당시 서울의 국학대학(현 고려대) 국문과로 진학하게 만들었고, 그곳에서 미당 선생의 강의를 들어

가며 보다 구체적으로 시를 써야겠다는 결심을 했다고 한다. 그래서 나름대로 틈틈이 시를 써 가며 대학 시절 부여에서는 최초로 〈白流文學會〉를 결성하기도 했고, 그 당시 써 놓은 40여 편의 시를 『苦行』이라는 제목으로 서문까지 써놓고 출간 준비까지 마쳤다고 했다.

그러던 가운데 신동엽 시인을 서울에서 중형의 소개로 만나게 되었고, 신동엽 시인이 조 시인의 글을 당시 한국일보 논설위원으로 계시던 신석초 선생께 보여드리게 된 것이라고. 이렇게 해서 석초 선생에 의해 등단 추천 완료를 마치게 되었다고 했다.

그 후 약 3년이 지나 첫 시집 『山바람 소리』(1969, 현대문학)를 세상에 내놓게 되었고, 석초 선생은 기꺼이 시집의 서문을 써 주셨다.

> … 그는 즐겨 韓國의 土着的인 자연과 생활을 素材로 사용하고 있는데 단순하고도 일상적인 인습에 절어 있는 그 對象을 매우 새로운 知的인 現代 意識에 의하여 처리한다. 그리고 섬세하게 그의 認識을 '感覺化' 하는 데 성공하였다…

다음 시는 시인의 첫 시집에 실린 작품 가운데 신석초 선생이 말씀하신 '인식의 섬세한 감각화'를 잘 드러낸 시 「까치집」이란 시의 일부분이다.

> … 불면 날아갈 듯한 영성한 삭정이인데/ 아슴한 俗世로 가난을 떨어뜨리는 집.// 사는 것은 닳는 것/ 창이 나 버려진 나의 구두는 / 벌써 몇 켤레째 그 위엄을 잃었던가./ 집은 높고 생활은 낮은…

// 높다라이/ 어두운 마음의 燈皮를 닦아/ 내일이면 또 보내어 씻겨 올/ 조그만 몸의 무게./ 세상을,/ 소나기가 차례로 지나가는 세상을/ 깍깍 짖는 그 조그만 몸의 무게. …

—「까치집」 부분

객쩍은 수다나 군소리는 어느 곳에도 찾아보기 어렵고 오히려 고졸(古拙)스러운 배경에 단단하고 야무진 한 마리의 '조그만 몸의 무게'를 한 까치의 당찬 짖음이 들리는 듯도 하다. 삭정이로만 만들어진 까치집을 바라보며 '속세로 가난을 떨어뜨리는 집'이나 '소나기가 차례로 지나가는 세상' 등의 표현은 오랜 되새김질이 있어야만 비로소 길어낼 수 있는 표현이 아닐 수 없다. 혼날 소리일지는 모르겠지만 근자에 들어 미꾸라지처럼 흙탕물만 잔뜩 일으켜 숨을 턱턱 막는 경우나, 이것저것 모두 모아 얼렁뚱땅 뭉개버리고 스스로의 혼탁을 오히려 새롭고 독특한 색채인 양 야단스러운 몸짓을 하는 시편들도 아주 없지는 않다. 세상을 향해 짖어대는 조그만 까치 한 마리의 울음에 어찌 모든 것이 일순 맑아질 수야 있겠냐만 아무리 탁한 격랑이라 할지라도 언젠가는 맑고 잔잔한 모습을 위와 같은 시인의 글에서 그것을 상정(想定)하는 것은 그리 어렵지 않을 것이다.

그간 쓰신 책들을 보고 싶다는 부탁을 드렸더니 시인은 책상 위 한쪽에 가지런히 쌓아두신 책들을 당겨 놓으셨다. 시인은 그동안 첫 시집 『山바람 소리』를 위시해 수필집 『시의 오솔길』, 그리고 『풀피리』, 『나들이의 땅』, 『눈빛의 말』, 『짐의 연가』라는 시집을 상재하셨다. 아직 시는 물론 모든 것에 맹목이나 다름없는 내 눈에 그래도 가장 먼저 빨려 들어오는 책은 맨 밑에 있던 『한국 현대시 해설』이란 상 · 하권으로 된 두 권의 책이었다. 특히 현장에서 국어를 가르쳤거나 가르치고 있는 교사라면 틈틈이 펼쳐보고 수업에 참고로 했던, 말 그대로 시인의 '명저(名著)'이다. 이것이 속일 수 없는 직업의식이라는 것이었을까. 아무래도 그 책에 얽힌 이야기가 더 있을 법해 내 궁금증과 조급증은 깝죽거리고 있었다.

시인은 자신의 오랜 교직 생활 때문이었는지, 아니면 자신의 게으름인지는 몰라도 시력(詩歷)에 비해 지나친 과작이라며 조금 전보다는 더 나붓해지신 듯했지만, 내게도 같은 전철을 밟지나 않을까 하는 염려가 앞선다는 말씀을 먼저 해주셨다. 그러고는 이어『한국 현대시 해설』을 쓰게 된 동기를 말씀해 주셨다.

시인이 대전의 교직에 들어선 것은 대전고등학교였는데, 당시만 해도 대전고등학교는 지방에서 서울 명문대에 적지 않은 인원을 합격시킨 명문 학교라고 하셨다. 그곳에서 7년여 동안 학생들을 지도하시며 틈틈이 한국 현대시의 개관을 학생들에게 보다 알기 쉽게 가르치기 위한 해설 시를 쓰게 된 것이라고 하셨다. 순수한 동기에서 그리고 학생들과 같이 공부한다는 의미에서 시작한 원고가 하나둘 모아지기 시작했고, 이어 출판까지 가게 되었는데 의외로 세상에 나오게 되자마자 상당한 인기가 있었다고 했다. 고3 수험생들은 물론 현직 교사 심지어 대학 입시 문제를 출제하는 관계자들까지 그 책을 참고할 정도로 알기 쉬우면서도 명쾌한 해설서였다는 것은 출간 이후 13쇄(1993년)까지 발행할 정도였으니 그 인기의 짐작은 그리 어렵지 않은 셈이었다. 그 후『한국 현대시 해설』하권도 이어 출판하게 되었고 그 역시 인기는 마찬가지였다고 하는 데 근자에 들어 원작에 대한 고료 시비 문제로 출판사(미래문화사)에서의 기세가 다소 주춤해진 상태라고 한다. 아마 계속되었다면 현재 20쇄 정도까지 발행되지 않았을까 하는 추측만 해볼 뿐이라고 시인은 말씀하셨다. 물론 그에 따른 인세도 제법 쏠쏠했다는 말씀도 잊지 않으셨다.

이번에는 향토문학에 관한 쪽으로 이야기가 흘렀다. 특히 이곳 부여를 중심으로 인근 지역에서 성장하여 꾸준한 창작활동을 해왔거나, 지금까지도 왕성한 작품 활동을 하고 있는 분들에 대한 이야기였다. 충남 전역으로 확대한다면 멀리는 만해 선생을 위시하여 윤곤강, 신석초, 김관식 선생들을 꼽을 수 있겠지만, 부여 내지는 인근 지역인 공주 정도로 그 범위를 좁히면 우선 정한모 선생님을 비롯하여 박용래, 신동엽, 한성기, 임강빈, 홍희표, 최원규 시인 등을 꼽을 수 있고 이들 모두는 백마강 아니면 금강의 나직한 숨결에 대한 회억(回憶)을 그들의 시에 하나둘쯤은 정갈하게 옮겨놓았다고 하셨다. 물론 시인 역시 그분들 못지않게 고향을 사랑했고, 이는 그의 시에 있어 하나의 물줄기를 이루며 오늘까지 흘러온 셈이었다.

> 사람은 송이송이 살다 가는 것을/ 그것을 남향해서 흘러가는 것을/ 누구나 鳳鳴里 와서 물으면 안다.// 여름을 나는 사람들이/ 아직 千年 前의 여름을 살아도/ 사는 이의 푸른 골짜기에 내리는 물은/ 누구나 鳳鳴里에 와서 물으면 안다.// 그러기에 물소리는 새 노래로도 퍼져나고/ 자네의 그 착한 웃음에도 번져나고/ 이 찬란한 여름을/ 늘 구름 뜨듯이/ 결국은 아이들이 나이를 먹고….// 송송이 가을로 휘돌을 때에/ …
>
> —「鳳鳴里」 부분

시인의 두 번째 시집인 『풀피리』에 실린 시다. 이 시집 서문에서 未堂 선생은 "… 趙南翼의 가슴속에는 영감(令監)이 백 명 아니라 한 만 명쯤 들어있는 것 같다…"며, 그의 시적 정신 연령을 莊者의 글에 나오는 대춘(大椿)이란 나무에 비유했다. 이어 선생은 "… 대개 그런 道人 풍의 말에서 흔히 보이는 푼수와 같은 점잖은 말이 있게 마련인데 南翼의 시에는 그런 티가 안 보여서 매우 즐거울 뿐만 아니라, 古木에서 돋아나는 새싹 같은 앳띤 눈웃음까지 겸비해 있어서 新鮮해서 좋다…"라는 말씀까지 하였다.

시집 뒷부분에는 "… 鳳鳴里란 말을 듣지도 보지도 못한 사람들이라도 이 구절을 읽으면 鳳鳴里의 太古的 신비스러운 푸른 골짜기를 충분히 상상할 수 있지 않은가? 그가 이렇듯 평범한 일상언어에서 詩的 효과를 찾아내는 才能은…"란 송재영 선생의 시평이 실려 있었다. 사람들이 '송이송이 살다가는' 구절이나 '결국은 남향해서 흘러가는'이란 구절은 몇 번이나 읽어도 미당 선생의 말처럼 '新鮮'하고, 송 선생의 말처럼 鳳鳴里가 조금도 낯설어 보이지 않음은 웬일일까.

이야기의 물줄기는 한 구비 더 휘돌아 자연스레 고향 부여를 중심으로 살다 작고하신 시인들의 시비 건립 쪽으로 흐르게 되었다. 지난 1970년 부여에 건립한 신동엽 시인의 시비를 시작으로, 1984년에는 이곳 대전 보문산 자락에 박용래 시비 건립, 이어 1992년 같은 장소에 김관식 시인 그리고 1997년에는 정한모 선생의 시비를 다시 부여에 세우는 데에 총무 또는 위원장을 맡아 적극 앞장섰다는 것이다. 특히 성실하고 부지런하기로 이름난 그의 성품에 대해, 적지 않은 기간을 현재까지 대전에서 함께하고 있는 임강빈 시인은 다음과 같이 평했다.

… 조형(趙兄)은 매우 부지런한 사람이다. 우리가 갖는 어떤 문학의 모임이나 행사 같은 데서 그는 늘 앞장을 섰고, 매사에 신중하고 치밀했다. … 아마 사람이 부지런하다는 것도 타고나야 되는 모양이다. 조형은 또 강직한 성격을 갖고 있다. 그는 타협을 잘 하려 하지 않는다. 않는다기보다는 못한다는 편에 속하는지도 모른다. … 간혹 술자리 같은 데서 어울릴 때, 조형은 시작할 때의 자세를 그대로 지켜나갈 뿐이다. 술에 취해 있는 얼굴을 본 일이 없을 정도이다. 조형은 또 인정이 많다. 겉으로 보아서는 무뚝뚝한 데가 있고 융통성이 없어 보이지만 남한테 어려운 부탁을 받았을 때, 그것을 뿌리치지 못한다. 남의 딱한 사정을 미리 읽어내어 따스한 정을 나눌 줄 안다.

—「나들이의 땅」 跋文 부분

개인적으로 가장 애착이 가는 시집을 한 권 선택해 달라는 주문에 시인은 "글쎄…" 하시며 연신 실한 알밤처럼 벌던 웃음이 잠시 멈춰졌다. 책을 뒤적이시던 시인의 손길이 두어 번 반복되었다. 열 손가락 깨물어 아프지 않을 손가락이 어디 있을 수 있겠냐는 듯 시인에게는 나름대로 다 고만고만하고 애틋한 사연이 담겨 있다는 뜻이었을 게다.

그중 시인이 한 권 골라낸 것은『朕의 戀歌』라는 시집이었다. 이 시집을 만들기 위해 처음부터 다시 시작한 역사 공부며 자료수집 그리고 그를 토대로 작품을 완성하여 출간하기까지 소요된 시간이 무려 10여 년이 걸렸다는 부언을 해주셨다. 특히 야사(野史)가 아닌 정사(正史)를 토대로 한 우리 민족의 기원부터 고구려, 백제, 신라 삼국의 역사를 체계적인 시로 묶어놓은 것은 범박한 내가 알기로도 아마 시인이 처음으로 시도한 역사 기행 시집이 아닌가 한다.

전체가 4부로 묶여진 50여 편의 시 가운데 「한울님과 웅녀」, 「광개토왕비」, 「온조의 나무에」, 「혁거세」 등 몇 개 시 제목의 스케일도 스케일이려니와 제2부(고구려) 첫 부분에 실린 「神話 · 柳花夫人傳」이란 시는 그 행수만 해도 170행이 넘었다. 다음 시는 이 역사 기행의 첫발을 디디는 격인 『朕의 戀歌』 「序詩」 전문이다.

> 쏘아주고 싶어요/ 벌처럼/ 왕관은 잃어버리고/ 해와 달의 집,/ 궁궐에서도 쫓겨난 터이지만./ 꿀처럼 단 권력/ 전각을 울리며/ 짐의 명령은 하늘을 대행했어요.// 그래, 난 쏘아주고 싶어요/ 말벌처럼,/ 봄의 끝에서, 겨울의 입구에서/ 허물 벗는 시대의/ 번쩍이는 그 이마를 보며// 숨은 앙금이 내려앉는 곳을/ 달려가 쏘아주고 싶어요./ 애간장 녹이는 사랑의 혀처럼/ 불타는 독침이 되고 싶어요.
>
> —「序詩」

문학이란 것도 결국 사람의 일이고 보면, 그간 문단 사람들 사이에서 있었을 법한 재미있는 일화 하나를 부탁드렸다. 헌데 한참 만에 시인이 정작 꺼내놓은 일화에는 납덩이처럼 묵직한 고(故) 한성기 시인과 풀지 못한 사연 하나가 걸려 올라오고 있었다. 묵은 청태 같은 침묵이 투명한 낚싯줄을 한 번 툭 치고 지나가는 듯하더니 시인의 말은 이어졌다.

그 후 시인은 글을 쓸 때 조금이라도 날카로워질 만한 사안을 다루어야 하는 글은 아예 쓰지 않게 되었고, 순수 학문적 성격을 지닌 글에서조차 제3자 혹은 그 외 어떤 사람에게도 얼룩이 튀지 않을지 두 번, 세 번 읽어보는 습관이 들었다고 하였다. 아무튼 문단 40년에 있어 시인으로서는 당시 시류에 대한 회한이었던지, 아니면 자신에 대한 냉혹한 자책이었던지 온기라고는 조금도 없는 찻잔을 두 손으로 꼭 감싸는 시인의 손길이 예사롭지가 않아 보였다. 눈의 가장자리를 지그시 누르신 후 시인은 잠시 벗었던 안경을 다시 쓰셨다.

아무래도 방안 공기가 조금 가라앉은 듯해 시인의 근황 쪽으로 말의 가닥을 다시 잡아갔다. 한 번 더 녹차를 뜨겁게 내려 마시고 싶을 만큼 나 역시 혀끝이 팍팍해 왔지만 그러자면 사모님이 건너오셔야 할 듯싶어 그만두었다.

지난 1999년 교육계 정년 파동으로 퇴직 교사들이 대거 생겨날 때 시인 역시 고향인 부여의 부여고등학교 교장을 마지막으로 30여 년 몸담았던 교단을 떠나게 되었다고 한다. 처음에는 그런 모든 사실 역시 쉽게 받아들여지지 않았지만, 이제는 홀가분한 심정으로 그동안 미루어 둔 평론 원고 정리를 해가며 신경을 쓰고 있다고 하셨다. 특히 사모님께서 지금까지 자신이 어떤 일을 하든지 그에 대한 전폭적인 신뢰와 더불어, 규칙적으로 챙겨주는 여러 건강식 등이 정신적 · 육체적으로 큰 힘이 되어주었다고 하셨다. 그리고 그에 대한 고마움이야 더 늦기 전에 더 많이 사랑해주고 좋은 글 더 많이 쓰는 것밖에 다른 것이 뭐 있겠냐는 말씀이 예의 그 괄괄하신 웃음소리와 어우러져 눅지근해져 있던 방안 공기가 일순 잘 익은 보리 이랑처럼 흔들리는 듯도 했다.

시인은 내가 준비해 간 인터뷰 자료 용지를 설핏 넘겨다보시며 더 긴한 내용이 있으면 밖에 나가 식사를 하면서 계속하는 것이 어떻겠느냐는 눈말을 안경 너머로 보내오셨다. 아무래도 인터뷰를 마치고 내가 돌아갈 차 시간이 자꾸 걱정되셨던 모양이었다.

밖으로 식사를 하러 나가기 위해 첫 시집과 등단 초, 시인의 사진 그리고 몇 권의 책자를 더 얻어 가방에 챙겨 넣고 거실로 나왔다. 인터뷰 사진 부탁을 드리자, 시인과 내가 거실 소파에 앉고 사모님께서 사진을 찍어 주셨다. 두 번을 찍었지만 두 번 모두 한참을 뜸들이시다 셔터를 누르는 손끝에 힘이 너무 들어가 조금은 불안해 보였으나 내게는 오히려 사모님의 어리무던하신 모습에 사진 걱정보다는 따스한 정감이 먼저 밀려왔다. 어찌 기교만으로 살아갈 수 있고, 어찌 결과만으로 모든 것을 말할 수 있겠는가. 바로 지금 사모님의 너끈한 정성의 힘이 손끝에 모아지는 저 몰입의 순간이야말로 시인의 아내로서 걸어온 한평생의 시간이 아니었겠는가.

밖은 이미 강고한 어둠으로 덮여 있었다. 남방 차림으로 그냥 나오시는 시인을 보고 엘리베이터 안에서 나는 겉옷 하나쯤 걸치고 나오시는 것이 좋을 것 같다는 혼자 생각을 했지만 밖은 예상만큼 차지 않았다. 처음 시인의 집을 들어설 때 내려다보던 시가지의 불빛들이 이제는 제법 맹렬하게 어둠을 밀어내고 있었다. 삼킬 듯 위로부터 덮쳐 내려오는 밤 짐승의 캄캄한 숨결에 맞서는 점점의 불빛들. 저들처럼 지금 나는 일평생 교육과 시의 불빛을 밝히고 살아온 한 점 등불과 그 어둠 속을 걸어가고 있는 것이었다. 어둡지 않았다. 어두울 수 없었고 설령 어둠에 잠시 눌렸을지라도 그 시간은 그리 오래가지 않았으리라.

시인의 집에서 불과 길 하나 건너에 있는 음식점 안으로 들어서니 주인장 어른이 반갑게 시인을 맞이했다. 이미 시인과는 구면

인 듯한 주인어른은 한쪽 조용한 곳으로 자리를 안내하셨다. 늦은 저녁이었지만 군데군데 사람들의 잔즐거리는 담소가 고기 굽는 엷은 연기와 함께 피어오르고 있었다. 자리에 앉자, 이내 주문한 음식이 차려지기 시작했고, 시인으로부터 요즘 출강하는 공주대학과 건양대 강의 이야기를 들을 수 있었다. 지난 80년대 말쯤부터 시작된 교감, 교장 등으로 인해 교단에서 직접 강의하는 시간이 없어진 뒤 실로 10여 년 만에 다시 직접 학생들을 가르치는 일의 새로움도 새로움이지만, 사람으로서 사람을 '가르친다'는 말은 곧 '배운다'는 말과 동의어라는 것을 깨닫곤 한다고 하셨다.

알맞게 익은 고기 살점을 내 쪽으로 번번이 밀어놓아 주시며 시인은 현답(賢答)을 바라는 우문(愚問) 아닌 우문(優問)을 하나 내게 건네셨다. 만일 지금까지 발표된 우리나라의 근・현대시를 모두 모아 관 속에 넣어 태우기 전에 '적어도 이 시만은…' 하고 다시 꺼낸다면 꺼내어질 시가 과연 몇 편쯤 될까? 아니면 앞으로 50년 후 100년 후까지도 여전히 많은 사람의 열렬한 애모를 받거나 심금을 울려 줄 그런 시는 또 몇 편이 되고, 또 그런 시를 죽기 전에 나도 남겨놓을 수 있을까를 말씀하셨다.

잠시 말이 끊어지고 불판 위의 일부 고기는 타기 시작했다. 아마 밤새도록 그냥 둔다면 도무지 타지 않을 듯한 저 완강한 뼈들도 타기 시작할 것이다. 어느새 일하시는 아주머니 한 분이 쫓아와 고기를 뒤척여 놓을 때쯤 시인은 앞으로 작으면서도(短詩) 단단한 시를 써 보겠다는 말씀으로 스스로의 말머리를 추스르셨다.

'시를 쓰기에는 너무나 산문적인 시대'이니, '소음과 요설로 가득 찬 언어의 난무'이니 하며 자조와 방기를 일삼으며 낡아빠진 알리바이를 내세우는, 그렇고 그런 사람들의 목소리보다 시인의 그 말은 얼마나 당당한 고투(孤鬪)이며 아름다운 고언(苦言)인가. 설령 그렇게 하여 만들어진 시까지도 다시 화염의 재로 변한다 하더라도 그 재 속에 오롯이 두 눈을 뜨고 있는 시의 사리를 볼 수 있을지도 모르는 것 아닌가.

이곳 대전에서 내가 되돌아갈 거리가 어디 보통 거리냐며 든든히 먹고 가야 한다는 채근을 몇 번씩 들어가며 추가로 주문한 고기까지 그럭저럭 비워낼 때였다. 이제 시인은 충주에 계신 분들의 근황을 물어 오시거나 그분들의 글에 대한 이야기며 건강에 대한 염려까지 잊지 않으셨다. 충주 인근에 있는 단양의 온달 산성의 정자에 시인의 「온달장군을 위한 진혼곡」(1995)의 시가 만들어지게 된 경위도 말씀해 주셨다. 시인은 이어 충청도 사람들의 글에는 그 무엇인가의 동질감을 느끼는 경우가 많다며 시인은 다시금 누구나 그가 태어난 곳의 거부할 수 없는 힘의 파장을 말씀해 주셨다. 그리고 그 환경과 거듭되는 대립과 조화, 때로는 반목과 융합만이 그 개인을 성장시켜 주는 것이라고 말씀하셨다. 시인은 그 사람이 태어난 곳이 어디이고, 또 그 시기가 언제이며, 그를 둘러싼 사람들이 누구인가에 따라 그 사람의 색채와 형상이 만들어져 간다고 하셨다.

일찍이 시인은 시인을 향해 밀려들어 오는 그 모든 것들의 도저한 힘에 대한 성찰과 구현 그리고 미래의 방향을 가늠해 왔던 것 같았다. 문학청년에서 시작하여 한 집안의 가장 그리고 교육자로서, 또는 시인으로서 묵묵히 내면의 불순물을 걸러내 온 삶이었던 날들. 나는 그날 늦은 시간 금강과 백마강 대신, 경부 · 중부고속도로라는 뱃길을 천천히 거슬러 올라오며 내내 백제의 옛 땅이었던 부여의 물결과 숨결 위에 노를 저었다.

> 나는 나의 고향, 나의 조국을 사랑한다. 그리고 이 나의 '넋'을 사랑한다. 뿐만 아니라 이 나라에 태어나서 비록 미력한 시인이긴 하지만 나의 사랑하는 '넋'을 시로 쓸 수 있는 나의 자유를 사랑한다.
>
> 그리하여 한반도 그 구석지고 외진 땅에 소태같이 우거지고 썩은 것, 고달프고 슬픈 것, 홀로 피고 지는 것, 그것들을 모두 사랑하고 그것들을 인고하며 나는 외로운 나의 시를 쓴다.

그날 밤 내 이부자리 위에는 시인이 30여 년 전에 쓴 수필집『시의 오솔길』에 있는 한 구절이 펼쳐져 있었다.

《문학과 창작》 2001년 12월호

❐ 송기섭_《시문학》 2005년 2월 평론

혼의 말과 말 속의 혼

– 조남익론

1. 혼, 통합과 분할의 준거

어떤 도취의 순간, 인생의 절정 같은 시간에 그의 시는 내부로부터 시작된다. 그것은 삶의 주름에 끼인 진정한 의미를 확인하는 순간이며, 외부로 향하는 존재의 팽창을 느끼는 경이로운 순간이다. 시가 있어 비로소 인생에 내면의 삶이 있음을 느끼고 미망스런 인생의 일상과는 거리를 둔 또 한 겹의 존재 지평을 열어가게 된다. 조남익의 시는 그렇게 자신의 내부에서 이 존재 확충의 움직임을 포착하는 떨림의 양식이 된다. 생의 고비를 예리하게 감지하는 이 기묘한 순간들은 어떤 감각의 정적주의를 매우 잘 그려준다. 진부한 일상이 이러한 감각의 예민한 지각력을 얻어 존재의 깊은 의미로 전이된다.

현존의 나른한 일상이란 존재의 심연에 깃든 영혼을 덧씌운 껍질에 불과하다. 이 존재의 운명을 알아차리는 것은 조남익의 시가 지닌 진정한 깊이에 도달하기 위한 단초가 된다. 조남익의 시는 그렇게 자신이 경험한 세계로부터 삶의 진정한 의미가 무엇인가를 채근한다. 이를 표상하는 말이 혼(魂)이다. 혼은 조남익의 전 작품을 시종(始終)으로 일관(一貫)하는 가장 긴요한 말이다. 한 시인이 거의 사십 년에 걸친 글쓰기를 이어오면서, 이렇게 하나의 화두에 사로잡혀 있다는 것이 놀랍기만 하다. 이는 시인 조남익과 그의 시 작품이 지닌 내적 심연에 도달하기 위해 반드시 해명해야 할 키워드가 된다.

혼은 그의 시에서 완전히 자연스럽게 일어난다. 의식을 지닌 생명 존재라면 기꺼이 간직하고 살아가는 정신의 핵이 혼일진대, 도저한 정신 작용의 소산인 시에 혼이 담기는 것은 어쩌면 당연한 일인지 모른다. 시에 담기는 시 정신이란 곧 시인의 혼이 침투해 들어감으로써 형성되고 밖으로 투사될 터이다. 혼은 사람의 몸에 들어 있으면서 의식적 생명의 힘을 주며 몸이 죽어도 남아있다고 여겨지는 초자연적인 정신의 응결체이다. 조남익은 일생의 시작(詩作) 활동을 통해서 이 정신의 고갱이라 할 혼을 찾고자 한다. 그리하여 그의 시는 자연스럽게 인간의 정신을 드러내는 심현한 형식이 된다.

조남익에게 시 작품은 정신 속에 있는 무한한 것을 구체적으로 실현하는 장(場)이며, 그렇게 그의 정신은 작품을 통해 다시 확인되고, 무한히 스스로를 확충시키는 기회를 얻는다. 그러한 정신 작용을 확인하는 표상적 시어가 혼이다. 그의 초기 시에 두드러지게 나타나는 향토적 자연이 궁극으로 지향하는 것이 혼이며, 중기 시에서 의식적으로 모색되는 역사적 과거의 재현이 지향한 세계 역시 그것이며, 후기 시의 일상에서 발견하고자 하는 정신적 갈증 또한 그것이다. 혼은 조남익 시의 내밀한 공간을 채우는 가장 긴장된 정신이다. 이 혼의 울림을 얻고자 조남익은 일생을 시인으로 살아왔다. 그것은 시인 자신의 삶에 긴장을 주고 정신적 생성의 에너지와 충만한 삶의 열정을 준다. 그리고 그것은 마침내 독자의 의식 체험을 이끌면서 타자에게도 전파된다. 곧 그의 시를 읽으면서, 우리는 울림 속에서 그것을 우리 자신의 것으로 만들고 우리들 자신의 존재의 심화에 이르게 된다.

이 울림을 위하여 또한 조남익은 시를 써 왔고, 그리고 시를 쓴다. 울림을 한결 평범한 말로 바꾼다면 의식의 각성이 될 터이다. 한 편의 시 작품에서 울려 나오는 감동적 요인은 우리들의 삶을 바꾸어 놓을 수 있다. 시적 교감을 최대치로 끌어내는 이 울림 작용을 매개하는 것이 혼이다. 그의 시에 때로는 강렬하게, 때로는 은밀하게 형상되는 혼은 그의 문학이 생산해 내는 가장 의미 있는 정신적 내역이다. 그것은 그의 체험 영역을 벗어나서 생각하기 어렵다. 그것은 그의 삶을 구성하고 그의 삶의 환경을 배경으로 한다. 『말테의 수기』는 시가 감정이 아닌 수많은 경험의 소산임을 일깨운다. 시는 시인에 종속되어 있으며, 시인의 추구에 종속된다. 시는 경험이고, 이 경험은 생생한 접근과 연관되어 있으며, 진지성과 일생의 작업 속에 이루어지는 어떤 움직임과 연관되어 있다. 그의 혼은 그렇게 그의 경험과 생생하게 결합되어 있으며, 경험적 인간의 현실을 향해 열려 있다.

혼은 조남익 시인이 세계와 어떻게 관계했는가를 말해 주며 그의 시가 지닌 진실의 기원이 된다. 그것은 크게 세 차원으로 나누어지는데, 이는 시적 대상의 전환과 관계될 뿐만 아니라 시적 도정과도 관계되어 있다. 곧 혼은 조남익 시를 하나로 꿰뚫은 정신의 지축을 이루면서, 그 에워싸고 있는 대상에 따라 분할된다. 이

분할에 따라 그의 시를 초기, 중기, 후기로 나누는 것은 그의 시적 변모를 가늠할 가장 적절한 준거가 될 것이다. 그렇게 혼은 그의 시 세계를 분할하기도 하고, 또한 그것을 하나로 통합하기도 하면서 이른바 시인 조남익의 시 세계를 형성한다.

2. 숨 쉬는 내면

주체는 시인에게 독자로 나가는 교량이다. 시인이 주체로 선다는 것은 그의 내적 삶을 완성함으로써 가능하다. 여기 완성이라 함은 인격적 완전성이나 어떤 사상적 정립을 의미하지는 않는다. 그것은 자신의 내면을 들여다볼 사유 능력을 의미하며, 그것을 발화할 언어 능력을 의미한다. 시인은 그렇게 내면을 들여다보는 자이다. 조남익 역시 자신의 내면을 들여다보면서 시인으로서 세상을 살아내기 시작한다. 그러나 그의 내면 응시는 너무도 은밀하고 관조적인 것이어서 알아채기가 쉽지 않다. 그리하여 대부분의 사람은 그의 시에서 향토적 자연을 말하면서, 그것에 대한 음영(吟詠)이 그의 시적 출발점임을 말한다.

첫 시집인 『山바람 소리』(1969)나 두 번째 시집인 『풀피리』(1976)의 주도적인 정조가 향토적 자연임을 부정하기는 어렵다. 그는 분명 향토적 서정의 시인이다. 향토적 서정은 대개 지방 시인들을 지칭하는 가장 일반화된 시적 명명법이 되어 있다. 그것은 변방의 소수자를 가리키며, 중앙의 세련에 이반되는 격이 낮은 후진의 감각을 지시하곤 한다. 이러한 선입견에 사로잡혀서는 그의 시가 지닌 깊은 내면을 읽어낼 수 없다. 향토적 자연은 그의 시적 공간을 차지하는 소재적 외피이다. 그것은 아주 피상적인 시의 이미지를 형상한다. 그것의 은유적 의미 원천에 도달할 때, 우리는 비로소 그의 시가 지닌 참다운 깊이에 이를 수 있다.

> 하늘과 땅 사이에
> 새끼로 낳았다가, 짐승으로 커났다가
> 자욱한 民草로 뿌리를 내렸다가
>
> 물소리에 바람 소리에
> 살아온 열두 허물을 벗고
> 돌로나, 쬐그만 돌로나 잠을 깰까나
>
> 초가삼간
> 그 좁은 通俗 속에서
> 아침마다 떠나는 우리들의 出漁
> 憂愁까지 갔다가 되돌아오고 ——
>
> 생활을 빠는 肉身의 나무에
> 조각달로 걸려서 무르익을 때,
> 과일을 따는 虛無, 그 손에
> 돌로나, 쬐그만 돌로나 잠을 깰까나.
>
> —『돌로나 잠을 깰까나』 전문

그의 첫 시집에 수록된 첫 작품이 「돌로나 잠을 깰까나」이다. 이 짤막한 시구에는 그의 태생적 내력과 실존 국면이 응축되어 있다. 과거는 미망스럽고 실존은 위태로운 서정적 주체에게 통속

(通俗)의 삶은 반복된다. 삶이 궁극으로 그에게 가져다주는 것은 우수이고 허무이다. 도처에 통속의 삶은 있고, 이는 불가피하게 지속된다. 이 통속의 삶이 투명해지는 지점으로 접근해 가는 방식이 시 쓰기이다. 그렇게 진정한 시는 현실의 삶에 기대인 숨 쉬는 내면이다. 시인은 '잠을 깨고' 허물을 벗고 세상으로 나가고자 한다. 그것은 진정한 시를 쓰는 길 이외에, 시인에게 달리 방법이 없다. 진정한 시를 통해 시인은 자신의 생명을 소진하고 충만한 정신의 세계를 열어간다.

삶은 통속이어도, 그것이 도달한 정신은 우수이고 허무이듯 지성을 배면으로 한 세련된 감각에 젖어있다. 이러한 우울한 감정은 환경에 대한 주체의 반응을 표현한다. 또한 이러한 정서적 상태는 시인의 정신적 가치를 파악할 수 있는 직관을 표현한다. "쬐그만 돌로나 잠을 깰까나"는 거듭 반복되면서 허무한 감정 상태를 응축하여 지시할 혼을 탐색하고 있다. 감정은 외부의 상황과 사회적 문맥 없이는 존재하지 않는다. 그렇게 허무의 감정은 그것을 에워싼 삶의 정황을 표현하며, 또한 정신의 몫을 표현한다. 조남익의 초기 시에는 그렇게 '허무'가 짙게 표현된다.

고독의 눈부신 饗宴
가는 것이다. 가다가 돌아서서
길을 보면은
우리는 부연 바다를 안고
아, 나를 잃어버린다.

—「素描」에서

나무며 풀이며, 저 山바람조차도
내 肉身은 비어서 살아온 痕迹이 없다

—「山바람 소리」에서

日常의 옷을 두텁게 입고,
이 외롭고 허무한 날의
밤마실을 가서는, 황홀하게 젖어서 온다

—「虛無 戀歌」에서

나는야
비어서 넓은 그릇 속
魂처럼 번쩍이리.

—「빈 그릇」에서

너무도 일찍이, 이토록 거대한 허무에 짓눌릴 수 있다는 것이 사람들로 하여금 뭉클한 연민을 자아내게 한다. 허무는 고독이나 슬픔같이 인생의 여러 상황에 반응하는 두드러진 감정의 상태이다. 이 정서적 상태는 원초적이고 자율적이며 지성으로 환원될 수 없다. 장 메종뇌브는 이 감정이 항상 무엇인가에 대한 영혼의 상태임을 말한다. 곧 감정은 다소 특수한 대상이 상황에 대한 주체의 내밀한 반응이란 것이다. 그 특수한 상황이 무엇인지는 시인 자신만이 안다. 두 아이를 잃고, 또한 상처(喪妻)했던 광란의 고통을 떠올리는 일은 이러한 태허(太虛)의 부피를 이해하는 긴요한 전기적 단서일 수 있다. 죽음은 확실하게 다가오나 접근 불가능하며 포착 불가능한 초월적 영역에 속해 있다. 그것을 향해 뛰어들 수 없는 시간과 공간에 속해 있는 죽음에 당면한 인간이 자기의 것으로 받아들일 수 있는 것이란 존재의 덧없음이란 관념이다. 존재의 덧없음, 그 허무가 조남익의 온몸에 지속적으로 끼쳐 든다.

그러나 이 짙은 허무가 그를 망쳐 놓지는 않는다. 우리는 허무의 파괴적 위력을 잘 알고 있다. 허무는 그것을 느끼는 사람에게 잔인하게 감정적으로 작용한다. 그리하여 끝내 그를 파멸시킨다. 그것을 우리는 허무주의라고 부른다. 허무주의는 허무를 불러일으킨 자의 내면을 황폐하게 할 뿐만 아니라 타자에게 전염되고 타자와의 관계를 파탄으로 이끈다. 그런 점에서 시인 조남익은 결코 허무주의자일 수 없다. 그의 허무는 생성의 힘으로 전이된다. 그에게 시는 이렇게 내면으로 변모된 세계를 표현하며, 끊임없이 생의 충만한 힘을 얻고자 전진한다. 허무를 에워싼 순수한 내면의 연소, 그 생성을 위하여 숨 쉬는 내면을 우리는 그의 초기 시에서 주도적으로 만나게 된다.

인생의 비참과 불행을 경험하고도, 그것을 내면의 정신적 추동력으로 받아들이는 시인의 의지가 예사롭지 않다. 이 초월적 의지는 시를 써야 한다는 의지와 등치된다. 시를 쓰겠다고 자청한 고난의 길에서 삶의 부단한 시련은 오히려 스스로에게 집요함을 부여하는 계기가 된다. 삶의 고단함이 시를 쓰기 위한 생명 충일한 역동성을 부여한다. 우수나 허무를 생명의 충동으로 전환시키며 도달하고자 한 지고한 정신의 맨 끝에 혼이 있다.

어디라더냐
달려도 달려도 미처 이르지 못할

나의 魂만 같고
나의 슬픔만 같고.

—「소나기」에서

풀피리 하나로도

보이지 않는
어둠의 땅
누우런 절망의
끄트머리에서

다시는
다시는
내려오지 않을 것처럼

하늘에다
아시아의 魂을
신나게 불곤 하였다.

—「풀피리」에서

山 그늘이 내리어 노는
魂들의 묵밭을 가면

머저리 같은 내 울음은
아직 땅속에서 오고,

깡마른 우리 얼굴
風雲에 핥아 먹힌 얼굴은
아직 역사에서도 오고…

—「충청도 · 2」에서

위 시구들은 시인의 자기 발언임을 명백하게 드러낸다. 그는 자신이 대면한 경험 세계, 혹은 현실 세계를 객관 대상으로 지켜보며 거리를 두지 않는다. 그것들은 고양된 감정이 거처하는 구체적 삶의 공간이 된다. 물아일체(物我一體)란 이러한 경지를 두고 이르는 말이다. 그러나 동양적 자연관을 떠올리는 이 말의 의미를 조남익 시인에게 부여하는 것은 적절하지 못하다. 그의 대상에의 몰입은 유적한 인생 달관의 지경과는 거리가 멀다. 그보다 그는 대상에 몰입하여 자신의 내면에 사납게 일어나는 감정의 실체를 진실하게 들여다보고자 한다. 우수와 허무에 이어, 슬픔이 오고 절망이 오는 감정의 파장을 살아 있는 느낌으로 받아들이기 위하여 그는 외물(外物)을 자기의 것으로 받아들인다. 그 절박한 감정에는 자기 삶에 대해 성찰하며 내면의 가치를 추구하는 진정한 생명의 숨결이 머문다.

자신의 진정한 감정에 몰입해 가려는 시인의 이러한 모습에서, 우리는 개체로서의 한 시인을 목도한다. 개체성은 자아의 고유한 본질이다. 자신을 세계의 중심에 놓고 자기 자신의 관점으로부터 사유하려는 개인이 여기서 탄생한다. 조남익 시인은 시를 통해 그렇게 자기 자신을 찾고 있었던 것이다. 향토적 서정은 이러한 자기 탐구의 외피이다. 그럴 수밖에 없는 것이, 태생이 그러하니 원초적인 존재 탐색에 그의 삶을 품어온 향토적 자연은 매개될 수밖에 없었던 것이다. 문제는 그의 시의 배경을 이루는 향토적 자연이 아니라 그러한 외물을 대상으로 하여 증류해 낸 정신의 실체이다. 그것을 제대로 찾기 위해 우리는 서정적 발화에 세심하게 주의를 기울여야 한다.

서정적 발화는 개별 발화로서 근본적으로 독백적이다. 그는 우수, 허무, 슬픔, 절망 등을 고백한다. 이 독백적 소통이 제대로 이루어진다면, 그를 향토 서정시인이라 부르기는 어려울 것이다. 그는 대화의 상대를 겨냥하여 자신의 체험을 아늑하게 몽상하지 않는다. 그에게 세계는 거칠고 황망하다. 그렇게 타협하기 어려운 세계와 대면하여 그는 어눌하게 내면을 독백한다. 그리하여 그의 시는 독백하는 자의 요설이 아닌 유유자적하는 관조자의 선문답처럼 간결하다. 이 압축된 문맥에서 우리가 읽어내야 할 것은 향토적 이미지가 아닌 그의 내면의 이미지이다. 그의 초기 시는 그렇게 그의 내면을 향하고 있다. 누구든 자신의 내면에는 '나'가 머문다. 그것을 우리는 자아라고 부를 것이다. 조남익은 시 쓰기를 통해 자기 자신에게 절박하게 기울어져 있던 젊은 영혼을 초상한다. 그의 시에 빈번히 노정되는 혼이나 넋은 그 자기 몰입을 통해 분출하는 고상한 정신을 표상한다.

3. 역사적 자아의 근원

모든 역사는 현재의 목적과 열망을 지닐 때 또다시 기억된다. 현재의 전사(前史)로서의 역사 의미는 문학에서 역사를 연관 짓는 가장 기초적인 조건에 해당한다. 시인 조남익의 중기 시는 이 역사의 의미를 탐구하는 데 주도적으로 바쳐진다. 그의 초기 시에서도 역사에 대한 시적 성찰이 전혀 배제되었던 것은 아니다. 그것은 그의 태생적 귀속의 층위를 벗어났던 것이 아니다. 역사의 혼(魂)을 찾는 시편들은 그의 초기 시와 시적 대상의 측면에서 분절된다. 그리고 이러한 작업은 의식적인 노력에 의하여 집중적으로 진행된다.

역사를 주도적인 시적 대상으로 삼은 시집이 『나들이의 땅』(1983)이다. 그리고 『朕의 戀歌』(1994)에 이르면 그러한 시적 도정은 면밀한 기획에 의하여 체계화된다. 향토적 · 토착적 세계 내에서 내면 의식에 몰입했던 초기 시에서 역사의식을 제고하는 중기 시로의 이행을 시인의 정신적 성숙이라 보아 크게 어긋나지 않을 것이다. 개인의 실존으로 보자면 전자는 후자보다 더욱 심각하고 진지한 문제이다. 그러나 그것의 층위적 우열을 논하는 것은 별 의미가 없다. 우리가 주목해야 할 것은 이러한 시적 대상과 의식 변화의 계기에 관한 것이며, 그러한 시적 변모가 가져온 미적 형식이나 정서의 특성이다. 아울러 이러한 외형적 변화에도 불구하고 일관되게 조남익의 시 세계를 지배하는 정신의 축을 발견하는 작업이 병행되어야 할 것이다.

『나들이의 땅』에 이르면 시인 조남익은 자신의 시대를 표현하는 데 있어 늘 보다 더 광범위한 공감력을 지닌 역사적인 힘에 의존하고자 한다. 현재를 이해하기 위한 열쇠로서 과거를 끌어오는 역사적 상상력이 이 무렵 그의 시적 내면을 형성한다. 그런 점에서 그의 시는 철저하게 귀속 본능을 지니고 있다고 말해도 좋다. 초기 시의 시적 공간이 된 향토적이고 토착적인 장소 역시 그의 유년기에의 귀속 본능과 관련된다. 그는 새로운 시 세계로의 변모를 기도하면서, 자신의 멀고 먼 세대들이 살았던 역사 공간으로 귀속되고자 한다. 물론 이 시적 공간에서 그가 궁극으로 모색하고자 한 것은 그 존재 귀속의 공간들이 진정으로 내함(內含)하는 혼이다.

장소의 이동이 시인의 의식 전환의 계기가 된다. 그리하여 시집의 제목도『나들이의 땅』이다. 도시의 오랜 삶에서 전원적 소읍으로의 이동은 시인의 감각과 사유 방식을 전환시켜 놓는다. 장소는 사람이 거처하는 구체하는 공간으로 사람에게 안정감과 친밀감을 준다. 그리하여 그 장소의 친연적 분위기에 사로잡힌 사람들은 그 장소의 상징성에 자신을 동일시한다.

오가는 길섶에
비인 호주머니의
일년초
꽃송이들이여

한평생
눈칫밥 먹고
가녀린 어깨 너머
하늘나라 自生의 무게로
흐드러지게 꽃이 피었다

—「나들이」에서

한 줄의 詩를 위한
天聲이나 들을까나
〉

말 없는 배꽃과
말 없는 도로와
말 없는 바람과
말 없는 조팝나무와.

—「天聲」에서

나들이에서 처음 발견한 것은 풍경이다. 인식하고 의식하는 의지적 사고(思考)를 최대한 배제하고, 무념(無念)의 상태에서 사물을 그저 바라보는 것, 이 각성 없는 마음의 상태가 하나의 풍경을 만든다. 전원으로의 이동은 이렇게 그의 마음을 텅 비게 만든다. 세상은 거기 그대로 있고 '나' 또한 거기 있다. 세상이 나를 침해하지도, 나 또한 그 세상을 권유하려 하지 않는다. 그렇게 평온한 공존이 이루어지는 순간에 생성되는 것은 오로지 시이다. 조남익 시인은 그 시가 천성(天聲)이길 원한다. 이 소리는 조남익에게 세계의 진리이고 인생의 진리이다. 그것은 인생이 체현하는 우주 에너지의 소리이다. 하늘에서 품부된 이 소리는 그에게 궁극으로 혼(魂)이다.

텅 비어 있는 마음을 채우며 역사는 다가온다. 역사란 결국 옛 인간을 보는 것이고, 그들을 통해 현재의 나를 구성하는 것이다. 그것은 고통스러운 지난날을 숙연하게 되돌아볼 수 있는 사람에게만 허용된다. 시인에게 이 역사는 씌어진 말 그대로의 의미를 훨씬 뛰어넘는 역사적이자 미적인 창조의 역동성을 부여한다. 「금산 詩抄」가 이러한 역사적 상상력의 모색을 예시하는 것이었다면, 『朕의 戀歌』는 그것의 완결편이라 이을 수 있다. 『朕의 戀歌』는 우리 민족의 정사(正史)에서 취재하여 시의 몸을 이루고 시의 혼을 불어넣고자 한다. 이 역사에 대한 시적 탐구는 단군조선, 고구려, 백제, 신라 등 네 편으로 구성된다. 흔히 신화나 역사의 시적 구연은 서사시의 형식을 취하게 마련이다. 그러나 조 시인은 서정시의 기본 골조를 유지하면서 역사를 개별 발화 속으로 편입시킨다. 이는 역사의 거대한 사건을 마치도 시인 자신의 경험세계에 속하는 것처럼 내재화시키는 방식으로 이루어진다. 가령 〈저는 백제의 넋이에요/ … 저는 王家왕가를 셋이나 일으킨 여자예요〉(「召西奴소서노」)에서나 〈나는 고운 꽃이 되고 싶었지만요/ 입덧이 난 나는 … 〉(「神話・柳花夫人傳」)에서 드러나듯 역사 인물은 객체로 이야기되는 것이 아니라 서정적 주체가 되어 자신의 사건을 구술하고 자신의 내면을 고백한다.

서정적 발화를 통해 정사로 기록된 역사는 민족적 거대 담론이란 절대화된 경직성을 벗고 친근한 인간들의 과거로 다가온다. 조남익은 역사에 대한 시적 대상화를 통해 이렇게 역사를 친근한 우리들의 전사(前史)로 되돌려놓는다. 이러한 역사의 변환은 시인의 감정과 시인의 자유가 아니고는 기대하기 어려울 것이다. 엄숙함을 해체하고, 거기에 인간적 정념을 불어넣음으로써 역사는 생동하는 리듬으로 그들을 계승한 후손들에게 다가온다. 그러면서도 거기에는 선인(先人)과 후인의 서열이 개입하는 것이 아니라 동시대적 교감의 장(場)이 열려 서로를 확연하게 느낄 수 있게 만든다. 『朕의 戀歌』는 이 역사적 유대를 바탕으로 역사로서의 과거가 현재의 우리에게 전언하는 강렬한 진실을 환기시키고자 한다.

그래요, 태어난

朕은 魂혼이었어요
宇宙우주보다 더 큰
民族魂민족혼이었어요

—「풀피리」에서

방울 울리고
퍼런 청대 잎에 흔들리는 魂혼
춤추며 이승을 기웃거리는
붉은 눈을 본다

—「恩山別神祭은산별신제」에서

백제 석공 아사달

큼악한 돌덩이를 떼어다가
쪼개고 깎고 쪼고

부처님 말씀 모양하려고
밤낮으로 그대 魂혼 불길이었고나

—「石工의 노래」에서

그것은 역사의 혼이다. 이 혼이 민족을 구성하고, 우리 존재의 근원을 증거하고, 구체하는 개인 '나'의 실존을 가능하게 만든다. 역사에서 일어난 어떤 것이며, 역사가 남겨 놓은 잔흔을 통하여 우리, 혹은 나는 현재적 존재를 확인받게 된다. 조남익 시인은 때로는 역사적 삶의 거대한 위기를 표현하고, 때로는 역사적 실존

인물의 사소한 삶의 편린을 다루면서 역사 흐름의 실감나는 현장성을 살려내고자 한다. 그는 역사적 상황과 그에 연루된 인물들의 실존을 인간애적 감각과 민족적 교응의 역사의식으로 접근하면서 유구한 역사의 거리감을 극복하고 그것을 현재의 삶에 되돌려 놓는다. 그리하여 역사적 진실은 지금 여기의 생동하는 진실이 되어 현재적 삶의 지평에 관여된다.

조남익에게 역사는 영웅의 도저한 초월적 힘에 의해 추동되는 관념의 몫이 아니다. 그에게 역사는 패배당하고 상처받은 열패자의 것이다. 그의 관심은 전성기의 왕조보다 패배의 왕조이며, 역사의 영웅보다는 권력의 수난자들이다. 그들의 아픔에 주목하는 역사 고찰은 그것을 통한 패권의 망집이기보다 패권에의 연민이다. 이 쓸쓸한 감정은 지극히 시적이다. 역사가나 권력 추수자는 결코 감지할 수 없는 역사의 본원적 미망에 대한 성찰이 이 감정의 여백에는 깃들인다. 시는 그렇게 역사 기록을 넘어서는 인생의 진실을 담게 된다. 역사적 고찰에서 미적 요소의 중요성을 간파한 호이징하에게서 이 역사 맥락의 열린 진폭을 확인하게 된다. 역사적 감각과 미적 즐거움의 불가분한 관계는 조남익 시인에게서 감지하듯 역사에 대한 인간애적 접근에서 설정될 것이다. 역사의 도저한 흐름에 상처받는 사람들의 순진한 생애, 그것이 피워낸 지극히 인간적인 삶의 진실, 그것이 역사의 혼이다. 그러기에 조남익 시인 자신의 태생적 장소와 백제 혼은 그 모든 역사적 조건보다도 우위에서 역사 혼의 진수를 피워낸 것으로 귀착된다.

시인 자신 역시 그렇게 상처받은 역사 혼의 후예이다. 그러한 상처의 역사적 심연에서 그는 역사란 이름의 시적 대상을 볼모로

하여 자신과 자신이 소속된 민족의 개체적 혹은 집단적 내면을 들여다보고 있었던 것이다. 그리하여 역사 대상의 시화(詩化) 작업이 서사시가 아닌 서정시로 귀착되고, 시인은 내면의 고백자가 되어 역사를 사적 공간으로 끌어들인다. 역사가 시인의 내부로 전유되면서 역사 혼은 개인의 감성과 결합되고, 그렇게 감정적 발화에 의해 울려 나오는 혼은 초기 시의 그것과 동질의 질감과 의미소를 형성한다. 그렇게 향토적 자연에서 삶을 함께한 민초(民草)나 역사적 거리를 좁히며 함께 한 열패자들은 한없이 연민스러운 시적 포용의 타자들이었다. 이 동질의 타자들과 대화하면서 조남익의 시적 혼은 정초된다.

4. 관조되는 일상

산맥을 넘어오는
소리가, 하늘 가득히 살아있었다
쉼 없이 흘러가고 흘러오고
아침마다 싱싱히 얼굴 씻는 嶺峰
우리들은 그 아래를 지나왔었다
칙칙한 어둠을 서로 부비며
대화도 없이, 뗏목이 밀리듯
우리들은 흔들리며 지나왔었다

길가에는 청청한 산천초목 우러러 서서
왼 산, 왼 들이 기립을 하고 공중에는

푸른 신호가 빛나고 있었다
우리는 흩어져갔다. 하늘 가득히
살아있는 저 소리처럼, 바람 소리처럼
인사를 한다, 사랑을 한다
그러나 기인 혀를 내두르며
紅桃처럼 붉은 배암의 생채기들,
밀어내고 밀려 나가고, 환호와 노호
흐름을 밟고 차라리 우리는
이 거대한 참여를 밀림같이 세우며
그래도 희한한 의지를 심어나갔다
석양녘인데, 전쟁은 불타오르고
세상은 큼악한 입이었다. 바닷물이 빠지듯
입은 그렇게 세상을 먹고 있었다
지 애비는 지 애미 팔을 잡아 이끌어
순진한 미소가 빛날 때,
그 형형한 네 눈은
이그러진 숙명을 뚫고 태초의 양지에 뒹굴며
그렇게들 세상을 먹고 있었다
가는 것이다. 하늘 가득히 살아있는
저 바람 소리처럼

—「素描」에서

그의 시에는 생명의 소리가 들린다. 생명은 현존하는 것이고, 그런 까닭에 그의 시는 늘 살아있는 현재의 것들과 만난다. 살아있는 현재와 관계하는 것이 일상(日常)이다. 일상은 언제나 사소해 보이고 속악해 보이고 미망스럽게 남겨진다. 조남익은 이 보잘것없는 일상을 노래하고자 한다. 그는 일상의 미세한 생명의 소리를 듣고자 한다. 조남익의 전 시편에 자주 등장하는 이 '소리'란 말은 결국 그의 시적 화두인 혼과 통한다. 혼이 그러했듯 소리는 「素描」에 드러난 대로 그의 초기 시에서부터 비롯된다. 일상을 밝게 담아내는 이 시의 소리는 그의 시를 안정감 있고 평온하게 만든다. 그리하여 그의 시는 '허무'나 '슬픔'이란 말이 나올 때조차도 퇴폐적이거나 음산하지 않고 건강해 보인다.

후기 시라 부를 『하늘에 그리는 상형문자』(1998)나 『푸른 하늘』(2004) 등의 시집에서는 그가 시의 일상을 향해 있음을 직관적으로 느끼게 된다. 인생을 달관한 경지에서 그는 비로소 자신의 진정한 삶 곁으로 돌아온다. 이 평범한 깨달음은 그의 시 세계를 변모시키고 또 하나의 시적 지형도를 구축하는 정신적 동인이 된다. 삶의 자연스러운 모습이 시의 대상이 되면서 시는 오히려 진지하고 깊어진다. 경험된 현실은 심미적 발화에 의해 격조 있는 정신적 삶의 지위를 얻는다. 그는 「시로 쓰는 시론」에서 〈시인은 바람이고 싶었다〉라고 했다. 또한 〈생명의 신음과 만나고 싶었다〉라고 자신의 시인으로서의 여정을 고백했다. '생명의 신음'이 '바람'이다. 그는 친근한 일상에서 비로소 생명의 신음을 만나게 된다. 그것은 질박하고 간결하여 유표(有表)하게 드러나지 않으나 그가 시를 통해 찾으려는 '몸부림치는 혼'('시의 골격'에서)을 내포한다. 일상이란 그렇게 생명의 존엄이 내리는 실존의 처소이다. 누구도 일탈하여 살아낼 수 없는 일상의 시간을 그는 시를 매개로 하여 만나게 된다. 시가 있음으로 하여 예사롭게 흘려버릴 일상은 이렇게 혼을 담은 소중한 삶의 공간으로 전환된다.

새 아침 도시로 돌아와 서서
자유의 하늘을 날으는
당신 영혼의 손짓들
작은 신(神)들이 켜고 있는 눈빛을 보라

더도 말고 지상의 삶이
작은 진실이려고 한다
작은 용기이려고 한다
작은 상식이려고 한다

(중략)

어둠의 흔적을 닦아내며
우리들의 침실이며, 서재며, 주방에서
통통거리며, 달그락거리며, 기침 소리 내며
먼 곳에서 돌아와 쉬는 한 가족의 합창

—「작은 신(神)들의 염원」에서

나른하게 반복될 일상의 자잘한 삶의 편린들이 여기에는 나열된다. 그러나 사소한 일상은 시인의 맑은 영혼이 투과되면서 미적 형식이 되고 인간의 진실이 된다. 일상이 심미적 체현의 공간이 되는 지점에서 조남익의 시는 또 다른 창조적 상상력을 부여받는다. 그러한 작업을 거치면서 그는 새로운 존재가 되고, 또한 그것을 표현함으로써 생성을 향해 나가는 인간 존재로서의 충일감을 얻는다. 이렇게 조남익의 후기 시는 현존을 표현한다. 그 현존의 상태는 구체하는 현실이자 현실에 대한 무한한 애정이다. 그때 삶은 충만하게 다가오는 향유의 대상이며, 온몸을 던져 충실해야 할 의무의 대상이 된다.

> 팔 남매나 되는 아이들 뒷바라지하며, 내 아우는 흙에서 늙어가네. 그는 평생 자기 하나 믿고 살 뿐, 세상의 명리 근처에는 얼씬거리지 않네. 축사에는 큰 한우가 우뚝 서서 두 눈을 껌벅거리고, 수십 마리의 개도 시끌벅적하네. 참나무 베어다가 포자를 심은 나무토막에서는 여름내 질기고 향기 좋은 표고버섯이 귀 쫑깃 세우고 자라네.
>
> 아하, 소리 없이 흐르는 강물은 깊고, 길 하나 멀리 뻗어 있네.
>
> —「다시 수고리(水古里)」에서

사십 년 전쯤 조남익은「水古里」를 썼다. 〈수수목이 나오면 게가 논두렁을 내리고, 山 아래 내 아우는 살찐 개구릴 잡아 닭에 쪼이며 조용히 당신의 곁을 지키네〉(「水古里」에서)라고 산조(散調)로 지순한 감정을 토로한 적이 있다. 그리고「다시 수고리(水古里)」란 시를 이렇게 지어 '수고리'의 아우에게 증시(贈詩)한다. 「水古里」에 넘쳐나던 푸른 열정과 말의 섬세한 기교는「다시 수고리(水古里)」에 오면 거의 사라진다. 젊은 영혼이 빚어내던 장소의 아우라가 소진된「다시 수고리(水古里)」에는 그러나 너무도 생생한 실존의 인간과 장소가 머문다. 그것을 나는 실재하는 우리들 삶의 거처인 일상으로의 복귀라고 여기고 싶다. 일상으로 돌아오니, 몽상의 장소가 보이는 것이 아니라 현실의 장소가 보인다. 부모는 세상을 떠나고 아우는 어느덧 늙어가는 몸을 그곳에 두고 민초(民草)의 삶을 살아간다. 그가 일생의 시작(詩作)을 통해 떠올려 본 민초는 바로 그곳에 있었던 것이다. 그 시골내기는 또한 조남익 자신이 그렇게 간구한 자기 정체성의 확연한 모습이기도 하다.

일상이 시의 몸을 얻을 때, 그것은 투박하고 어설프나 지극히 따뜻하고 친밀하게 다가온다. 시가 미적 유희가 아닌 삶의 진정성을 위해 기울여지는 지경에서 일상은 생의 여운을 남기는 시의 질료가 된다. 성숙한 인격의 여유와 화해의 자세가 아니고서는 이 일상의 여운을 발견하기가 수월하지 않을 것이다. 조남익 시인은 일상의 통속을 끌어안으면서 그 속에서 생명의 혼을 빚어내고자 한다. 사십 년이란 시적 역정이 가져온 시인의 고상한 감정과 혜안이 아니고서는 도달하기 어려운 난숙한 예술혼이 여기에는 담긴다. 그는 그토록 아름답고 원숙하게 생(生)의 의미에 다가갔던 것이다.

5. 말 속의 혼

모든 담화하는 개인과 마찬가지로 시인 역시 어떤 개인적인 언어 습관을 지닌다. 유전 받고 습득된 이 언어적 성향이 한 시인의 시혼(詩魂)을 윤곽 짓는다. 이 말들은 작품에 담겨 있는 모든 사상과 감정을 전달하는 본질적인 매재이다. 이 말의 주인은 시인이다. 시인은 그 말에 자신을 투과시킨다. 말을 매개로 하여 자신의 내면을 완성하고 외물(外物)의 혼을 찾고자 한다. 그러나 그 혼은 자신의 내면에, 혹은 외부 세계에 있었던 것이 아니라 시인의 말 속에 있었던 것이다.

시에 나를 넣어
불사르고 오르는 연기 가닥으로
하늘에 그리는 상형문자(象形文字)
그 몸부림치는 혼(魂)이려고 한다

―「시의 骨格 - 시로 쓰는 시론 · 2」에서

조남익, 그는 자신이 쓰는 시가 혼이고자 한다. 이는 조남익의 시적 이력을 지배하는 가장 긴요한 내역이다. 실제 조남익의 시에는 혼이란 말이 빈번하게 나온다. 혼에 대체될 소리, 바람, 꽃 그리고 넋도 자주 시의 문맥을 지배한다. 그 혼은 영혼에 유비되면서도 사후의 정신적 영속성을 의미하는 그것보다 훨씬 확장된 의미를 지닌다. 조남익의 혼은 어떤 사전적 의미로 한정하기 어렵게 넓고 깊은 의미 자장을 지닌다. 그것은 시의 문맥에서 의미의 긴장감을 고조시킬 뿐만 아니라 정서적 밀도를 강화시킨다. 그렇게 한정하기 어려운 의미와 감정의 폭을 지니고 있기에, 조남익 시인에게 그것은 '상형문자'로 인식된다. 혼이 해독하기 곤란한 상형문자로 표상될 때, 그것은 단순한 기호의 차원을 벗어난 상징이 된다. 그렇다면 조남익의 전(全) 시 작품들은 혼을 드러내기 위한 은유요 상징이 된다.

〈머나먼 황야로〉의 〈쫓기는 苦行〉(「맨발의 시인」에서)은 혼을 찾는 시인의 집념의 날들을 표현한다. 그것을 찾는 과정은 크게 세 단계로 나누어진다. 이는 시적 대상의 변모를 의미하는 것으로, 초기 시, 중기 시, 후기 시라는 명명을 가능케 한다. 그러면서도 변모된 시적 대상의 심연에는 하나의 정신이 관류한다. 그것을 우리는 혼이라 불러야 한다. 혼은 시인 조남익을 깨어있게 하고 탐구하는 자로 만들고 건전한 그러면서도 시적 감정에 충일한 자로 만든다.

그의 초기 시는 그를 낳아준 장소와 긴밀하게 연결되어 있다. 그리하여 그의 초기 시에는 향토적 서정이나 토속적 어조란 수식이 따라다닌다. 자신의 생득적 장소에 정체성을 부여하려는 데서 그의 시가 출발하고 있음을 우리는 무엇보다도 먼저 주목하고, 또한 그것을 인정해야 한다. 장소는 물질적 욕구가 충족되는 기초적 삶의 터전이자 의식적 인간 존재로 살아가도록 만드는 가치의 중심지이다. 이곳에서 그가 찾고자 한 것은 장소를 통한 자기 정체성이다. 자기를 확인하고자 하는 존재 탐구의 자세는 존재의 근원에 대한 젊은 날의 열정에 부응한다. 그는 자기의 원초적 귀속의 땅을 헤치며 존재의 본원적 속성을 찾는다.

개체적 존재에서 역사적 자아로 전이되면서 중기 시의 고유한 윤곽은 형성된다. 시원적 귀소인 백제에서부터 비롯된 역사적 상상력은 우리의 고대사를 정면에서 다루면서 역사를 생명의 숨결이 있는 미적 형식으로 바꾸어 놓는다. 그렇게 먼 시적 탐색을 거쳐 마침내 안착된 곳이 자신의 일상적인 삶이다. 실존의 삶이 펼쳐지는 일상은 실제 생명의 혼이 거처하는 곳이다. 그는 이 일상을 닮은 사람이고자 한다. 이 순리의 아늑한 마음이 그의 후기 시를 형성한다. 그것은 여전히 진행되고 있고, 그것을 지켜보는 우리를 시적 영혼의 공간으로 이끈다.

《시문학, 2005, 2.》

❐ 김정숙_《문학사랑》 2005년 봄호 평론

내면과 현실의 길항을 통한 조화의 미학

1. 시작하며

시인은 노래하는 존재이다. 시인의 시는 삶과 자연, 그리고 감지하기 어려운 현상들과 이념들을 시인의 눈과 마음과 몸을 거쳐 언어화시킨 노작의 산물이다. 이때 시의 빛깔은 시인마다 조금씩 다를 터인데, 인생을 읊은 정제되고 단아한 음색의 시가 있는가 하면, 감각과 이미지의 뜨거운 시가 있을 수 있고, 또한 시대의 현실과 역사성을 형상화한 시도 있을 수 있다. 그것들은 때로 서정시로, 현실시[59]로, 인생 시로 불린다. 이때 서정시나 현실시는 흔히 두 시가 지니는 정서 혹은 서정과 긴장의 측면으로 해서 한 몸으로 용해되어 나타나기가 쉽지 않다. 다시 말해 서정과 긴장의 두 측면을 한 편의 시에 아우르는 것이 용이하지만은 않다는 의미다.

---

59) 여기에서 쓰인 '현실시'란 현실을 인식하고 현실에 대해 적극적으로 반영하는 시를 말한다. 흔히 이러한 경우 '참여시'라는 말을 떠올리곤 하는데, 한국 문학사에서 '참여'와 '순수'의 파장이 너무 크게 작용해 온 것을 실감하게 된다. 또한 참여라는 말 속에는 '순수/참여'의 이항적 대립과 얼마간의 정치적 함의를 전제로 하고 있다고 판단된다. 따라서 여기에서는 현실시를 순수/참여의 대립적 의미가 아닌, 현실을 인식하고 현실을 보다 더 적극적으로 피력한 시라는 의미로 쓰기로 한다.

그런데 대전 문단에서 서정과 긴장의 두 측면을 시로 용해시킨 시인이 있다. 조남익 시인이 바로 그러하다. 조남익 시인은 1965~6년 《현대문학》에 추천을 받아 등단한 후에 제1시집 『山바람 소리』(1969), 6인 시집 『청와집』(1971), 제2시집 『풀피리』(1976), 제3시집 『나들이의 땅』(1983), 시선집 『눈빛의 말』(1987), 제4시집 『朕의 戀歌』(1994)를 발간했다.

조남익 시에 대한 평자의 평가로는 대개 '자아의 내면과 범대타적인 존재에 대한 뜨거운 사랑과 준열한 역사의식을 적절하게 조화시켜 서정적인 언어로 사상과 혼의 육화 작업을 잘 해냄으로써 이 땅의 참여시의 고질적인 한계를 극복하고 신 서정을 확보한 시인의 한 사람'[60]으로 평가된다. 조남익 시인의 시 세계에 대해 일찍이 정한모가 '평범한 일상의 관조를 리리시즘으로 바꾸기' '일상의 생활 감정 속에서 철학성을 찾기'로 말했던 것처럼, 조남익 시인은 일상적 사물을 통해 시의 의미를 전달하고 있다.

이 글에서는 조남익 시인의 시적 궤적을 따라 그의 시가 어떤 길로 나아갔는지, 그리고 그의 노래의 빛깔이 어떠한지 살펴보고자 한다. 대상 텍스트는 제1, 2, 3 시집에서 조남익 시인이 고른 자선집인 『눈빛의 말』에 수록된 작품으로 한정하기로 하겠다.[61]

---

60) 조남익 시선집, 『눈빛의 말』(미래문화사, 1987, p.146)

61) 『눈빛의 말』 이후에 『朕의 戀歌』가 간행되었지만, 그 부제가 '배달나라 역사 기행 시집'인 것에서 암시받을 수 있는 것처럼 '겨레의 땅', '고구려', '백제', '신라' 등 역사적 지역과 역사적 사실을 시적으로 형상화한 작품들은 앞선 시기의 작품들과는 다른 논의의 장이 필요하다고 본다. 따라서 본 글에서는 『눈빛의 말』(미래문화사, 1987)에 수록된 작품만을 살펴보기로 하겠다.

2. 虛無와 憂愁의 독백의 노래

조남익은 생의 허무를 노래하고 생의 우수를 아는 시인이다. 동시에 생의 悲意와 일상의 헛헛함, 그리고 가난과 육신의 피곤함을 잔잔한 타령조로 읊을 수 있는 시인이기도 하며, 자잘한 물상들, 물소리, 바람 소리, 나무, 바위 등의 자연물에 의탁하여 세월과 인생의 우수를 이야기하는 허무의 시인이다.

종종 이러한 허무와 우울의 심경은 '떨어진다', '내려온다', '하강한다' 등의 서술격 동사로 된 하강 이미지로 나타난다. 제목이 「下降」인 시에는 빛과 씨앗과 역사가 '떨어지는' 이미지로 드러나는데, 대개 이와 같은 하강 이미지가 연상시키는 함의는 절망적인 분위기, 자조적 체념, 또는 파멸에의 순종[62]이다.

> 아가야,
> 잉잉 앓는 네 소리는 아직
> 내 손에서 나고, 발에서도 나고
> 내 몸 깊은 곳에서 울린다
> 너는 벌써 이름도 없는 꽃
> 하룻밤 새 아스라한 無明 一天里에
> 純白의 虛無를 떨어뜨린다
>
> …
>
> 아가야,

---

62) 정진석, "서정과 참여의 어우러짐을 통한 새 역사의식의 지평" 『눈빛의 말』(미래문화사, 1987, p.120)

天倫이 끊긴
너는 벌써 날으는 빛,
네가 남겨논 그 육신은
내 이승의 바다에 던지려무나
거기서 나는, 사는 이의 노래를 듣고
사람의 영원을 가는
憂愁를 건널 것이다
아가야.

—「이튿날」 1, 3연

우수와 슬픔, 심지어 죽음과는 무관하게 여겨졌던 생의 초발자로서의 아가의 죽음에서 시적 자아는 '純白의 虛無'를 느끼며, 산 자가 하는 일이란 죽은 아가의 넋을 받아 '우수'의 강을 건너는 일 밖에 없음을 절감하게 된다. 사랑하는 아가는 '이름'도 없이(無名) 삶과 죽음의 거리인 천리 밖으로 흰빛이 되어 떠나간다. 그러나 죽음은 소멸되지 않고 이승의 바다에 남아 나의 울림을 통해 '영원'으로 이어진다. 첫 행과 마지막 행의 '아가야'의 말 속에는 슬픔과 안타까움과 그리움을 부르는 영원한 호곡(號哭)의 울림이 드리워져 있다.

그러한 시인의 허무와 우수의 감정은 종종 '바람'과 '가을'의 이미지로 드러난다. 가을은 '성숙을 기다리며 늙은 사람들'(「가을에」)의 시간이며, '풀도 누렇게 시든 형체를 아주 헐어버리'(「가을에」)는 시간이다. 그 시간에서 존재는 '위태한 나뭇가지 끝/ 存在조차 늘 뒤웅거리며/ 사는 일을/ 차라리 超然에 뒤웅거리'(「果園의 詩」)며, 시인의 일상에는 '가느다란 코스모스 길가에 피고/ 산다는 憂愁'(「사는 동안」)가 '푸르러' 온다. '푸르러'의 시적 의미는 생생하게 도드라져 다가온다. 가을이면 온갖 색깔들이 바래지고 무뎌지는 데 유독 우수만 푸르게 다가오는 것처럼 여겨지는 까닭은, 이런 상황에서 시인의 맘속에 차오르는 우수의 감정은 무뎌지지 않고 살아있는 감정이기 때문이다. 그런 까닭에 시인은 그의 시를 '능금일 거냐/ 익기나 잘 익어볼 능금일 거냐'(「果園의 詩」)를 끊임없이 되묻는, 과원으로 표상되는 전(全)의식의 세계에서 잘 익어가는 사과 같은 시를 바라게 된다.

> 빈 들을 지나서
> 茂盛한 이웃들을 흔들어 올 때
> 바람이 내리는
> 그 찬란한 비늘 같은 것이다
>
> 善男子는 그중 善한 것으로
> 슬픔은 그중 고운 슬픔으로
> 우리들,
> 寂寞에 내리는 소나기는!
>
> 손을 씻고
> 신문을 읽고
> 日常의 옷을 두텁게 입고,
> 이 외롭고 허무한 날의
> 밤마실을 가서는, 황홀하게 젖어서 온다
> 〉

草木처럼 억세고 싱싱한
삶의 마을을 오르내리며
친구여,
속살이 볕에 타는 우리의 가난일랑
이 生涯 가의 海溢에 씻으며 살세나.

—「虛無 戀歌」 전문

시인에게 시는 살아있는 존재 증명에 다름 아니다. 그 시는 자유로운 바람이 빚어내는 '찬란한 비늘 같은 것'이거나 가장 선하면서도 가장 슬픈 것이어야 한다. 또한 억세고 싱싱한 것이어서 우리의 가난한 일상과 질박한 관계들, 그리고 존재의 심연을 씻어줄 수 있는 영혼의 시라야 한다. 시인은 사랑하듯 그러한 시적 성취를 소망한다.

이쯤 되면 시인은 「虛無 戀歌」에서처럼 허무를 벗하며 삶의 비속함과 가난함도 껴안으며 삶과 죽음의 진리를 터득하게 되고, 허무에 대한 '황홀한' 사랑의 노래까지 부르게 되는 것이리라. 이러한 허무와 우울의 노래는 시인의 내면을 성찰케 하는 구심적인 에너지로 화(化)하여 외적 세계로 확장되어 나아간다.

3. 흙과 역사의 노래

우수와 허무를 느끼는 시인은 늘 혼자였다. 세계를 향하는 시선은 언제나 자신의 내면이거나 추상적 물음들이고, 그런 까닭에 그 말은 언제나 독백이고, 체념이거나 바람 소리와 함께 흩어져 사라진다. 그런데 『풀피리』에 와서 시인은 더 이상 혼자 하는, 외

곬 되고 골몰된 사유 행위를 하지 않게 된다. 현실을 함께 이야기할 나 아닌 '타자들'이 등장하여 대화를 할 수 있기 때문이다.

누구냐,
서녘에서 불어오는
바람 속, 그 질풍의 노도
하얀 달이 罪를 벗는 질풍의 노도 속
그때라야 잠을 깨는

너는 누구냐.

—「亡滅」 4, 5연

끝없는 질문에 대한 물음의 대상은 '너', '누구', '어머니', '모국', '神'으로 확대되어 간다. 또한 『山바람 소리』에서 보여주었던 가난의 문제가 계속해서 시인의 절망과 망멸의 근거로 자리하는 한편, 시인의 시선은 외부 세계로 확대되어 '망국의 벌판', '고구려', 그리고 '자유와 통일'의 의미로 역사화 되어가고 있다. 따라서 그 우울과 허무가 치유되는 종착지는 시인이 태어난 모국이며, 母國에의 인지와 모국에의 일체감이 이루어지는 곳에서 시인은 힘차고 신념에 찬 목소리를 갖게 된다. 그 종착지는 때론 '흙'의 이미지로 드러나는 곳이기도 하다.

어머니
이름도 없는 당신의 사랑과 忍從
저 푸른 草原에 쌓이는

당신의 흙을 봅니다

…

어머니
나이 사십이 다 되어
어느덧 그 무게 때문에
저도, 겨우 母國의 흙에 닿았습니다.

—「母國」 3, 5연

이름도 없이 사랑과 인종으로 생명(자식)을 성장시키는 어머니의 보살핌은 자식에게 모국의 의미를 일깨워 준다. 생명을 키워내는 흙과 견주어 어머니는 모국으로, 사랑과 인종의 바탕은 흙과 등치되면서 모국과 흙의 의미를 알게 된 시인은 점차 역사적 존재로 옮아간다. '자연에의 심취와 일상에의 순응이라는 초기 시의 패턴에서 조남익 씨가 서서히 현실과 상황에 대하여 관심하기 시작했다는 것은 그에게 있어 중요한 변모'[63]라고 지적한 것도 이와 같은 맥락이라고 할 수 있다. 이러한 시적 변용은 젊은 날에 겪었던 허무와 존재의 심연을 내적으로 승화시켰기에 가능한 일일 터이다.

이처럼 초기 시편들에서 보이던 추상적, 관념적 의미들, 그리고 우울과 독백의 노래는 점차 다른 사람을 인식하면서 역사와 현실에 대한 공동의 감각을 획득해 나간다. 자연 소극적이고 정적이던 시적 자아의 노래는 '사랑을 노래하고' 흙에서 '뛰고' 그리고

63) 송재영, "脫技功의 方法", 제2시집 『풀피리』의 〈跋文〉, p.90.

역사와 자유에 대해서 '부르짖는' 장엄한 노래로 울려 퍼지게 된다.

名山大川
나는 거기를 좋아하지 않습니다
행복한 사람
不幸을 딛고 선 사내
다리를 절며 걷는 女高生
나는 이들의 마음을 찾아가 숨습니다

그들도 모를 나는
그들도 모를 그들의
거칠고 험한 태깔을 갈고 닦습니다

쇠가 녹아
이루어진 돌
돌이 녹아
흙 속에 묻히는 힘

—「名劍」 2, 3, 4연

이 시의 부제 '百濟 遺民의 말'이 보여주듯이, 시적 자아는 패망한 백제의 유민이다.[64] 드러내지 않고 힘을 발하는 '명검'처럼 시

64) 백제에의 애착을 보여주는 편린들은 그의 수필집에도 나온다. 가령, "내 소년 시절의 성장과 추억은 임천과 성흥산이 그 무대였다… 장날이면 나는 지토천을 건너 성흥산을 넘고, 임천장을 다녀온다… 성흥산의 험한 길을 오르고 내리는 것이 전부인 이 코스에서 나는 백제 멸망의 거대한 실체를 피부로 느끼며 자랐다"(「패망의 孤城」, 『詩의 오솔길』, p.210)

적 자아는 이름나고 아름다운 명산대천보다, 그리고 행복한 사람보다도 불행을 딛고 이겨낸 사내, 그리고 지친 불구의 여고생에게 마음을 품는 보이지 않는 힘을 지니게 된다. 그 힘은 따뜻한 인간애와 순정적 휴머니즘, 그리고 대타적 사랑의 구현으로 나아간다. 그 내부에 생명의 씨앗을 품고 온 겨우내 지낼 흙처럼, '만 사람 백만 사람들의/ 피 묻은 낙엽에서' 시적 자아의 노래는 태어난다. 단독자로 태어나는 것이 아니라 면면이 앞선 사람들의 피를 받고 태어났다는 말은 역사적 존재로서의 확대된 세계 인식을 보여준다. 멀게는 '계백'과 '아사달'의 역사로부터 가깝게는 시인이 태어나고 자란 '금강'과 충청도를 노래한 「충청도」 8편 연작은 시인의 시적 관심이 역사로 변모해 갔다는 점을 확연히 보여준다. 곧 근세사의 여러 사실(史實)을 통해 역사라는 것은 단절된 것이 아니라 연속된 것이며, 특히 그 정신은 면면히 계승된다는 의식을 「칠백의총」 「계백의 아내」 「금강」 등의 여러 시편을 통해 발현시키고 있다.

> 이는 바람대로, 江물에 풀어 헹군 이 서언한 소리들을 귀뿌리에 온 누리 차도록 물레로 감은 바에, 당신의 말씀들을 차마 잊힐 리야 있나…. 수수목이 나오면 게가 논두렁을 내리고, 山 아래 내 아우는 살찐 개구릴 잡아 닭에 쪼이며 조용히 당신의 곁을 지키네.
>
> —「水古里」 3연

대체적으로 자신의 출생지이자 성장지인 水古里에서 출발하여

라는 구절이나, "여기는 옛 백제 땅… 멸망의 애사가 깊숙이 땅에 묻히었고, 거기서 오는 오랜 세월의 슬픔은 지금도 여기 사는 사람들의 가슴 속에 아지랑이처럼 피어오른다."(「내 故鄕 白馬江」, 『詩의 오솔길』, p.222) 등이 있다.

고향인 충청도 부여에로의 시적 공간의 이동은 시인의 고향애를 촉발시키며, 다시 이것은 공간적으로 충청도에로의 확산과 역사적으로 백제라는 나라에 대한 애착으로 확대되고 있다.

'거칠고 험한 태깔을 갈아주는' 이러한 사랑의 마음은, 그러나 연약한 정신의 발로로 그치지 않는다. 다음 시를 보자.

풀에는 이빨이 없어라
아드득 가는 이빨 없이도
신통하게
아무 데서나 잘 자라는
풀

낫을 번쩍
斬首하는 손,
그 非情의 순간에도
풀은 자란다
온 들에 넘치는
풀들의 擊壤歌
密生의 뿌리는 大地를 덮는다

이빨 빠진
百濟 遺民을
魚肉처럼 베고 또 베어도
여전히 무성한
百濟의 들아

누구도 지울 수 없었던
풀밭의 힘이여.

—「忠淸道 · 8」

질경이야,
짓밟힌 질경이야
어여차, 미치고 싶은
밟히며 자란 사랑이야.

—「罪」4연

'풀', '질경이'의 이미지는 이 시인에게도 민중과 민초, 그리고 강인한 생명력으로 드러나고 있다. 폭력을 상징하는 '낫'으로 참수를 당하는 순간에도 풀은 뿌리를 내리고 대지를 덮는다. 특히 충청도의 의미, 충청도의 힘, 그리고 충청도의 옛 도읍지인 백제의 정신을 무폭력, 복종, 그리고 무기나 비정함에도 불구하고 뿌리를 내려 대지를 덮는, 강인한 힘을 지닌 풀의 행위로 표현하고 있다. 또한 풀, 자연, 흙에의 애정의 시선은 요즘 많은 문제점을 안고 있는 문명에 의해서 밀려난 자연에 대한 안타까움과 아픔, 그리고 아쉬움을 드러내는 동시에 자연이 밀려나고 파괴되고 원형이 붕괴된 데에 대한 비판의 목소리도 함께 담아내고 있다.

4. 조화와 관조의 노래

피와 역사에 대해 노래한 시인은 이제 인생을 어느 정도 알게 된 사람의 관조의 자세를 보여준다. 채운 뒤에 다시 비워가는 항아리처럼, 인생의 관조를 터득해 가는, 인생의 한고비를 넘어선 자의 관조가 『나들이의 땅』에 드러난다. '나들이'라는 말은 떠돎의 방랑자적 의미보다는 한갓지게 떠나는 '여유로움'의 분위기를 동반한다. 이와 함께 '잠깐 스치는 바람처럼, 넋처럼' 인생의 유한한 삶에의 인식도 드러나 있다. '주름진 것을 펴며 사는 일은 아름다운 것'이라는 관조적, 낙천적 모습이 중년의 시기에 드러난다.

中年에 와서
그가 바꾼 義齒에는
꽃으로도 갚을 수 없는
고운 虛無가 들었다

眞珠로 떨어뜨릴
義齒가
앉을 길은.

—「眞珠」 2, 5연

중년에 와서 바꾼 의치에 '고운 虛無'가 들었다는 표현은 탁월하다. 날 때부터 가진 자연적 치아를 의치로 바꾸는 행위는 '꽃으로는 바꿀 수 없는' 그 무언가의 중요한 의미가 담겨 있다. 그것은 제 살을 썩는 고통을 참아낸 후에야 얻게 되는 '진주' 같은 삶의 표징이며, 고통과 아름다움의 오버랩 속에서 시인은 '노년의 길'을 준비하는 것이다.

사람은 숨어서 숨어서 그의 노래와 만나더라

사람은 차라리 죽어서 그의 노래와 만나더라
일곱째의 별은 일곱째의 별로 가고
죽은 이의 혼이 바람에 숨어서는
우리는 차라리 바람에서 잠깐 만나더라
귀뚜라미처럼
구원처럼….

—「귀뚜라미」 전문

시 「귀뚜라미」는 은일자의 모습을 조금 다르게 보여준다. 어느 샌가 가을을 알리는 귀뚜라미처럼 겉으로 드러내지 않으면서 들을 수 있는 노래와 만나고, 또 스쳐가는 바람과 만난다. 또한 미지의 구원처럼 인생과 현실을 새롭게 만난다. 조남익 시인은 여전히 역사와 외부 세계에 대한 시선을 드리우고 있지만, 제1시집에서 보여주던 우울과 허무와 우수의 감정을 넘어서 '바람 속에/ 침묵으로 대답하는/ 노오란 초승달의 눈'(「날개」)처럼 좀 더 성숙된 내면적 성찰을 형상화하고 있다. '떨어지는' 하강의 분위기가 '뛰고, 노래하는' 상승의 분위기를 거쳐 이젠 '숨어서', '침묵'으로 말할 수 있는 여유를 지니게 된 것이다. 서정과 현실의 길항(拮抗)을 통해 만나고 노래하는 조화의 미학을 체득한 것이다.

이에 덧붙여 조남익 시의 또 하나의 미덕은 '현실 상황이나 시대를 향하여 심중의 발언을 직접 노출시키지 않고 간접화법 또는 객관적 상관물(특히, 자연)을 통해서 철저하게 은폐시키고 여과시킨 목소리로 메시지를 전달'[65)]한다는 점이다. 카프시 이후 생경한 구호나 이념 전달이 강할 경우 시적 정서나 긴장감이 떨어지

65) 정진석, 위의 글, p.121.

는 예를 문학사에서 보아왔는데, 그의 시는 시적 긴장과 서정을 잃지 않으려는 방법으로 고어나 한자어, 그리고 객관적 상관물 등을 통해 서정적으로 형상화함으로써 서정과 이념의 긴장을 조화시키고 있다.

5. 마치며

한 시인의 시적 궤적을 따라가 보는 일은 흥미로운 일이다. 같은 곳, 같은 시대를 호흡한 시인의 내면 풍경을 읽는 일은 자신의 삶을 반추하는 또 다른 과정이기 때문이다. 조남익 시인은 "나의 시는 변모의 과정을 걷고 있음이 분명하다. 그것은 시의 의미(意味) 쪽이며, 의미라 하더라도 긍정의 쪽이다. 험상궂은 부정(否定)의 미학(美學)보다는 만인 공감의 수용과 조화의 미학을 나는 택한 셈(「시인의 自序」 중에서)이라고 말했듯이 혼의 시어로 구심력과 원심력의 조율을 통해 '만인 공감의 수용과 조화의 미학'을 향해 확장시켜 온 것이다. 많은 시편을 읽어 나가는 동안 독자는 내면적 의식, 존재에의 천착을 잃지 않으려는 구심적 힘과 역사와 현실을 응시하는 원시적 힘의 길항 작용이 조남익 시를 생명있게 만드는 원천적 힘임을 알게 된다.

40여 년간 시혼과 대타 의식을 형상화해 온 조남익 시인은 앞으로 긍정적인 의미의 세계를 확장시켜 나갈 것이다. 그 세계는 부정되거나 폐쇄된 공간이 아닌, 개방되고 긍정하는 생성의 공간이 될 것이다. 그 생성의 울림을 전하는 미래의 시를 기대해 본다.

《문학사랑, 2005년 봄호》

❐ 이성교_《조선문학》 2005년 5월호 평론

전통 정서와 역사의식으로 꽃피운 큰 詩

– 趙南翼 論

1

백강 조남익 시인이 40여 년 시인 생활을 총정리하는 기념 시집『趙南翼 詩全集』을 출간했다.

특별히 이 시전집 출간에는 두 가지 중요한 의미가 담겨있다고 생각된다. 하나는 인생의 경륜 70 고희를 기념하는 뜻에서였고 그다음은 요사이 시가 이상한 흐름에 대한 시의 본연을 보여준다는 것이다.

백강 조남익 시인은 우리 시가 50년대의 어지러움을 벗어나 60년대 안정기에 섰을 때 충분한 수련기를 거쳐 당시 최고의 권위지인《현대문학》지를 통해 데뷔했다. 추천 작품「水古里」,「北村里打令」,「山바람 소리」등은 당시 데뷔하기도 어려웠고 또 시인도 드문 시절에 명시로 널리 알려졌었다.

이 무렵의 시는 주로 고향을 노래한 시로서 향토색이 짙었다. 고향의 풀 내음과 꽃의 향기와 바람 소리와 고향 사람들의 인정이 잘 서려 있었다. 그래서 백강 조남익 시인 하게 되면 추천될 무렵의 시가 오랜 세월을 두고 많은 독자에게 더 많이 남아있다.

그는 끈질긴 시인이다. 교직 생활 바쁜 틈에도 오직 시를 위해 살아왔다고 할 정도로 많은 시를 썼다. 그렇다고 단순히 이름을 알리기 위한 적당한 시가 아니라 그야말로 갈고 닦아 피가 서릴 정도의 시만 유력지에 발표해 왔다.

이렇게 보면 성실하고 정열적인 시인이라 할 수 있다. 그 결과 시집만 6권 출간했다. (수필집, 시론집도 몇 권 있다) 이제 6권의 시집을 고희 기념으로 집대성하여 시전집을 내게 되었다.

그는 보통 시인이 아니다. 나름대로의 시론과 사상을 갖고 시 한 줄도 소홀함이 없이 알차게 시를 써 왔다. 워낙 높이 올라간 시인이기 때문에 조심스럽게 그의 시 경향을 두 갈래로 나누어 설명하고자 한다.

2

그의 전반기 시는 시기적으로 데뷔 시절 1960년대부터 1970년대까지라고 볼 수 있다. 시집으로 보면 두 시집, 즉『山바람 소리』와『풀피리』가 여기에 해당된다. 이 무렵의 시 세계는 향토적이고 토착적인 세계를 중시했고 차츰 나아오면서 자연 친근 의식으로 자연의 아름다움과 거기에 따른 생활의 순박함을 노래했다.

흙이었다가 손탐 없이 그대로 바위였다가,
저 山 안에 호젓이 한 나무일 뿐이다
〉

아침에 珠簾을 걸어
애기 손바닥만 한 날을 받아놓고
고지식, 다시 헹구는 茂盛한 微動을 보라

휘어지도록 커나서
배부른 아낼 서워있는데
숲처럼 어울러서 風樂이 은은한 마을…

춤 아니라도 새끼는 새끼대로 저의 귀염을 떨고
彌勒 같은 아내라야, 구기잖은 어미 노릇이라,
나는, 호젓이 이대로 한 나무였을 뿐이다

허구헌 長霖이 가고
모두 다 털고 떠나는 가을이라도 오면
그때는 내 마음도 짜르르 밤도와 울것다.

—「北村里 打令」 전문

앞에서 보는 '흙이었다가 손탐 없이 그대로 바위였다가'에서 볼 수 있듯이 자연 그 자체가 생활과 더불어 하나로 되어 있다. 그렇기 때문에 〈나〉도 '너'도 하나인 것이다. 특별히 '배부른 아내', '귀염 떠는 새끼'는 북촌리 생활의 주인공인 것이다. 이 시에서 보는 '주렴', '장림'도 산골 생활의 운치를 돋구고 있다. 이 시에서 토속적 색채를 자연스럽게 볼 수 있다.

이 무렵 시골 사람들의 생활을 노래한 시에선 밝음보다는 어둠이 깃든 면도 있었다. 이것을 확대하면 어려운 역사 속에서 살아온 한국인의 설움이기도 하다. 그러면서 그의 시에선 어딘가 정관적이고 고고한 운치를 풍기고 있었다.

사람은 송이송이 살다 가는 것을
그것은 남향해서 흘러가는 것을
누구나 鳳鳴里 와서 물으면 안다

여름을 나는 사람들이
아직 千年 前의 여름을 살아도
사는 이의 푸른 골짜기에 내리는 물은
누구나 鳳鳴里 와서 물으면 안다

그러기에 물소리는 새 노래로도 퍼져나고
자네의 그 착한 웃음에도 번져나고
이 찬란한 여름을
늘 구름 뜨듯이
결국은 아이들이 나이를 먹고…

송송이 가을로 휘돌을 때에
어쩔거나, 풀벌레로 터져 나는 울음을
天上에도 地下에도 붕붕 나는 불빛을
鳳鳴里, 그 좁은 동네에 가서 물으면 안다.

—「鳳鳴里」 전문

이 시는 두 번째 시집 『풀피리』에 수록되어 있는 시다. 어떻게 보면 앞의 시와 비슷한 면도 있다. 앞의 시 「北村里 打令」과 구석진 농촌 마을을 노래했다는 점에서는 같다.

앞의 시가 자연 친화의 소박한 마을을 데생하듯이 그렸다면 이 「鳳鳴里」에서는 사람 사는 인정의 세계를 더 중요시했다. '사람은 송이송이 살다 가는 것을/ 그것은 남향해서 흘러가는 것을 /누구나 鳳鳴里 와서 물으면 안다'에서 인생의 허무를 말해 주고 있다. 이 시에서 '자네의 그 착한 웃음', '결국은 아이들이 나이를 먹고'는 이 자연과 더불어 인생의 큰 의미를 던져주고 있다.

두 번째 시집 『풀피리』에서 돋보이는 작품이 「충청도」 연작시다. 무려 10편이나 된다.

풀이면 뜯고
넋이면 캐라

차라리 玉碎로 남겨 논
가도 가도 허허로운
黃山벌…

불은 이미 꺼지고
들릴 듯 사라지는
바람이 분다

女人의 노래 같은
그리고 흐느낌 같은
바람 속,

〉

새파란 눈매
땅 위 일천리에
초생달이 떴다

우리 시골집
오줌통에 빠진
초생달이 떴다.

—「충청도 · 7」 전문

이 시는 앞의 시 수법과 조금 차이가 난다. 우선, 시 정신으로 볼 때 자연의 아름다움이나 인정의 세계를 그리는 대신 어떤 역사적 사실을 들어 바른 정신을 가장 함축된 말로 표현하고 있다. 그래서 시의 표현법이 다르다. 처음부터 명령법을 쓰고 있다.

첫 연 '풀이면 뜯고/ 넋이면 캐라' 같은 것이 다르다. 전통 정신의 하나인 선비정신에서 볼 수 있는 꼿꼿함이 도사리고 있다. 따라서 종전의 시에 비해서 시의 기법면에 힘쓰고 있음을 볼 수 있다. 특히 마지막 연에서 '우리 시골집/ 오줌통에 빠진/ 초생달이 떴다'는 고도한 표현이다.

앞에서 노래한 '새파란 눈매/ 땅 위 일천리에/ 초생달이 떴다'와 상당히 대조적이다. '오줌통에 빠진 초생달'은 일종 아이러니로서 초생달의 의미를 더 크게 하고 있다. 일종의 진귀한 착상이기도 하다.

3

같은 샘에서 발원한 물도 환경에 따라 흐름의 속도, 그 물빛이 달라질 수 있다. 한 사람의 일생이 늘 같을 수 없듯이 시의 성장도 자연 달라진다. 그렇게 보면 시의 변모는 자연 있게 마련이다.

백강 조남익 시인의 시도 80년대에 와서는 확연히 달라진 빛을 보인다. 그것은 종전 구축해 오던 전통주의 기반에다 다소 현실 의식을 가미했다는 사실이다. 이 경향에는 시집 『나들이의 땅』『朕의 戀歌』『하늘에 그리는 상형문자』가 여기에 속한다. 원래 시의 변모는 눈에 보이지 않는 것이기 때문에 겉으로는 그것이 잘 드러나지 않는다. 그래서 한 시인에게 있어 초기에 터 닦던 그 흐름이 언제나 독자에겐 남아있는 것이다.

더 쉽게 이 무렵 시의 경향은 종전의 서정의 세계에다 현실 의식을 더 보태어 힘 있는 세계를 마련했다고 할까. 그래서 종전 시의 질이 다소 정적이고 부드러웠다면 이 무렵의 시는 다소 지적이고 꼿꼿했다고 볼 수 있다.

최원규 교수도 제3시집 『나들이의 땅』 跋文에서 "삶이나 역사의식이 그의 시 표면에 나타나고 있다. 그러나 조 시인은 단순히 시의 표면에 드러내 보이고 있는 것은 아니다. 삶과 자아 인식 혹은 역사의식을 소재로 하여 제시하면서도 조 시인이 취하는 탐미적 관점은 서정적 요소와의 결합이다"고 했다. 이 무렵 조남익 시인의 시 경향을 아주 적절하게 언급했다.

이러한 경향은 제4시집 『朕의 戀歌』에서 노골화되었다. 이 『朕의 戀歌』는 특별한 의미를 갖고 있다. 시인 자신도 밝혔듯이 역사 기행에서 얻은 시를 한데 묶은 것이다.

위의 시 경향에서 언급한 대로 역사의식이 고스란히 이 시집에 담겨 있다. 조남익 시인은 서문에서 시집을 내면서 절대정신으로서의 민족혼을 강조하였다. 그러면서 시를 쓰게 된 것을 "그것들이 나의 근원으로서 내 심장 속에서 끊임없이 고동치고 있으며 나의 본질로서 손짓하고 있음을 부인할 수 없었습니다. 오히려 나는 내 핏속에 흐르는 넋의 흐느낌에 더 많이 공감하고 감동받지 않을 수 없었습니다."고 했다.

조남익 시인이 앞의 시집과 달리 성공할 수 있었던 것은 역사적 사실을 들면서 그것을 뛰어난 기법으로 잘 시화했다는 것이다. 그의 긴 여정이 역사 탐구의 시절을 벗어나 새로운 서정의 세계로 되돌아온 것이 제5시집『하늘에 그리는 상형문자』다.

태어나기를
윤기 있는 짐승이려고 한다
아니면 차라리
말라 죽은 삭정이의 살갗에 닿으려고 한다

휘어잡아도
유연한 뼛속은 비어
아무리 읊조린들
녹지 않는 향기이려고 한다

뺄 것
보탤 것
한 잔의 여의주에
말을 마시는 시인

〉

시에 나를 넣어
불사르고 오르는 연기 가닥으로
하늘에 그리는 상형문자
그 몸부림치는 혼(魂)이려고 한다

—「시의 골격」에서

아름다운 빛깔
긴 꼬리 달고
한껏 날았던 산꿩

목을 뽑고
먼 곳 향해 울어
비어 있는 본적지
내 꿈을 울어

충청남도부여군세도면수고리산557번지

거기서 왔다가
다시 돌아가야 하는
내 꿈을 울어

나는 아직도 토종
적갈색 피부가 고운
산꿩

—「산꿩」 전문

이 두 시는 성격이 좀 다르다. 앞의 시는 일종 시로 쓰는 시론이고 뒤의 시는 조남익 시인의 본령 향토적 서정시다. 앞의 시에서는 지적인 번뜩임을 볼 수 있고 뒤의 시에서는 심미의 세계 정적인 면을 볼 수 있다. '아름다운 빛깔/ 긴 꼬리 달고/ 한껏 날았던 산꿩' — 있는 그대로의 표현이다.

이러한 경향의 시가 2004년 11월에 낸 제6시집『푸른 하늘』에 오면 이때까지 추구해 오던 시 세계를 종합한 듯한 넓은 세계를 보여주고 있다. 물론 이 시집에 와서도 그가 끈질기게 추구하는 민족정신의 시도 더러 있지만 오히려 초기로 돌아간 듯한 인상의 경쾌한 시도 많다.

천길 속세에 떨어져도
흙 하나 안 묻은 그대 시궁발치

몸은 늙고 정신은 솟은
푸른 하늘

그대 허공에
존재의 끄나풀 끝 내 풍선은 서럽다

아버지의 눈에서 보았던
검고 깊은 사람의
푸른 하늘

내 손자놈도 훗날

내 눈에서
그것을 찾아낼 수 있을까

영혼의 문에 끊임없이 피는
꽃잎
아가

비밀의 문 따로
고양이 기웃거리는 땅,
나는 목숨 한 방울 입은 덕에 아름답다.

―「푸른 하늘」 전문

숯이로다
아예 숯으로 남은 백골들의
만인의총(萬人義塚)
호남 함성 무너지고
짓밟힌 뼈에 전율했던 영원

잔디
대명천지에 금잔디
해묵은 세월 파묻고
뿌리 내린
소나무 그때처럼 서 있고,

숯이로다

썩지 않는 숯
깡마른 땅에 열기 돌 때면
언제들 활활 달아오른 숯불이여
겨레의 깊숙한 심장 숨어 우는 곳

역사의 강에
곡선으로 떨어진 시간이 잠자고 있었다.

—「소나무에 대하여 · 5」 전문

위 시 「푸른 하늘」에서 볼 수 있듯이 언어를 매만지는 솜씨가 부드럽다. 그러면서 인생의 재미있는 얘기도 재미있게 늘어놓고 있다.

이 시집에서 큰 비중을 둔 연작시 「소나무에 대하여」도 역사적 얘기를 하고 있으면서도 삶의 이야기라서 재미있다. 이 시에서 시의 기법도 독특하다. '소나무'와 '숯'의 이미지가 아주 적절한 비유로 잘 나타내었다. '숯이로다/ 아예 숯으로 남은 백골들의 만인의총' 여기에서 '숯'은 백골로 남은 의인들을 말하고 있다.

백강 조남익 시인은 시의 큰 정상에 오르면서 역사의식을 놓치지 않았다. "나는 언어와 에스프리 모두에 관심을 두어 왔다고 할 수 있을 것이다. 나의 에스프리는 현세적인 것보다 역사의 실체에 더 많은 집념을 보여 왔다. — 제6시집 서문"에서도 잘 볼 수 있다. 이렇게 보면 백강 조남익 시인은 고향을 늘 생각하는, 역사의식을 항상 머리에 간직한 정신 지상주의자라고 말할 수 있다.

4

끝으로 백강 조남익 시인은 한평생 좋은 시를 쓰기 위하여 넓은 의미의 고향 충청도를 떠나지 않았다. 충청도의 짙은 색깔, 내음을 노래했기 때문에 그를 한마디로 충청도의 시인이라 할 수 있다. 충청도의 향토적 정서를 항상 밑바탕에 깔고 흙냄새 물씬 풍기는 시를 쓰고 있으면서도 항상 한자리에 머물지 않고 뭔가 안으로 변혁을 꾀했다. 그것이 민족정신을 속에 깐 역사의식이었던 것이다. 이것을 두고 보더라도 백강 조남익 시인은 참 한국의 시인이다.

〈조선문학, 2005년 5월호〉

❐ 홍희표_《어문연구》 제64호, 2010. 시인 연구(논문)

조남익 시 연구

1. 들어가는 말

조남익 시인은 1965-66년에 《현대문학》에 시 「水古里」 등이 추천되어 문단에 나온 후 시집 『산바람 소리(1969)』, 『풀피리(1976)』, 『나들이의 땅(1983)』, 『눈빛의 말(1987)』, 『짐의 연가(1994)』, 『하늘에 그리는 상형문자(1998)』, 『푸른 하늘(2004)』, 시전집 『조남익 시전집(2005)』, 수필집 『사색의 연가(1967)』, 『시의 오솔길(1973)』, 시연구집 『현대시 해설(1977)』, 『한국 대표시 해설(1980)』, 『한국 현대시 해설(1993)』, 『시와 득음미학(2004)』, 『시와 유혹(2004)』을 발표하는 등 현재까지 활발한 활동을 하고 있는 현역 원로 시인이다.

조남익 시인의 시작 과정은 시의 주제나 대상에 대한 관심에 따라 크게 세 시기로 구분된다.

초기 시는 『산바람 소리(1969)』, 『풀피리(1976)』까지로 향토적 서정을, 중기 시는 『나들이의 땅(1983)』, 『눈빛의 말(1987)』, 『짐의 연가(1994)』까지로 역사적 사실의 재현을, 후기 시는 『하늘에 그리는 상형문자(1998)』, 『푸른 하늘(2004)』까지로 일상적 삶의 모습을 그리고 있다.

시인은 천변만화하는 자연과 삶을 자신의 지향에 따라서 선택하여 작품으로 형상화하는 사람이다. 그 선택에 따라 시인의 시 세계가 집약되며, 공통분모에 의하여 시적 원형질이 결정된다. 조남익 시인도 마찬가지이다. 그 역시 그의 독자적 선택에 의해 시를 창작하고 있다. 즉 조남익 시인은 남과 다른 시, 그만이 가지고 있는 감수성에 의해 빚어진 시, 그의 개성적인 색깔이 드러나는 시를 창작하기 위해 최선을 다하고 있다.[66] 시인들의 이러한 노고가 있기에 일찍이 박두진은 "신은 우주의 창조자이시고 시인은 상상적 우주의 창조자"[67]라고 말한 것인지도 모른다.

조남익 시인에게 시는 정신 속에 있는 무한한 것을 구체적으로 실현하는 현장이라 할 수 있다. 그리고 그 정신 속에 깃들어 있는 것은 다름 아닌 바로 혼이다. "그의 초기 시에 두드러지게 나타나는 향토적 자연이 궁극적으로 지향하는 것이 혼이며, 중기 시에서 의식적으로 모색되는 역사적 과거의 재현이 지향한 세계 역시 그것이며, 후기 시의 일상에서 발견되는 정신적 갈등 또한 혼이다."[68] 그러한 혼의 울림이 자연과 만났을 때는 향토적 서정으로 나타나고, 의연한 역사와 만났을 때는 충절 의식 내지는 유민 의식으로 나타나지만, 소소한 일상과 만났을 때는 따스한 연민 의식이나 휴머니즘으로 나타난다.

그러나 본고에서는 조남익 시인의 시 세계를 시기별로 구분하여 논하기보다는 주제별로 구분하여 논하는 데 그 의의를 두려 한

66) 정진석, 「극기의 교향곡」, 『조남익의 시와 삶』, 오늘의문학사, 2003, 58쪽.
67) 박두진, 「현대시의 특질」, 『한국현대시론』, 일조각, 1977, 26쪽.
68) 송기섭, 「혼의 말과 말 속의 혼」, 『조남익의 시와 삶』, 오늘의문학사, 2005, 462쪽.

다. 그리하여 그의 시가 역사와 만났을 때, 또는 일상과 만났을 때 보여 주는 충절 의식, 유민 의식 그리고 연민 의식이 우리 공동체 의식과 어떻게 조화를 이루는지를 중심으로 그의 시적 공간을 논하는 데 목적을 둘 것이며, 이를 위한 텍스트로는 〈오늘의문학사〉에서 나온 『조남익 시전집(2005)』으로 할 것이다.

2. 주제 의식과 시적 공간

1) 우리 속의 '나' 찾기와 충절 의식

조남익 시인은 1935년 충남 부여군 세도면 수고리 557번지에서 출생하여 감수성이 풍부한 청소년기 대부분을 그곳 고향에서 보냈다. 부여는 백제의 고도이기에 조남익 시인은 어린 시절 주변의 많은 유적들을 보면서 자랐다. 따라서 그의 시에 백제의 역사를 소재로 한 시편들이 다수를 차지하는 것은 당연하다.

삼국시대, 고구려와 신라를 제치고 가장 먼저 부국강병과 찬란한 문화를 꽃피워 이웃 나라 일본에까지 문화를 전파했던 백제였지만, 신라와 당나라 연합군에 의해 멸망할 수밖에 없었던 역사적 비극을 조남익 시인은 자신의 작품에서 표출해 내고 있다. 그리고 그 역사적 비극을 단순히 기술하는 데만 그치는 것이 아니라 백제인의 민족의식, 역사의식, 그리고 삶의 방식을 경외의 눈길로 바라보며 현재를 살고 있는 오늘의 우리들 즉, 백제의 후손들에게도 선조의 충절 의식[69]이 면면히 이어져야 함을 역설하고 있다.

---

69) 김문준은 충절 의식을 다음과 같이 정의하고 있다. "충절 정신은 처신에 있어서 언제나 공명정대하고 상황과 조건이 달라져도 그 마음이 항상 일정한 것을 말한다. 또한 의로운 일을 위해서는 죽음도 두려워하지 않고 목숨을 바칠 수 있는 실천력을 갖는 깨끗한 정신이다." (김문준, 「대전지방의 절의정신」, 《대전문화》, 제12호, 2003, p.98.)

찢어진 임의 눈초리
말을 몰아 구름밭으로 떠나신 뒤

제 屍身에 덮인
장부의 호곡을 나는 들었습니다.

이윽고 임이
머언 忠魂의 나라로 가신 뒤

저의 屍身은
아녀자의 통곡으로 들끓었습니다.

비 오는 어느 밤
잠에서 문득 깨이듯

죽음을 넘어선
찬란한 아침이 왔습니다.

—「階伯의 아내」 전문

백제 멸망과 더불어 가장 먼저 떠오르는 인물은 황산벌 전투의 영웅 계백장군이다. 계백과 관련된 이야기로는 그가 조국의 몰락을 예견하고 아내와 자식들을 자신의 손으로 베고 전쟁터로 떠났다는 일화가 전해온다. 이 시는 남편의 손에 죽임을 당한 아내의 입장에서 죽음을 초월한 부부애가 전개되고 있다.

이 시의 전제는 계백의 아내가 일단 죽어 있는 상태이다. 그러나 아내는 망자의 상태로 남편의 모습을 본다. 1연에서 계백은 가족들을 죽이고 전쟁터로 떠난다. 그런데 처자식을 죽이고 가는 그의 가슴이 편할 리가 없다. 그는 비통한 심정을 내색하지 않으려고 눈초리를 매섭게 뜨고 전쟁터로 간다. 나당연합군을 맞아 일당백으로 싸워야 하는 너무 불리한 전쟁, 그 속에서 지휘자를 기다리며 두려움과 불안에 떨고 있는 수하 병사들이 있기에 계백은 개인적인 비극 즉, 가족의 죽음 앞에서도 감정을 노출시킬 수가 없는 것이다. '찢어진 눈초리', '말', '구름밭' 등의 시어에는 대의를 위해 사사로운 감정을 버려야 했던 장부의 비애, 전쟁의 급박함과 긴장이 잘 표출되어 있다.

그러나 부부는 일심동체라고 했다. 아내는 겉으로는 냉정하지만, 속으로는 따뜻한 남편의 마음을 안다. 그러한 아내의 확신이 2연에서 '장부의 호곡'으로 나타난다. 처자식이 전쟁 포로의 삶을 사느니 차라리 죽는 게 낫다고 판단하여 가족 모두를 몰살한 계백이었지만 그는 한 여자의 지아비요 아이들의 아버지였다. 남편의 깊은 뜻을 헤아리는 아내요 아버지의 큰 뜻을 이해하는 자식들이었기에 그들은 계백의 비장한 결의를 받아들인 것이다. 그리하여 마침내 시신으로 그들 모녀모자가 계백 앞에 누웠을 때, 지아비요 아버지였지만 전쟁터로 떠나가는 그의 흉중은 통곡과 '호곡'으로 용서를 빌고 있음을 아내는 이해하는 것이다. 패색이 짙은 조국을 위해 목숨을 바쳐야 했고, 패망 후 굴욕적인 삶을 살아가야 할 가족들을 위해 가장으로서 최선의 선택을 해야 했던 남편을 이해하기에 아내는 말없이 순종했던 것이다.

3연과 4연은 남편 계백의 죽음을 듣고 통곡하는 아내의 모습을 그리고 있다. 아내가 죽어서도 저세상으로 가지 못하고 구천을 떠돌았던 이유는 남편의 안위를 지키기 위함이었다. 아내가 '屍身'으로 있는 이유가 이를 잘 뒷받침하고 있다. 남편이 마침내 최후를 마치고 '忠魂의 나라'로 간 것을 확인한 아내는 지아비를 잃은 슬픔으로 통곡을 한다. '통곡으로 들끓었다'는 말 속에는 남편의 죽음이 아내에게 슬픔을 넘어 고통으로 점철되고 있음을 의미한다고 하겠다. 죽어서도 영면하지 못하고 남편의 안위를 지킨 아내의 의리야말로 조국 백제를 위해 충절을 지킨 계백 못지않은 절개라 할 수 있다. 계백이 멸망 위기의 백제를 위해 충절을 지켰다면, 계백의 아내는 남편을 위해 죽어서도 절개를 지킨 충절의 표상이라 할 수 있다.

5연과 6연은 과거의 역사적 소재가 시공을 초월하여 현재에 접목되고 있음을 시사한다. 계백과 그의 아내의 이야기가 지금은 '어느 밤'에 있었던 '잠'처럼 아득하지만, 그러나 그것은 1,400여 년 전에 분명히 존재했던 우리 선조의 역사적 이야기다. 그리고 그것은 생생하게 우리의 기억 속에 존재한다. 마치 우리가 계백이고 그의 아내인 것처럼 그것은 과거의 기억이 아닌 지금도 실재하는, 아니 반드시 실재해야 할 현재의 사실이다. 그들의 충성과 절개가 현재를 살고 있는 우리 몸에 체득되고, 그리하여 우리 핏속에 흐를 때 그들의 이야기는 사라지지 않는 역사적 증거이자 모범으로 우리에게 귀감이 되리라 확신하고 있다.

충절이란 충성스러운 절개를 의미한다. 절개란 절조를 굳게 지켜 세속에 타협하지 않는다는 뜻이다. 조남익 시인은 "백제의 새는/ 울지 않으려고 한다.// 백제의 새는/ 노래하려고 하지 않는다.// 망각의 땅거미 덮이고/ 한 줌의 재 속에서 다시 태어나는 새여.// 백제의 새는/ 초록 잔디이려고 한다.// 백제의 새는/ 파란 하늘이려고 한다.//(—「백제의 새」 일부)"에서도 백제시대의 충절 관념을 승화시킨 절의 정신을 보여주고 있다. " '백제의 새'는 울지 않으면서, 노래하지 않으면서 다시 태어나고 있다. '백제의 새'는 바로 '백제의 혼'이 아닐까. 백제는 사라진 나라가 아니라 시적 화자에 의해 '초록 잔디'로 '파란 하늘'로 부활하고 있다. 따라서 이 시는 백제 유민의 정한과 항거가 새로 승화되어 있다"[70]고 할 수 있다.

충절의 표상인 백제인의 후예로서 조남익 시인의 자부심은 다음의 시에서는 그것을 망각하지는 않을까 우려하는 불안의식으로 제시된다.

> 나는 끊어지고 있었다.
> 어머니에게서 끊어지고
> 땅에서 끊어지고
> 우리 집 아가의
> 찬란한 유방에서 끊어지고
> 百濟에서 끊어지고.
>
> 끊어지고 끊어지는
> 한 되의 통곡에
> 한 방울의 피,
> 흘린 피에서도 또 끊어지고.
>
> 하루에도 한 번은

70) 홍희표, 「현대 한국시에서의 대전의 시적 공간」, 《대전문화》, 16호, 2007, p.62.

흘린 피에서 끊어지고
마침내는 꿈으로부터
끊어질 검은 머리칼.

한 줌의 새하얀
머리칼.

—「머리칼」 전문

1연에서 시적 화자가 두려워하는 것은 '어머니', '땅', '유방', '백제'에서 끊어지는 것이다. 1연에서 3연까지 반복적으로 제시되는 '끊어지고'라는 말에는 끊어지는 것에 대한 두려움과 안타까움이 담겨 있다. 시적 화자가 끊어질까 두려워하는 대상은 생명의 근원이다. 자식에게 어머니는 생명의 근원이고, 인간에게 땅은 삶의 근원이다. 또한 아기에게 유방은 성장의 근원이고, 백제의 후예들에게 백제의 역사는 그들 존재의 근원이다. 인간이 자신의 근원을 망각한다는 것은 불행한 현실이다. 또한 세상의 명리와 유혹에 또는 개인의 사리사욕에 눈이 어두워 근본을 망각한다는 것은 곧 멸망을 의미하는 것이다. 백제의 위정자와 백성들이 언제까지나 태평성대가 지속될 것이라고 확신하고 삶의 도리를 망각하여 멸망의 길로 접어들었듯이 우리 인간 역시 삶의 정도와 삶의 근본을 무시하면 멸망할 수밖에 없는 것이다.

그리하여 시적 화자가 우려하는 것은 '어머니', '땅', '유방'보다 더 깊고 오랜 역사 즉, '백제'의 혼을 잃을까 하는 것이다. 신라와 당나라의 술책으로 백제 600년 역사가 사라지는 지경에 이르렀지만 그러한 상황에서도 백성들은 국운이 다한 조국을 위해 목숨을 바치는 충성을 보였다. 시적 화자는 이러한 백제인의 충절 의식이 자신에게서 끊어질까 봐 두려운 것이다. 그러나 실상 2연부터는 '끊어지는' 일이 눈앞의 현실로 나타나고 이에 시적 화자는 고통을 겪는다. '한 되의 통곡'과 '한 방울의 피'가 시적 화자의 괴로움을 극대화하는 표상물이다. 그리하여 마침내 3연에서는 끊어짐의 결정물로 '머리칼'이 제시된다. 예부터 "신체발부수지부모(身體髮膚受之父母)"[71]라고 했다.

따라서 머리칼은 효의 시작이요 효의 근본으로 우리 민족의 정신 · 얼 · 혼을 표상한다고 할 수 있다. 구한말 고종의 단발령 속에서 목숨을 걸고 자신의 상투머리를 고수한 선비들을 보더라도 우리 민족이 자신의 머리칼을 얼마나 소중히 했는지 짐작할 수 있다. 시적 화자에게 머리칼은 자신의 생명만큼 소중하다. 백제인의 후예로서 체득된 충절 의식은 시적 화자에게 자신의 머리칼과 동일한 의미를 갖고 있다. 그런데 그 머리칼이 마침내 '꿈'으로부터 끊어져 마지막 4연에서는 '새하얀 머리칼'로 세는 지경에 이른다. 꿈은 지나간 백제의 역사요 새하얀 머리칼은 충절 의식의 퇴색이라고 볼 수 있다. 따라서 4연에서는 '꿈'으로 표상된 1,400여 년 전의 역사에서 끊어지고 있는 충절 의식에 대한 시적 화자의 안타까움과 불안감이 고조되고 있다고 할 수 있다.

이처럼 조남익 시인의 충절 의식은 백제에서 천년을 건너뛰어 조선으로까지 이어진다.

옛 싸움터에서

71) "신체와 터럭과 살갗은 부모에게서 받은 것이다"라는 뜻으로, 부모에게서 물려받은 몸을 소중히 여기는 것이 효도의 시작이라는 말이다. 이는 『효경(孝經)』에 실린 공자의 가르침이다.

역사는 파묻혀 빛나고 있었다.
유난히도 붉은 해의 얼굴
이제는 나라도 겨레도
앳된 아이의 부끄럼을 타고 있었다.

풀들은 쓰러져 잠들고
무겁게 우는
땅의 신음에
우리들의 피
맨발로 달리고 있었다.

머언 지평선
壬辰年의 끝의
어룽진 노을 속
역사는 아직도 활활 불타고 있었다.

—「七百義塚」 전문

충청도 금산 땅에는 왜적과 싸우다 순절한 700 의병의 무덤이 있다. 칠백의총이다. 이들을 비롯해 많은 의로운 충청인이 나라가 어려울 때 총칼과 횃불을 들고 일어섰다. '기미독립선언서' 서명자 33인 중 17인이 충청 출신이다. 지금 시적 화자는 금산의 칠백의총 앞에 서 있다. 1592년 임진왜란 당시 적과 싸워 최후를 마친 칠백 병사들의 무덤을 바라보며 '파묻혀' 있었던 역사를 상기한다. 그들의 뜨거운 애국애족은 '유난히도 붉은 해'로 떠오르고 현재를 살고 있는 우리들은 '앳된 아이'처럼 부끄러워 고개를 들 수가 없다.

그러나 우리가 현재의 우리 모습에 부끄러움을 갖는다는 것은 지난날 선조들의 충절 의식에 경의를 표함과 동시에 그 정신을 이어받겠다는 의지의 또 다른 심리 상태다. 그러한 의지는 2연의 "우리들의 피/ 맨발로 달리고 있었다."라는 시구에서 적극적으로 제시된다. 삼라만상이 잠들어 울면서 신음하고 있지만 시적 화자를 포함한 '우리들'은 '피'가 끓어 '맨발'로 질주하고 있는 것이다. 그리하여 시적 화자는 마침내 역사 속 비극적 사건인 임진왜란이 아직 끝나지 않았음을 선포하고 있다.

즉 '머언 지평선', '임진년의 끝', '어룽진 노을 속'이라는 시구를 통해 임진왜란의 역사적 사건을 현재에 노출시키며, 그 전쟁은 칠백 의병들의 충혼이 살아있는 한, 끝나지 않았음을, 현재를 사는 우리의 기억 속에 '아직도 활활 불타고' 있음을 3연에서 재삼 강조하고 있다. 이처럼 조남익 시인은 우리들의 충절 의식이 강렬하게 살아 있어야 함을 역설하기 위해 '해', '피', '불타다', '붉은', '활활' 등의 시어를 사용하고 있다.

다음의 시에서도 칠백 의병들의 충절 의식은 시공을 초월하여 재현되고 있다.

> 3백 87년이나 지난
> 錦山의 비인 하늘에
> 七百 義兵들이
> 그린 커다란 손이 하나.
>
> 지악스럽게 움켜쥔 그 손에는
> 如意珠 대신 한 다발의

피에 젖은 精神이 물려 있었다.

둘레가 33미터나 되는
그 무덤 속으로
역사는 안 보일 듯
나들이 가고.

義兵들처럼 늘어선
코스모스 하얀 손에
그냥 놓쳐버릴 가을이 떴다.

—「錦山」 전문

이 시는 칠백 의사의 충혼을 기린 시이다. 시적 화자는 임진왜란 발발 이후 '3백 87년'이 흐른 1979년 현재 금산의 칠백의총 앞에 있다. 1연에서 칠백 의사들의 충혼은 '비인 하늘에/ 그린 커다란 손'으로 제시된다. 그들의 과거 역사적 흔적이 현재 실재적 사물로 나타난 것이다. 칠백 의사들의 '손'에는 승리의 '如意珠'는 없지만, 그들의 충절을 영원히 기억할 '피에 젖은 精神'이 '한 다발'의 꽃처럼 들려 있다. 그것은 그들의 후손인, 오늘의 우리들이 그들에게 선사하는 감사의 선물이다. 우리 선조들의 충혼 정신을 절대 잊지 않겠다는 우리들 나름의 각오요 약속이다. 물론 그 충절 의식을, 오늘을 사는 우리들이 항상 기억할 수 없을지도 모른다. 단지 400여 년 전에 있었던 역사적 사건이라고 둘러보고 지나칠 수도 있다.

이런 걱정이 3연에 제시되어 있다. 시적 화자는 700인의 주검을 한곳에 암치한 '둘레 33미터의 무덤'을 우리들이 아무런 감흥 없이 그저 경이로움으로 바라볼 수도 있는 현재 상황을 '역사는 안 보일 듯/ 나들이 가고'라는 시구를 통해 걱정스러움을 토로하고 있는 것이다. 4연에서는 칠백 의병들의 손을 '코스모스'로 비유하고 있다. 코스모스를 통해 칠백 의사의 충혼도 그렇게 우리의 기억 속에 각인되기를 갈망하고 있다. 그래서 마지막 시구 "그냥 놓쳐버릴 가을이 떴다." 속에는 결코 놓칠 수 없는 칠백 의사들의 충절 의식, 그 정신을 기억하고 이어받자는 의지를 반어적으로 표현한 것으로 볼 수 있다.

이상으로 조남익 시인의 시에 나타난 충절 의식을 백제와 조선의 역사적 사건을 중심으로 살펴보았다. 백제와 조선은 시간적으로 천여 년의 간격이 있지만 공간적으로는 충청남도 부여와 논산 일대 그리고 금산을 중심으로 하기에 그것은 전체적으로 백제의 영토였음을 짐작할 수 있다. 따라서 결과적으로 백제인의 충절 의식이 조선인의 충혼 정신에도 영향을 미치고 있음을 조남익 시인은 역설하고 있다. 또한 선조들의 충절 의식이 퇴색되지 않고, 영원하기 위해서는 우리 후손들의 역할이 크다는 것도 강조하고 있다. 즉 조남익 시인은 나라를 위해 목숨을 아끼지 않았던 선조들의 충절 의식을 이어받아 후손들 개개인의 의식 속에 내재되기를 갈망하고 있다고 볼 수 있다.

2) 나 속의 '우리' 찾기와 유민 의식

조남익 시인은 그의 초기 시집 『산바람 소리』, 『풀피리』를 통해서 충청도 출신의 애향 의식을 드러내고 있다. 시인은 "옛 백제 망국의 슬픈 역사를 안고 있는 충청도 땅이나, 백마강은 지금까지 내 주요한 시작 발상의 원천으로서 그 모티브가 되어 왔다고 해도 과언이 아닐 것이다. 시를 내 체질에서 구하고 그것이 좀 작으면 작은 대로 원숙한 영혼의 입김을 불어 넣어야 한다는 뜻에서도 내가 태어나고 내가 자란 향토 세계를 나는 그지없이 사랑하고 음미했다. 나는 여기서 '백제의 하늘'보다는 '백제의 땅'을 보았고, 그 땅에서 세세연년 초목처럼 우거져 사는 토착인의 뿌리와 한을 찾았다."[72]고 고백한다.

이러한 고백에 의거하여 조남익 시인은 충청도를 소재로 한 시편들을 발표함으로써 백제 유민의 자부심과 긍지를 유감없이 드러내고 있다. 특히 연작시 「충청도」에는 백제인의 후예로서 유민의식과 고도 부여에 대한 애향 의식이 조남익 시인의 소박하나 강한 어조로 표출되어 있다.

> 어제는 儒城에 가설랑
> 거기 어느 들녘에
> 장승처럼 서서 우는 나를 만났네.
>
> 그저께는 扶餘에 가설랑
> 故 申東曄 詩碑를 찾고
> 아직도 사랑해쌓는
> 울음들을 만났네.
>
> 돌아도

72) 조남익, 「달팽이와 눈」, 《심상》, 1976, 12, 24쪽.

다시 돌아도
휘어지도록 천리 길을
이승은 번쩍이고

저녁이 내리면
내 사랑하는 이들의
구비구비 꽃구름

구비에 닿아설랑
외로이 꺼질 듯 마구 익는
여기는 머언 旅路…….

—「충청도 · 6」 전문

1연에 등장하는 '儒城'은 조선시대 유학의 산실로 충청도를 대표하는 지명 중의 하나이다. 시적 화자는 유성 '어느 들녘에' 서서 '장승처럼' 울고 있다. 또한 2연에 등장하는 '扶餘' 역시 유구한 역사를 자랑하는 백제의 고도이다. 신동엽 시비를 찾은 시적 화자는 '아직도' 그를 '사랑해', '울음'을 터뜨린다. 1 · 2연 모두에서 시적 화자는 눈물을 흘린다. 그 '울음'의 근원은 그리움이다. 5연에서 알 수 있듯이 시적 화자는 지금 '旅路'에 있다. 그는 유성도 가고 부여도 가는 등 여기저기 돌아다닌다. 또한 시적 화자는 여행 중에 많은 사람들을 만난다. 그들 중에는 산 자들도 있고 죽은 자들도 있다. 또 죽은 자들을 '사랑해쌓는' 산 자들도 있다. 시적 화자에게 이 땅은 돌고 '돌아도' 길기만 한 '천리' 길 이승의 삶이다. 그리고 그곳에서 그는 여전히 살아 있다. 3연의 '번쩍'이라는 의성어는 시적 화자의 이승의 삶이 아직 진행 중임을 각인시켜 주는 상승적 시어로 작용한다. 따라서 3연은 전체 연에서 다소 이탈된 분위기를 조성한다. 그러나 4연에 와서는 다시 하강적 분위기로 전환된다. 시구 '저녁이 내리다', '구비구비 꽃구름' 등이 애상적인 저녁의 분위기를 한층 더 고조시키기 때문이다.

시적 화자가 유성에서도 부여에 가서도 울음을 터뜨린 것은 누군가가 그리워서이다. 그 그리움의 대상이 1연에서는 구체적으로 나타나지 않지만, 2연에서는 신동엽 시인으로 실체가 제시된다. 2연의 신동엽 시인은 고인이다. 신동엽 시인은 부여를 대표하는 시인으로 시적 화자를 포함한 부여 군민들 모두가 그를 그리워한다. 그들에게 선조 백제인들이 자랑이듯이 신동엽 시인 역시 자랑이다.

따라서 신동엽 시인은 또 다른 의미에서 그들에게 선조 백제인과 다름없다. 이와 같은 맥락으로 시적 화자를 비롯한 부여 군민들은 백제인의 후예라는 특권의식과 유민 의식이 있다. 또한 고향을 사랑하는 애향 의식과 군민을 사랑하는 애민 의식이 있다. 4연의 '내 사랑하는 이들'의 실체는 그렇게 드러난다고 볼 수 있다. 시적 화자에게 그들은 역사의 뒤안길에 있는 선조 백제인이요 과거 속 인물이 된 지인(知人)이요 현재 더불어 살고 있는 주위의 사람들이다. 시적 화자는 그들에 대한 그리움 때문에 외로운 것이고, 그들의 자취를 따라 그들이 거주했던 장소를 살펴보기 위해 여기저기 여행을 하는 것이다. 5연에 제시된 것처럼 '외로이 꺼질 듯 마구 익는' 여정의 길이라 할지라도 그들을 사랑하기에 호흡했던 장소, '구비구비', '머언 旅路'라도 불평하지 않고 가는 것이다.

백제 유민으로서 조남익 시인의 애민·애향 의식은 다음의 시에서는 민초의 상징인 풀로써 제시된다.

풀에는 이빨이 없어라
아드득 가는 이빨 없이도
신통하게
아무 데서나 잘 자라는
풀.

낫을 번쩍
斬首하는 손,
그 非情의 순간에도
풀은 자란다.
온 들에 넘치는
풀들의 擊壤歌
密生의 뿌리는 大地를 덮는다.

이빨 빠진
百濟 遺民을
魚肉처럼 베고 또 베어도
여전히 무성한
百濟의 들아.
누구도 지울 수 없었던
풀밭의 힘이여.

—「충청도·8」 전문

동물의 이빨은 적으로부터 자신을 보호하고 자신의 생명을 유지시키는 데 효과적으로 사용되는 도구이다. 그러나 이 시 1연에서 '풀'은 이빨이 없다. 그럼에도 불구하고 민초의 상징인 풀은 '신통하게' '아무 데서나' 잘 자란다. 이는 민초의 강한 생명력을 함축한다. 이빨이라는 자기방어의 도구가 없어도 '아드득 가는' 악착같은 데가 없어도 잘 자라는 풀처럼 우리 민족, 우리 충청도인 역시 외세의 침략과 압제 속에서도 잘 견디어 온 것이다. 이러한 풀의 생명력이 2연에서는 처절하리만큼 끈질기다. 낫으로 모조리 베어 버려도 풀은 또 자라듯이 비록 외세가 우리를 '非情'하게 '斬首'한다 할지라도 우리 민족의 생명력은 '密生의 뿌리'처럼 '大地' 곳곳에 이어진다.

3연에서는 풀의 실체가 구체적으로 제시된다. 2행에 등장하는 '百濟 遺民'이 그것이다. 백제는 천 년 전에 역사에서 사라졌지만, 그들의 후예는 지금 여기 충청도에서 자신들의 선조들을 자랑스러워하며, 백제 유민으로 살아가고 있다. 그들은 찬란한 백제의 역사를 되살릴 수 없어 '이빨 빠진' 백제 유민에 불과하지만 '魚肉처럼' 베이고 또 베여도 '여전히 무성'하게 들판을 뒤덮는 풀처럼 선조들의 땅, 그들의 땅, 그리고 백제 땅 여기 충청도에서 '누구도 지울 수 없는' 강인한 생명력으로 살아갈 것을 다짐하고 있는 것이다.

조남익 시인의 유민 의식은 다음의 시 「충청도 · 10」에서는 애상과 연민 의식으로 나타난다.

落花岩
鎭魂祭여.

〉

三千 株의 대나무에
三千 魂이 되살은
어리미친 불길이여.

江물에 잠긴
扶蘇山
진달래 꽃송이
새빨간 그 넋이여.

하늘 끝
바다 끝에
궁궐 같은 노을 속

어지러이
춤을 추는
피리 소리여
三千 魂이여.

—「충청도 · 10」 전문

이 시는 백제의 마지막 왕인 의자왕과 삼천 궁녀 이야기를 소재로 하고 있다. 나라가 망하자 삼천 명의 궁녀가 부소산 바위에서 일제히 강물에 몸을 던진 사건이 있었다. 그 이야기를 떠올리며 시적 화자는 매년 5월에 거행되는 '落花岩 鎭魂祭'에 참석한다. "낙화암 진혼제"[73]는 1,400여 년 전 꽃송이처럼 백마강에 뛰어든 삼천 궁녀의 넋을 위로하기 위해 백제의 후손들이 치러주는 행사이다. 시적 화자는 그 진혼제에서 '三千 株의 대나무'에 비친 '불길'을 본다. 대나무는 예부터 소나무와 더불어 충절 혹은 절개의 상징이다. 지아비와 나라를 잃은 삼천 궁녀에게 미래란 더 이상 존재하지 않았다. 그들은 적의 통치 아래 패망한 국가의 백성으로 삶을 사느니 차라리 목숨을 버리는 길을 택한 것이다. 따라서 2연에서의 삼천 그루의 대나무는 삼천 궁녀의 절개를 의미하는 표상물이라고 할 수 있다.

3연에서는 삼천 궁녀의 혼이 '진달래 꽃송이'로 비유된다. 시적 화자는 진혼제에서 진달래꽃으로 변모한 삼천 궁녀의 모습을 본다. 그 옛날 비굴하게 사느니 차라리 죽음을 선택한 삼천 궁녀, 부소산 낙화암에서 꽃송이같이 강물로 떨어진 그들의 한은 '새빨간' 진달래꽃으로 다시 피어난다. '새빨간'이라는 색채가 주는 이미지는 강렬하면서도 열정적이다. 1,400여 년 전의 처절한 한이 오랜 세월이 흐른 오늘날까지도 사라지지 않고 '새빨간 넋'으로 되살아난 것이다. 죽어도 죽지 않는 넋, 그 처절한 한이 오늘 백마강 강물 위에 새빨간 넋으로 피어오른 것이다. 그리고 그 넋을 위로하기 위해 지금 진혼제가 열리고 있는 것이다. 사방에 울려 퍼지는 '피리 소리'는 삼천 궁녀의 혼을 불러 모으는 영매의 역할을 한다. 피리 소리는 '하늘 끝', '바다 끝', '노을 속' 그 어디에 있을지 모르는 삼천 궁녀의 혼을 부르기 위해 울려 퍼진다. 어느새 진혼제 굿

73) 1998년 전통민속문화보존회가 한국 샤머니즘학회의 학술 세미나 후 삼천 궁녀 진혼제를 매년 정기적인 행사로 승계할 것을 결정했다. 이 진혼제는 1998년부터 매년 부소산 궁녀사, 백마강 낙화암, 백마강 구두레 광장에서 열리고 있다. 제사는 '부소산 산신제', '궁녀사제' 를 지내고 용굿 및 가무로 원혼을 달래며, 넋받이(집 밖에서 죽은 사람의 넋을 위로하고 집으로 데려오기 위하여 하는 굿)를 하는 등 전통적인 진혼 의식을 재현하는 대동굿 형식의 축제로 해마다 펼쳐진다.

판에 모인 삼천 궁녀의 혼은 '어지러이' 울려 퍼지는 피리 소리에 맞춰 춤을 춘다.

시적 화자는 진혼제를 바라보며 아직도 구천을 떠돌고 있는 삼천 궁녀의 혼을 연민의 눈길로 바라본다. 그들이 가야 할 곳은 극락인데 아직도 그들은 하늘 끝, 바다 끝, 그리고 옛 궁궐 같은 노을 속을 떠돌고 있다. 자신들의 죽음이 억울해서, 너무나 한에 사무쳐서 갈 곳으로 가지 못하고 역사를 넘어 현실에서 엄연히 존재하고 있는 것이다. 따라서 삼천 궁녀의 한은 비단 그들만의 한이 아니다. 백제의 후예로 지금 여기 오늘을 살고 있는 우리들 모두의 몫이다. 시적 화자는 아직도 풀리지 않은 한을 품은 채 '어지러이 춤을 추는' 삼천 궁녀의 혼을 바라보며 비극의 역사를 안고 있는 충청도, 여기 부여, 그리고 이곳에 살고 있는 백제 유민들이 그들을 위해 해야 할 일이 무엇인지를 생각한다.

우리는 한국시사에서 유이민 문제를 북방적 정서로 자신의 시 속에 집중적으로 담아낸 시인으로 이용악을 떠올릴 수 있다. 이용악 시인이 "일제 강점이 대규모적으로 발생한 국내외 유이민의 집단적 비극을 민족모순으로 명확하게 인식, 이를 그 시에 정당하게 형상하였다"[74]면, 조남익 시인은 백제의 비극과 부여의 현재를 중심으로 남방적 정서를 자신의 시 속에 표출하고 있다.

이상으로 조남익 시에 나타난 유민 의식을 충청도와 부여의 지명 및 역사적 사건을 중심으로 살펴보았다. 조남익 시인은 충청도 곳곳을 여행하며 늘 그곳에서 역사 속 선조의 나라 백제의 향기를 찾는다. 백제 유민으로서 그의 자부심은 강인함과 생명력으로 때로는 애상과 연민으로 나타난다. 그러나 그 어떤 상황에서

---

74) 윤영천, 『이용악 시전집』(창작과 비평사, 1988, 243쪽)

도 조남익 시인은 역사 속 고대국가 백제와의 끈을 놓지 않으려 애쓰고 있으며, 그러한 그와 백제의 정신적 교감 즉 '우리' 공동체 의식은 그의 연작시 「충청도」에 면면히 이어지고 있다.

3) 우리 속의 '우리' 찾기와 연민 의식

조남익 시인은 제5시집 『하늘에 그리는 상형문자』와 제6시집 『푸른 하늘』을 통해서 휴머니즘을 표방하는 일상의 시로 돌아온다. 이순(耳順)의 나이를 넘긴 조남익 시인의 시심은 이제 자신이 태어나고 자란 고향, 부여로 회귀한 것이다.

즉 그의 시 세계는 추천 시 「水古里」에서 보듯 순박한 향토에서 출발하여 역사 인식을 거쳐 다시 고향으로 회귀한 것이라 할 수 있다. "구릿빛 왼 몸뚱일 부끄럼 없이 뻗고, 하늘을 지붕 삼아 바위에 누울 양이면 산제비는 배 위에 똥을 깔겨 달아나고, 벌레처럼 늙어가는 가을이 덮이네. (「水古里」 중)"에서처럼 향토 생활 속에 자라난 시인의 정서 풍경을 보여주는 「水古里」는 신석초의 말처럼 "소박한 민들레꽃 향기나, 조금은 야생적인 풍토 속에 돋아난 무명초의 환상을 풍겨주는 작품이다."75) 그러나 조남익 시인에게 있어 고향은 태어난 곳, 즉 「水古里」일 수도 있지만 더 넓게는 인류 최초의 고향이자 영원한 고향인 자연일 수도 있다.

따라서 그는 제6시집 『푸른 하늘』 머리글에서 자신의 인생관을 다음과 같이 밝힌 바 있다. "우리 앞에는 항상 속악(俗惡)한 현실의 늪이 있다. 누구도 그것을 회피하거나 물리칠 수 없다. 인간은 유한하고 시간은 영원한 도정에서 나의 실존은 겨우 위태로운 찰

---

75) 신석초, 「시천후기」, 《현대문학》 제126호, 1965.6, 219쪽.

나에 기대어 있을 뿐이다. 그러나 우리는 결국 하늘과 땅과 사람 사이에서 존재하고 거기 삶의 본질과 상락(常樂)이 숨 쉬고 있었다. 우리는 대자연의 존재요 그 아들이었던 것이다."[76] 이러한 그의 고백 속에는 인간과 자연은 결국 하나라는 물아일체(物我一體)의 심오한 사상이 담겨 있다고 할 수 있다.

그리고 제5시집 『하늘에 그리는 상형문자』에서 조남익 시인은 시, 시인 혹은 시인론에 대한 시편을 즐겨 쓰고 있다. 특히, 평소 혹은 생전에 친분이 두터웠던 문우에 대한 소소한 정을 시심에 노출시켜 그들에 대한 그리움을 표출하고 있다.

서리 내려야
비로소
시 쓰던 사람

그의 초가지붕에
된서리 내리면
술 끊고
시 쓰던 사람.

서슬 퍼런
하늘가
멀리 가버린 사람
늦가을 구절초에 떴다.
〉

76) 조남익, 『조남익 시전집』(오늘의문학사, 2005, 353-354쪽.)

그가 남긴
찬 서리 한 홉
시에 녹고 남은
한 홉에서

줄지어 선
사람들이 서성거리고
끝을 알 수 없는
바람이 오고 있다.

—「박용래」 전문

이 시는 충청도를 대표하는 시인 박용래를 추억하며 쓴 시이다. 1연과 2연에서는 박용래 시인의 생전 모습을 표현하고 있다. 늦가을 '서리' 내려야 시를 쓰기 시작했던 박용래 시인, 그리고 '술'을 너무나 좋아한 시인을 회상하며 시적 화자는 추억에 젖는다. 또한 1, 2연의 '서리', '초가지붕', '된서리', '술' 등의 시어를 제시해 박용래 시인의 향토적 이미지를 부각시킨다. 이는 평소 가까웠던 박용래 시인에 대한 조남익 시인의 연민 의식이라고 할 수 있다.

그러나 3연에서는 시인을 잃은 서글픔이 '서슬 퍼런' '구절초'로 환기된다. 이때 서슬 퍼런 사람은 시적 화자이고 구절초는 박용래 시인이다. 구절초의 꽃말은 '순수'이다. 따라서 구절초는 어린아이같이 순수했던 박용래 시인의 이미지와 잘 어울리는 꽃이라 할 수 있다. 4연과 5연에서는 박용래 시인이 떠나고 남은 자리의 허전함과 쓸쓸함이 '찬 서리', '바람' 등의 시어로 대체된다. 시적 화자는 4연에서 박용래 시인의 일생 중 절반은 '시'였고 나머지는 '사람'이었음을 '찬 서리 한 홉/ 시에 녹고/ 남은 한 홉에서/ 줄지어 선/ 사람들이 서성거리고'로 표현하고 있다. 그러나 박용래 시인에 대한 그리움은 채울 길이 없어 시적 화자는 6연의 마지막 2행에서 '끝을 알 수 없는/ 바람이 오고 있다'고 고백하고 있다.

이처럼 조남익 시인은 평소 자신과 가까웠던 세상을 떠난 시인들에 대한 그리움을 시심을 통해 표현하고 있는데, 이는 비단 박용래 시인으로만 국한되는 것은 아니다. 한창 젊은 나이에 세상을 떠난 신동엽 시인에 대한 그리움을 조남익 시인은 그의 또 다른 시 「신동엽」에서 '야생 송아지를 몰고 오는 심마니'로 표출하고 있다.

> 잡기는 신동엽이 큰 것을 잡았던 모양이에요. 그는 부여읍 동남리 그의 생가 지척에서 지금은 시비(詩碑)로 남아 백마강을 굽어보며 물방개 붕어 메기 뱀장어들의 혁명이나 지키는 수문지기 노릇 하고 앉았습니다만.
>
> 그는 아세아 고원에서 오고, 백제의 산에서도 걸어왔지요. 그에게서는 흙이 좀 묻어 있었어요. 산삼을 캐러 다니는 이를 심마니라고 한답니다만 신동엽은 이를테면 산에서 야생하는 송아지를 몰고 온 사람이었어요. 이리 뛰고 저리 뛰는 도무지 말을 안 듣는 송아지였어요.
>
> 그가 그런 송아지를 어떻게 길들여 갖고 어제는 만주벌판에 가 놀고 오늘은 북적대는 서울에서 통 큰 소리 떵떵하고 다녔는지 알

다 모를 일이었어요. 내가 서울 돈암동에서 두어 번 만났을 때만 해도 그가 아주 어려운 때이긴 했습니다만 어딘가 숨어 있는 사람 같았거든요.

이윽고 그의 송아지가 처음 시로 들어갔을 때, 그의 시는 풍만한 듯 대지를 향해 그윽한 울음을 토해냈어요. 땅이 우는 듯도 하고 어찌 보면 공허한 메아리처럼 멀고 아득했어요. 그의 시에는 늘 말발굽 소리가 뛰는 듯이 울리었고, 힘찬 힘줄이 달리고 있었어요.

신동엽은 요절하였지만요. 내가 무얼 좀 찾느라고 그의 『신동엽 전집(申東曄 全集)』을 오랜만에 훑어보니 그와의 정이란 정은 도무지 생색이란 게 없고, 주인 잃은 송아지만 책 속에 숨어 금시라도 뛰쳐나올 듯이 눈을 번득이고 있었어요. 그의 송아지만 지금도 살아 있었어요.

—「신동엽(申東曄)」 전문

이 시는 앞의 시 「박용래」와는 달리 강인함이 돋보인다. 전자의 시 「박용래」가 정적이고 서정적이라면 후자의 시 「신동엽」은 동적이고 서사적이라고 할 수 있다. 즉 이 시 속의 주인공 신동엽은 역동적인 이미지로 재현된다. 이 시도 신동엽 시인의 삶과 시 세계를 배경으로 한 연민 의식이 드러나 있다고 할 수 있다. 신동엽 시인은 5, 60년대에 한국 시단에 참여시의 바람을 몰고 온 기수이다. 특히 백제의 고도 부여에 대한 애향심, 한국 민주주의의 정착, 남북통일에 대한 염원 등을 시로 표현한 혁명적 시인으로 한국 문단에 커다란 족적을 남겼다. 조남익 시인은 신동엽 시인의 그러한 시 스타일에 맞게 시어도 크고 묵직한 것으로 선별하고 있다. 즉 1연에서는 '큰 것', '혁명', '수문지기', 2연에서는 '아세아 고원', '백제의 산', '심마니', '야생 송아지', 3연에서는 '만주벌판', '통 큰 소리', 4연에서는 '대지', '말발굽 소리', '힘찬 힘줄', 6연에서는 '눈을 번득이고' 등으로 제시된다.

조남익 시인은 이 시를 통해 신동엽 시인이 한국 시단에 미친 영향력이 상당한 것이었으며 그가 비록 요절하였지만 그의 시와 시 세계는 우리의 가슴속에 살아 있음을 역설하고 있다. 이를 입증하는 시어가 바로 '야생 송아지'이다. 송아지는 2연에서부터 등장하여 마지막 연 6연까지 이어지고 있다. 신동엽 시인은 야생 송아지로 환생하여 그의 생가 '부여읍 동남리'에, 그의 '시'에, 그의 책 '신동엽 전집'에서 '금시라도 뛰쳐나올 듯이 눈을 번득이고' 있다. 이는 신동엽 시인이 그렇게 '지금도 살아' 시인으로서 부여를 위해 이 나라와 이 민족을 위해 활동하기를 갈망하는 조남익 시인의 간절한 바람이라고 할 수 있다.

이렇듯 주위 사람들, 특히 먼저 간 선배 시인에 대한 변함없는 애정을 간직하고 있는 조남익 시인은 귀가 순해진다는 이순의 나이를 넘어서자 귀소본능, 수구초심의 마음이 되어 그의 시는 어느덧 고향으로 회귀한다. 이를 조남익 시인 자신은 "토종 의식으로의 회귀"[77]라고 부른다.

> 아름다운 빛깔
> 긴 꼬리 달고

77) 조남익, 『토착 의식과 역사 인식』, 위의 책, 456쪽.

한껏 날았던 산꿩.

목을 뽑고
먼 곳 향해 울어
비어 있는 본적지
내 꿈을 울어

충청남도부여군세도면수고리산557번지

거기서 왔다가
다시 돌아가야 하는
내 꿈을 울어

나는 아직도 토종
적갈색 피부가 고운
산꿩.

—「산꿩」 전문

이 시에서 '산꿩'은 바로 시적 화자이다. 1연에서 시적 화자는 고향을 떠나 세상을 부유한다. 젊은 날 그에게 고향은 그다지 중요한 곳이 아니었다. 그에게는 '아름다운 빛깔'과 '긴 꼬리'의 깃털이 있었기에 세상 그 무엇도 부럽지 않았던 것이다. 그는 세상을 향해 멀리 '한껏 날'기만 하면 되었던 것이다. 그러나 2연에서 시적 화자는 그 옛날 뒤돌아보지도 않았던 고향을 생각하고 그리워한다. '비어 있는 본적지' 고향을 향해 '목을 뽑고' 길게 운다. '충청남도부여군세도면수고리산557번지'가 바로 본적지요 그의 꿈이었던 것이다.

인간이 흙에서 태어나 흙으로 돌아가는 것이 이치이듯이 시적 화자 역시 고향 수고리에서 태어나 수고리로 다시 돌아가는 것이 정해진 운명이었다. 고향에서 왔다가 고향으로 다시 돌아가는 것이 시적 화자의 '꿈'이었음을 깨달은 것이다. 따라서 2연과 4연에 각각 나타나는 '내 꿈을 울어'는 바로 시적 화자의 고향 회귀 의식의 표출이라고 할 수 있다. 5연에서 '나는 아직도 토종/ 적갈색 피부가 고운/ 산꿩.'이라고 고백한다. 한국인에게 토종이란 가장 한국적인 사람을 의미한다. 시적 화자는 토종을 적갈색 피부를 가진 사람으로 정의한다. 그리고 그것은 산꿩의 색깔과 일치한다. 꿩이 한국의 모든 새를 대표하는 특산종이라는 것도 시적 화자가 자신과 토종과 산꿩을 동일선상에 놓는 이유 중의 하나라고 할 수 있다. 5연에서 자신은 '아직도' 토종임을 고백한다. 이 '아직도'라는 말은 과거에도 그러했고, 현재도 그러함을 인정하는 부사로 이것은 시적 화자가 지금까지 단 한 번도 자신이 토종임을 부인한 적이 없었음을 고백하는 일종의 고해성사라고 할 수 있다. 또한 이는 시적 화자로 대변된 조남익 시인의 솔직한 고백과 맥락을 같이한다고 볼 수 있다. 즉 조남익 시인은 다시 고향에 돌아와 가장 한국적인 토종으로, 적갈색 피부를 가진 산꿩으로 자부심을 갖고 살고자 다짐하는 것이다.

이렇듯 적갈색 피부를 가진 부여의 토종 조남익 시인은 다음의 시에서는 가족의 소중함을 연민 의식으로 또다시 표현하고 있다.

삶의 허물 벗기우고 나면

풍란의 고운 넋
반딧불 하나
인연의 끝에서
날아갈 것을

지금 맞바래기의
암수 두 은행나무
수령을 헤이며
우두커니 먼 산을 보네.

정한 냉수 한 그릇
받쳐 들밖에.

—「아내의 생일」 전문

1연에서 시적 화자는 우주론적 사유로 삶을 인식한다. 따라서 우리 인간의 삶이란 그다지 거창하지 않다는 전제를 바탕으로 이 시는 전개된다. 우리의 삶이란 한 겹의 '허물'을 벗기면 '풍란'도 '반딧불'도 그저 그런 사소함으로 사라져 버릴 것이라는 사유 속에는 인생무상의 연민 의식이 내재되어 있다. 그러나 시적 화자는 인생이 비록 허무를 향해 나아간다 할지라도 인간은 현재의 삶에 충실해야 함을 2연에서 역설하고 있다. 2연에 언급된 '지금'은 현재적 삶의 충실에 당위성을 부여하는 시간부사이다. 또한 서로 마주 바라보며 서 있는 두 그루의 은행나무는 시적 화자와 그의 아내를 표상한다. 따라서 2연에서는 장수의 상징이요 변함없는 사랑의 상징인 은행나무처럼 시적 화자와 아내는 그렇게 평생을 서로의 반려자가 되어 희로애락을 함께하며 늙어갈 것을 고백하고 있다. 3연에 제시되어 있듯이 '정한 냉수 한 그릇' 떠놓고 초례를 올렸던 그 옛날을 상기하며 말이다.

이렇듯 조남익 시인은 거시적으로는 우주론적 입장에서 삶을 관망하고 있지만, 미시적으로는 사소한 삶의 일상들을 소중히 여기는 생활인의 모습을 고수하기도 한다. 늘 함께하면서도 그 소중함을 미처 깨닫지 못하는 존재가 바로 부부이다. 평생을 한 남자의 아내로, 네 아이의 어머니로 헌신하며 살아온 아내를 생각하며, 그 아내의 희생에 보답하고자 쓴 시가 바로 「아내의 생일」이다. 따라서 이 시는 조남익 시인이 아내에 대한 고마움과 사랑을 담아 쓴, 아내를 위한 헌시라고 할 수 있다.

이상으로 조남익 시인의 시에 나타난 연민 의식을 가족, 문우, 그리고 토종으로서의 자기 발견을 중심으로 살펴보았다. 조남익 시인은 가족, 문우 등 주위에서 함께 생활하는 사람들이야말로 부여 사람이라는 고향 공동체 의식 속에서 바로 자기 자신이었음을, 그리고 더 넓게는 한국의 토종이라는 민족공동체 의식 속에서 바로 우리 자신이었음을 깨달았으며 이러한 깨달음을 후기 시편들을 통해 계속해서 표출하고 있다.

3. 맺는말

조남익 시인은 대표적인 충청도 현역 원로 시인이다. 또한 그는 반세기 동안 줄곧 충청도에 거주하며 후학들을 가르친 모범적인 교사 시인이기도 하다. 그럼에도 불구하고 조남익 시인에 대한 우리 시단의 평가는 미미하다. 그것은 그가 지역 시인이라는 데 가장 큰 이유가 있다. 보통 우리 시단의 시인에 대한 평가는 서울이라는 중앙을 중심으로 이루어진다.

서울의 일간지들은 주로 문학 전문기자를 두고 신간을 소개하는데, 그것이 과연 공정한 서평인가에는 의문점이 많이 제기된다. 대형 출판사의 상업적 마케팅에 의해 문제작으로 포장되기도 하고, 기자와의 인연으로 기대 이상의 평가를 받기도 한다. 또한 그것은 필자의 명성 또는 시류에 영합하기도 하고, 학연과 평론가의 주례사 비평으로 무책임하게 허명이 만들어지기도 한다. 이러한 우리 시단의 현실 앞에서 지역 시인들은 더욱더 소외되어 오늘날 설 자리를 잃어버리고 있다.

이러한 우리 시단의 열악한 환경 속에서도 조남익 시인은 약 50년 가까이 꾸준히 시작 활동을 해오고 있다. 그 오랜 시 쓰기의 흐름 속에서 그의 시 세계는 다양한 주제로 나타났다. 첫째는 백제와 조선의 역사적 사건을 다룬 시에서 볼 수 있는 충절 의식, 둘째는 충청도와 부여의 지명 및 역사적 사건을 다룬 시에서 볼 수 있는 유민 의식, 셋째는 가족 · 문우와의 관계 맺기를 다룬 시에서 볼 수 있는 자기 발견 곧 연민 의식이 그것이다. 그리고 조남익 시인의 충절 의식, 유민 의식, 연민 의식은 궁극적으로 고향 의식, 역사의식으로 귀결된다고 할 수 있다.

백제의 고도 부여에서 태어나 자랐으며 생활의 주거지 역시 부여를 중심으로 한 충청도 지역이었으니 그는 부여 사람이요 부여 시인이다. 특히 부여군 세도면 수고리는 조남익 시인에게 원초적 생명의 건강성을 부여하고 토착민의 세계에 깊은 관심을 갖게 한 "詩神의 고향"[78]이었다. 또한 조남익 시인은 백제의 유적이 남아

78) 조남익, 「고향에 살으리랏다」, 《심상》, 1989.11, 21쪽.

있는 이 詩神의 고향에서 백제의 후예요 유민으로서 역사의식을 키웠으며 이러한 고향 사랑, 백제 사랑의 정신은 그의 평생의 시적 테마가 된다.

철학자 하이데거는 현대인의 특징 중의 하나가 고향 상실이라고 했다. 그는 고향 상실이 세계인의 운명이 됐다고 개탄했다. 고향은 늘 그리운 곳이다. 그곳은 우리의 심신을 안아주는 정겨운 공간이기 때문이다. 그러나 현대인은 삶에 쫓기어 도시에서 생활하면서 바쁜 일상을 핑계로 고향을 잊고 산다. 하지만 자기 본연의 자아와 마주했을 때 다시 찾게 되는 곳 또한 고향이다. 시「水古里」에서 시작하여「다시 水古里」로 돌아온 조남익 시인의 시적 여정을 통해 현대인이 마음의 고향을 회복하기를 바라며, 더불어 조남익 시인의 시가 많은 논자들에 의하여 더욱 활발하게 조명되기를 기대해 본다.

語文硏究學會『語文硏究』 제64호(2010)
조남익 - 시선집『흙빛의 말』- 해설로 재수록.

○ 참고 문헌

박두진,「현대시의 특질」,『한국현대시론』, 일조각, 1977.

윤영천,『이용악 시전집』, 창작과 비평사, 1988.

송기섭,「혼의 말과 말 속의 혼」,『조남익의 시와 삶』, 오늘의문학사, 2005.

정진석,『조남익의 시와 삶』, 오늘의문학사, 2003.

조남익,「달팽이와 눈」,《심상》, 12월호, 1976.

조남익,「고향에 살으리랏다」,《심상》, 11월호, 1989.

조남익,『조남익 시전집』, 오늘의문학사, 2005.

홍희표,「현대 한국시에서의 대전의 시적 공간」,《대전문화》, 제16호, 2007.

'대지'의 몽상과 역사의식

T.S. 엘리어트는 시인에게 있어서 역사의식은 필수 불가한 것이라고 말한 바 있다. 역사의식이란 현재와 과거, 시적인 것과 비시非詩적인 것이 병치되기 마련인데, 이러한 것들을 동시적이고 포괄하는 태도가 역사의식이라고 했다. 그리고 그 이유를 엘리어트는 〈전통과 개인의 재능(Tradition and Individual Talent)에서 이렇게 설명한다. "이 역사의식에는 과거의 과거성에 대한 인식뿐 아니라, 그 현대성에 대한 인식도 내포되어 있으며, 이 역사의식으로 말미암아, 작가가 작품을 쓸 때, 골수에 박혀 있는 자신의 세대를 파악하게 되며, 호우머 이래의 유럽의 문학 전체와 일부를 이루고 있는 자국의 문학 자체가 동시적 존재를 가졌고 또한 동시적 질서를 구성한다는 느낌을 반드시 갖게 된다. 이 역사의식은 일시적인 것에 대한 의식인 동시에 항구적인 것에 대한 의식이고, 일시적인 것과 영구적인 것을 함께 인식하는 의식이며, 문학자에게 전통을 갖게 하는 것이다."라는 것이다. 따라서 역사의식은 현실과 영원, 육체적인 것과 정신적인 것을 동시에 느끼는

것을 포함한다. 그리고 형이상학적인 시인들을 논할 때에는 통합된 감수성까지도 역사의식에 내포된다.

조남익 시인의 시를 논하면서 새삼스럽게 '역사의식'에 대한 담론을 전개하는 것은 오히려 진부할지도 모른다. 누구나 알고 있는 바이지만, 엘리어트는 주지주의 시인으로 몰개성의 시론과 객관적상관물 이론을 통해 현대시의 물꼬를 바꾼 시인이다. 이번 조남익 시인의 시선집을 일별하면서 내가 먼저 떠올린 것은 엘리어트의 역사의식과 전통이라는 키워드였다. 그가 말한 바 있지만, 전통은 그냥 상속되는 것을 말하지는 않는다. 전통을 살아 있는 힘으로 유지시키기 위해서는 답습만 해서는 안 된다. 아이덴티티는 변함이 없으나 고목에 새로운 가지가 돋아날 수 있도록 변모시켜야 한다. 전통을 중시했던 엘리어트가 『황무지』를 창작한 것은 이러한 힘 때문이다.

또 한편으로, 엘리어트는 "시는 정서의 표현이 아니라, 정서로부터의 도피"라고 말했다. 여기에서의 '정서'는 정리되지 않은 카오스 상태의 정서를 의미하는 것으로 객관화 과정의 중요성을 강조하기 위한 말로 이해해도 좋을 것이다. 이렇게 엘리어트의 이론을 조야하게 일별한 것은 성급한 판단인지는 몰라도 조남익 시인의 시 세계가 여기에 접목되어 있기 때문이다.

1. 혼魂의 근원적 영생주의

조남익 시인은 '내 시의 자서전'이라는 부제가 붙은 자신의 작품에 대한 평문 〈향토의 영생주의와 혼〉(계간 《시인플러스》 3호(2012년 7월))에서 "시 쓰는 일은 하나의 도道로 일컬어져 온다.

시상을 다듬고 고급에 이르러야 하며, 표현 또한 고도의 기예를 요구한다. 시는 천기天機요, 문학은 진眞, 곧 천기를 담아야 한다." 고 말하면서 "시는 자연과의 감정 융합이 있게 마련이다. 미적 태도에 있어서 가장 현저하게 자연미의 체험이 중요한 성분으로 작용하기 때문이다. 삶과 인생론 또는 세계관과의 어떤 결합에 이르는가 하는 것이 제기될 것이다. 향토의 자연미에는 토지에서 오는 혼魂의 근원적 영생주의와 만나게 된다."고 자신의 시 세계를 설명한다. 나는 여기서부터 조남익 시인의 시에 대한 담론을 시작하려 한다. 전통과 역사의식에 대한 적용은 잠시 접어두고.

그 단초가 되는 키워드는 '토지에서 오는 혼魂의 근원적 영생주의'이다.

끝까지
아주 끝까지
살아가다가
굴러가다가

애오라지
썩지도 늙지도 못하는
영영 외톨진 한 줌은
이승에 떨어지는 새빨간 토막…….

세상은 넓어도
세상을 먹고 살은 이의
다 타지 못한 옹이가 들었다.

〉

바람 부는 날에
이삭처럼 떨어진
어스름 저녁,
빈 들인데

어딘가 성큼
천아성天鵝聲이 울리고
아하, 신이 줍는 노래여.

— 시 「신神이 줍는 노래」 전문

이 시에서 키워드가 되는 시어 중 하나는 '천아성天鵝聲'이다. '천아성'의 사전적 의미는 "변사變事가 생겼을 때, 군사를 모으기 위하여 길게 부는 나팔 소리"이며, 또 다른 의미는 "임금이 대궐을 나설 때 부는 태평소 소리"이다. 이 소리를 시인은 '신神이 줍는 노래'라 규정한다. 바람이 부는 날, 이삭처럼 떨어지는 어스름 저녁 그 들녘에서 울리는 소리. 그 소리를 시인은 "썩지도 늙지도 못하는", "이승에 떨어지는 새빨간 토막", "세상을 먹고 살은 이의/ 다 타지 못한 옹이"로 비유하여 표현한다. 쉽게 독해되지 않는다. 다만 이 시는 '혼魂의 근원적 영생주의'와 깊은 관련이 있을 것이라는 짐작만 가능할 것이다. 그래서 다른 시를 보도록 하자.

큰 별 작은 별
먼 별 가까운 별
사람이 별이다.

〉

생명이 타고 있는 나의 불빛
어둔 밤의 가장 약한 등불이다.

별들이 태어나고 죽으며
거룩한 영원이 빛난다.
사람도 태어나고 죽으며
꿈꾸어 오는 영생

처음도 끝도 없는 구름의 벼랑 위에

태양을 도는 행성의 고유운동 타고
나의 생사는 영생을 윤회한다.

영원은 고독의 꽃잎 같은 것
가까이 하면 멀고
멀면 빛난다.

어찌 하늘에만 별 있으랴
사람이 별이다.

— 시 「지구의 별」 전문

이 시의 핵심적인 시행은 "사람이 별이다"와 "나의 생사는 영생을 윤회한다."이다. 이 시에서 시인은 자신의 정체성을 "별"에서 찾았고, 자신을 "어둔 밤의 가장 약한 등불"로 인식한다. 시 「시의 귀골貴骨 - 시로 쓰는 시론 · 3」에서는 "5대 독자五代 獨子처럼/ 귀히 하늘 아래/ 유아독존唯我獨尊.//누가 무어라 하든/ 나뭇가지 끝에 앉은 새./ 세상을 혼자 보고/ 저 혼자 고민하듯/ 식은땀 흘리며 섰"다고 인식한다. 이 시는 물론 정체를 통해 시를 쓰는 시인 자신의 아이덴티티를 인식하는 과정의 시이지만, 시와 시인을 등가치로 본다면 시인은 유아독존적 존재이며, '나뭇가지 끝에 앉아 세상을 홀로 보는 새'인 셈이다. 그리고 '시의 귀골貴骨'이다. 이러한 이미지는 위의 시「지구의 별」과 같은 층위의 이미지이다. 생명이 타고 있는 연한 등불이지만 어둔 밤을 밝혀주고, 영원히 거룩하게 빛나고, 영생을 윤회하는 별이 곧 시인임을 이 시는 전언하고 있다. 그 하나의 예로 조남익 시인은 이 시선집에서 "서리 내려야/ 비로소/ 시 쓰던 사람" 박용래 시인을 "서슬 퍼런/ 하늘가/ 멀리 가버린 사람/ 늦가을 구절초에 떴다.// 그가 남긴 찬 서리 한 홉/ 시에 녹고 남은/ 한 홉에서// 줄지어 선/ 사람들이 서성거리고/ 끝을 알 수 없는/ 바람이 오고 있다."(시「박용래朴龍來」에서)고 들고 있다. 여기에서 "끝을 알 수 없는/ 바람"은 '이삭처럼 떨어지는 어스름 저녁 그 들녘에서 울리는 소리'이며, '신神이 줍는 노래' '천아성天鵝聲'이다.

2. 한국인의 원형 의식

나는 이 글의 서두에서 "역사의식은 일시적인 것에 대한 의식인 동시에 항구적인 것에 대한 의식이고, 일시적인 것과 영구적인 것을 함께 인식하는 의식이며, 문학자에게 전통을 갖게 하는 것이다."라고 말한 엘리어트의 견해를 상기시킨 바 있다.

조남익 시인의 시를 일별하면, 쉽게 잡히는 특징이 있다. 그 특징은 우리 역사를 모티브로 하여 쓴 시가 눈에 많이 띈다는 점이다. 고조선의 역사나 유사에서부터 백제에 이르기까지 상고사를 모티브로 해서 시를 쓰고 있다는 점이다. 그러나 이는 자칫 잘못하면 순수시가 아닌 목적시인 역사시로 전락하기 쉽다. 그것을 시인이 모를 리는 없을 것이지만, 부단히 시도하고 있는 것은 시인 자신이 가지고 있는 역사의식 때문일 것이다. 그것을 탐색해 보자.

> 한울님께서는 웅녀에게로 오셔서 그의 두 눈을 가만히 들여다 보았습니다.
>
> 쑥 한 죽과 마늘 스무 쪽의 영약만으로 석 달 열흘의 고행을 이겨 왔던 그의 눈동자는 이제 화사한 수정처럼 맑게 빛나고 있었습니다. 그것은 호수와 같았습니다. 바탕도 사방도 없고 푸르게 텅 비어 하염없이 기다리는 그릇이었습니다.
>
> 〈네가 어찌 또 왔느냐?〉
>
> 한울님께서 물으시니
>
> 〈 … 〉
>
> 웅녀는 고개를 떨군 채 수줍은 듯 말이 없었습니다. 드높은 박달나무의 울창한 숲에는 달빛이 쏟아져 반짝이고, 머언 별 두어 개 숨어서 지켜보고 있었습니다.
>
> 〈어제도 그제도 왔었잖느냐? 웅녀야〉
>
> 한울님께서 답답한 듯 그의 곁에서 물러서려고 했습니다. 그러자 웅녀는
>
> 〈한울님, 이 몸에 천손天孫의 성령聖靈이 내려지시이다〉

이 말을 겨우 하고는 흐느껴 울기 시작했습니다. 불빛 같은 경악이 번쩍하곤 지나갔습니다.

이윽고 웅녀가 울음을 그쳤을 때, 한 사나이가 웅녀 앞에 서 있었습니다. 이목구비가 수려한 사나이의 몸은 너무도 눈부셔 차마 정시할 수 없었습니다. 사나이가 웅녀의 손목을 잡고, 이마에 입술을 찍으니, 웅녀의 몸은 쑥과 마늘 냄새가 걷히면서 더워지기 시작했고, 요염한 불꽃이 사나이를 사로잡았습니다.

한밝산 둘레 3천 부락에 새벽이 오고 있었습니다.

— 시 「한울님과 웅녀」 전문

위의 시 「한울님과 웅녀」는 단군신화의 한 부분을 작가적 상상력으로 재구성해서 창작된 시이다. 이 시는 이야기 시의 형태를 띤다. 이 신화를 통해 우리는 우리 민족이 천손 사상을 가지고 있음을 안다. 하늘의 손자, 환인桓因, 환웅桓雄의 자손이라는 사상, 하늘인 한울님과 땅을 표상하는 웅녀의 자손이 우리 민족이라는 의식을 갖고 산다. 정통 국사학계에서는 재야 학자들의 터무니없는 주장이라고 간과해 버리는 〈환단고기桓檀古記〉. 우리 민족의 자존과 깊은 관계를 지니고 있는 우리의 고대 역사를 되새기게 하며 우리 배달민족은 천손天孫이며, 그 역사가 단군 역사가 아닌 63,182년이 된다는 자존이 깔려 있어 그 원대함과 우리 민족정신을 환기하게 해주는 〈삼성기三聖記〉. 환국, 배달국, 삼한, 고구려, 발해, 고려의 역사를 다룬 《태백일사太白逸史》 등의 역사적 상상력을 빌리지 않아도 단군신화는 우리 민족의 전신적 원형으로 시인의 역사의식에 영향을 끼칠 것은 자명하다.

하지만, 이 시에서 주목해야 할 부분은 "드높은 박달나무의 울창한 숲에는 달빛이 쏟아져 반짝이고, 머언 별 두어 개 숨어서 지켜보고"이다와 "천손天孫의 성령聖靈" "불빛 같은 경악" 등이다. 이러한 감각적인 인식은 하늘과 땅, 인간 등 천부인天符印의 원형인 단군신화에서 그 이미지가 창조된다. 박달나무 숲으로 쏟아져 내리는 달빛. 그것을 숨어서 지켜보는 별. 그 이미지는 천손이 태어나는 신비로운 성령이며, 놀라움 그 자체일 것이다. 이러한 경이롭고 신비한 이미지를 시 「한울님과 웅녀」는 배달민족의 자긍심으로 표현하고 있다. 그리고 「아가의 탄생」에서는 "별들이 목욕하는 강을 건너면/ 바야흐로 점지하신 약속의 시간" " (…) 전율에 눕자 터지는 섬광!" "아무도 없는 나락의 끝/ 아가야, 너는 사뿐 저 높은 하늘나라에서 오고/ 언젠가, 다시 하늘나라로 돌아갈 우린 천손족天孫族이지/ 그래, 펄펄 뛰는 이 땅의 검푸른 잉어로 왔다. 아가야"라고 노래한다.

이러한 우리 민족의 역사와 자긍을 단군신화에서 끝나지 않고 조남익 시인은 발해, 삼국시대, 고려, 조선까지 시의 주제 전통으로 삼는다.

1

요염하지 못하고
허무를 머금은 꽃.

서해의 대륙 문화
남 먼저 보듬고

땅 적시며 피어오른
찬란했던 백제의 꽃.

바다 건너가서는
일본 문화 되고
길 따라가서는
신라 문화 되었네.

2

신神은 말하지 않았네
몸으로 정신으로
그리움의 땅이어도

일어나고 폐허 되고
폐허 되고 일어나고
물결처럼 오는 동안
뒤웅박에 꽂힌 꽃.

우리 시골집 사랑채
서까래에 와서
가느다랗게
흐느끼던 새여.
〉

혼만 남은
백제의 꽃
뽑아도 뽑히지 않는
우리들의 죄여.

— 시 「백제의 꽃」 전문

시 「백제의 꽃」에서 우리가 풀어야 할 키워드는 '꽃'이다. 백제의 꽃이 무엇을 의미하는지 탐색해서 밝혀야 한다. 위의 시에서 시인은 꽃을 "요염하지 못하고/ 허무를 머금은 꽃"이라고 비유한다. 또 "일어나고 폐허 되고/ 폐허 되고 일어나고/ 물결처럼 오는 동안/ 뒤웅박에 꽂힌 꽃"으로 표현한다. 그리고 백제의 꽃을 "혼만 남은" 것으로 "뽑아도 뽑히지 않는/ 우리들의 죄여"로 그 의미를 규정한다. 그리고 이 '백제의 꽃'의 의미 해명을 돕기 위해 "서해의 대륙 문화" "땅 적시며 피어오른/ 찬란했던 백제의 꽃"이라고 표현하고 있고, "바다 건너가서는/ 일본 문화 되고/ 길 따라가서는/ 신라 문화 되었"다고 정보를 준다. 그리고 딴청 부리듯이 "우리 시골집 사랑채/ 서까래에 와서/ 가느다랗게/ 흐느끼던 새여"와 "뽑아도 뽑히지 않는/ 우리들의 죄여"를 대비시킨다.

이렇게 산발적인 이미지와 의미들을 유기적으로 조야하나마 맞춰볼 때, 나는 이 시에서 시인이 말하고자 하는 바를 다소나마 짐작할 수 있을 것이다. 연역적으로 말하면, '백제의 꽃'은 백제의 문화고, 얼이고, 혼이고 정신으로 볼 수 있다. 혼만 남았고 우리들의 죄라고 시인이 인식하는 이유는 백제의 패망이라는 역사와 목조 문화였던 백제 문화였기 때문에 남아 있는 것이 없다는 인식 때문이었을 것이다. 백제 문화에 대한 기록, 정신사적 기록을 추정할 수 있는 역사적 사실이나 유사遺事 또한 많지 않다. 《일본서기》에서도 백제 정신이 무엇인가를 우리는 모른다. 시인은 자연인으로 삶의 터전인 옛 백제인들은 알지 못한다. 그 때문에 뜬금없는 것처럼 보이는 "시골집 사랑채/ 서까래에 와서/ 가느다랗게 / 흐느끼던 새"를 시인은 자기화하고 있는 것으로 보인다. 나는 지금 여기에서 "있는 것으로 보인다"라고 표현한다. 나도 같은 옛 백제인이기는 해도 (조남익 시인은 부여 태생이고 필자는 논산 강경 출생이라는 점에서) 이런 주관적 이해에 대한 다소의 논리 제시가 약한다는 점 때문이다. 하지만 조남익 시인은 옛 백제인이라는 의식을 갖고 시간을 초월하여 괴로워한다. 이것이 엘리어트가 말한 역사의식이다. 시 「황산벌에서」는 "시간의 무게가/ 황산벌을 덮고 있었다.// 들리지 않는 절규/ 보이지 않는 용마/ 무명의 산야에 잠들어 있었다."라고 백제 패망의 절망을 서두로 시작하지만 그다음 연에서는 "풀이나 나무나 사람들도/ 다시 자라고/ 다시 태어나고// 목숨 다하도록/ 하늘 향해 사는/ 크나큰 뿌리가 있었다.// 그날들이/ 새날이 되도록/ 머나먼 기다림에 있었다.// 황산벌은/ 하늘과 맞닿아 있었다."라고 희망적으로 표현한다. 그것은 역사의 현상학적 부활을 의미하지 않고, 시 「백제의 꽃」에서 말하고 있는 바, 백제인의 혼, 정신의 살아남을 의미할 것이다. 그것은 아마도 시 「선사시대」에서 보여주고 있는 "푸른 영혼" 때문은 아닐까?

하늘나라 환인천제桓因天帝께서
동방 문화권을
굽어보실 때,

〉

사람의 집은 지하에 숨어
몽고포형蒙古包形 움집이나
땅과 평지붕인 귀틀집에서는
곰을 숭상하는 곰 토템족이 살고
범 자손이라고 믿는 호虎 토템족도 있고
새를 신앙하는 새 토템족도 살고

십 리
더러는 수백 리
땅속에 공생하는
씨족사회의 취락.

대지의 그윽한 음혈陰穴에 숨어
잠잘 때 그들은 수컷이 되고
누울 때 여자는 암컷이 됐어요.

멧돼지 송곳니로 만든
날카로운 낫에는
푸른 영혼이 번득이고 있었어요.

— 시「선사시대先史時代」 전문

시「선사시대」는 우리 민족의 터전인 고구려 옛 땅과 한반도의 선사시대를 환기한 시이다. 이 시에서 키워드가 되는 '단군신화'와 토템 사상도 중요하지만, 무엇보다도 '집'과 '대지' '푸른 영혼'

에 주목하게 된다. 위의 백제의 시들에서 볼 수 있었던 영토에 대한 상실감, 정신의 계승 단절 등과 연결해서 볼 때, 그러하기 때문이다. 땅을 잃고 정신을 잃으면 그 나라는 영원히 잃게 된다는 보편적 진리를 환기해 보아도 그러하다. 선사시대에는 먹을거리와 비를 피할 수 있는 움집이든 귀틀집이든 동굴이든 주거지만 있고, 하늘의 해와 달, 별만 바라보아도 살 수 있었다. 그리고 시「지구의 별」에서처럼 "별들이 태어나고 죽으며/ 거룩한 영원이 빛"나고 "사람도 태어나고 죽으며/ 꿈꾸어 오는 영생" 있다고 믿으며 살았다. 물론 이 시「지구의 별」은 별을 통해서 사람의 "생사는 영생을 윤회한다."라는 메시지를 담고 있지만, 하늘에 별이 있는 것처럼 사람이 곧 별이라는 인식을 노래한 시이다.

바슐라르는 4원소론의 마지막 원소인 '대지'의 물질 상상력 이론을 거론하면서 인간의 힘의 원천인 '의지'를 역학적으로 설명하고 있다. 바슐라르는『대지와 의지의 몽상』이라는 책에서 공간적으로는 유럽, 아프리카, 심지어 동양의 중국에까지, 시간대로는 고대, 중세, 근대에 이르기까지 인간이 사물과의 투쟁에서 어떻게 승리하여 스스로 의지를 굳히는가, 그 과정을 제시하고 있다. 그리고『공간의 시학』에서는 집, 서랍, 상자, 장롱, 새집, 조개껍질, 구석 등 내밀한 공간의 이미지와 양태, 그 이미지들 간의 유기적 공간의 연관관계를 파악하려 했다. 그 공간들에 대한 인간의 상상력이 요나 콤플렉스라는 것으로 귀착되고 있음을 탐색했다. 내밀한 공간에서의 안온함과 편안함을 느끼는 것, 그것이 요나 콤플렉스이다. 정보화 시대인 지금에는 영토의 개념이 달라지고 있지만, 과거를 거슬러 올라가면 인간의 영토 개념은 문화 영토와 사상 영토, 그리고 거주지인 대지의 영토 개념으로 인식이 변화되어 갔다. 하지만 인간의 내밀한 곳에 도사리고 있는 영토에 대한 인식은 '대지' '땅'에 대한 인식에 묶여져 있다. 백제의 멸망이 왕실의 붕괴를 의미하기도 하지만 영토 상실을 의미하고 있는 것이 그것이다. 그것은 요나 콤플렉스의 상실이다.

그러므로 '대지'는 시 「선사시대」의 2연 "사람의 집은 지하에 숨어/ 몽고포형蒙古包形 움집이나/ 땅과 평지붕인 귀틀집"과 5연의 "대지의 그윽한 음혈陰穴에 숨어/ 잠잘 때 그들은 수컷이 되고/ 누울 때 여자는 암컷이 됐어요."라는 구절에서의 연관관계로 이해해야 할 것이다. 그것이 바슐라르가 말한 요나 콤플렉스라는 인간의 무의식에 형성된 모태와도 같은 공간이며 그것은 대지에 뿌리를 둔다.

3. 천성天聲과 뮤즈

대지에는 만물이 존재한다. 시적 교감은 만물로부터 촉발된다. 그리고 시적 이미지로 나타난다. 시적 이미지가 느끼게 하는 아름다움과 감동은 독자적이고 보편적인 상상력에서 창조된다. 그리고 그 이미지는 창조적으로 변화해 간다. 그것이 바슐라르의 이미지 현상학이다. 이미지의 시발始發, 이미지의 현행성現行性, 그리고 이미지의 미래 생성성生成性이 이미지의 형상학이다. 이 이미지의 형상학은 이미지의 존재론을 요구한다. 그러니까 시적 이미지는 시인의 마음과 영혼과 존재의 직접적인 산물이라는 의미이다. 이런 시각에서 시 「천성天聲」을 보자.

말 못하는 배꽃과

말 못하는 도로와
말 못하는 바람과
말 못하는 조팝나무와

사람은 둘이서, 셋이서, 넷이서,
말 못하는 둘이서, 셋이서, 넷이서
열적게 남은
실존實存 끝에까지 가서는
더도 말고 쬐그만
귀나 될까나.

찬물로 떨어지는
천 년 정적 속
한 줄의 시詩를 위한
천성天聲이나 들을까나.

말 없는 배꽃과
말 없는 도로와
말 없는 바람과
말 없는 조팝나무와.

— 시「천성天聲」전문

배꽃과 도로와 바람과 조팝나무 등은 말 못하고, 말 없는 자연물이다. 그리고 사람들조차도 말 못하는 존재다. 그래서 시인은 "열적게 남은/ 실존實存 끝에까지 가서는/ 더도 말고 쬐그만/ 귀나" 되기를 원한다. 그리고 "찬물로 떨어지는/ 천 년 정적 속/ 한 줄의 시詩를 위한/ 천성天聲"을 듣기를 희망한다. 여기에서 시인은 '천성天聲', 하늘의 소리를 듣기를 원한다. '천성天聲'은 시인의 영감이며 뮤즈다. 시신詩神 혹은 시상으로 번역되는 뮤즈(muse)는 고대 그리스 · 로마 신화에서 시, 음악 및 다른 예술 분야를 관장하는 아홉 여신 중의 하나의 이름이다. 시에 있어서 뮤즈는 시의 신神이라 번역하는 것처럼 시를 낳게 하는 불가사의한 에너지를 의미한다. 시간과 공간을 초월하여 나타나는 시인의 상상력이다. 그것은 말 못하는 배꽃과 도로와 바람과 조팝나무의 귀가 되어 그것들에게 생명력을 부여한다. 이 시의 마지막 연의 "말 없는"은 반어적 표현으로 말을 못하는 것이 아니라, 말은 할 수 있되 하지 않는 것을 의미한다. 이러한 '천성天聲'은 때로는 '광야의 씨앗'이 되기도 한다.

> 눈 덮인 광야로 가서
> 무명의 몇 톨 씨앗으로 우리 잠들리
> 조상이 묻힌 땅
> 거기 또한 나 묻히리, 초목처럼
> 아닐세. 보이지 않는 진주처럼 파묻히리.
> 천 년이면 어떤가. 억년이면 되겠는가.
> 순환의 계절이 오면, 우리 다시 피어나리.
> 은행나무 이파리로, 민들레 꽃자루로
> 하늘거리는 나비로도
> 바람 타고 흔들리며 피어나리.
> 어머니의 젖, 대지는 손짓한다.

고고학이 와서
우리 깨울 때까지 깊은 잠에 빠지리.

— 시 「광야의 씨앗」 전문

위의 시 「광야의 씨앗」에서의 '씨앗'은 시인 자신이다. 시인은 이 시에서 "눈 덮인 광야로 가서/ 무명의 몇 톨 씨앗으로" 잠들고 싶다고 노래한다. "조상이 묻힌 땅" 시 「고향에 가서」에서의 구절 "고조선 노인이 내려와" 노는 "비어 있는 땅"에 묻혀 고고학자들이 발굴 작업할 때, '광야의 씨앗'이 되어 "우리 깨울 때까지 깊은 잠에 빠지리."라고 노래한다. 그 씨앗은 초목처럼 아니 진주처럼 "은행나무 이파리로, 민들레 꽃자루로/ 하늘거리는 나비로도"로 피어날 수 있는 이 땅에 생명력이 질긴 씨앗을 의미한다. 이 시에서 시인은 대지, 땅을 "어머니의 젖"으로 비유한다.

시 「낙타를 타고」에서의 땅은 사막과도 같은 '서러운 후예'의 대지로 본다.

낙타를 타고
백 년 이백 년의 사막을 건너가네.

두껍고 부드러운 발바닥으로 낙타는
열사를 밟고 작열하는 태양과 맞서네

아직도 끝나지 않은 국토의 사막화
파도치는 광활한 사구는 비무장지대에 죽음의 계곡을 이루고
하늘에서 울부짖는 황사의 비명.

갈증을 먹고 별을 뱉은 내 열세 살의 기억

뿔 없는 낙타는 곧잘 사자 표범에 속아 잡아먹혀
맨발로 뒹굴고 폭풍에 숨어 산 내 굴욕 된 삶의
지렁이를 보네

우리 Kimchi씨의 아슬아슬한 Silk Road 떴네.
나는 내 몸속의 땅과 하늘을 갖고 이 땅에 왔네.
천손족의 피붙이였고 이 땅의 서러운 후예.

토하라, 거대한 화산이 용암을 토해 내며 전율할 때
풀이며 나무며 위엄 있는 백로로 다시 태어나리.

뒤웅박 차고 뭉그적거리며
훠이훠이 낙타의 등에 앉아 사막을 건너가네.

— 시「낙타를 타고」전문

시인은 이 시에서 "나는 내 몸속의 땅과 하늘을 갖고 이 땅에 왔"으며, "천손족의 피붙이였고 이 땅의 서러운 후예"라고 말하고, "백 년 이백 년의 사막을 건너는" 뿔 없는 낙타로 인식한다. 또한 "사자 표범에 속아 잡아먹혀/ 맨발로 뒹굴고 폭풍에 숨어" 사는 지렁이 같은 "굴욕 된 삶"을 사는 존재로 인식한다. 그러나 "거대한 화산이 용암을 토해 내며 전율할 때/ 풀이며 나무며 위엄 있는 백로로 다시 태어"나리 라고 염원한다. 그리고 시「나의 새」에서는 "신神의 지팡이 끝/ 쉴 새 없는 섬광의 작렬/ 찻잔의 물에 떨어뜨린 한 사나이가 걸어 나"올 때 "그의 등 뒤로/ 한 세기가 기울고/ 하얀 그림자조차 지워지는" 새이기를 노래한다. 이렇듯 시인은 자연 친화 상상력으로 자연에 존재하는 모든 것들과 하나 되기를 원한다. 그것은 연작시의 하나인 「조선신朝鮮神 · 5」에서 밝혀진다.

땅에는
귀 있으리

하늘에는
눈 있으리

머언 시간 속에 노니는
신의 산책

창문 너머 보이지 않는
신의 눈에는
눈동자가 없다.

붉게 단풍 든
철학의 눈에도
눈동자가 없다.

아늑한 별빛
반짝이는 곳

고향의
창공을 마시며

나는 땅에 태어난 존재를 벗는다.

— 시「조선신朝鮮神 · 5」 전문

위의 시「조선신朝鮮神 · 5」을 이해하는데 가장 문제가 되는 것은 제목인 '조선신'이다. 이 조어는 무엇을 의미하는 것일까? 나는 이 글의 서두에서, 시「신神이 즙는 노래」를 감상하면서 신의 노래를 '천아성天鵝聲'으로 그리고 '혼魂의 근원적 영생주의'와 관련 있는 것으로 이해했다. 그러나 이 조남익 시에서의 시어 '신神'은 구체적으로 무엇을 말하는지에 대해서는 명증하게 밝히지는 못했다.

'신神'이 '시詩'와 결합되어 '시신詩神'이 될 때 그 의미는 시의 정신, 시얼 또는 뮤즈가 되는 것처럼, '신神'이 '조선朝鮮'과 결합되어 '조선신朝鮮神'이 될 때 그 의미는 조선의 정신이 될 것이다. 그러나 그 의미 속에는 조선의 풍습, 조선의 역사, 조선의 문화, 그리고 조선의 사람들 즉 조상들까지 포함될 것이다. 이를 배경지식으로 해서 시「조선신朝鮮神 · 5」를 다시 읽어보자. 1연과 2연은 땅과 하늘에는 귀와 눈이 있다고 말하는 것은 자연의 만물들은 감각기관이 있다는 말과 다르지 않다. 그러나 3연과 4연에서는 감각할 수 있는 눈동자가 없다고 말한다. 3연 "머언 시간 속에 노니는/ 신의 산책"은 조선의 정신이 오랜 세월 동안 유유히 내려왔음을 의미하는 것을 볼 때, 4연의 "창문 너머 보이지 않는/ 신의 눈에는 / 눈동자가 없다"는 5연의 "철학의 눈에도/ 눈동자가 없다"와 연결하여, 오늘날 한국인의 정신 부재, 철학 부재를 의미하는 것은 아닐까 하는 짐작을 하게 된다. 그리고 마지막 2연 "아늑한 별빛/ 반짝이는 곳/ 고향의/ 창공을 마시며// 나는 땅에 태어난 존재를 벗는다."에서의 '고향'은 마음의 고향, 영원한 영생의 꿈꾸는 고향으로 볼 때, 마지막 행인 "나는 땅에 태어난 존재를 벗는다."의 '땅'은 정신 부재의 땅 혹은 형이하학적인 땅, 세속적인 땅을 의미할 것이며 그곳으로부터 벗어나고 싶은 시인의 의지를 쓴 시로 이해해도 좋을 것이다.

서두에도 언급했지만, 조남익 시인은 "시 쓰는 일은 하나의 도道로 일컬어져 온다. 시상을 다듬고 고급에 이르러야 하며, 표현 또한 고도의 기예를 요구한다."고 말한 바 있다. 그래서 시인의 시는 어렵다. 지금까지 본 바대로 조남익 시인의 시를 이해하는 데는 힘이 든다. 또한 "시는 천기天機요, 문학은 진眞, 곧 천기를 담아야 한다."고 말하기도 한다. 이에 따라 조남익 시인의 시는 우리 역사를 거슬러 올라가 고조선을 거쳐 신화시대의 천기를 담으려 한다. 그리고 "향토의 자연미에는 토지에서 오는 혼魂의 근원적 영생주의와 만나"기를 원한다. 이를 위해 시인은 감정을 극도로 절제한 역사의식으로 우리 한민족의 얼과 만나기를 원한다. 땅의 이야기에서 하늘의 원형을 접목하기 위해 탐색해 나간다.

끝없는 삶의 길, 정신의 길을 찾아 헤맸던 시인의 치열한 자아 회귀(自我回歸)의 삶

- 조남익 시인의 시선집 『흙빛의 말』을 읽고

1. 시인의 추억 소환해 보기

백강 조남익 시인은 충남 부여에서 태어나 현 고려대학교 문학부 국문학과를 졸업하시고, 1965-66년에 《현대문학》에서 「수고리」, 「북촌리 타령」, 「山바람 소리」 등으로 3회 추천을 받아 문단에 나오셨다. 그 후 시와 수필 그리고 문학 평론을 쓰기 시작하여 시집으로 『山바람 소리(1969)』, 『풀피리(1976』, 『나들이의 땅(1983)』, 『눈빛의 말(1987)』, 『짐의 연가(1994)』, 『하늘에 그리는 상형문자(1998)』, 『푸른 하늘(2004)』, 『흙빛의 말(2014)』 등 8권의 시집을 내셨다. 그분의 저서는 시집 외에도 시전집으로 『조남익 시전집(2005)』, 『광야의 씨앗』 등이 있고, 수필집으로 『사색의 연가(1967)』, 『시의 오솔길(1973)』, 시 연구집으로 『현대시 해설(1977)』, 『한국대표시 해설(1980)』, 『한국현대시 해설(1993)』이 있고, 평론집으로 『시와 득음미학(2004)』, 『시와 유혹(2004)』을 발표하시는 등 활발한 창작 활동을 하셨던 대전 지역의 든든한 현역 원로 시인이셨다. 그런데 2024년 3월, 너무도 갑자기 지병으로 유명을 달리하셨다. 이렇게 안타깝게 큰 시인을 잃은 건 우리 문학사에 큰 슬픔이고 손실이 아닐 수 없다. 필자가 조남익 시인님을 가깝게 알게 된 저변에는 상당히 깊은 인연의 끈이 맺어 있었다. 조남익 시인님을 가깝게 알게 된 연유에는 필자의 남편과의 인연이 더 컸다고 볼 수 있다. 조남익 시인님은 남편의 고등학교 은사님이시기도 했지만, 더 중요한 끈은 교직의 첫 직장 생활을 시작하신 부여 홍산농업고등학교 새내기 교사 재직 시절 남편의 본가(부여군 홍산면 북촌리 304)에서 한집에 살게 되면서부터 고락을 함께한 끈끈한 인연의 배경이 있는 분이시다. 그리고 필자와도 같은 충남 교육에 봉직하는 교직 동료였으므로 자연스레 교육과 문학 쪽으로 필자를 이끌어 주신 문학계의 대부인 셈이다. 조남익 시인님께서는 부여 북촌리 본가에서 함께 사실 때《현대문학》에「북촌리 타령」으로 문단에 추천되시어 등단까지 하시게 된 참으로 기막힌 문학의 산실이기도 하다. 그 후 더 각별한 인연으로 애제자의 아내가 된 필자를 문학적으로 극진히 보살펴 주시기도 했다. 필자가 충남 교육계에 근무하고 있음을 더 기특히 생각하고, 교육과 문학의 길에 많은 도움을 주시곤 했다. 필자의 첫 동시집『모시울에 부는 바람(1991)』과『청개구리 우편함(2016)』 그리고 시집『노을빛 은어 품다(2021)』의 출간 때에도 직접 평론과 해설을 써 주시기도 했다. 그리고 필자의 출판기념회 때마다 친히 오시어 작품에 극찬해 주시며 필자의 문학의 길을 활짝 열어 주시기도 했다. 그런데 생각지도 못했던 갑작스러운 부음을 받고 크나큰 충격에 빠지게 되었다. 생전에 그분의 문학의 면모를 더 깊이 연구하고 따르고 배워야 했는데, 이렇게 사후에야 추억이 되어버린 그분의 마지막 시집을 더듬어 보며 그분의 문학 인생과 시의 진면목을 살펴보게 됨이 못내 죄송스럽고 부끄러울 뿐이다. 그러나 이렇게라도 그분의 마지막 숨결이 담긴 시를 다시 한번 더듬어 보며 그분의 영전에 머리 숙여 감사의 마음을 전하고 싶다. 조남익 시인님의 시작 과정은 시의 주제나 대상, 그리고 그의 관심에 따라 크게 세 시기로 나누어 보고 싶다. 초기의 시 작품은 『山바람 소리(1969)』, 『풀피리(1976)』까지로 주로 향토적인 서정을 노래하였고, 중기 시 작품들은 『나들이의 땅(1983)』, 『눈빛의 말(1987), 『짐의 연가(1994)』까지로 주로 역사적 사실의 재현을 다루었으며, 후기의 시 경향은 『하늘에 그리는 상형문자(1998)』, 『푸른 하늘(2004)』, 『기다린 사람들이 온다(2010)』, 『광야의 씨앗(2012)』, 『흙빛의 말(2014)』까지는 주로 일상적 삶의 모습을 그리고 있다. 조남익 시인님은 그가 세상에 나와서 진 빚을 자신의 여생 동안 치열하게 달구고 반성해 가며 순수한 자아 회귀로서의 정신적인 길을 모색하기 위해 끝까지 노력한 순수파 시인이기도 한 셈이다.

2. 영혼의 자유와 구원을 향한 그리움

1) 조남익 시인의 시의 근원

조남익 시인은 충청남도 부여군 세도면 수고리 557번지에서 태어나셨다.

부여에서도 水古里라 하면 교통이 매우 불편한 오지 중의 오지였다. 조남익 시인의 본가 뒤로는 깊숙한 산악 지대로 부여군 세도면, 장암면, 임천면 등 3개 면의 경계선이 퍼져나가는 곳이었다. 그래서 한국 전쟁 때 산악 지대인 水古里에는 피난민이 잇따라 들어왔고, 심지어는 본가 바깥마당에까지 이들의 끼니를 책임지는 솥이 내걸리기도 했다고 한다. 그러니까 조남익 시인은 이 시기를 그의 시의 무인도라고 일컫기도 했다. 조남익 시인이 초등학교 졸업 무렵에는《새벗》에「눈 오는 아침」이 뽑혔고, 강소천 선생님의 호평에 가슴이 떨리기도 했다고 회고한 바 있다. 그러다가 신석초 선생님을 뵙게 되었는데, 1964년 겨울쯤에 나이 30이 되어 군에서 제대를 한 조남익 시인은 고향에 머물면서 시작 활동을 게을리하지 않고 열심히 하고 있을 때였다. 부여의 '백류' 동인들과 함께 〈대전일보〉, 〈중도일보〉에「휴머니즘의 계보」라는 7, 8회 분량의 글을 연재하기도 했다. 이것이 시인의 거주지를 아예 고향으로 옮기는 큰 변수가 되었다고 한다. 그리고 그해 겨울「고행」이라는 시집의 원고를 완성하기도 했다. 그 뒤 신동엽 시인을 만나 한국일보사 논설위원이며 시인이신 신석초 시인과의 최초의 대면이 이루어졌다. 그래서 신석초 시인은 추후 조남익 시인을《현대문학》에 추천까지 해주는 추천위원이 되었다. 시집 원고는 이미 신석초 시인에게 넘어가 있었고, 이 원고 중에서「水古里」를 첫 추천 작품으로 보내졌다.「水古里」는 1965년《현대문학》6월 호에 추천이 되어 세상에 그 모습을 드러냈고 그 무렵 바로 고향 부여의 홍산 농고 교사로 발령이 나 직장 생활과 시 추천이 거의 같은 시기에 이루어졌다. 한껏 고조된 이 시기의 추천 작품 중 필자의 시댁 본가에서 탄생한「북촌리 타령」을 먼저 만나보고 싶다.

흙이었다가 손탐 없이 그대로 바위였다가,
저 山 안에 호젓이 한 나무일 뿐이다

아침에 珠簾을 걷어
애기 손바닥만 한 날을 받아놓고
고지식, 다시 헹구는 茂盛한 微動을 보라

휘어지도록 커나서
배부른 아낼 서워있는데
숲처럼 어울려서 風樂이 은은한 마을…

춤 아니라도 새끼는 새끼대로 저의 귀염을 떨고
彌勒 같은 아내라야, 구기잖은 어미 노릇이라,
나는, 호젓이 이대로 한 나무였을 뿐이다

허구헌 長霖이 가고
모두 다 털고 떠나는 가을이라도 오면
그때는 내 마음도 짜르르 밤도와 울것다.

—「北村里 打令」 전문
《현대문학》 제129호(1965년 9월)

조남익 시인의 「北村里 타령」은 첫 추천 작품 「水古里」에 이어 두 번째 작품이다. 그가 시의 제재를 고유 풍토 속에서 선택하고 있는 것은 '우리 것을 찾음'의 아쉬운 이때 매우 현명한 태도일는지도 모른다. 그런데 「水古里」가 소박한 토속적인 착상으로 우리 향토 생활의 현실 표상으로 보여준 데 대하여 「北村里 타령」은 보다 현대적인 지적인 각도에서 우리 풍토의 이미지를 다루어 본 것이다. 작품의 발상이나 용어, 구성 등이 자못 대척적이면서도 먼저 작품보다 이채롭고 놀라움을 나타내어 훨씬 진도를 보여주고 있다. 고유성과 현대성이 어떻게 결합되어야 하는가 하는 문제는 우리 창작 실험의 초점이기도 하다. 시어가 훨씬 탈피되었고, 경쾌한 터치로 말쑥한 하나의 서정을 보여준 것이 크게 기대할 만하다는 신석초 시인의 시천 후기가 지금 보아도 조남익 시인에게 너무도 적절하다.

2) 『흙빛의 말』 시선집 수록 내용

조남익 시인님의 『흙빛의 말』 시선집에서 사람은 흙에서 태어나 흙으로 돌아가는데 시도 마찬가지로 흙에서 태어나 다시 흙으로 돌아간다는 논리를 주장하고 계시다. 시에는 항상 생명의 기운이 있고, 만물과 함께하는 젊고 늙지 않는 영원히 있음을 주장하셨다. 그래서 우리의 역사도 이와 마찬가지임을 역설하시기도 했다. 조남익 시인께서는 정말 흙을 사랑하고 흙에 씨앗을 틔우며, 이 어려운 시대에 우리 모두 흙빛의 말을 귀 기울여 들으며 "하늘은 길고 땅은 영원하다"라는 참으로 심오하고도 신비한 뜻을 우리에게 심어주시려고 애를 쓰신 분이시다. 『흙빛의 말』 시선집에는 제1부에 첫 시집 『山바람 소리(1969)』와 제2시집 『풀피리(1976)』가 실려 있으며, 제2부에는 조남익 시인의 제3시집 『나들이의 땅(1983)』과 제4시집 『짐의 연가(1994)』가 수록되어 있고, 제3부에는 조남익 시인의 제5시집 『하늘에 그리는 상형문자(199

8)』와 제6시집의『푸른 하늘 (2004)』이 수록되어 있다. 그리고 마지막 제4부에는 조남익 시인의 제7시집『기다린 사람들이 온다』와 제8시집『광야의 씨앗』이 수록되어 시인의 일상적인 삶의 모습을 너무도 곡진하게 그리고 있다. 조남익 시인께서는 참으로 욕심이 없으시고 삶의 천변만화하는 자연과 삶의 모습을 자신의 철저한 철학과 의지에 따라 참다운 작품으로 형상화해 내는 심오하고도 신비한 시의 형상화를 위해 일생을 바치셨다고 해도 과언이 아닐 것 같다. 특히 조남익 시인께서는 천편일률적인 시를 지양하고 남과 다른 시, 그만이 가지고 있는 감수성과 창의성에 의해 시를 창작해 오신 분이다. 그의 개성적인 색깔이 드러나는 시를 창작하기 위해 부단히 노력해 오신 분이고, 그의 시는 지극히 정신적인 무한한 것들을 구체적인 삶의 모습에 형상화하는 분이라 할 수 있다. 그리고 그의 시 정신 속에 깃들어 있는 것은 바로 살아있는 '혼'이라 할 수 있다. 그의 '초기 시'에 두드러지게 나타나는 정신은 바로 향토적 자연을 궁극적으로 지향해 오는 혼이고, '중기 시'에 나타나는 정신은 의식적으로 모색되는 역사적 사실과 과거의 재현을 지향하는 세계를 향한 '혼'이다.

그리고 그가 바라는 후기 시의 내용은 일상에서 발견되는 정신적 갈등에 대한 '혼'인 것이다.

이처럼 조남익 시인의 시에는 이렇게 혼의 울림이 자연과 만났을 때 향토적 서정으로 나타났고, 의연한 역사적 사실과 만났을 때는 충절 의식 내지는 유민 의식으로 나타났다. 그러나 시인께서 지향하고 있는 소소한 자연과 일상을 만났을 때는 따스한 연민 의식과 다감한 휴머니즘으로 나타났다. 이처럼 다양한 사고와 누구도 넘볼 수 없는 충절 의식, 역사의식, 유민 의식 따뜻한 연민

의식 등이 조남익 시인의 시 정신이라고 집약해 볼 수 있다.

3. 조남익 시인의 시기별 시 세계 분석

1) 초기 시 정신 알아보기

조남익 시인의 40여 년의 시작 생활을 분석해 보면 대략 초기 시, 중기 시, 후기 시의 세 시기로 분류해 볼 수 있다. 조남익 시인이 1965-66년에 《현대문학》으로 문단에 나온 후 초기 시집 중 『山바람 소리(1969)』, 『풀피리(1976)』 등이 있다. 주로 시인의 초기 시에 두드러지게 나타나는 것은 향토적인 자연을 흠모하는 혼의 세계이고, 궁극적으로 자연을 지향하는 순수한 혼의 세계라고 분석해 볼 수 있다. 그중에서 조남익 시인의 시의 출발점이 된 시 「水古里」를 들지 않을 수가 없다.

> 푸짐하게 열린 얼굴들, 그 맑은 웃음들이 서로 부딪쳐 恩惠로운 波紋을 잉그리는 땅 위에서, 흘러가는 저 바람 소리는 지금도 나의 귀에 들려오고 있네. … 아무것도 보이지 않네. 그러나 그 億萬 가지마다 휘엉청 늘어져서는 구르길 두어 번, 깃을 벌린 당신들은 쉬쉬 山嶽을 뛰어넘어 왼 山 왼 들을 다 채운 다음, 다시 돌아올 듯 가시네.
>
> 집이 본시 水古里에서도 上水古里인 나는, 천리 고개 사흘, 또 바늘 고개를 사흘, 그리고 물한바다 건너길 사흘, 아흐레를 눅눅히 젖어내야 하는지라, 아흐레를 또 누워서 가을을 볼밖엔 없네. 구릿빛 왼 몸뚱일 부끄럼 없이 뻗고, 하늘을 지붕 삼아 바위에 누

울 양이면 山 제비는 배 위에 똥을 깔겨 달아나고, 벌레처럼 늙어 가는 가을이 덮이네.

이는 바람대로, 江물에 풀어 헹군 이 서언한 소리들을 귀뿌리에 온 누리 차도록 물레로 감은 바에, 당신의 말씀들을 차마 잊힐 리야 있나…. 수수목이 나오면 게가 논두렁을 내리고, 山 아래 내 아우는 살찐 개구릴 잡아 닭에 쪼이며 조용히 당신의 곁을 지키네.

당신의 孤寂 앞에 저 빨간 山紅柹, 그리도 빛이 나 새끼처럼 올리워 高原 구석구석을 밝히는데, 오히려 億年의 陽光이 타는 듯 쌓여만 가네. 거적을 내다 깔고 앉아, 구름을 불러 半身을 묻고, 해를 머리 위에… 水古里땅, 돌부처님 이대로 짐짓 四海를 두 눈 안에 닫아, 千歲 다스림 헤어 空中을 돌으리로다.

—「水古里」 전문

① 조남익 시인이 고향을 의식하고 쓴 시 「水古理」는 초기 《현대문학》에 처음 추천된 귀한 작품이기도 하려니와 조남익 시인의 시 정신을 구현한 지리적 환경과 이에 대한 시인의 성정, 정신적 표현이 잘 드러난 작품이라 할 수 있다. 이 시는 1965년 《현대문학》에 신석초 선생에 의해 처음 추천된 시로서 조남익 시인이 세상에 시인으로 자기를 알리는 시가 되어 더욱 귀하게 생각된다. 이 시가 단순히 고향에 대한 향수를 드러낸 서정시가 아닌 이유는 화자의 눈과 당신이라는 대타자의 눈이 고향에 대한 여러 이미지와 풍경을 동시에 보고 있는 설정이 매우 예사롭지 않기 때문이다. 조남익 시인은 삼라만상 존재를 순간이면서도 영원인 시간으

로 드러냄으로써 다른 시들과 대조를 이루고 있다. 조남익 시인은 이 초기 시에서 보는 바와 같이 삶의 길, 세상의 길보다는 나만이 홀로 가고픈 '정신의 길'이 뿌리 깊이 박혀 있다. 곧 시인은 먼 곳을 향하여 깊이 고뇌하며 내가 태어난 땅과 하늘을 한없이 사랑하며 그것을 지키고자 노력했던 시인이다.

갓싸기로 갈까나
깃 달린 풀씨로 날아서 갈까나.

잠은 자다가 꿈이나 꾸지,
나무며 풀이며, 저 山바람조차도
내 肉身은 비어서 살아온 痕迹이 없다.

落落長松
一千 年 처마 밑에
晦冥을 뚜드리는 소나기 비켜서서
五尺 短身이 坪 남짓 그루를 내렸다.

갓싸기로 갈까나
깃 달린 풀씨로 날아서 갈까나.

어두면 어둔 대로
北方 二萬里, 길이 冥府로 벋어서
잠시 서인 자리에, 이삭은 새삼 짓누래졌다.
〉

돌로 치며는 소리라도 울려날 듯이
肉身을 고스란히 비워놨는데,
지금은, 저 山바람 속에서 휘뚜루 치는 石鐘, 石鐘아…….

—「山바람소리」 전문

조남익 시인은 스스로를 청개구리로 자처했다. 청개구리는 풀이나 나무 위에 달라붙어 보호색을 스스로 만들어 가며 비가 오려고 할 때면 심하게 울어댄다. 삶의 한가운데에서 세상을 바라보며 노래하는 자들이 바로 시인들인데, 조남익 시인 역시 본인을 청개구리라 귀결시켰다. 시인은 모름지기 땅에서 땅을 보고 또한 땅에서 하늘을 본다. 그러나 그것은 고급의 미적 취향이 잡힌 쾌감과 자율성의 원리에서 철학과 마찬가지로 근원에 근접하려고 노력하신 분이다. 순진무구하고 무아지경의 본격적인 한국 미학에 이르고자 끝까지 노력하신 분이다. 그러면서 시인은 늘 시적 땅 냄새를 맡고, 땅과 하늘의 순도를 찾기 위해 지명들의 하 수상한 이미지로부터 늘 입문하고자 노력하신 분이다. 첫 시집 『山바람 소리』에서도 실제의 지명들이지만 시로 채택되어 나온 山바람 소리, 鳳鳴里, 北村里, 南村里, 忠淸道 등이 나온다. 이들은 실제의 지명들이지만 시에 채택된 것은 실재성이 아니라 그 이미지와의 근접을 노린 것이다. 조남익 시인이 추구하고자 했던 것은 그 한자의 시적 감수성도 한몫할 것으로 생각한 것이다. 그러기에 조남익 시인은 스스로를 한국어와 한국적 자연이 낳은 청개구리라고 자평을 한 바 있다. 위의 「山바람 소리」에서도 〈잠은 자다가 꿈이나 꾸지/ 나무며 풀이며, 저 山바람 소리조차도/ 내 肉身은 비어서 살아온 痕迹이 없다.〉라고 울부짖는다. 〈지금은, 저

山바람 속에서 휘뚜루 치는 石鐘, 石鐘아 ……>에서처럼 조남익 시인은 하늘나라에서도 시를 깨우기 위해 지금도 석종을 치고 계실 것만 같다. 그래서 하늘에서도 영원히 시의 씨앗을 뿌리고 키우며 지내실 것 같다. 山바람 소리가 오늘따라 유난히 더 그리워진다.

2) 중기 시 정신 모색하기

조남익 시인의 시 중에서 시의 중기에 해당하는 시들은 대략 1980년대에 들어서면서부터 2000년대에 이르러 쓰인 시들을 대략 중기로 분류해 보기로 했다.

그렇다면 조남익 시인의 시집 중에서 주로 1980년 이후부터를 중기로 분류해 보고 제3시집 『나들이의 땅(1983)』부터 제4시집 『짐의 연가(1994)』 그리고 제5시집 『하늘에 그리는 상형문자(1998)』와 제6시집 『푸른 하늘(2004)』에 이르는 시집까지를 조남익 시인의 '중기 시'로 분류해 보았다. 제3집 『나들이의 땅(1983)』에서부터는 조남익 시인의 시가 주로 역사의식 쪽으로 기울어지면서, 시의 확장이 이루어지기 시작했다. 그래서 마침내 제4시집 『짐의 연가(1994)』에서부터는 역사의식이 한층 더 넓어져 갔다. 그래서 『짐의 연가』는 배달겨레와 배달의 나라 역사 기행 시집이라는 평까지 받게 되었다. 시인 자신도 '역사 기행 시집'이라는 부제까지 달고 출간이 되어 이 시집은 한민족 기원으로부터 삼국 시대에까지 이어지며 한반도 역사를 시로 거슬러 올라가기도 했다. 먼저 삼국시대, 고구려와 신라를 제치고 가장 먼저 부국강병과 찬란한 문화를 꽃피워 이웃 나라 일본에까지 문화를 전파했던 백제였지만, 신라와 당나라 연합군에 의해 멸망할 수밖에 없었던 역사적 비극을 조남익 시인은 자신의 작품에서 생생하게 표출해 냈었다. 그리고 그 역사적 비극을 단순히 기술하는 데만 그친 게 아니라 백제인의 민족의식, 역사의식, 그리고 삶의 방식 등을 경외의 눈길로 바라보며 현재를 살아가는 백제의 후손들인 우리에게 선조의 충절 의식까지 면면히 이어져 나가야 함을 역설하기도 했다.

여기에서 「계백의 아내」 시 한 편 만나보고 가면 어떨까!

찢어진 임의 눈초리
말을 몰아 구름밭으로 떠나신 뒤

제 시신에 덮인
장부의 호곡을 나는 들었습니다

이윽고 임이
머언 충혼의 나라로 가신 뒤
저의 시신은
아녀자의 통곡으로 들끓었습니다

비 오는 어느 밤
잠에서 문득 깨이듯
죽음을 넘어선
찬란한 아침이 왔습니다

—「계백의 아내」 전문

백제의 멸망과 더불어 가장 먼저 떠오르는 인물은 황산벌 전투의 영웅 계백 장군이다. 계백과 관련된 이야기로는 그가 조국의 몰락을 예견하고 아내와 자식들을 자신의 손으로 목을 베고 전쟁터로 떠났다는 일화가 떠오른다. 조남익 시인의 이 시는 남편의 손에 죽임을 당하는 아내의 입장에서 죽음을 초월한 부부애가 뭉클뭉클 떠오르기도 한다. 이 시의 전제는 계백의 아내가 일단 죽어있는 상태이다. 그러나 아내는 망자의 상대로 남편의 모습을 바라보고 있는 것이다. 1연에서 계백은 가족들을 죽이고 전쟁터로 떠난다. 그런데 처자식을 죽이고 가는 그의 가슴이 편안할 리가 없는 것이다. 그는 비통한 심정을 겉으로 내색하지 않으려고 눈초리를 더 매섭게 뜨고 전쟁터로 나아간다. 나당 연합군을 맞아 일당백으로 싸워야 하는 너무 불리한 전쟁, 그 속에서 지휘자를 기다리며 두려움과 불안에 떨고 있는 수하 병사들이 있기에 계백은 개인적인 비극, 가족의 죽음 앞에서도 감정을 노출시킬 수가 없는 것이다. '찢어진 눈초리' '말' '구름발' 등의 시어에는 대의를 위해 사사로운 감정을 버려야 하는 장부의 비애, 전쟁의 급박함과 긴장이 너무도 잘 표출되었다고 할 수 있다. 아내는 겉으로는 냉정하지만, 속으로는 따뜻한 남편의 마음을 잘 안다. 그러한 아내의 확신이 2연에서 '장부의 호곡'으로 잘 나타나고 있다.

3연과 4연에서는 남편 계백의 죽음을 듣고 통곡하는 아내의 모습을 여실하게 그리고 있다. 계백의 아내는 남편을 위해 죽어서라도 절개를 지킨 충절의 표상이라 할 수 있다. 마지막 5연과 6연은 과거의 역사적 소재가 시공을 초월하여 현재에 접목되고 있음을 여실하게 시사해 주고 있다. 그들의 충성과 절개가 현재를 살아가고 있는 우리 몸에 깊이 체득되어 핏속에 흐르고 있을 때 그들의 이야기는 결코 사라지지 않고 역사적 증거이자 모범으로 우리에게 오래오래 귀감이 될 것을 의심치 않는다. 이런 역사의식으로 시가 확장되어 가고 있는 조남익 시인 '청개구리'는 점점 창공으로까지 시상을 넓혀가기 시작한 것이다. 그래서 제5시집에서는『하늘에 그리는 상형문자(1998)』로 발전이 되어 갔고, 급기야 제6시집에서는『푸른 하늘(2004)』로까지 시야가 넓혀져 갔다. 이렇게 조남익 시인의 시는 깊고 넓은 곳까지 시 세계가 확장이 되어 가면서 차차 편안한 숨을 내쉬게 되면서 이제 영원한 세계로 진입해 들어가는 경지에 이르게 된다.

중국의 노자는 일찌감치 "인간은 땅의 법칙에 따르고, 땅은 하늘의 법칙에 따른다는 원론을 우리에게 알려 주었고, 또다시 하늘은 도(道)의 법칙에 따르고, 그리고 道는 자연의 법칙에 따른다."라고 하지 않았던가? 그러니 땅과 하늘 사이에 태어난 사람은 무위이화(無爲而化)인 동시에 천도교에서 이르는 자존자율(自存自律)의 우주 법칙과도 같은 맥락이라고 할 수 있겠다.

3) 조남익 시인의 후기 시 작품들

조남익 시인의 후기 시 작품 설정은 주로 2010년 이후부터 2024년에 이르기까지의 시들을 조남익 시인의 후기 작품으로 분류해 보았다. 후기 시집으로는 제7시집『기다린 사람들이 온다(2010)』와 제8시집에 이르는『광야의 씨앗(2012)』이 있다.

조남익 시인의 시는 후기에 이르러 기본적으로 대지 적 상상력에 기초해 가고 있다. 이때의 대지적 상상력은 역사의 내포를 거느릴 뿐 아니라 자연의 이미지를 토대로 하고 있어 두루 관심을 모아왔다. 이러한 의미를 갖는 대지적 상상력을 바탕으로 하는 가운데 자신의 삶과 관련한 자신의 꿈과 소망을 담아내고 있다. 조남익 시인의 시가 오늘의 현실보다는 과거의 현실과 함께하는 상념이나 사물을 매개로 해 서정의 화폭을 펼쳐내는 것은 이와 무관하지 않은 것 같다. 대지적 상상력이 본래 시원의 상상력이기도 하고, 원초의 상상력이기도 하는 점을 기억하지 않으면 안 된다. 그러면 후기 시 한 편 만나보자.

태어나기를
윤기 있는 짐승이라고 한다
아니면 차라리
말라 죽은 삭정이의 살갗에 닿으려고 한다

휘어잡아도
유연한 뼛속은 비어
아무리 읊조린들
녹지 않은 향기이려고 한다

보탤 것
한 잔의 여의주에
말을 마시는 시인

시에 나를 넣어
불사르고 오르는 연기 가닥으로
하늘에 그리는 상형문자

그 몸부림치는 혼이려고 한다.

—「시의 골격」 전문

이 시는 새로운 서정의 세계로 돌아온 시집『하늘에 그리는 상형문자』 중에서 「시의 골격」이라는 시이다. 이 시는 조남익 시인의 시로 쓰는 일종의 '시론'이다. 여기에서 지적인 번뜩임을 볼 수 있었을 것이다. 〈시에 나를 넣어/ 불사르고 오르는 연기 가닥으로/ 하늘에 그리는 상형문자/ 그 몸부림치는 혼이려고 한다〉에서 그 몸부림치는 혼을 넣어야 제대로 뼈대의 골격이 이루어지는 시가 됨을 노골적인 시로 말해 주고 있는 것이다. 참으로 멋진 시라 할 수 있다. 다음은 제7시집의 표제이기도 한 「광야의 씨앗」이라는 시 하나 더 음미해 보자.

눈 덮인 광야로 가서
무명의 몇 톨 씨앗으로 잠들리
조상이 묻힌 땅
거기 또한 나 묻히리, 초목처럼
아닐세. 보이지 않는 진주처럼 파묻히리
천년이면 어떤가, 억년이면 되겠는가
순환의 계절이 오면, 우리 다시 피어나리
은행나무 이파리로, 민들레 꽃자루로
하늘거리는 나비로도
바람 타고 흔들리며 피어나리
어머니의 젖, 대지는 손짓한다
고고학이 와서

우리 깨울 때까지 깊은 잠에 빠지리

—「광야의 씨앗」 전문

이 시에는 무엇보다 <눈 덮인 광야로 가서/ 무명의 몇 톨 씨앗으로> 파묻히고자 하는 그의 꿈이 담겨있다. <몇 톨 씨앗으로> 파묻힌 다음 <순환의 계절이 오면> <은행나무 이파리로><하늘거리는 나비로도> 다시 피어나고자 하는 그의 희망이 담겨있는 것이 이 시의 주요 포인트다. 이 광야의 씨앗에는 이처럼 국토 속에서 핏줄처럼 흐르다가 천만년 뒤라도 되살아나고자 하는 그의 바람이 담겨있는 시이다. 이때의 그의 바람은 민족적인 것들도 있고, 토착적인 것들도 있고, 전통적인 것들과 깊이 연결되어 있다. 이런 것들은 민족적 시원의 활기를 지니고 있으면서도 면면한 이월 가치를 지니고 있는 것들이기도 한 것이다.

4. 조남익 시인의 시의 뜨락을 나오며

조남익 시인은 충청도 대표적인 원로 시인이었다. 또한 그는 반세기 동안 줄곧 충청도에 거주하며 후학들을 가르쳐 온 모범적인 교육자 시인이었다. 그럼에도 불구하고 조남익 시인에 대한 우리 시단의 평가는 생각보다 미미하다. 그것은 그가 지역 시인이라는 데에 가장 큰 이유가 있다고 하겠다. 보통 우리 시단의 시인에 대한 평가는 서울이라는 중앙을 중심으로 이루어지기 때문이다. 서울의 일간지들은 주로 문학 전문 기자들을 두고 신간을 소개하는데, 그것이 과연 공정한 서평인가 하는 데에는 의문점이 제기된다. 이러한 열악한 환경 속에서도 조남익 시인은 약 오십 년 가까이 꾸준히 시작 활동을 해 오신 존경받은 문인이시다. 부디 조남익 시인의 시적 여정을 통해 우리 현대인들이 마음의 고향을 회복하기를 바란다. 더불어 조남익 시인의 시가 많은 논자들에 의하여 더욱 활발하게 재조명되기를 바란다. 이제 선생님이 그리울 때면 보문산에 올라가 그리움을 달래고 와야겠다. 마지막으로 조남익 시인님과의 갑작스러운 이별에 아직도 멍한 가슴 추스르기 어려워 부족한 추모 시 한 편으로 부끄러운 그리움을 달래볼까 한다.

흙빛의 말을 사랑한 선비문학의 선구자여

- 조남익 시인을 추모하며

가진 것 탓하지 않았습니다
부귀영화도 탐하지 않았습니다
암울한 시대 조류에도 결코 굴하지 않았습니다

오로지
인간의 이상을 끝없이 갈구하며
목마르게 그리워했을 뿐입니다

서민의 애환과 시대정신 벗 삼아
고향 수고리의 땅 냄새, 땀 냄새
오롯한 흙빛의 말을 구현하고자 했습니다

〉

가난했지만 결코 비겁하지 않았고
설 자리 앉을 자리에 자존을 팔지 않았던
정의에 비굴하지 않는 영혼의 구원자였습니다

명예와 권세보다 허심탄회한 너털웃음으로
부조리를 잠재우고자 했던 정의의 사도였고
향토적 서정을 노래하며 자유와 구원을 염원했습니다

물질보다 정신적 문학 혼을 소중히 여겼던 당신은
참으로 인간미 넘치는 서정 시인이었고
보기 드문 조선의 선비이셨습니다

산바람 소리와 풀피리 소리에도 귀를 기울이고
흙빛의 말을 소중히 여겨 아득히 머언 하늘에
끝없는 상형문자를 그리신 분입니다

당신은 진정 대전 문단의 곰삭은 누룩이셨습니다
외롭고 추운 정신문화에 훈훈한 옷을 입혀주시고
문학의 서글픈 모퉁이에 빛나는 주춧돌이 돼주셨습니다

등단 초기 작품 '북촌리 타령'의 배경이 되었던 남편 본가엔
아직도 당신 문학 혼이 감돌고 있어 애제자와 부인 청림 시인을
배출해 내기도 하였습니다

〉

당신은 암울한 시대에 영혼을 살찌우는 풀뿌리 시인이셨고
대전 문단의 역사를 바르게 쓰고 세우시며
문화 예술의 진정한 면모를 정립하신 문단의 거목이십니다

당신이 갈고 닦은 유민 의식과 충절 정신은
이제 당신이 가꾸어 놓은 늘 푸른 느티나무 아래서
아름다운 문학 혼으로 더욱 풍성히 빛날 것입니다

부디 천상에서 하늘나라의 아름다운 상형문자로
백일장을 개최하시어 즐겁고 보람찬 하루하루를
행복하게 보내시기 바랍니다

제 3 편

조남익 시 자작 해설

조남익 / 《문학사랑》 2005년 봄호 시론

조남익 / 《해동문학》 2005년 겨울호 시인의 에스프리

조남익 / 《시인 플러스》 3호(2012. 7.) 조남익의 시 세계

조남익 / 《창조문예》 2008년 7월호 '나의 등단 시대'

토착의식(土着意識)과 역사인식(歷史認識)

– 나의 시집 평전(詩集評傳)

1 나의 시작 역정(詩作歷程)

문단에 얼굴을 내밀고 작품 활동을 해온 지 벌써 40년이 되는 것 같다. 지금까지 시집 6권, 229편이 나의 작품 전량이 되고 있으니, 나는 과작을 한 셈이다. 그러나 내 생애적 입장에서 볼 적에는 그 나름의 정신적 자취를 규명해 볼 수도 있을 것이다.

우리가 시를 읽을 때는 그 시인의 정신을 읽는다고 해도 과언이 아닐 것이다. 더구나 현대시에 이르면서 갈수록 시에 현대 의식 또는 사회의식 같은 것이 짙어가는 추세에 있고, 시인의 발언이 요구되는 점도 있어 시의 의미는 날카로움을 더해 가고 있다.

돌아보건대, 나는 《현대문학》에서의 3회 추천을 통하여 현실적으로는 문단 데뷔였는데, 내부적으로는 자연 '지도 과정'이 되는 시기였음을 숨길 수 없다. 신춘문예와 달라 추천 제도가 갖는 득실(得失)이라면 이런 과정을 두고 하는 말인 것이다.

당시 내가 제출한 작품은 40여 편이 편집된 시집 초고였다. 이 원고는 우연히도 신동엽(申東曄) 시인을 거쳐 《현대문학》 추천 위원인 신석초(申石艸) 선생님께로 넘어갔다. 거기서 선정되어 제1회 추천 작품으로 발표된 것이 「수고리(水古里)」였다.

그 시집 초고에는 「밤의 지하도」 등 현대 의식이 투영된 작품이 더 많았을 것이다. 그러나 「水古里」가 선택되었다는 것은 이후 나의 시작(詩作)의 방향을 결정짓지 않을 수 없었다.

내 작품의 효시가 되는 「水古里」는 이후 내 작품의 성격을 말해 주는 것이었고, 이른바 「당선작」이라는 성가와 함께 대표작의 하나로 꼽히기도 했던 것이다.

> 푸짐하게 열린 얼굴들, 그 맑은 웃음들이 서로 부딪쳐 은혜(恩惠)로운 파문(波紋)을 잉그리는 땅 위에서, 흘러가는 저 바람 소리는 지금도 나의 귀에 들려오고 있네. … 아무것도 보이지 않네. 그러나 그 억만(億萬) 가지마다 휘엉청 늘어져서는 구르길 두어 번, 깃을 벌린 당신들은 쉬쉬 산악(山嶽)을 뛰어넘어 왼 산(山) 왼 들을 다 채운 다음 다시 돌아올 듯 가시네.
>
> 집이 본시 수고리(水古里)에서도 상수고리(上水古里)인 나는, 천리 고개 사흘, 또 바늘 고개를 사흘, 그리고 물한바다 건너길 사흘, 아흐레를 눅눅히 젖어내야 하는지라, 아흐레를 또 누워서 가을을 볼밖엔 없네. 구릿빛 왼 몸뚱일 부끄럼 없이 뻗고, 하늘을 지붕 삼아 바위에 누울 양이면 산(山) 제비는 배 위에 똥을 깔겨 달아나고, 벌레처럼 늙어 가는 가을이 덮이네.
>
> —「水古里」 1, 2연

'수고리'는 내가 태어난 고향의 실제 지명이다. 2연의 '천리 고개' '바늘 고개' '물한바다' 등도 실제의 지명에서 왔는데, 모두 환상적 처리를 하고 있음을 알 수 있을 것이다.

이 작품을 출발로 하여 나의 40년 시작 편력(詩作遍歷)은 시작되었거니와, 나는 스스로 때로는 비판적 시각에서 내 6권의 시집을 정리해 보려고 한다.

2 잠 깬 토박이의 춤

충청남도 부여군 세도면 수고리 557번지, 나의 본적지이자 고향의 주소이다. 나는 이곳에서 태어나 자랐으며, 또 내 고향은 풍양조씨가 약 3개 면에 걸친 집성촌(集姓村)으로서 고려 말에 중시조(中始祖)가 정착했던 곳이니, 나의 가계(家系)는 여기서 7백년 이상을 살아온 본토박이인 셈이다.

나는 고향에서 인간의 토착적(土着的) 근원에 눈떴고, 시의 연원을 배회하게 된다. 헐려 없어진 집이지만, 나는 내가 태어나 열 살 때까지 산 조그만 초가집을 기억한다. 마루가 있고 안방과 윗방, 그리고 부엌, 부엌 뒤로 사랑방 등 한일자 구조인 이 초가집에서 우리 7남매는 태어났던 것이다.

나는 전북 고창에 갔다가 복원된 미당 서정주 선생의 생가를 보고 가슴이 철렁했다. 그것은 놀랍게도 내가 태어났던 그 초가집과 너무도 방불했던 것이다. 경북 구미의 박정희 대통령의 생가에 가서도 비슷한 감정을 맛보아야 했다.

내 선친은 불과 열한 살 되시는 해에 조부를 잃으셨고, 편모슬하에서 위로 누님 두 분, 아래로 두 분의 아우를 거느린 장남이었는데, 세 살 아래인 당신의 계씨와 함께 자수성가로 가업을 일으켰다. 이분들은 아주 '의좋은 형제'였고, 술을 못하셨다. 한글과 한문 등 문자 해독은 당신의 어머니로부터 배우고 깨쳤다. 선친은 재능이 있고 매우 합리적인 사고의 소유자였다.

1945년 조국이 광복되던 해의 봄, 내 선친은 그 초가집을 헐어버리고 다시 자리를 크게 잡아 현재의 집을 지었다. 마루가 있고 안방과 윗방에는 각각 골방이 딸렸다. 부엌이 있고 부엌 뒤로 사랑이 있는데, 사랑도 웃방이 있으며, 사랑의 마루가 또한 놓였으니, 옛집의 배가 훨씬 넘는 집이었고, 이후 우리 식구들이 사는 데는 큰 불편이 없게 되었다.

그 집을 지을 때 동네에는 밥을 굶는 이도 있었다. 목수들의 점심때가 되면 아이들이 한 둘씩 모여들었다. 내 모친은 콩나물밥을 해가지곤 그 아이들에게도 점심을 먹게 했다. 시국적으로 어려운 시기에 새집은 지어졌던 것이다. 그러나 내 아우는 초가집 또는 함석집이었던 것을 1994년에 현재의 양옥집으로 아주 바꾸어 살게 된다.

내가 유년기에 본 조그만 초가집, 흙을 바른 벽, 집 뒤로는 깎아지른 절벽이 있고 그 일대에 울창한 대나무밭과 아카시아나무들… 현재도 집터가 너무 좋다는 그곳에서, 뒷산 자락을 거슬러 올라가면 곧장 능선으로서 이 능선은 멀리 왕림의 산악지대로 이어진다.

어떤 문명도 지성도 들어오지 못한 야생(野生)과 원초적(原初的) 인간의 뿌리가 내 선험의 세계를 흔들었고, 나를 달콤하게 하였으며, 나의 창작 심리를 자극했다. 나는 이 땅의 토종이었으며, 잠 깬 토박이의 춤을 추었던 것이다.

하늘과 땅 사이에
새끼로 낳았다가, 짐승으로 커났다가
자욱한 민초(民草)로 뿌리는 내렸다가

물소리에 바람 소리에
살아온 열두 허물을 벗고
돌로나, 쬐그만 돌로나 잠을 깰까나

—「돌로나 잠을 깰까나」 1, 2연

흙이었다가, 손탐 없이 그대로 바위였다가,
저 산(山) 안에 호젓이 한 나무일 뿐이다

아침에 주렴(珠簾)을 걷어
애기 손바닥만 한 날을 받아놓고
고지식, 다시 헹구는 무성(茂盛)한 미동(微動)을 보라

휘어지도록 커나서
배부른 아낼 서워있는데
숲처럼 어울러서 풍악(風樂)이 은은한 마을…

—「북촌리 타령北村里 打令」 1~3연

일견 보아 알 수 있는 것처럼 내 시는 이 땅의 토산종에 뿌리내린 식물성의 관조로서 자연에 순응된 자의 독백이 풀어져 나온 것이다. 자연을 품고 안은 자의 이런 세계는 한국인의 국토적 배경과 생활 감정의 저변과 관계가 깊은 것이다.

첫 시집 『山바람 소리』(1969)는 현대문학사에서 나왔는데, 당시 김수명 편집장의 노고에 의한 것이었다. 나는 이 시집으로 다음 해 당시 문화상으로는 유일무이한 존재인 충남문화상을 수상했고, 상금은 10만 원이었던 것으로 기억된다.

이 시집에는 추천 작품인 「水古里」, 「北村里 打令」, 「山바람 소리」가 모두 수록되어 있고, 호평을 받은 추천 과정이 곁들어져 시집의 평가가 좋았다.

김현은 그의 「69년의 문학적 상황 Ⅱ」(월간문학, 69.12.)에서 다음과 같이 상세한 언급을 한 바 있다.

> 趙南翼의 세계는 현대적인 세계는 아니다. 의식의 갈등, 번민은 그의 시에 나타나지 않는다. 그의 시는 오히려 불교적(佛敎的)인 윤회의 세계에 속한다. "빈손으로 와서는/ 빈손으로 가서는/ 하늘나라 무변(無邊)의 처마 끝에/ 깜박 한번 반짝이고는/ 돌아오라. 다시 풀밭에(풀밭에서)" 이런 시구(詩句)들을 보면 그의 세계가 허무와 윤회로 점철된 순환의 세계라는 것을 잘 알 수 있다. 그러나 그의 시(詩)가 생생하게 느껴지는 것은 불교적인 세계를 시(詩)의 세계로 택한 것 때문이 아니라, 리듬에 대한 그의 뚜렷한 태도 때문이다. 그의 좋은 시편(詩篇)들, 「돌로나 잠을 깰까나」, 「섭리(攝理)」, 「산(山)바람 소리」, 「소곡(小曲)」 들을 보면 그의 언어에 대한 민감한 반응을 곧 알아낼 수 있다. 특히 의성어를 사용하는 것은 그의 시의 독특함의 한 부분을 이루는 데 큰 도움을 준다. "아가야 잉잉 앓는 네 소리는", "몸 바수어/ 가루, 가루는 쟁쟁 소리로 울어"
>
> — 김현 시론집 『상상력과 인간』 240쪽

나의 시 세계를 '향토적'이라는 것으로 본 이도 있지만, 그것이 알맞은 것 같지는 않다. 나는 이것을 일단 토착의식(土着意識)이라고 부르고자 한다.

우리의 근대 문학사를 보면, 우리 고유의 것을 발굴하고 지키려는 토착주의(土着主義)가 있고, 반대로 세련된 지성을 갖추고 당대의 첨단을 자부하려는 반토착주의(反土着主義)로 크게 구분할 수 있을 것이다. 이 두 경향은 지금도 상호 영향을 주면서 또한 충돌하고 있다고 보아야 한다. 김소월, 박목월, 백석, 이성교 시인 등은 이 땅의 토착주의에 일가를 이룬 시 세계를 보인다고 할 것이다.

3 아지랑이 피는 땅의 한(恨)

첫 시집이 평가가 좋았지만, 추천 작품을 비롯하여 너무 노숙(老熟)한 티가 묻어났다는 자책을 나는 하고 있었다. 30대 초반에 그런 시를 쓰고, 정말 노년이 되었을 때는 어찌 할 것인가.

내 주변의 시인들이 "시에 도(道)가 튼 사람"이라거나, 제2시집 『풀피리』(1976)에 서문을 쓰신 은사이기도 한 서정주 선생님께서 "조남익의 시들을 읽고 있으면 나는 어느 사인지 그의 마음의 나이가 아조 썩 많은 것을 느끼게 된다. … 중략 … 백 명(百名)이 아니라 만 명(萬名)쯤이 조남익의 속에는 들어있는 것이 아닌가 싶기도 하다." 등은 꼭 긍정으로만 보기 어려운 면이 있었다.

나는 땅에 특별한 관심이 있었다. 산이면 산, 강이면 강, 이런 자연환경과 특성은 생태학적인 시의 이미지를 이끌어 낼 수 있다. 또한 토착민(土着民)이나 토민(土民)이란 그 지방에서 대대로 살고 있는 본토박이인데, 어떤 역사성까지도 유추할 수 있다는 생각이었다. 나는 이미 「水古里」「北村里 打令」 등의 시에서 그 지명의 이미지만으로 시를 시험해 본 바 있었다.

나는 땅의 절망에 몸서리쳤다. 땅에는 한(恨)이 모락모락 피어나고 있었다. 백제의 절망이었다. 너무도 가혹한 패망의 역사를 안고 있는 백제는 소년 시절부터 내 가슴을 안타깝게 했다. 더구나 우리 집 뒷산만 오르면, 백제 도성의 최대 외성(外城)인 성흥산성(聖興山城)이 천년 고독을 머금은 채 멀리 정면으로 보인다. 백마강 낙화암 오층탑 등 정서를 흔드는 유적이 한두 가지가 아니었다.

백제에 관한 관심은 그 영역인 충청도로 갔고, 그것은 다시 조국과 역사 속으로 햇살처럼 번져 갔다.

나는 우리나라의 지정학적인 조건에 대해서도 몸서리쳐야 했다. 이것은 단순한 애국심의 발로가 아니었고, 땅의 역사, 땅의 절망을 따라간 시의 이미지였다.

사람의 함성을 몰고도
우거진 절망을 목 놓아 울고도
끝끝내 나타나지 않는 건 누구냐

세월이 죽은
시커먼 벌판

시대의 긴 노을이 잠기며
우리들, 무명한 해골이 떨어지는

나락(奈落)…

—「망멸(亡滅)」에서

낫을 번쩍
참수(斬首)하는 손,
그 비정(非情)의 순간에도
풀은 자란다
온 들에 넘치는
풀들의 격양가(擊壤歌)
밀생(密生)의 뿌리는 대지(大地)를 덮는다

이빨 빠진 백제 유민(百濟遺民)을
어육(魚肉)처럼 베고 또 베어도
여전히 무성한
백제(百濟)의 들아
누구도 지울 수 없었던
풀밭의 힘이여

—「충청도(忠淸道)·8」에서

지상의 모든 역사란 땅의 역사였다. 계절이 있고 풍상우로가 있으며, 인간이 수없이 바뀌어도 땅만은 변하지 않는다. 인간은 자연환경에 지배받기 때문에 지인상관론(地人相觀論)은 지금도 유력시되고 있다. “사람은 땅에서 난다”는 인걸지령(人傑地靈)은 널리 인식되어 있다. 이런 전통적 사상은 풍수설(風水說)이 내려온 오랜 연륜에도 배어 있다.

그러나 땅의 역사는 침묵이었고 절망의 역사였다. 거기엔 구원이 없었다. 삼라만상이 있고 거기 신(神)이 있을지 모르나, 아무도 가기 어려운 어둠의 절벽뿐이다. 나는 그 실체를 백제에서 보았고, 한국의 지정학적인 역사에서도 보았던 것이다.

제2시집 『풀피리』(1976)는 민음사에서 나왔다. 다음은 대전의 6인 시집 『청와집(靑蛙集)』(1971)의 발문이다. 정한모 선생의 「향토적 리리시즘의 승화」란 글에서 필자에 관한 부분만을 전재하여 본다.

> 조남익은 "충청도(忠淸道)"의 시인이다. 평범한 일상(日常)의 관조(觀照)를 리리시즘으로 바꾸어 놓기도 하고, 일상의 생활 감정(生活感情) 속에서 철학성(哲學性)을 찾기도 한다. 〈忠淸道 · 4〉는 그동안 발표해 온 연작시편(連作詩篇) 중의 하나로 이 시리즈에서도 역시 이 시인의 대표작이 아닐 수 없다.
>
> "느이 동네의/ 해묵은 고샅길에 이는/ 비릿하며 짭짤한 것/ 바람 소리는 잔다던"
>
> 적당한 오브제를 사용하여 독특한 시적(詩的) 뉘앙스를 표출(表出)하는 데 성공(成功)하고 있는 표현(表現)이다.
>
> "추수(秋收)도 끝난 빈 들에/ 휘엉청 달빛이나 쏟아지듯이/ 충청도(忠淸道) 할머니의 이순(耳順)에/ 곱다란 평화(平和)나 쏟아지듯이"에서 외적(外的) 이미지와 내적(內的) 이미지의 대조(對照)도 효과적(效果的)이거니와, 특히 /충청도(忠淸道)/와 /할머니의 이순(耳順)/과 /곱다란 평화(平和)/사이의 아날로지는 유니크한 효과(效果)를 거두고 있다.
>
> 〈충청도(忠淸道)〉가 조남익(趙南翼)의 대표작이 되는 요인(要

因)은 이 작품(作品) 속에 담겨져 있는 생활 철학적(生活哲學的)인 요소(要素)도 들 수 있지만, 그보다도 몸과 핏속에 배어 있는 忠淸道의 정서(情緖)와 생활 감정이 적절한 言語로서 나타나기 때문이다.

「신(神)이 좁는 노래」는 주제(主題)의 철학성(哲學性)이 처음부터 의식(意識)된 작품(作品)이며, 「보리밭」에서는 소재(素材)가 몇 개의 평범(平凡)한 이미지로 처리(處理)되고 있다.

「모자(帽子)」는 생경(生硬)한 듯하면서도 표현 내용(表現內容)에서 페이소스 같은 것을 느끼게 한다. 「봉명리(鳳鳴里)」엔 주제(主題)의 투명성(透明性)이 보인다. 대체로 이 시인은 시에서 주제의식(主題意識)이나 문제의식(問題意識) 같은 것을 꽤 중시(重視)하고 있는 듯하며, 그것이 표면(表面)에 나타나고 있는 경우가 있지만 〈충청도(忠淸道)〉에서는 그러한 의식(意識)이 무르익은 표현 안에 감추어져 있어 더욱 돋보인다. 이러한 의식과 표현에서 보다 좋은 성과를 거둘 수 있을 것이다.

— 정한모 『현대시론』 325~326쪽

4 시의 미학적 접근

제3시집 『나들이의 땅』(1983)의 전후에 나는 지쳐 있었다. 직장은 힘들고 10년에 걸친 지루한 시의 통근길을 헤매고 있었다. 그 전에 『현대시 해설』(1977)이 나왔는데, 초판부터 1만 부씩을 찍어 나갈 정도로 성가가 있었고, '아무개가 그걸로 집을 샀다.'는 뜬소문이 났다.

그때만 해도 시의 해설은 금기사항에 속할 정도로 극히 조심스러운 때였다. 나는 세운문화사의 명성이 있는 『일류고등국어』 자습서의 시 전담 필자였다. 이용길 사장이 그 자습서로 돈을 벌면서 나에게 시 해설집의 단행본 출판을 종용해서 그것이 나오게 되었던 것이다.

『현대시 해설』이 나온 것을 보고 조연현 선생이 《현대문학》의 시 월평 집필을 청탁해 준 것을 계기로, 이후 나는 시론 쪽에도 심혈을 기울이게 된다. 이 책은 현재도 『한국현대시 해설』로 완성되어 시판되고 있는 실정이다.

나는 1997년에 공산교육상(예술교육 부문)을 받게 되었는데, 이 책의 인정이 가장 컸던 것으로 알고 있다. 이 상은 동아그룹 최원석 사장이 운영위원장이었고, 대전 동아공고에서 주관했으며, 5백만 원의 상금을 주었다.

그러나 나는 시의 이론이나 해설에 대한 나름의 공부를 하게 되면서, 정작 내 시 창작은 어떤 회의에 빠지고 있었다.

첫째로 내 시의 정체성(停滯性)을 새로 뚫고 나가야 할 필요성을 느꼈다. 노숙에서 시작된 내 시는 새로운 충전이 필요했다. 나는 우리 겨레의 상고사(上古史)에 대한 관심이 많았다. 그건 아직 오염되지 아니한 처녀림과 같은 창공과 땅이었고, 나를 매혹시키기에 충분했다. 이것이 배달나라 역사 기행 연작시 「짐(朕)의 연가(戀歌)」가 탄생된 배경이었다.

둘째로는 시의 기법(技法)에 대한 자각이었다. 이는 시대적 추세가 있었고, 난해시가 시단의 전면에 점차로 부상하기도 했다. 이 기법의 미학적 접근이야말로 시대의 심각한 고민과 갈등의 요소였고, 사실 누구도 이에서 자유로울 수 없었다. 김춘수 선생은 '무의미 시론'을 주장하면서 시단의 중심에 있었다.

열적게 남은
실존(實存) 끝에까지 가서는
더도 말고 쬐그만
귀나 될까나

찬물로 떨어지는
천년 정적 속
한 줄의 시(詩)를 위한
천성(天聲)이나 들을까나

—「천성(天聲)」에서

손이 없습니다
귀가 없습니다
말이 없습니다

검은 땅에 누운 백골(白骨)
지금은 학살(虐殺)된 새 떼가 떴습니다

들어가도
다시 들어가도
나는 없습니다
아무도 없습니다.

—「절망(絶望)」 전문

시에 짙은 추상이 그림자를 드리우기 시작한다. 그리고 시는 단형이 되어 갔다. 나는 김춘수 선생의 명시 「부다페스트에서의 소녀의 죽음」, 「꽃」, 「꽃을 위한 서시」, 「처용단장」 등이 모두 초기 시에 해당하고, 대개 10행 이내의 단형에 의존하고 있는 후기 시는 어떤 한계가 있는 것으로 보았다.

그러나 여전히 의문은 따라다녔다. '이해되는 시'와 '이해가 쉽게 안 되는 시'의 차이는 하나의 의혹이었다.

일찍이 칸트에 의하여 미학이 성립된 이래 미학은 그 자체가 목적이 되는 경험을 만족의 쾌감으로 보아온다. 이러한 형식주의 문학관 이론은 때로는 도덕적 효용이나, 나아가 이해의 진폭까지도 초월할 수가 있었다. 그러나 '예술=장난'이라는 오락 예술론이 어디까지 갈 수 있는 것인지 그 끝을 알 수 없게 된다.

결국 문학은 이해되는 글이 오래 읽히게 되고 수명이 길게 된다는 평범한 논리에 이르게 된다. 이해 안 되는 글, 예를 들면 이상(李箱)의 시 같은 것이 때로는 경외(敬畏)의 대상이 되기도 하고, 때로는 찬란한 예술의 빛을 내는 수도 있겠지만, 문학이 인류를 위한 유용한 것이라면 이해되는 쪽이 훨씬 간명한 이치가 아닌가.

그러나 시의 기법이란 예술론의 첨단에 있음을 우리는 안다. 뛰어난 기법 없이 뛰어난 시가 탄생될 수가 없었다.

5 역설, 역사 기행 연작시

배달나라 역사 기행 연작시 「짐(朕)의 연가(戀歌)」는 「서시(序詩)」 「원목(原木)」을 《시문학》(1983. 3.)에 첫 발표를 한 이후 약 7년간 50편으로써 완결 지었는데, 《시문학》에 7회 연재하는 등의 과정을 거친다. 시집 『朕의 戀歌』(1994)는 미래문화사에서 나온다.

내 피에 흐르는
유전질(遺傳質)에서는
머언 북방계 몽고인종
동이(東夷)에서도 예맥족(濊貊族)의
바람보다 빠른
마른번개가 있고,

우는 듯
울리는 듯
칼 가는 들에
좁은 소매의 저고리와 홀태바지
북방계 호복을 입고
흥안령산맥(興安嶺山脈)을 넘어오는
기마민족 말굽 소리

이제사 보이는
겨울 하늘
기러기 떼의 그림자.

—「선조(先祖)들」 전문

한울님께서는 웅녀에게로 오셔서 그의 두 눈을 가만히 들여다 보았습니다.

쑥 한 죽과 마늘 스무 쪽의 영약(靈藥)만으로 석 달 열흘의 고행(苦行)을 이겨 왔던 그의 눈동자는 이제 화사한 수정처럼 맑게 빛나고 있었습니다. 그것은 호수와 같았습니다. 바탕도 사방도 없고 푸르게 텅 비어 하염없이 기다리는 그릇이었습니다.

〈네가 어찌 또 왔느냐?〉

한울님께서 물으시니

〈 … 〉

웅녀는 고개를 떨군 채 수줍은 듯 말이 없었습니다. 드높은 박달나무의 울창한 숲에는 달빛이 쏟아져 반짝이고, 머언 별 두어 개 숨어서 지켜보고 있었습니다.

〈어제도 그제도 왔었잖느냐? 웅녀야〉

한울님께서 답답한 듯 그의 곁에서 물러서려고 했습니다.

그러자 웅녀는

〈한울님, 이 몸에 천손(天孫)의 성령(聖靈)이 내려지시이다〉

이 말을 겨우 하고는 흐느껴 울기 시작했습니다. 불빛 같은 경악이 번쩍하곤 지나갔습니다.

이윽고 웅녀가 울음을 그쳤을 때, 한 사나이가 웅녀 앞에 서 있었습니다. 이목구비가 수려한 사나이의 몸은 너무도 눈부셔 차마 정시할 수 없었습니다. 사나이가 웅녀의 손목을 잡고, 이마에 입술을 찍으니, 웅녀의 몸은 쑥과 마늘 냄새가 걷히면서 더워지기 시작했고, 요염한 불꽃이 사나이를 사로잡았습니다.

한밝산 둘레 3천 부락에 새벽이 오고 있었습니다.

―「한울님과 웅녀」 전문

역사, 그것도 정사(正史)를 가지고 시를 쓴다는 것은 하나의 역설일 수도 있을 것이다. 일종의 당위성은 있으나 거기엔 시의 배리(背理)가 숨어 있기 때문이다. 지금까지 그런 사례도 별로 없었다. 그런데 '안시성(安市城)의 꽃송이' 하면 거기엔 짙은 울림이 있었다.

나는 가끔 안시성 싸움에서 당 태종이 왼쪽 눈을 잃은 고사를 다룬 이색(李穡)의 「정관음(貞觀吟)」을 생각하며 선인들의 지혜에 감동한다.

위시낭중일물이(謂是囊中一物耳)
수지현화낙백우(誰知玄花落白羽)
— 주머니 속의 물건으로 여겼더니
그 누가 알았으랴, 현화가 백우에 떨어질 줄을

'현화(玄花)'는 당 태종의 눈동자를, '백우(白羽)'는 그걸 쏜 화살을 가리키고 있으니, 이런 기가 막힌 은유가 어디 있을까. 특히 눈동자를 '현화'로 표현한 것은 쉽게 생각할 수 있는 용어가 아닐 것이다.

내가 「朕의 戀歌」를 쓴 것은 아무래도 일종의 '도피'였는지도 모른다. 역사로 들어가 숨어버린 꼴인 것이다. 왜 좀 더 당당하게 나 자신과 맞서지 못했을까. 지금도 가끔 이런 쓸쓸한 생각이 들 때가 있다. 다시 말하면 자기의 생살을 물어뜯는 일이 괴롭고 힘들기는 해도, 그것을 사양해서는 안 될 것이기 때문이다.

역사물을 대상으로 했을 때는 아무래도 이런 자기화(自己化)의 과정은 비켜가기 마련이요, 생살을 물어뜯는 아픔도 덜할 것이다.

가령 위의 「선조들」을 보면, 1연과 2연은 거의 사실적(史實的) 기록에 의존해 있다. 자아의 투영은 겨우 3연 "이제사 보이는/ 겨울 하늘/ 기러기 떼의 그림자"일 뿐인 것이다.

「한울님과 웅녀」의 경우는 환웅(桓雄)과 웅녀(熊女)의 신화이지만, 창작 요소가 상당히 가미된 작품이다. 신인(神人)인 두 남녀가 어떻게 인간적 결합에 이르렀는가를 보인 것이라고 하겠다.

시에서 역사의 재현이란 사실상 가능한 일은 아닐지도 모른다. 그러나 시가 갖고 있는 상징성과 암시성에 의하여 그것은 우리에게 감동으로도 다가올 수 있을 것이다.

나는 이 연작시를 통하여 민족의 기원으로부터 삼국시대까지 국사의 이른바 '서장(序章)'의 시기를 소요하였고, 지역적으로는 멀리 북만주로부터 한반도에 이르는 광대한 대지를 호흡했다. 이때 내 시력은 한껏 부풀어 오르기도 했으리라.

나는 「날개」란 시에서 "하늘에 숨은/ 내 날개에서는/ 북만주 우수리강 상공에서/ 문득 아무도 모를 홍모(鴻毛)가 떨어진다"고 노래할 수 있었던 것도 그 시기였다. 이제 나는 내 서정시의 세계로 복귀해야 할 차례가 오고 있었다.

6 산꿩의 미학

시는 주관성이 지극히 강한 장르이다. 시인 루이스 맥니스는 시를 가리켜 "인간의 생에 대한 반응을 기록하는 하나의 정밀기계"라고 하였고, '생에 대한 반응'이란 곧 치열한 정신의 흔적을 말한다고 할 수 있다.

그런데 그 정신의 흔적은 비속하고 일상적인 것과는 달리 "최선의 질서에 놓인 최선의 말"(코울리지)에 있었던 것이기 때문에 재기 발랄하고 뛰어난 '정예의 기록'에 남은 것이라고 하겠다. 이러한 기록의 연속은 하나의 생에 대한 신화적(神話的) 체계를 형성해 갈 수도 있을 것이다.

문학의 긴 여정에서 나는 힘들었다. 이는 나뿐이 아니고 모든 문인들의 푸념일 수 있다. 사회적으로나 경제적으로 그들은 고립된 삶에 놓인다. 어떤 후원 같은 것이 있을 수 있겠지만, 지원받고 편안할수록 그들의 창작은 오히려 퇴보한다는 역기능론도 있다. 정련(精鍊)의 불꽃은 그들의 삶이 역경에 처할수록 타오르게 된다는 논리인 것이다. 고독한 불나방의 예술혼이 거기 있었다.

나는 제5시집 『하늘에 그리는 상형문자』(1998)를 오늘의문학사에서 상재했다. 이 시집은 「朕의 戀歌」를 쓰는 기간에 단편적으로 쓰여진 일반 서정 시편과 그 이후에 쓴 것들이 편집된 것이다. 그 때문에 지금도 나는 시집의 예기(銳氣)가 조금은 부족한 시집이라고 느낀다.

그러나 이 시집은 대전광역시가 지원하는 문예진흥기금 1백만원을 받았는데, 이런 도움은 나에게는 처음 있는 일이었다.

> 아름다운 빛깔
> 긴 꼬리 달고
> 한껏 날았던 산꿩
>
> 목을 뽑고
> 먼 곳 향해 울어
> 비어 있는 본적지
> 내 꿈을 울어
>
> 충청남도부여군세도면수고리산557번지

거기서 왔다가
다시 돌아가야 하는
내 꿈을 울어

나는 아직도 토종
적갈색 피부가 고운
산꿩.

—「산꿩」 전문

강은 그의 내력 감추어 감돌아 흐르고
산들은 둥글게 도란도란 솟아오른 곳

사람이란 순리 좇아 죽순처럼 태어나서는
하늘과 땅 사이 서 있는 것을

여봐라, 해 뜨는 날 달 지는 밤에
꽃필 듯 꽃필 듯하는
한세상의 깊은 뜻

백제 하늘 천년 바람 쐬온
소부리 사람들의 미소에 넘쳐 있네. —「백제 미소」 전문

이제 나는 고향을 다시 생각하는 때가 되었나 보다. 귀소본능(歸巢本能), 더구나 나는 첫 출발 작품이 「수고리」였던 것이다.

나는 내 본질이 여전히 한국의 토종임을 확인하는 것이다. 꿩

은 우리나라의 특산종에 속한다. 수컷은 '장끼', 암컷은 '까투리'라 하며, 특히 수컷은 목 위쪽에 녹색, 빨강, 검은색의 털이 차례로 나 있어 매우 아름다운 것이다.

누구나 마찬가지로 나도 내 고향을 사랑한다. 더구나 나는 여기의 본토박이였다. 부여의 산하는 험하고 모질거나, 웅대하여 위협하거나 하는 모습이 아니다. "산들은 둥글게 도란도란 솟아오른 곳"인, 유순하고 다정한 모습인 것이다. 거기엔 백마강이 흘러 금강으로 들어간다. 고(故) 홍사준(洪思俊) 사학자는 "부여의 산하는 많은 시인 묵객의 땅"이라고 하였다.

일찍이 가람 이병기는 그의「낙화암을 찾는 길」에서 "경주와 같이 주위에 있는 장산(壯山)들에게 조금도 위압을 받는 일도 없고, 한양과 같이 에워싼 산협도 아니고, 평양과 같이 헤벌어진데도 없이 아주 구격이 맞게 되었다. 그리고 구석구석이 묘하게 아름답게스리 되었다"고 찬탄을 아끼지 않는다.

이러한 부여의 자연 승경을 가리켜 "산수가 이리도 좋거니, 의자왕인들 무슨 죄 있으랴(山水如此好 何罪義慈王)"는 우스갯소리 같은 시구가 전해올 정도이다. 의자왕의 사치와 실정이 부여의 뛰어난 경관 때문이라는 것이니, 어찌 보면 그럴듯한 해학인 것이다.

시「백제 미소」는 바로 이런 부여의 산하와 인간 세상의 '깊은 뜻'을 '미소'로 표현해 본 것이다. 백제 문화의 미소가 아니라, 현재 부여 사람들의 인간다운 미소라고 하겠다.

이 제5시집은 나 자신이 부여고등학교 교장으로 재임 시에 출간되었던 것이니, 여러 가지 인연이 또한 함께했다고 해야 할 것이다.

7 조선신(朝鮮神)과 역동적 이미지

제6시집 『푸른 하늘』(2004)은 한국문인협회 《월간문학》 출판부에서 나왔다. 이 시집은 정훈문학상을 받을 수 있었고, 출판비 3백만 원을 상금이 대체해 줄 수 있었다. 그건 나의 행운이었다.

이 시기에 와서 나는 안정될 수 있었다. 직장에서는 퇴직했고, 대학에 출강하면서 여유 있게 얻은 나의 시간들, 나는 건강하게 작품 활동에 몰입할 수 있었다.

그리고 나는 내 시가 길고 긴 생애적 역사 인식에서 회귀와 완성을 향하고 있음을 느끼게 된다. 아름다운 곡선미처럼 내 시의 새로운 호흡이고 고동과 같은 것이었다. 또 이 시집엔 바다를 소재로 한 몇 편의 시가 신선한 뜻을 더해 주었다. 이 시집에는 「조선신(朝鮮神)」 6편, 「소나무에 대하여」 8편, 「난(蘭)에 관한 대화」 2편 등의 연작시가 있다. 역사 인식의 심층을 엿본 이 시편들에는 에스프리의 파장을 담아낸 '언어의 절도(節度)'가 하나의 운율을 보인다고 할 수 있었다. 해설을 쓴 임승빈 교수는 이를 전체적인 각도에서 역동적 이미지라고 했다.

> 소나무 군단이 포복으로 산맥을 기어오릅니다.
> 소나무 군단이 높은 암벽에도 뿌리 내리고 날개 폅니다.
> 소나무 군단이 숨죽이고 쉴 새 없이 암호를 보내고 있습니다.
> 소나무 군단이 창세기의 바람을 새로 장전하고 있습니다.
>
> —「소나무에 대하여 · 2」 전문

이 4행시는 소나무의 강인한 삶의 의지와 기상을 형상화한 것인데, '소나무 군단'이란 집단적 이미지에 의하여 험난한 이 땅의 삶을 살고 있는 한민족의 얼과 점화된다고 할 것이다. '창세기의 바람'에 의하여 그것은 쉴 새 없는 창조적 역사와도 접맥된다고 하겠다.

나의 역사 인식은 「조선신(朝鮮神)」에서 신화적 겨레 의지를 접하고자 한다. 이 땅의 산하와 역사의 숨결 속에 숨어있는 이데아를 탐색하려는 것과 같을 것이다. 우리의 모든 존재와 인식의 근거가 되면서도 인간이 감각할 수 있는 개개 사물의 원형 이미지이기도 했던 것이다.

나를 더 많이 사랑했고
나를 더 많이 학살했다

나 태어난
그로테스크한
열강의 사냥터

마침내 길게 누운
나라 망한 그림자
조선신(朝鮮神)

(당한 자는 성난 자이다)

그림자 그림자 그림자 그림자
짐승의 울부짖음 속

굴욕 된 넋들이 떨어진다

백 년이 가고
이백 년이 와도
영글지 못한 햇살을 쬐고 사는
결핍 증후군

덫을
자유를
성난 쥐똥나무들이 포위하고 있는
나라.

—「조선신(朝鮮神)·6」 전문

이 시는 이 땅의 현실적인 역사 인식이 노출된 '나라 망한 그림자'라고 할 수 있을 것이다. 오랜 민주화 과정을 거치면서 그 험하고도 완강한 젊은이들의 '성난 저항'을 나는 '결핍 증후군'으로 진단했던 것일까.

사실 우리는 근세사에 와서 너무 치명적인 역사의 함정에 빠졌던 것이며, 아직도 그걸 벗어나지 못하고 있다. '결핍 증후군'은 일종의 병명에 준하는 명칭이다. 결정적으로 손상되었던 국가와 민족의 자존 앞에서 우리는 모두 앓고 있는 자들인 것이다.

나는 내 초기 시의 토착 의식이 반영된 「다시 수고리(水古里)」를 발표하기도 했다. 40년 전에 출발했던 옛 공간과 정서로 다시 가본 것이다. 옛 「수고리」처럼 산문시로 쓴 이 시는 "참나무 베어다가 포자를 심은 나무토막에서는 여름내 질기고 향기 좋은 표고

버섯이 귀 쫑깃 세우고 자라네/ 아하, 소리 없이 흐르는 강물은 깊고, 길 하나 멀리 뻗어 있네."로 끝을 맺는다.

아우가 그곳에서 지금도 살고 있지만, 부모님은 모두 돌아가시고, 결국 나는 고향을 잃어버린 자가 되었다고 하겠다. 한 편의 소설처럼 매우 현실적인 바탕의 사고가 지배한 내용이다.

작품 생활 40년이란 길다면 길고, 짧다면 매우 짧은 기간이다. 나는 이 기간에 토착 의식으로부터 본격적인 시를 쓰기 시작해서 시의 주축을 형성했다. 나는 늘 멀리 보고, 깊이 느끼려고 했다. 그 뒤 역사 인식까지 이어가며, 땅과 하늘, 그리고 역사의 내면에 슬픔과 분노 같은 이미지들을 만나고자 했다. 그러나 시는 여전히 나와는 먼 잠재의식 속에서 더 많이 출렁이며 달아나곤 했던 것이니, 내 평생의 목마른 갈증은 지금도 쉬지 않고 있는 것이다.

《문학사랑, 2005년 봄호》

향토적 정신주의와 혼魂

– 나의 시작 편력詩作遍歷

1.

내게 시란 무엇이었던 것일까.

아무리 보아도 시란 학문이 아니었고, 인격도 아니었으며 더구나 경제도 아니었다. 언제나 늦가을 홀로 매달린 홍시紅柿처럼 절실한 무엇을 주면서 존재했을 뿐이었다.

사실 시는 내게 아무것도 아닐 수 있었다. 그런가 하면 내 생애의 모든 것일 수도 있었다. 나는 그렇게 시와 더불어 한평생을 함께했다.

시는 무엇일까?

지금까지 여러 가지로 설명되어 왔고 앞으로도 여러모로 설명할 수 있겠지만, 시가 예민한 정신 감응精神感應의 장치에 있음은 분명할 것이다. 다만 그 정신감응이 언어로 표현되고 그 표현의 질質에 의하여 사람들에게 감상되거나 감동을 준다는 사실이다. 예술의 본질과 목적 그리고 가치 등은 모두 여기서 비롯되고 있다.

시를 하나의 방울에 비유할 수 있을지 모른다. 방울은 보통 구형球形이고 속은 비어 있는데 거기엔 모래알이나 쇠로 된 구슬을 넣어서 흔들면 소리를 내게 되어 있다. 그 소리는 천차만별이라 할 수 있다. 은방울, 금방울, 쇠 방울처럼 시에는 동시, 시조, 정형시, 자유시 등 여러 형태가 있다.

시는 방울처럼 감성적인 자극에 예민하며 울림이 있다. 일반적으로 시의 주제는 매우 본질적인 문제에 반응하여 경우에 따라서는 울부짖으며 노호하기도 한다. 방울은 언제나 혼자가 아닌 소리를 낸다. 그 속에는 많은 소리가 숨어 있는 것 같으며 적어도 어떤 민의民意의 대변자 노릇을 하고자 한다.

방울이 장난감이나 장식용으로도 쓰이는 것처럼 시도 본래가 '놀이'에서 시작되었다. 시의 '언어유희'는 지금도 시의 중요한 기능의 하나임에 틀림없다.

나는 '시의 방울'을 달고 다니는 한 마리의 고양이인지도 모른다. 나는 고양이처럼 때로는 불온不穩하였고 때로는 낮게 응시凝視하면서 시에 바싹 다가간다. 그러면서 짐짓 베개를 높이 하여 편히 누운 고와高臥의 경지를 즐긴다. 고양이가 달걀을 굴리듯 나는 천상천하 '시의 방울'을 흔들 수 있었다.

내가 처음 시에다 물어본 것은 인간의 원초적인 존재성이라 할 수 있다. 내가 내 의식으로부터 독립하여 외계에 객관적으로 실재하는 그 본체론本體論을 시로 써보고 싶었던 것이다. 나는 자연에서 왔고 또 자연으로 돌아가야 하였으므로.

나는 지금까지 2005년 현재 6권의 시집을 상재했다. 『山바람소리』(1969), 『풀피리』(1976), 『나들이의 땅』(1983), 『朕의 戀歌』

(1994), 『하늘에 그리는 상형문자』(1998), 『푸른 하늘』(2004) 등이 그것인데 작품 편수로는 모두 300편이 되는 것 같다.

나의 추천 과정은 《현대문학》(申石艸 추천)에서 〈水古里〉(65.6.), 〈北村里 打令〉(65.9.), 〈山바람 소리〉(66.2.) 등 3편인데 비교적 호평을 받은 편이라 할 수 있었다.

배우지 아니하고도 스스로 깨달아 안다는 '생이지지生而知之'라는 말이 있거니와 특히 시인은 타고 난다는 생득관념生得觀念이 없지 않다. 시인을 둘러싼 자연환경으로부터 시대적 배경 등 그 인과율因果律의 결과로 보는 것이다.

추천 작품을 비롯한 나의 초기 시는 생태적 환경의 영향을 부정하기가 어렵다. 지금은 버스가 다니고 도로도 정비되어 있는 편이지만 내가 성장할 때의 내 고향은 20리, 30리 등의 길을 보통 걸어 다녀야 하는 오지였다. 나는 거기서 태어나 다감한 청소년 시절을 보냈다.

자연환경이란 누가 무어라 해도 사람이나 물질의 모두가 본디 성질인 본성의 세계이다. 타고난 성질로, 천성 그것의 세계인 것이다.

시가 사물의 본성을 투시하고 교감한다는 것은 자연스러운 과정인 것이며 순수시의 본령이 거기 있었다. 말하자면 사무사思無邪의 경지가 거기 있으며 순수시의 오랜 연륜이 배어 있는 곳이기도 했다.

시인은 감성의 물을 마시며 스스로 도취하는 자일지 모른다. 그는 스스로 도취함으로써 그의 체험이나 의지를 어느 정도까지는 밀어버리고 재조직하는 생명력을 이끌어 낸다. 시는 황홀하면서 또한 광기狂氣가 있는 것이므로.

누구나 그렇지만 나는 이 땅의 토박이였다. 본토박이란 자기네 고유의 사상이나 의식을 우선하는 개념이다. 이 땅의 고유문화는 한국인의 고향이며 민족문화의 본체라 할 수 있다. 고유문화는 편협하지 아니한 정통의 시각과 맑은 혼의 새 창조가 절실한 것이라 할 수 있다. 시가 이런 '원초 경험'으로 나아갔을 때 갈등이나 대립보다는 광활한 소요逍遙가 있을 수 있으며, 자연과 신의 묵시默示에 귀 기울일 수도 있다. 사실 자연이란 시대를 초월하여 존재하는 인류의 보금자리였다. 거기엔 안식과 명상이 숨 쉬는 곳이기도 했다.

> 하늘과 땅 사이에
> 새끼로 낳았다가, 짐승으로 커났다가
> 자욱한 民草로 뿌리를 내렸다가
>
> 물소리에 바람 소리에
> 살아온 열두 허물을 벗고
> 돌로나, 쬐그만 돌로나 잠을 깰까나
>
> —「돌로나 잠을 깰까나」 1, 2연

나의 초기 시를 대표하는 이런 시는 시가 하나의 지적 산물이면서 정신 지향의 은은한 향기를 풍길 수 있을 때 거기 시의 에스프리가 밸 수 있음을 보인 것이라고 하겠다. 순수시의 푸른 여울은 좌절과 부조리의 현실을 형이상학의 초감각적 세계로 이끌게 되는 것인데, 초경험적인 시의 날개가 빛나는 매력이라 할 수 있다.

산골 오지에 한 소년이 있었다. 그 소년은 하늘과 땅, 나무와 숲, 밭과 논의 자연환경에서 태초의 정서적 샘물을 깊숙이 적시며 별 하나를 품었다. 별은 침묵이었다. 그 소년은 외계外界로부터 이 땅에 떨어진 토착민의 혼이었고 원초적 정신 고향의 동자꽃이었다.

나는 나이를 먹고 살지만 그것들은 나이를 먹는 적이 없었다.

2.

첫 시집 이후 제2시집『풀피리』시기로 접어들면서 나의 시는 「땅의 한恨」을 냄새 맡기 시작한다. 지금까지 시에 내가 쓴 지명, 이를테면 '水古里', '北村里' 등은 '땅의 한'이기보다는 오히려 자연 속의 안주와 그 영생의 삶이라 할 수 있었다. 시는 고결한 운치를 향했고 정신적 행복이 충족되어 있었다.

충청남도 부여군 세도면 수고리 557번지

이 나의 본적지에는 항아리 속 같은 곳에 백제의 넋이 침묵 되어 있었다. 깊은 산골에 천 년 묵은 백제성이 굽어보는 곳 — 백제 도성을 지키는 최대 외성外城인 성흥산성聖興山城은 자나 깨나 지척에서 멸망의 화신처럼 침묵일 뿐이었다.

멀리 감돌아 흐르는 금강 그리고 강마을과 같은 부여읍의 오층탑, 부소산, 낙화암 등의 백제 유적은 소년을 이미 사로잡은 지 오래였다.

천 년 영화의 경주가 가슴 뿌듯한 문화의 꽃으로서 평화와 자부심을 심어준다면, 부여는 잔인한 패망의 역사 때문에 예부터 시인들의 심금을 흔들었다. 더구나 외세까지 곁들인 패망의 역사는 지금도 우리는 물론 일본에까지 그 파장이 멈추지 않고 있는 터이다. 일본 최고의 사서史書인 『일본서기』, 『고사기』 등에 담긴 그 왜곡된 반한反韓의 정체는 무엇인가. 이를 편찬한 백제 유민들의 원한과 그 죄악의 씨앗을 추적할 수 있을 것이다.

시가 가장 주관적인 산물이라는 것은 시의 생명수가 시인의 체험과 함께하고 있음을 뜻한다. 시인의 지적 사고를 뒷받침하는 교양이나 전문 지식이 모두 시의 당분이 될 수 있지만, 시는 여전히 정서적 등가물等價物이라 하는 것은 이런 뜻에서 이해된다.

나는 역사가 사서보다는 땅에 더 깊숙이 배어 있음을 몸서리쳤다. 책에서 읽는 것도 중요하지만 문화유적의 현장을 본다든지 또는 역사적 인물의 묘소 같은 데서 느끼는 것은 아주 직접적이라 할 수 있다.

나는 '땅의 한'을 냄새 맡으며 이 땅의 지정학적인 조건에 대해서도 절망해야 했다. 내 시의 수평선은 흔들리고 있었다.

자연 속의 운치를 숨 쉬던 내 시는 땅의 지뢰밭으로 굴러간 셈이다. 제2시집 『풀피리』에 실린 연작시 「충청도」, 제3시집 『나들이의 땅』에 보이는 역사의식이 조명된 일련의 시편들은 모두 이런 배경에서 창작된 것이라 할 수 있다.

나의 이런 진척은 제4시집 『朕의 戀歌』(배달나라 역사 기행 시집)를 엮기에 이른다. 서정시에 갇혀 있던 나는 '국사의 정사正史 쪽에서 취재한다는 조금은 실험적인 시각'을 가지고 사서로 뛰어든 셈이다. 실제로 나는 10여 년간 적지 않은 사서를 읽으며 시를 썼다.

> 내가 여행한 광막한 역사의 숲은 멀고도 황량하였습니다. 우리 민족의 기원을 이루는 겨레의 고향은 이미 '무화(無化)의 대지(大

地)'로서 그 명멸(明滅)의 흔적조차 꺼진 지 오랜, 초월의 세계에 있었던 것입니다.

그러나 나는 그것들이 나의 근원으로서 내 심장 속에서 끊임없이 고동치고 있으며, 나의 본질로서 손짓하고 있음을 부인할 수 없었습니다. 오히려 나는 내 핏속에 흐르는 넋의 흐느낌에 더 많이 공감하고, 감동받지 않을 수 없었습니다.

— 시집『朕의 戀歌』책머리에서

이 시집은 민족의 기원으로부터 삼국 시대에까지 이르는 역사가 소재로 되었다. 그러나 백제 시편이 작품도 많은 편이고 의욕적이었다고 할 수 있었다. '땅의 한'의 진원지가 바로 백제였기 때문이다. 백제는 이미 나에게 허기와 갈증의 생명감정으로 솟아올랐다고 할 수 있었다.

나의 '역사 기행' 시편은 서정시 쪽에서 보면 일종의 외도라 할 수 있는 것이었다. 거기엔 좋든 나쁘든 민족주의 또는 민족정신이라는 이념이 개입되게 되어 있었다. 그러나 나는 영역의 발견과 확장을 통하여 시의 새로운 개척을 시도한 것이 사실이었다.

역사에 관한 것 또는 역사의 입장에서 보는 것 등의 역사의식이란 시의 경우, 접근하기가 그리 용이한 것일 수 없다. 특히 이념은 '미학적 구도를 잡으려는 예술 의식'과 곳곳에서 충돌이 일어나곤 했던 것이다. 나는 외로웠고 땀을 많이 흘리고 있었다.

제5시집『하늘에 그리는 상형문자』에 와서 나는 큰 짐을 벗은 듯 '역사 기행시'와 떨어져 일반 서정시 쪽으로 시력을 잡을 수 있었다. 나는 가벼워졌고 자유로웠으나 시를 안일하게 보려는 면도 없지 않았다. 일종의 정신적 공허가 온 셈이었다.

시인의 정신 편력精神遍歷이란 여러 가지로 설명할 수 있을 것이다. 어떤 시인은 평생을 외곬으로만 일관한 경우가 있는가 하면, 어떤 시인은 다양한 변화를 보이는 경우도 있다. 나의 경우는 '역사 기행시'가 있지만 이 또한 이 땅의 역사에서 취재한 것이므로 조금만 큰 틀에서 보면 모두 '향토적 정신주의와 혼'으로 묶을 수 있을 것이다.

시는 시인의 혈흔血痕처럼 어떤 이미지 또는 흔적이 묻어나게 되어 있고 그것의 언어적 질이 문학성을 좌우한다고 할 수 있다. 말하자면 무르익은 인생론이 배어 있을수록 시의 깊이를 함께할 수 있음이다.

시는 심장이 뛰되 입김이었을 뿐이요, 투명한 지성이 빛나고 있지만 아주 서툰 눌변訥辯으로 표현되는 수가 있다. 시의 표현은 언제나 최고의 경제성 원리에 있기 때문이다.

제6시집 『푸른 하늘』로 넘어오면서 나는 경쾌한 역동적 이미지에 의한 시의 기법을 의도하게 된다. 그것은 초기 시와의 대단원을 잇는 종합적인 의미가 있었다. 시의 상식성과 정체성을 극복하기 위해서는 시의 쇄신을 도모하지 않을 수 없었다.

제6시집에 와서 내 시의 민족정신은 연작시 「조선신朝鮮神」, 「소나무에 대하여」, 「난蘭에 관한 대화」 등 구체적 사물로 옮겨간다. 사실 조선 · 소나무 · 난 등은 이 땅의 지조요 또한 정신을 나타내는 것들이라 할 수 있다.

배달나라 역사 기행시로부터 뻗어온 나의 민족정신은 한국인의 향토적 신화神話를 구현해 보고픈 것일 수 있었다. 이 땅을 지탱하고 있는 정신의 뿌리가 거기 있기 때문이다.

사관(史官)처럼
멀찌감치 서 있다

조선왕조실록
888책 1천 800여 권 속
사관들의 머리카락 뒤에서
숨바꼭질하고 있다

사초(史草) 감추고 엎드려
피 토하듯 나직이 아뢰었지
— 전하, 사관 위에는 하늘이 있소이다

달려간다, 조랑마차 하나
채찍으로 심금 때리며
퉁방울눈 번득인다

눈보라 치는데
낙락장송 네댓 그루
슬픈 예언자 모습을 하고
축축 늘어져 걸어오는데

광활한 수평선 너머
우레처럼 무너지는 왕조(王朝)
승냥이 한 마리
순식간에 불타고 없다. —「소나무에 대하여 · 3」 전문

꿋꿋한 소나무의 이미지와 사초史草를 다루는 사관의 이미지가 오버랩되며 정예의 정신이 만난다. 그것은 빛의 승화라고 할 수 있다.

'향토성 · 향토색'이라고 할 때 그 지방 특유의 기후, 풍속, 기품 등의 특색을 떠올린다. 나는 충청도의 정취나 풍속을 민속적으로 다루려는 의도는 처음부터 없었다. 다만 이곳의 백제 의식이나 역사의식에 한해서만 시의 뿌리를 내렸다고 할 수 있다.

3.

이성교李姓敎 시인은 최근 그의 '전통 정서와 역사의식으로 꽃피운 큰 詩'(《조선문학》, 2005. 5)에서 "조남익 시인은 한평생 좋은 시를 쓰기 위하여 넓은 의미의 고향 충청도를 떠나지 않았다. 충청도의 짙은 색깔, 내음을 노래했기 때문에 그를 한마디로 충청도의 시인이라 할 수 있다"고 했다.

그런가 하면 '향수의 미학(송재영)'이니 또는 '혼魂은 조남익 시의 내밀한 공간을 채우는 가장 긴장된 정신이다. 이 혼의 울림을 얻고자 조남익은 일생을 시인으로 살아왔다(송기섭)' 등의 기술이 있다.

시 정신은 나를 절실하게 관류하는 것일수록 정체성과 진실성을 함께 얻을 것이다. 나는 그것을 내 자신에서 구한 바 되었는데 곧 나의 고향이라고 하겠다. 그러나 나는 평생을 두고 그 자력磁力을 극복하지 못했던 것이니, 이것이 내 시의 한계라면 한계라고 할 것이다. 이제 나는 시의 자유에 깃들어 훨훨 날아보고 싶다.

《해동문학, 2005년 겨울호》

향토의 영생주의와 혼(魂)

- 내 시의 자서전

어쩌니 해도 거룩한 시는 곧 우리 자신이다. 너 자신을 알라는 말이 있는 것처럼 우리는 참으로 자신을 다 안다고 할 수 없는 것이 우리 자신일 것이다. 자유인으로 태어난 인간은 영원을 사모하는 판타지와 정신을 누리는 존재이기도 하다.

위대한 작가정신이니 시신詩神의 고향이니 하는 말은 낯선 것이 아니다. 작가가 한 작품, 또는 평생의 정진에서 일구어낸 사상적 배경이나 창작 요소를 가리킨다고 할 것이다.

내가 처음 시에 관하여 본격적인 작가 되기의 눈을 뜨기 시작한 것은 아마도 문단 데뷔 과정에서였을 것이다. 지금은 단 1회로 추천이 끝나지만, 내가 겪은 《현대문학》의 추천 과정은 3회였다. 나는 당시 40여 편의 시를 묶어 제출했는데, 신석초 선생님은 거기서 「수고리(水古里)」 한 편만을 초회 작품(1965년 6월호)으로 하였고, 나머지 추천은 신작을 요구하셨다.

지금까지의 습작기란 생각나는 대로 시를 써온 것이라고 할 수 있다. 그러나 한 시인으로서의 시 정신이란 반드시 집중적인 방향과 성취를 요구하는 것이다. 말하자면 작가정신의 성숙과 그 개성을 요청한다고 할 것이다.

나의 첫 시집《山바람 소리》(1969)에는 지명들이 더러 나온다. 〈수고리〉를 비롯하여 〈북촌리(北村里)〉, 〈대사동(大寺洞), 〈백마강〉, 〈비홍봉〉 등이 그것이다. 제2시집《풀피리》(1976)에서도 〈봉명리〉, 〈유등천〉, 〈충청도〉, 〈남촌리〉, 〈황산벌〉 등의 지명이 나온다. 지명은 시의 향토적인 요소도 있지만, 토착민의 인식이나 근원적인 한국인의 주체성과도 관련이 있게 된다.

다시 말하면 〈수고리〉는 내 고향의 지명에서 온 것이다. 〈북촌리〉, 〈남촌리〉, 〈대사동〉 등은 실제로 내가 산 곳이기도 하다. 그러나 내가 이런 지명을 선택할 때, 개인적인 호감 같은 것보다는 한자어 속에 숨은 지명의 이미지를 추적하고 묘사한 미적 형식의 시였다. 지명 이미지의 순진무구한 세계, 자연과의 무아지경을 향한 한국 미학의 한 형태를 놓고자 했다.

흙이었다가, 손탐 없이 그대로 바위였다가
저 안 안에 호젓이 한 나무일 뿐이다.

아침에 주렴을 걸어
애기 손바닥만 한 날을 받아놓고
고지식, 다시 헹구는 무성한 미동을 보라

—「북촌리 타령」에서

첫 추천 작품 「수고리」에 이어 두 번째의 추천 작품이다. 「수고리」는 산문시였고 설화적 요소가 있었다면, 「북촌리 타령」은 식물성 이미지의 고고한 기품을 보인다고 할 것이다. 이 시의 '시천후기'에서 선자는 뜻밖에도 칭찬을 아끼지 않으셨다. "고유성과 현대성이 어떻게 결합돼야 하는가 하는 문제는 우리 창작 실험의 초점이기도 하다. 시어가 훨씬 탈피되었고, 경쾌한 터치로 말쑥한 하나의 시경을 보여준 것이 크게 기대할 만하다"(1965년 9월호)고 했다.

시 쓰는 일은 하나의 도道로 일컬어져 온다. 시상을 다듬고 고급에 이르러야 하며, 표현 또한 고도의 기예를 요구한다. 시는 천기天機요, 문학은 진眞, 곧 천기를 담아야 한다.

지명이 나오는 시는 자연과의 감정 융합이 있게 마련이다. 미적 태도에 있어서 가장 현저하게 자연미의 체험이 중요한 성분으로 작용하기 때문이다. 삶과 인생론 또는 세계관과의 어떤 결합에 이르는가 하는 것이 제기될 것이다. 향토의 자연미에는 토지에서 오는 혼魂의 근원적 영생주의와 만나게 된다.

나는 지금까지 8권의 시집을 냈다. 땅의 마력, 곧 지령地靈에 현혹되는 듯한 야릇한 힘을 느낀 초기의 시집들은 앞에서 말한 2권의 시집에 이어 『나들이의 땅』(1983), 『짐朕의 연가』(1994)까지 이어진다.

특히 제4시집 《짐朕의 연가》는 "배달나라 역사 기행 시집"이라는 부제를 달고 있듯이 멀리 북만주로부터 한반도에 이르기까지 광대한 대지를 역사의식으로 나아간다. 땅의 한恨은 바로 역사였다. 나는 백제의 고도에서 백제의 정령精靈에 매료된다. 《짐朕의 연가》의 50편은 처음부터 국사의 정사正史 쪽에서 취재한다는 실험적인 시각을 갖고 출발한다.

우는 듯
울리는 듯
칼 가는 돌에

좁은 소매의 저고리와 홀태바지
북방계 호복을 입고
홍안령산맥을 넘어오는
기마민족 말굽 소리

이제사 보이는
겨울 하늘
기러기 떼의 그림자

—「선조(先祖)들」에서

북방계 몽고인종에서 시작된 겨레의 기원이 담긴 시이다. 역사 인식은 현재에도 내 시의 주요한 모티브로 자리 잡아 온다. 역사는 시의 수심을 깊게 하고 지혜의 모가 드러나지 않는다.

후반기로 볼 수 있는 4권의 시집은 『하늘에 그리는 상형문자』(1998), 『푸른 하늘』(2004), 『기다린 사람들이 온다』(2010), 『광야의 씨앗』(2012) 등이다. 소재가 하늘로 많이 바뀐다. 인격의 자기실현이 우주로 향하며, 한국인의 주체성이라는 정신 지향의 테마와 만난다.

시는 직관이 주는 선물이기도 하고 노작이 되기도 한다. 이성이나 지식보다는 몸이 먼저 감동을 받으며 때로는 경련에 이르기도 한다. 눈물을 흘리면서 시를 쓰는 것은 이 때문이다. 시의 마력이 바로 여기 있을 것이다.

많은 시인이 그러한 것처럼 시인들에게는 각기 '시의 길'이 있다.

나에게는 향토의 영생주의와 혼이 있었고, 그것은 이 땅의 역사와 현실로 부딪쳤다. 나는 이 땅의 아들이요 넋이었고, 조촐한 바람이요 풀이었다. 나는 그것을 내가 태어난 고향과 내가 사는 지역으로부터 가져왔고 내 이웃과 사회, 겨레와 세계의 인식에서 결코 물러서지 않으려는 뜻을 지키고자 했다.

"역사에는 별이 뜬다/ 캄캄한 밤의 별/ 바람에 꺼질 듯 흔들리며/ 붉은 눈물의 별이다"(「겨울밤 이야기」)의 별이 있는가 하면, "내가 베어 문 돌/ 긴 인고의 불꽃/ 울부짖는 돌(「울부짖는 돌」)도 있었다.

시는 수필과 함께 1인칭 형태의 직접적인 장르이다. 그만큼 체험 요소와 정신적 개성 노출이 강하고, 감성의 울림에 이른다. 할 수만 있다면 천부적인 재능도 있어 무르익은 고도의 미학적 성취력을 끌어올리며, 범속성을 뛰어넘어야 할 것이다. 우리 시단은 지금 언어가 많이 학대받는 경향을 보이고 있지만, 거룩한 시는 역시 언어의 완성도에서 빛나야 하며, 결코 비상식적인 꼼수로 갈 일이 아니다.

인간의 영혼은 위대하다. 영혼이 녹아드는 촟농의 경지에 이를 때까지 시여, 나를 물고 씹어라.

계간 《시인 플러스》 3호(2012년 7월)

* 조남익 시선집 2015년 『아가의 탄생』에 재수록

❐ 조남익_《창조문예》 2008년 7월호 '나의 등단 시대'

영혼의 자유와 구원을 향하여

1. 내 시의 무인도

나는 5형제 중 셋째 아들로 태어났다. 출생지는 충청남도 부여군 세도면 수고리 557번지. 수고리는 교통이 매우 불편한 오지였다. 우리 집 뒤는 깊숙한 산악지대로 여기서 세도면, 장암면, 임천면 3개 면의 경계선이 퍼져나간다. 나는 15세 때 한국전쟁을 맞았는데, 적의 금강 도하작전이 있자 주민들에게 소개령이 내려졌다. 산악지대인 수고리에는 피난민이 잇달아 들어왔고 우리 집 바깥마당에는 이들의 솥이 걸리기도 했다.

여기서 부여읍이 30리, 강경이 20리, 임천이 10리, 그리고 홍산이 40리 밖이었다. 날씨만 좋으면 더러는 눈에 삼삼한 고을들이다. 부여읍을 감돌아 흐르는 백마강이 강경에 이르면 금강과 이어지면서 서해로 들어간다. 우리 지역을 안고 도는 형국인 것이다.

다시 말하면 멀리 공주로부터 강이 S자형으로 굽이치는 것인데, 부여읍이 S자형의 바깥쪽에 있고 우리 지역은 S자형 안쪽에 위치하는 셈인 것이다.

내 시의 무인도에는 소년 시절의 무대가 된 백제 왕도의 최대 외성(外城)인 성흥산성이 있다. 고향집 뒷산만 오르면 손에 잡힐 듯이 우뚝 막아서서 거뭇하게 정기를 뿜어낸다. 산정에는 수천의 병마를 움직일 만한 펑퍼짐한 면적이 있다. 그리고 거기엔 수백 년 묵은 정자나무가 한 그루 외롭게 서서는 비바람을 맞으며 흔들렸다.

이 고목은 임천 쪽에서는 안 보이지만 수고리 쪽에서는 들 건너 멀리 정면으로 보인다. 그것을 바라보며 역사적 비극과 그 오랜 인고의 풍상우로에 소년의 가슴이 메었다.

나는 여기서 19대째 살아온 토박이였다. 원초적 생명의 건강성에 눈 뜨고 토착민의 세계에 깊은 관심을 보인 내 '시신詩神의 고향'이라 해도 과언이 아니다. 성흥산성은 특히 영원한 침묵으로 닫힌 패망의 고성이었다. 멸망된 자의 천 년 묵은 화신을 보며, 내 시의 한 축을 이룬 역사의식의 진원지가 되어 주었다.

우리 형제들이 자란 시골집은 당시 궁벽한 곳이긴 했으나, 또한 열려 있는 새의 둥지와 같은 곳이기도 했다. 또 우리에겐 진취적인 기상 같은 것이 있었다.

내 장형 조남승(趙南昇)은 나보다 9년 연상이었고 문학청년이었다. 한학을 했었고, 글씨도 달필이었다. 사금砂金을 했던 듯 금金이 되면 서울 출입이 잦았다. 돌아올 때는 문학 서적이 그의 짐에 실려 오곤 해서 나는 한설야, 이태준, 이기영, 정지용 등 판금에 묶여 있는 작가들의 책을 읽을 수 있었다. 우리 집에는 적지 않은 책들이 꽂힌 서가가 있었고 원근에서 서로 빌려보곤 했다. 장형은 무슨 작문 독본이니 어린이 잡지 같은 것도 사다 주곤 해서 내 독서 취미를 북돋워 주었다. 초등학교 졸업 무렵엔 《새벗》에 동시「눈 오는 아침」이 화려하게 뽑혔고 강소천 선생님의 호평이 나를 사로잡기도 했다. 그러나 장형은 6·25전쟁 때 서울에서 의용군으로 나갔다. 그때 의용군으로 같이 나갔다가 생존해 온 조남선(동갑내기)에 의하면 장형은 낙동강 하류 유역에 속하는 경남 함안의 산악지대에서 사고를 당했다고 했다. 삼태기 모양의 바위에 은신한 장형이 비행기의 폭격을 받은 것이다. 그때 장형의 나이 24세였다.

1926년생이니 생존해 계신다면 83세가 되었을 것이다.

내 조카 경연(慶衍)은 장형의 차남인데 유복자로 태어났다. 중앙대 경영학과를 나왔고 금호건설의 부사장에서 퇴임했다. 그는 지금 고향집 뒷산 끝자락에 '애향별장'을 짓고 있다. 별장의 거실에서 성흥산성이 정면으로 보이고, 멀리 금강의 물줄기를 아련하게 보는 것이 그의 별장 설계도인 것이다. 내 중형 조남중(趙南中)은 현재 인천에 사시고 중등학교 교장으로 정년 퇴임하셨다. 일찍이 전주사범학교 시절 같은 부여 출신인 신동엽 시인과 기숙사의 한방에서 공부했다. 나중에 내가 신동엽과 아주 가까워진 것은 이런 가정적 영향이 컸다고 할 수 있다.

2. 신석초 선생님과 추천 작품

나를 추천해 주신 신석초(申石艸) 선생님을 처음 뵙게 된 것은 1964년이 저물어가는 겨울쯤이었던 것 같다. 그해 5월, 나이 30이 되어 군에서 제대한 나는 고향에 머물면서 시작(詩作)을 게을리하지 않고 있었다.

부여의 '백류' 동인들과 함께 〈대전일보〉, 〈중도일보〉 등 우리

지방지에 작품을 내고 있었던 것도 이때였다. 〈중도일보〉에 「휴머니즘의 계보」라는 7, 8회 분량의 글을 연재했던 것도 이때였다. 이것이 내가 거주지를 아예 고향으로 옮긴 큰 변수였을 것이다.

아무튼 그해 겨울 나는 『고행(苦行)』이란 시집의 원고를 완성했다. 「자서」까지 붙인 이 원고를 갖고 차떼기 쌀장수를 하는 동생의 수송차로 상경하여 신동엽 시인을 만나 시집 출판을 상의했는데 그는 대충 훑어보고는,

"이 원고를 내가 좀 읽어 보면 어떻겠어요?" 하고는 원고를 그의 앞으로 가져갔다. 그리고 달포 후에 나는 신동엽 선배님의 돈암동 자택을 방문했다. 그는 시집을 출판하기 전에 먼저 추천 코스를 밟는 것이 좋겠다면서 나를 데리고 한국일보사로 갔다. 그리하여 〈한국일보〉 논설위원이며, 시인으로서 《현대문학》 추천위원이기도 했던 신석초 선생님과의 최초의 대면이 이루어졌다.

석초 선생님은 키가 호리호리하게 컸다. 둥글넓적한 얼굴, 고요한 눈빛 등이 일견 범상치가 않았다. 당시 56세의 중후한 연령 때문이기도 했지만 차분하고 세련된 모습으로 나를 맞아 주셨다.

나로서는 너무도 뜻밖의 만남이라고 할 수 있었다. 그때 나는 미당 서정주 선생님으로부터 2년이나 시론을 배웠으며, 미당 선생님께 반해 있었다.

나의 시집 원고는 이미 석초 선생님께 가 있었다. 《현대문학》에 나갈 추천 작품은 신동엽 시인과도 이미 합의가 되어 있었던 모양으로

"이 원고에서 「수고리」를 첫 추천 작품으로 내보낼 테니 2회, 3회는 신작을 보여 주시지요." 했다.

「수고리」는 1965년 《현대문학》 6월호에 그 모습을 드러내었

다. 그때 나는 고향인 부여의 홍산농고 교사로 발령되었으므로 직장 생활과 시 추천이 거의 같은 시기에 이루어진 셈이었다. 한껏 고조된 시기였다.

水古里

푸짐하게 열린 얼굴들, 그 맑은 웃음들이 서로 부딪쳐 恩惠로운 波紋을 잉그리는 땅 위에서, 흘러가는 저 바람 소리는 지금도 나의 귀에 들려오고 있네. …… 아무것도 보이지 않네. 그러나 그 億萬 가지마다 휘엉청 늘어져서는 구르길 두어 번, 깃을 벌린 당신들은 쉬쉬 山嶽을 뛰어넘어 왼 山 왼 들을 다 채운 다음 다시 돌아올 듯 가시네.

집이 본시 水古里에서도 上水古里인 나는, 천리고개 사흘, 또 바늘고개를 사흘, 그리고 물한바다 건너길 사흘, 아흐레를 누누히 젖어내야 하는지라. 아흐레를 또 누워서 가을을 볼밖엔 없네.

구릿빛 왼 몸뚱일 부끄럼 없이 뻗고, 하늘을 지붕 삼아 바위에 누울 양이면 山제비는 배 위에 똥을 깔겨 달아나고 벌레처럼 늙어가는 가을이 덮이네.

이는 바람대로, 강물에 풀어 헹군 이 서언한 소리들을 귀뿌리에 온 누리 차도록 물레로 감은 바에, 당신의 말씀들을 차마 잊힐 리야 있나……. 수수목이 나오면 게가 논두렁을 내리고, 山 아래 내 아우는 살찐 개구릴 잡아 닭에 쪼이며 조용히 당신 곁을 지키네.

〉

당신의 孤寂 앞에 저 빨간 山紅柹, 그리도 빛이 나 새끼처럼 올리워 高原 구석구석을 밝히는데 오히려 億年의 陽光이 타는 듯 쌓여만 가네. 거적을 내다 깔고 앉아, 구름을 불러 半身을 묻고 해를 머리 위에…… 水古里 땅, 돌부처님 이대로 짐짓 四海를 두 눈 안에 닫아, 千歲 다스림 헤어 空中을 돌으리로다.

—《현대문학》 제126호(1965. 6.)

〈시천 후기〉 _ 신석초

조남익 씨의 「수고리」는 현대시가 금속성 언어를 즐겨 쓰는 바탕에서 드물게 들을 수 있는 소박한 민들레꽃 향기나, 조금은 야생적인 풍토 속에 돋아난 무명초의 환상을 풍겨주는 작품이다.

물론 이 같은 시작 방법이 하등 새로운 것은 아니다. 이러한 형식은 우리 선배 시인들이 이미 실험한 바다. 그러나 내가 구태여 이 작품을 추천하는 것은 그가 이 범용한 감각과 향토 생활 속에 자라난 정서 풍경을 이상하게도 현실과 환상의 엇갈림에서 다룬 그의 만만치 않은 시작 구성의 역량을 발견할 수 있기 때문이다.

우리에게는 오히려 친근한 예사로운 토속어로 짜낸 이 정신 직물에서는 엉뚱하게도 잊어버렸던 또 다른 새 멋을 느낄 수도 있는 것이다. 다만 그가 시 실험의 첫걸음을 이같이 순박한 향토 생활에서 출발하여 과연 그 토속적인 정서의 참 멋과 토속어의 진수를 얼마만큼 요리해 나갈 수 있을는지 특히 정형적인 시구나 단행 시를 쓸 때에 어떻게 유효하게 적용시킬 수 있을는지 이것은 그의 노력에 맡기는 수밖에 없다.

나는 재훈련 때문에 조치원에 가게 되었는데 공주의 서점에서 《현대문학》 6월호를 볼 수 있었다. 당시 국내 유일의 문예지에 내 시가 실린 것은 참으로 감격적인 일이었다. 3개월 간격으로 추천 기회가 주어졌는데 제2회 추천 작품을 쓰는 일은 매우 부담스러운 일이었다. 추천작이 될 만한 최선의 작품을 내놓아야 했기 때문이었다.

내가 근무하게 된 홍산농고는 시골집에서 30리나 떨어져 있고 교통도 불편했다. 나는 아내를 데리고 이른바 신접살림을 나오게 되었는데 홍산에는 방을 구하기도 어려웠다. 어떻게 해서 두 칸의 골방을 얻었다. 햇빛이 막힌 골방이었지만 윗방을 서재로 꾸며 놓고 책을 모두 옮겨 왔다. 나는 상당히 긴장되어 있었다. 그러나 서울 생활과 군대 생활로 오래 얼룩진 나의 심신은 이 고요한 시골에서 이상하리만큼 마음의 깊은 평정을 되찾고 독서와 사색에 몰두해서 작품을 쓰기에 이르렀다.

北村里 打令

흙이었다가 손탐 없이 그대로 바위였다가,
저 山 안에 호젓이 한 나무일 뿐이다.

아침에 珠簾을 걷어
애기 손바닥만 한 날을 받아놓고
고지식, 다시 헹구는 茂盛한 微動을 보라.

휘어지도록 커나서

배부른 아낼 서워 있는데
숲처럼 어울러서 風樂이 은은한 마을…….

춤 아니라도 새끼는 새끼대로 저의 귀염을 떨고
彌勒 같은 아내라야, 구기잖은 어미 노릇이라,
나는, 호젓이 이대로 한 나무였을 뿐이다.

허구헌 長霖이 가고
모두 다 털고 떠나는 가을이라도 오면
그때는, 내 마음도 짜르르 밤도와 울것다.

—《현대문학》 제129호(1965. 9.)

〈시천 후기〉 _ 신석초

조남익의 「북촌리 타령」은 첫 추천 작품 「수고리」에 이어 두 번째 작품이다. 그가 시의 제재를 고유 풍토 속에서 선택하고 있는 것은 '우리 것을 찾음'의 아쉬운 이때 매우 현명한 태도일는지도 모른다. 그런데 「수고리」가 소박한 토속적인 착상으로 우리 향토 생활의 현실 표상으로 보여준 데 대하여 「북촌리 타령」은 보다 현대적인 지적인 각도에서 우리 풍토의 이미지를 다루어본 것이다. 작품의 발상이나 용어, 구성 등이 자못 대척적이면서도 먼저 작품보다 이채롭고 놀라움을 나타내어 훨씬 진도를 보여주고 있다. 고유성과 현대성이 어떻게 결합되어야 하는가 하는 문제는 우리 창작 실험의 초점이기도 하다. 시어가 훨씬 탈피되었고 경쾌한 터치로 말쑥한 하나의 시경을 보여준 것이 크게 기대할 만하다.

「북촌리 타령」은 3개월 후인 9월호에 발표되었다. 「북촌리 타령」은 당시 내 생활의 공간에서부터 시적 기미를 잡은 것이다. 내가 사는 그 마을이 북촌리였고, 학교의 주소도 북촌리였다. 오성의 숲과 평화의 그늘을 거니는 정적 명상의 시라고 할 수 있을 것이다.

이런 지명의 선택과 작품성 때문이었을까? 당시 가르쳤던 학생들과의 유대가 지금도 이어오는 정서적 근원이 되었다.

당시 중고등학교였던 재경 홍산중 16기 졸업생은 스승의 날이면 매년 50만 원씩을 나에게 주고 있는데 참 과분한 일이다. 이 작품은 지금도 그들을 만나면 화제의 중심이 된다. 발표 당시에도 이 시는 《주간한국》에 이달의 문제작으로 뽑혔다.

山바람 소리

갓싸기로 갈까나
깃 달린 풀씨로 날아서 갈까나.

잠은 자다가 꿈이나 꾸지,
나무며 풀이며, 저 山바람조차도
내 肉身은 비어서 살아온 痕迹이 없다.

落落長松
一千 年 처마 밑에
晦冥을 뚜드리는 소나기 비켜서서
五尺 短身이 坪 남짓 그루를 내렸다.

〉

갓싸기로 갈까나

깃 달린 풀씨로 날아서 갈까나.

어두면 어둔 대로

北方 二萬里, 길이 冥府로 벋어서

잠시 서인 자리에, 이삭은 새삼 짓누래졌다.

돌로 치며는 소리라도 울려날 듯이

肉身을 고스란히 비워놨는데,

지금은, 저 山바람 속에서 휘뚜루 치는 石鐘, 石鐘아…….

—《현대문학》 제134호(1966. 2.)

〈시천 후기〉 _ 신석초

이 작품으로 그의 시 추천이 완료되는 셈이다. 세 편쯤의 작품으로 모든 추천작가가 곧 우리 문단에 나서서 일가가 되는 것이라고는 물론 나도 생각하지 않는다. 그건 오히려 경계해야 할 일이다. 하지만 그의 작품들이 내일의 시 세대에 하나의 독자적이고도 이채로운 영역을 보탬 할 것만은 예견할 만하다. 조남익의 시 경향은 「수고리」, 「북촌리 타령」, 「산바람 소리」 등 그의 작품을 통하여 짐작할 수 있는 것처럼 테마를 우리 범속한 향토 주변, 토속적인 것, 우리의 고유적인 것에서 찾고 있다. 이것은 우리 민족의 정신의 고향임과 함께 시의 고향이기도 하다. 그러나 중요한 점은 그가 이 고향을 찾아가는 그 일에 있는 것에 아니라 그가 독자적인 자세로 그 고향을 현대어와 현대적 감각으로 개발해 보려는 노력이 엿보인다는 데에 있다. 대성을 바란다.

3. 영혼의 자유와 구원

글을 쓴다는 것은 자기 영혼과의 대면이며, 글을 통하여 자아실현의 자유를 향유하고 구원을 얻고자 함이라 할 수 있다. 그런 예술의 길처럼 고독하고 애매한 길도 없을 것이다. 이 세상이 경제적 가치와 권력적 구조로 이루어져 예술의 길과는 전혀 다르기 때문일 것이다.

나의 등단 시대에는 행운이 있었고 먼 곳에서 서성이며 오늘에 이르렀다.

그것은 빚이었다. 신석초 선생님께 진 '만금의 부채' 앞에 있음을 고백하지 않을 수 없다.

월간 《창조문예 2008년 7월호 '나의 등단 시대'》
* 시선집 『흙빛의 말』 2014년에 재수록

제 4 편

백강 조남익 시인 문학 연보

※ 일러두기

- 《 》 잡지 또는 문학지
- 『 』 책 제목
- 「 」 작품 제목
- ( ) 참고 자료

❦ 백강 조남익 시인 문학 연보
(자료 조사 : 문학평론가 리헌석)

1935년 - 4월 1일(음 1월 27일), 충남 부여군 세도면 수고리 557번지에서 5남 2녀 중 3남으로 태어남(부 조득구, 모 안동권씨 순례) (7남매 중 가운데, 5형제 중 3남)

1956년 - 국학대학(현 고려대) 문학부 국문학과 입학, 대학 학보사 편집국장 역임

1960년 - 고향의 유영자와 결혼(1961년 봄방학 시기에 득남하였으나, 산모와 아기 사망)

1961년 - 5.16혁명이 일어남. 경기도 화성군 화도중학교 교사를 그만두고 자진하여 입대

1962년 - 군 복무 중 민채기와 재혼(1남 3녀의 자녀를 둠)

1965년 - 제대 후 충남교육청 시행 중등학교 교사 임용고시 합격(고교 교사부). 고향인 충남 부여군 홍산농고 부임

1965년 - 《현대문학》에 시 「수고리」(6월호), 「북촌리 타령」(9월호), 1~2회 추천

1965년 - 12월 11일 장녀 숙연 출생

1966년 - 《현대문학》에 시 「山바람 소리」로 3회 천료(문단 데뷔)

1967년 - 4인 수필집 『사색의 연가』(회상사) 발간(이정웅, 이원복, 송하섭, 조남익)

1967년 - 9월 14일 차녀 자연 출생

1968년 - 대전고등학교 전입(7년 재직)

1969년 - 한국문협 충남지부 사무국장(지부장 이재복), 《충남문학》 창간, 첫 시집 『山바람 소리』(현대문학사) 상재
1970년 - 충남문학상 수상
1970년 - 신동엽 시비 건립에 지역대표(위원장 구상 시인)
1970년 - 5월 22일 장남 치연 출생
1972년 - 4월 28일 3녀 화연 출생
1973년 - 수필집 『시의 오솔길』(세운문화사) 발행
1976년 - 제2시집 『풀피리』(민음사)
1977년 - 『현대시 해설』 (세운문화사) 출간(4쇄, 4만부 발행)
1977년 - 《현대문학》에 '시의 가치성' 외 월평 집필
1982년 - 대둔산 전몰군경 위령 공원에 헌시 「불타는 횃불」 전각으로 새김
1983년 - 제3시집 『나들이의 땅』(장학사) 발행
1984년 - 《현대시학》에 '시의 질과 영속성' 외 월평 3회 집필
1984년 - 박용래 시비 제막(사무국장, 위원장 임강빈 시인), 이후 김관식 시비(대전 보문산), 정한모 시비(충남 부여), 신석초 시비(충남 서천) 건립 주관
1986년 - 《현대시학》에 광복 40년 '한국시인 대표작 연구'를 2년여 연재, 43명의 시인, 113편을 다루다
1987년 - 제1시선집 『눈빛의 말』(미래문화사) 발간
1988년 - 한국시인협회 중앙위원(심의위원)
1989년 - 한국문협 대전광역시 초대 회장 선출, 《대전문학》 창간
1992년 - 김관식 시비 보문산에 건립(위원장)
1993년 - 『한국현대시해설』(미래문화사, 상권 15쇄, 하권 10쇄 발간)

1994년 - 제4시집 『짐(朕)의 연가』(미래문화사) 발간
1995년 - 충남중등국어교육연구회 회장 피선
1995년 - 충남교육연구원 교육 연구관, 이후 정산고 교장, 부여고 교장 역임
1996년 - 《시문학》에 '월북 납북 시인 연구' 연재
1997년 - 재단법인 풍육장학회 이사장 피선
1997년 - 정한모 시비(부여) 건립에 지역대표로 기여
1997년 - 제12회 공산교육상 수상
1997년 - 학교법인 공산학원의 '공산교육상'(예술교육 부문) 수상
1998년 - 제5시집 『하늘에 그리는 상형문자』(오늘의문학사) 발간
1999년 - 부여고등학교 교장으로 정년퇴임(국민훈장 석류장), 이후 공주대 6년, 건양대 2년 출강
2000년 - 공주대학교, 건양대학교 출강
2000년 - 신석초 시비(충남 서천) 건립(위원장)
2004년 - 제6시집 『푸른 하늘』(월간문학), 문학론 『시와 유혹』(오늘의문학사), 시론집 『시와 득음미학』(오늘의문학사) 발간
2004년 - 제3회 정훈문학상 수상
2005년 - 시전집 『조남익 시전집』(오늘의문학사) 발간
2007년 - 제9회 시예술상(두산예술상 운영위원회) 수상
2007년 - 대전 보훈공원(보문산)에 헌시 「조국의 하늘」이 전각되다.

2010년 - 제7시집 『기다린 사람들이 온다』(오늘의문학사) 발간
2010년 - 한국문협 제26회 윤동주문학상 수상

2012년 - 제8시집 『광야의 씨앗』(오늘의문학사) 발간

2013년 - 시론집 『향내 나는 숲속의 시인들』(오늘의문학사) 발간[(재) 대전문화재단 출판비 지원 수혜]

2014년 - 제2시선집 『흙빛의 말』(오늘의문학사) 발간, 홍희표 해설 「조남익 시 연구」 수록

2015년 - 제3시선집 『아가의 탄생』(인간과문학사) 발간, 유한근 해설 「대지의 몽상과 역사의식」 수록

2016년 - 제9시집 『걸어다니는 백두대간』(인간과문학사) 발간 [(재) 대전문화재단 출판비 지원 수혜], 임승빈 해설 「한 그루 나무, 그 애기 손바닥 같은 일생」 수록, 김석환 해설 「조남익 시인의 초기 시에 나타난 실존 의식」 수록

2017년 - 대전문협의 '금강일보 문학상' 수상

2017년 - 문학아카데미의 시인들이 뽑는 시인상 수상

2019년 - 제10시집 『한강의 새벽』(인간과문학사) 발간[(재) 대전문화재단 출판비 지원 수혜], 조신권 해설 「백강 조남익의 시 연구」 수록

2019년 - 제56회 한국문학상(한국문협) 시부 수상

2024년 - 3월 11일 소천, 충남 부여군 세도면 수고리 선영에 안장

❦ 소천 이후의 문단 추모

1. 2024년 3월 12일 화요일 〈고 백강 조남익 시인 대전문인협회장〉 영결식/ 원준연 회장 조사/ 리헌석 7~9대 회장 추모사 / 김백겸 제자 문인 추모사/ 등

2. 2024년 3월 13일 수요일 인터넷신문 《한국예술뉴스》에 리헌석 추모사 「'하늘에 그리는 상형문자'를 보이소서」 기사로 수록

3. 2024년 5월 13일 월요일 인터넷신문 《한국예술뉴스》에 리헌석 문학평론 「조남익 시인론, 증언과 서정의 조화」 1, 2, 3 분재하여 수록

4. 2024년 6월 1일 발행 《문학사랑》에 백강 선생 영정을 모신 '빈소 사진' 화보에 수록하고, 김숙자 문학평론가와 리헌석 문학평론가의 평론 수록
   - 김숙자 평론 '끝없는 삶의 길, 정신의 길을 찾아 헤맸던 시인의 자아 회귀의 삶 - 조남익 시인의 시선집 『흙빛의 말』을 읽고'
   - 리헌석 평론 '조남익 시인론 - 증언과 서정의 조화'

〈 2024년 소천에 따른 초기 시 재조명 〉

5. 2024년 6월 5일 발행《대전문학》에 추모 특집 - 선생의 약력, 선생의 시「수고리」「걸어다니는 백두대간」, 원준연 조사, 리헌석 추모사, 김백겸 추모사, 김숙자 류인걸 문희봉 박순길 박헌오 양태의 이준희 임형선 등의 추모 글

6. 2024.09.06.~11.24. 대전문학관에서 '2024 대전문학관 작고 문인 회고전(조남익) - 향토의 영생주의와 혼의 시인'

7. 2025년 (사)문학사랑협의회에서『조남익 시 연구』발간[(재) 대전문화재단 출판비 지원 수혜]

■ 계획 사업

- 2026년 3월 11일 2주기 추모 행사 계획
- 시비 건립 - 건립 후에 추모 행사 예정

대표 편저자 리 헌 석(李憲錫)

- 시인·문학평론가
- 사단법인 문학사랑협의회 이사장
- 한국예술뉴스 발행인
- 계간 《문학사랑》 발행인
- 도서출판 오늘의문학사 발행인

서지적 연구자료

조남익 시 연구

발 행 일 | 2025년 12월 10일
발 행 인 | 이헌석
발 행 처 | 오늘의문학사
출판등록 | 제55호(1993년 6월 23일)
주　　소 | 대전광역시 동구 대전로867번길 52(한밭오피스텔 401호)
전화번호 | (042)624-2980
팩시밀리 | (042)628-2983
전자우편 | hs2980@hanmail.net
카　　페 | cafe.daum.net/gljang(문학사랑 글짱들)

편　　집 | 국제프린팅
제　　작 | 국제프린팅 [T.042-623-9118]

공 급 처 | 한국출판협동조합
주문전화 | (02)716-5616
팩시밀리 | (02)716-2999

ISBN 979-11-6493-416-4
값 35,000원

* 이 책은 대전광역시와 대전문화재단에서 사업비 일부를 지원받았습니다.